AVANT PROPOS

Chers frères et sœurs,

C'est avec une profonde reconnaissance envers Dieu que je vous présente ce manuel conçu pour les moniteurs d'École du Dimanche. Cet ouvrage vise à combler un besoin crucial dans l'éducation chrétienne : le manque de ressources adaptées pour l'enseignement des jeunes et des adultes dans le cadre de l'École du Dimanche. Dans ce livre, vous trouverez des outils pour l'étude biblique, la préparation de leçons, et la dévotion personnelle, en mettant l'accent sur des thèmes essentiels pour une croissance spirituelle authentique.

Un Outil Polyvalent pour l'Enseignement

Ce livre est composé de 21 thèmes fondamentaux de l'enseignement de la vie chrétienne et d'une série de 63 leçons, conçues pour être utilisées comme manuel dans les classes d'École du Dimanche. Il couvre des thèmes bibliques essentiels, pensés pour favoriser la croissance spirituelle. Nous y avons rassemblé les éléments fondamentaux de la foi, avec pour objectif d'aider les moniteurs à enseigner efficacement la Parole de Dieu tout en rendant les enseignements bibliques accessibles et pertinents.

Ce Que Ce Livre N'est Pas

Il est important de préciser que ce livre n'est pas un manuel d'étude eschatologique. Cela signifie que nous n'y développons pas les prophéties liées à l'Apocalypse ou aux événements de la fin des temps. Ce sujet, d'une grande importance, sera traité dans un autre ouvrage. Ici, l'objectif est de se concentrer sur les enseignements fondamentaux et pratiques de la Bible, pour une application quotidienne et une meilleure compréhension de la vie chrétienne.

Un Guide pour la Croissance Spirituelle

En plus de servir d'outil d'enseignement, ce manuel est également un guide de croissance personnelle. Il peut être utilisé pour des études bibliques en groupe, comme support pour la préparation de sermons, ou comme ressource pour la dévotion personnelle.
Le lecteur est encouragé à prendre des notes, à réfléchir aux enseignements, et à structurer ses pensées pour créer des messages clairs et per-

cutants. La théologie biblique et systematique, méthodologies adoptées dans ce projet, permet d'explorer les vérités divines tout en rendant leur compréhension accessible et applicable dans la vie quotidienne.

En Fin, nous espérons que ce manuel vous apportera les outils nécessaires pour approfondir votre foi et pour transmettre la Parole de Dieu avec clarté et conviction. Que Dieu vous guide et vous bénisse dans votre ministère et votre croissance spirituelle.

B) UTILISATION DE CE LIVRE

Que vous soyez moniteur d'École du Dimanche, pasteur ou fidèle en quête d'enrichissement spirituel, ce livre est conçu pour vous accompagner dans votre cheminement de foi. Il a été conçu comme un outil pratique et complet, offrant des ressources pour l'étude biblique, la préparation de sermons, et la dévotion personnelle.

Exploration des Thèmes

Le livre est organisé autour des thèmes essentiels pour un enseignement chrétien efficace. Chaque section aborde un thème clé avec des ressources bibliques et des guides pratiques. Commencez par examiner les thèmes qui correspondent aux besoins de votre groupe d'élèves ou à votre calendrier du programme annuel.

Préparation des Leçons

Utilisez les sections dédiées à la préparation de sermons et de leçons pour créer des enseignements adaptés à votre audience. Chaque thème comprend des points de discussion, des questions de réflexion, et des applications pratiques. Adaptez ces éléments en fonction de l'âge et du niveau spirituel de vos élèves.

Étude Biblique Personnelle

Pour enrichir votre propre compréhension et croissance spirituelle, consultez les sections d'étude biblique personnelle. Elles fournissent des pistes de réflexion et des exercices pratiques pour approfondir votre relation avec Dieu et mieux préparer vos leçons.

Dévotion Personnelle

Intégrez les suggestions de dévotion personnelle dans votre routine quotidienne. Ces sections sont conçues pour vous aider à maintenir une vie de prière et de méditation, renforçant ainsi votre engagement et votre préparation spirituelle pour l'enseignement.

Application des Enseignements
Mettez en pratique les enseignements et les stratégies proposées dans le livre. Testez différentes approches pour voir ce qui fonctionne le mieux avec vos élèves et ajustez en conséquence. Le manuel est un guide flexible destiné à être adapté à votre contexte spécifique.

Révision et Réflexion
Après chaque session d'enseignement, prenez le temps de revoir les points abordés et de réfléchir à ce qui a bien fonctionné et ce qui pourrait être amélioré. Utilisez les sections de rétroaction pour affiner vos méthodes et pour continuer à croître dans votre rôle de moniteur.

Collaboration et Partage
Partagez les ressources et les idées du livre avec d'autres moniteurs et leaders d'église. La collaboration et les échanges d'idées peuvent enrichir votre approche et offrir de nouvelles perspectives pour l'enseignement.

En utilisant ce manuel, vous avez un outil puissant pour améliorer l'efficacité de votre ministère et soutenir la croissance spirituelle de vos élèves. Que chaque page vous inspire et vous guide dans votre vocation d'enseignant.

C) UTILISATION DES LEÇONS ET FICHES

Chaque leçon de ce manuel est accompagnée d'une fiche détaillée et de questions complémentaires pour enrichir l'apprentissage.

Voici quelques recommandations pour tirer le meilleur parti de ces ressources en fonction du temps disponible et de la dynamique de votre classe :

Planification des Leçons :
<u>Durée des Leçons</u> : Chaque leçon est conçue pour être enseignée en une seule session de classe. Cependant, certaines leçons peuvent nécessiter plusieurs sessions en fonction de leur complexité et de la profondeur d'étude souhaitée. Adaptez le rythme en fonction des besoins de votre groupe.

<u>Ordre des Chapitres</u> : Il est essentiel de suivre l'ordre des chapitres indiqué dans le manuel pour garantir une progression logique et cohérente. Les thèmes incluent : Connaissance de la Bible, Filiation, Royaume, Victoire, Péché , Miséricorde., Justice, Paix, Joie, Amour, Évangélisation, Adoration, Prière, Mariage, Cet ordre assure que chaque leçon s'appuie sur les précédentes, facilitant une compréhension intégrée,

Engagement de la Classe :
Questions Fournies : Après chaque exposé, engagez la classe en posant les questions complémentaires fournies dans les fiches de chaque leçon. Ces questions sont conçues pour stimuler la réflexion et encourager la participation active des élèves.

Débriefing : Utilisez les réponses des élèves pour approfondir les discussions et clarifier les points essentiels. Cela permet d'assurer une compréhension approfondie des enseignements.

Durée pour Compléter le Livre :
Planification à Long Terme : La durée estimée pour compléter ce manuel en classe d'École du Dimanche peut s'étendre jusqu'à trois ans, en fonction de la fréquence des sessions et du temps alloué à chaque leçon. Soyez flexible et ajustez le plan en fonction du progrès de vos élèves et des besoins de la classe.

Encouragement à la Dévotion Personnelle :
Copies Individuelles : Encouragez chaque élève à se procurer une copie personnelle du livre. Cela permet de soutenir la transmission parfaite des enseignements en classe et favorise la dévotion personnelle à la maison. Une copie individuelle permet à chaque élève de suivre les leçons, de prendre des notes, et de réfléchir aux questions complémentaires à son rythme.

En suivant ces conseils, vous contribuerez à créer un environnement d'apprentissage efficace et stimulant, propice à la croissance spirituelle de chaque élève. Que Dieu vous guide dans cette tâche et vous donne sagesse et discernement tout au long de votre ministère.

D) ÉVALUATION ET CONCOURS

Pour garantir une compréhension approfondie des leçons et motiver les élèves, voici quelques suggestions pour l'évaluation et les concours :
Évaluation en Fin de Saison :
Évaluation de la Classe : À la fin de chaque saison, organisez une petite évaluation pour mesurer la compréhension des élèves et le progrès réalisé. Cette évaluation peut prendre la forme d'un quiz, d'une discussion en groupe, ou d'un projet pratique, en utilisant les questions complémentaires fournies dans les fiches de chaque leçon ou en en formulant de nouvelles.
Feedback Constructif : Utilisez les résultats de l'évaluation pour fournir un retour constructif aux élèves. Identifiez les points forts et les domaines nécessitant des améliorations, et adaptez vos futures leçons en conséquence.

Concours d'École du Dimanche :
Organisation des Concours : Le surintendant peut organiser des concours d'école du dimanche pour stimuler l'engagement des élèves et encourager une saine compétition. Ces concours peuvent regrouper toutes les classes de l'école du dimanche et se baser sur les connaissances acquises à travers les leçons.

Utilisation des Questions:
Les concours peuvent utiliser les questions déjà fournies dans le manuel ou être conçus selon les préférences du surintendant. Assurez-vous que les questions couvrent les principaux thèmes abordés au cours de la saison pour évaluer de manière équitable les connaissances des élèves.

Format des Concours:
Les concours peuvent prendre différentes formes, telles que des jeux-questionnaires en classe, des présentations de groupe, ou des épreuves écrites. Choisissez le format qui correspond le mieux à votre groupe d'élèves et à vos objectifs pédagogiques.

Ces activités d'évaluation et de concours sont des moyens efficaces pour renforcer l'apprentissage, encourager la participation active, et célébrer les réussites des élèves. Elles offrent également des occasions de renforcer les compétences bibliques tout en favorisant un esprit de camaraderie et d'excellence parmi les élèves.

E) ÉTUDE PERSONNELLE

<u>Préparez un temps dédié</u> :
Choisissez un moment calme de la journée pour étudier, afin d'être pleinement concentré sur la lecture et la réflexion. Bloquez un créneau régulier dans votre emploi du temps pour maintenir une habitude d'étude constante.

<u>Priez avant de commencer</u> :
Avant chaque session d'étude, commencez par une prière, demandant à Dieu de vous guider dans la compréhension des enseignements et de vous révéler la sagesse spirituelle cachée dans la Parole.

Lisez attentivement chaque section :
Lisez chaque chapitre du livre avec attention. Prenez le temps de méditer sur les versets bibliques et les concepts présentés. N'hésitez pas à relire si nécessaire pour bien saisir les idées.

Utilisez un cahier de notes :
Gardez un cahier de notes à portée de main pour écrire vos réflexions, vos questions ou des points importants. Cela vous aidera à structurer vos pensées et à garder une trace de ce que vous apprenez au fur et à mesure.

Répondez aux questions de réflexion :
Si la section contient des questions ou des points de discussion, prenez le temps d'y répondre honnêtement et en profondeur. Cela vous permettra d'appliquer les enseignements à votre vie personnelle.

Pratiquez la mémorisation des versets :
Choisissez quelques versets clés dans chaque chapitre et apprenez-les par cœur. Ils vous serviront de repères dans votre foi et dans vos prières quotidiennes.

Appliquez les enseignements à votre vie quotidienne :
Après chaque session d'étude, réfléchissez à la manière dont vous pouvez mettre en pratique ce que vous avez appris dans votre vie quotidienne. Identifiez des actions concrètes à entreprendre.

Prière de conclusion :
Terminez chaque session par une prière de remerciement, en demandant à Dieu de vous aider à vivre selon les enseignements que vous avez étudiés.

F) ÉTUDE BIBLIQUE EN GROUPE

En tant que pasteur, en tirant parti des termes hébreux et en développant des sermons :

Planifiez votre étude en fonction des besoins de votre assemblée :
Avant de commencer, évaluez les besoins spirituels et les défis que rencontre votre assemblée. Utilisez le livre pour aborder des sujets pertinents, en sélectionnant les chapitres qui correspondent aux besoins actuels de l'Église. Identifier également les termes hébreux pertinents pour enrichir vos explications et donner un contexte culturel et théologique profond

Préparez vos leçons à l'avance :
Lisez les chapitres du livre en profondeur et préparez des notes pour chaque session. Faites une lecture complète de la section, en soulignant les points importants. Intégrez des termes hébreux et leurs significations pour illustrer des concepts-clés. Par exemple, utilisez "mishpat" (jugement), "tzedakah" (justice), ou "chesed" (bonté) pour expliquer des thèmes bibliques.

Priez pour la sagesse et la direction divine :
Avant de préparer vos leçons, priez pour recevoir la sagesse de Dieu et la direction nécessaire afin de guider vos membres avec discernement. Demandez à Dieu de vous aider à comprendre et à interpréter les termes hébreux pour une meilleure transmission des enseignements.

Reliez chaque leçon à la Bible :
Utilisez la Bible comme base principale de vos enseignements et montrez comment les principes du livre sont enracinés dans les Écritures. Faites ressortir les nuances que les termes hébreux apportent aux passages bibliques. Par exemple, explorez la différence entre "chochmah" (sagesse) et "binah" (discernement) dans la prise de décision.

Encouragez la participation de l'assemblée :
Lors de l'étude, encouragez les membres à poser des questions et à partager leurs réflexions. Utilisez les questions proposées dans le livre pour susciter la discussion. Demandez à l'assemblée de réfléchir à la signification des termes hébreux et à comment ils peuvent transformer leur compréhension des Écritures.

Appliquez les enseignements à la vie quotidienne des membres :
Aidez les membres à comprendre comment appliquer les enseignements, en intégrant les termes hébreux dans leur vie spirituelle. Expliquez comment des concepts comme "shalom" (paix) ou "emet" (vérité) peuvent influencer leur comportement quotidien et leurs interactions avec les autres..

Construisez des sujets de sermon :
Utilisez les points importants relevés lors de vos lectures pour développer des thèmes de sermons. Par exemple, un terme hébreu comme "hesed" (bonté fidèle) peut devenir le cœur d'un message sur la miséricorde de Dieu. Chaque terme hébreu peut servir de base à un sermon puissant, aidant votre assemblée à mieux comprendre les aspects spécifiques du caractère divin et leur application.

Utilisez un support visuel ou multimédia :
Utilisez des supports visuels pour illustrer certains termes hébreux, montrant leur symbolisme ou leur contexte biblique. Cela permettra de rendre l'étude plus vivante et accessible pour tous.

Fixez des objectifs clairs pour chaque session :
Pour chaque étude, définissez des objectifs précis, comme approfondir la compréhension des termes hébreux ou discerner la sagesse divine dans la prise de décision. Résumez les points-clés et encouragez la réflexion personnelle.

Terminez chaque session par une prière :
Concluez l'étude par une prière collective, en demandant à Dieu de bénir l'application des enseignements et de permettre à l'assemblée de grandir spirituellement à travers la Parole.

Remerciements
Je tiens à remercier Dieu, sans qui ce projet n'aurait jamais vu le jour, ainsi que mes anciens professeurs d'École du Dimanche, ma mère, Evancia Louis, fervente servante de Dieu, qui m'a appris à faire la dévotion dès mon jeune âge, et mon père, Jean Renaul François.
Je suis également reconnaissant au staff de l'Institut de Théologie Évangélique de la Floride, Particulièrement, le pasteur Acheton Anger, pour leur soutien et encouragement dans mes études. Mes amis, Pasteur Éphésiens Louis, Le Psalmiste Wendy Fénelon, et Indiana Charles, méritent également mes remerciements les plus sincères.
Que ce livre soit un outil précieux pour vous dans votre ministère et un guide dans votre quête de l'enseignement biblique efficace.

En Christ, Job François

TABLE DES MATIÈRES

Chapitre 1 : Connaître La Bible........... Pages 3-34
B. CLASSIFICATION DES LIVRES DANS LA BIBLE .... Pages 5-10
   1- Survol de l'Ancien Testament .... Page 7
   2- Survol du Nouveau Testament .... Page 8
C. VÉRACITÉ DE LA BIBLE .... Page 10
   1- Shiloh dans l'Ancien Testament .... Pages 10-11
   2- Exactitude des prophéties concernant le Shiloh .... Pages 12-15
   3- Authenticité de la Bible .... Page 16
D. LES 4 ÉVANGILES PRÉSENTANT JÉSUS COMME LE SHILOH
   1- Jésus comme le Messie promis .... Page 19
   2- Jésus comme le Serviteur Souverain .... Page 20
   3- Jésus en tant que Fils de l'Homme .... Page 20
   4- Jésus en tant que Fils de Dieu .... Page 21
E. BIBLIOGRAPHIE .... Pages 24-28
   I- L'Ancien Testament : Auteur et Date d'Écriture .... Pages 23-27
   II- Le Nouveau Testament : Auteur et Date d'Écriture .... Page 30
   III- Calendrier Juif et Grégorien : Comparaison .... Page 31
   1- Dates importantes dans le calendrier juif .... Page 33
   2- Yitzhak Rabin et Israël .... Page 34

Chapitre 2 : Connaître Dieu .... Pages 37-58
A. LA CLÉ DE LA VIE ÉTERNELLE .... Pages 36-52
   I. Manifestation de la Nature de Dieu .... Pages 42-45
   1- Amour et la Lumière .... Page 42
   2- Les Quarks, les "Light Strings" et la Lumière .... Page 43
   3- Les Cordes Lumineuses : Les "light strings" .... Page 44
   4- La Lumière dans la Biologie : La Fécondation .... Page 45
   II. Autres Éléments de la Nature de Dieu .... Pages 47-55
   1- Fidélité de Dieu .... Page 47
   2- Concepts de Temps et Éternité de Dieu .... Pages 50-53
   3- La nature du temps .... Page 50

    4- L'éternité de Dieu .... Page 50
    5- L'Éternité et le Temps : Kairos et Chronos .... Page 51
    6- Temps humain vs éternité .... Page 51
    7- Les Fonctions de Dieu .... Pages 53-55
  III. Noms de Dieu dans la tradition Judéo-Chrétienne Pages........ 57-60

Chapitre 3 : Filiation .... Pages 63-99
  I. Filiation divine .... Pages 66-70
    1- Relation entre Dieu et la création .... Pages 66-68
      a. Dieu comme Père de la création .... Page 66
      b. L'immanence de Dieu .... Page 66
    2- Filiation des anges .... Page 66
      a. Les anges en tant que fils spirituels de Dieu .... Page 66
      b. Chute des anges .... Page 67
  II. Le Concept de l'Héritage .... Pages 69-71
    1- L'Héritage Royal et Familial .... Pages 69-70
    2- La dimension de l'Héritage .... Pages 69-71
    3- L'Héritage du Premier Homme .... Page 73
    4- Filiation d'Adam .... Pages 74-82
B. JÉSUS-CHRIST LE FILS DE DIEU .... Page 81
  1- Filiation de Jésus-Christ .... Pages 82-83
  2- Autorité de Christ .... Page 85
  3- Le Droit d'Aînesse .... Pages 88-90
  4- Prééminence du Fils .... Page 92
C. FILIATION DU CROYANT .... Pages 97-100
  I. Adoption spirituelle .... Pages 98-104
    1- L'Élection Divine .... Page 100
    2- Filiation et Régénération .... Page 100
    3- Enfant de Dieu et Fils de Dieu .... Pages 100-105
    4- Droits et privilèges .... Pages 106-110
    5- Appel à la sanctification .... Page 108
  II. Héritage des croyants .... Pages 111-113
    1- Mission et témoignage .... Page 109
    2- Participation aux Fonctions Divines .... Page 111
    3- Les Héritages des Promesses de Dieu .... Pages 111-115

Chapitre 4 : Victoire Divine .... Pages 122-193

A. I - LES ORIGINES DE LA GUERRE .... Page 123
1- La révolte de Satan .... Page 124
2- Satan et la chute de l'homme .... Pages 124-128
3- Les Nephilim : Une Race Maudite .... Page 129
4- Noms de Satan .... Page 132

II - LES ÉPISODES TERRESTRES DE LA BATAILL .... Page 133

A. L'ÉPISODE D'ABEL ET CAÏN .... Page 133

B. ÉLECTION D'ABRAHAM .... Pages 136-137
1- La promesse de Dieu à Abram .... Pages 136-137
 a. Appel d'Abram et sa foi en Dieu ...... Pages 136-137
 b. Les alliances de Dieu avec Abram .... Pages 136-137
2- La foi d'Abram face aux épreuves ...... Pages 136-137
 a. Confiance en Dieu lors de la famine ... Pages 136-137
 b. La séparation avec Lot .... Pages 136-137

C. ÉPISODE DE LA LIBÉRATION DES ESCLAVES EN ÉGYPTE
1- Les douze plaies .... Page 138

D. LE COMBAT DE REPHIDIM CONTRE AMALEK .... Page 141
1- Moïse, Aaron et Hur : Les mains levées .... Page 141
2- La victoire d'Israël sur Amalek .... Page 142
 a. La confiance en Dieu pour la victoire ...... Page 142

E. LA CONQUÊTE DE CANAAN .... Page 146
1- L'entrée dans la terre promise .... Page 146
2- La chute de Jéricho .... Page 146
 a. La foi du peuple d'Israël .... Pages 146

F. GÉDÉON ET LES MADIANITES .... Page 149
Appel de Gédéon par l'ange de l'Éternel .... Page 149
La stratégie divine avec les 300 hommes ...... Page 150

G. DAVID ET GOLIATH : UNE VICTOIRE DE FOI ...... Page 153
1- La foi inébranlable de David .... Page 155
2- Reconnaissance de la puissance de Dieu ..... Page 155

H. JOSAPHAT ET LA LOUANGE QUI PRÉCÈDE LA VICTOIRE.
1-Proclamation de la victoire avant la bataille ...... Pages 141-143
2- Intervention divine .... Pages 144-145

I. ÉLIE ET LES PROPHÈTES DE BAAL .... Page 16
1- Le défi sur le mont Carmel .... Page 161

2-La réponse de Dieu par le feu .... Page 161
J. LA PRIÈRE ET LA CONFIANCE EN DIEU : ÉZÉCHIAS.... Page 165
1- Ézéchias face à la menace assyrienne .... Page 165
2- L'intervention divine qui sauve Jérusalem .... Pages 165-166
K. ESTHER : COURAGE ET INTERCESS............................. Page 168
1- La décision courageuse d'Esther .... Page 168
2- L'intercession pour son peuple .... Page 168
L. L'ÉPISODE DE LA RÉVOLTE DES MACCABÉES ..... Pages 170-174
1- La lutte pour la liberté spirituelle .... Page 171
2- La restauration du culte dans le Temple .... Page 171
M - LE COMBAT SPIRITUEL .... Page 177
I. La Chair comparée à Amalek .... Page 177
II. Activité de Satan jusqu'à la Croix de Christ .... Page 178
III. La Victoire en Jésus-Christ .... Pages 185
N - COMBATTRE LE BON COMBAT .... Page 188
1- Les Stratégies de la Bataille : Jésus, le Modèle .... Pages 192
2- Marcher de victoire en victoire .... Page 198
3- Secret de cette vie de victoire .... Page 203
4- L'Armure de Dieu .... Page 205
5- L'importance d'une bonne santé .... Page 208

Chapitre 5 : Péché .... Pages 212-232
I. Introduction au Concept du Péché et du Mal .... Pages 212
1- Définitions et Origines .... Pages 213
II. LA CONCEPTION BIBLIQUE DU PÉCHÉ .... Pages 215
1-La distinction entre péché et mal .... Pages 215
III. Les Catégories de Péché .... Pages 216-219
1-Les péchés manifestes .... Pages 220
2-Péchés de parole et attitudes intérieures .... Pages 220
B. CONSÉQUENCES DU PÉCHÉ .... Pages 220-221
I. La Séparation d'avec Dieu .... Pages 220
a. La dégradation des relations humaines .... Pages 221
b. L'enseignement de Christ concernant le péché............. Pages 222
II. Le péché de l'orgueil .... Pages 224
III. Le Danger de l'amour de l'Argent .... Pages 227

IV. Porneia .... Pages 230
V. Impudicité .... Pages 232
C. RÉCONCILIATION AVEC DIEU .... Pages 237
   I. Rédemption et Pardon .... Pages 237-238
      a. Le plan de Dieu pour la rédemption .... Pages 217-218
      2. Le Propitiatoire : Le Trône de la Miséricorde................ Pages 240
      3. Le Pardon de Dieu et Satan ? 241
   II. Le Concept de l'Imputation .... Pages 242-247
      1- Le sort de quelques hommes face au Péché .... Pages 243
      2- Justification par la Foi .... Pages 244

Chapitre 6 : La Miséricorde .... Page 250
   1- Manifester la miséricorde de Dieu ....Page 254
   2- Le Rôle du Ministère de la Miséricorde dans l'Église .... Pages 254
   3- Le Chrétien et la Mission des Services de Secours .... Pages 254
   4- La Pratique de l'Hospitalité .... Pages 259

Chapitre 7 : Justice .... Pages 263
   A. TYPOLOGIE DE JUSTICE... Pages 263
      1-La justice comme fondement de l'ordre social .... Pages 266
      2-La justice et l'équité dans les lois humaines .... Pages 267
   II. La nécessité d'allier justice et miséricorde .... Pages 271
      1-Exemples de justice et miséricorde .... Pages 271

Chapitre 8 : Discernement.....................................Pages 274-276
   A. DISCERNEMENT SPIRITUEL ....Page 274-276
      1. Importance du discernement dans la vie chrétienne.......... Pages 275
      2. Reconnaître les voix et les influences spirituelles ....Pages 275
      3. Comprendre la volonté de Dieu..Pages 275
   II. Les Éléments du Discernement Spirituel......................Pages 275-276
      1. Savoir faire la distinction entre le bien et le mal................ Page 275
      2. La prière , la méditation et le discernement....................... Pages 276
      3. S'appuyer sur la Parole de Dieu comme guide.................. Pages 276

Chapitre 9 : Jugement .... Pages 281-306
I. JUGEMENT DANS L'ANCIEN TESTAMENT .... Page 281-301
1-Les Néphilims et le Plaidoyer d'Énoch .... Page 281
2-Sodome et Gomorrhe .... Page 283
3-La Femme de Lot .... Page 286
4-Le Jugement de Dieu sur Nebukadnetsar .... Page 289
5-"Mene, Mene, Tekel, Parsin" .... Page 290
6-Importance de l'impartialité dans le jugement .... Pages 292
7-Références bibliques sur le jugement impartial ...... Pages 293
8-La Sagesse dans le Jugement .... Page 295
9-Justice et Humilité .... Page 298

II. Jugement dans le Nouveau Testament
1-Ananias Et Saphira .... Page 302
2- Les Sept Églises d'Asie .... Page 303
3-Le Jugement Final de l'Apocalypse .... Page 304

Chapitre 10 : La Paix .... Pages 309-327
A. TYPES DE PAIX .... Pages 309-311
I. Comprendre la Paix Divine .... Page 317
II. Paix et Justice Sociale .... Page 313-314

B. PAIX INTÉRIEURE ET EXTÉRIEURE .... Pages 312-313
I. Cultiver la Paix Intérieure .... Page 322
II. Promouvoir la Paix Extérieure .... Page 322

C. LA PAIX COMME FRUIT DE L'ESPRIT .... Pages 314-315
I. Les Caractéristiques de la Paix
II. Vivre selon l'Esprit

D. PAIX AVEC DIEU .... Pages 317-319
I. Réconciliation avec Dieu Pages-317

E. PAIX AVEC SOI-MÊME .... Pages 318
I. Acceptation de soi .... Page 318
II. Gestion des émotions et des pensées .... Pages 322-323

F. PAIX AVEC AUTRUI .... Pages 324-327
I. La réconciliation dans les relations .... Pages 324-325
II. Discussion sur la paix dans les relations .... Pages 326-327

G. PAIX DANS LES INSTITUTIONS .... Pages 314
  I. Les institutions et la promotion de la paix .... Pages 314
  II. Importance de la justice et de l'équité au sein des institutions .. P. 314
  III. Chrétiens et Responsabilité dans les institutions Page................ 314
H. LA PAIX SELON LES ÉCRITURES............................... Pages 332-335
  I. Promesse de la Paix Éternelle .... Page 324
    1-Vision Prophétique du Règne de Christ .... Page 324
    2-La Paix dans l'Éternité .... Page 324

Chapitre 11 : La Joie .... Pages 330-341
A. LA JOIE DANS LA VIE CHRÉTIENNE
  I. Nature de la Joie Chrétienne ....- Page 330
  II. Joie Indépendante des Circonstances -...........................Page 330
  III. Joie comme Fruit de l'Esprit -..................................... Pages 332-334
B. LA JOIE DANS LES ÉCRITURES
  I. Versets Clés sur la Joie...Page 335
  II. Exemples de Joie dans la Bible....................................Page 336
C. JOIE ET LOUANGE
  I. L'Acte de Louange comme Expression de Joie.............Pages 337-338
  II. L'impact de la Louange sur la Joie................................Page 339
D. LA JOIE DANS LES ÉPREUVES
  I. Joie au Milieu de la Souffrance.................................... Pages 340-341
  II. Perspectives Bibliques sur la Joie dans l'Épreuve.....................Page 339
E. LA JOIE ET LA COMMUNAUTÉ
  I. Importance de la Joie Communautaire........................ Pages 339
  II. Encouragement à Cultiver la Joie dans les Relations........... Page 339

Chapitre 12 : La Liberté .... Pages 339-345
A-I. LA LIBERTÉ ET LA SOUVERAINETÉ DE DIEU........... Pages 339
  1- La Signification de la Liberté dans le Monde Ancien.......... Page 339
  2- L'Évolution de la Notion de Liberté Avant et Après Christ..Page 340
II- ESCLAVAGE ET LIBÉRATION
  1- L'Esclavage du Peuple de Dieu : Israël en Servitude.............Page 341
    a. Exode des Israélites..Page 341
    b. Le Décret de Cyrus : Un Avant-Goût de la Liberté............Page 342

b. Le Role de Cyrus dans le retour des Juifs à Jérusalem......Page 342
2- Approche du L'apotre Paul Concernant L'Eclavage
a. Perspective sur l'esclavage et la dignité................................Page 343
B- LA LIBERTÉ EN CHRIST..Pages 343-346
I. Liberté Spirituelle..Pages 343-344
1. Libération du Péché..Pages 343-344
a. Jésus offre la liberté du péché et de ses conséquences.
b. Importance de la rédemption pour la libération spirituelle.
II. Liberté de la Loi..Pages 345-346
C. LA LIBERTÉ DANS LES ÉCRITURES..........................Pages 347-348
I. **Versets Clés** sur la Liberté - Page 347
1- Analyse des versets principaux, comme Galates 5:1 :
a. Citation « C'est pour la liberté que Christ nous a libérés »
II. Exemples de Liberté dans la Bible - Page 348
1- Exemples de figures bibliques
D- LA LIBÉRATION EN CHRIST .... Pages 344-345
I- Christ, Auteur de la Libérte Spirituelle et Sociale........Pages 344-345
1- Libération spirituelle et transformation sociale.........Pages 344-345
2-L'Impacte de l'Œuvre de Christ Sur les Systèmes d'Oppression Page 346
2-Le Role de Martin Luther King Jr. .... Page 346
F- INFLUENCE HISTORIQUE ET DÉCLARATION UNIVERSELLE
DES DROITS DE L'HOMME
I- Le monde Avant la Déclaration des Droits de l'Homme......Page 347
1. Influence de penseurs chrétiens et philosophes............. Page 347
2. Le Rôle d'Eleanor Roosevelt......................................Pages 348-349
G- LA RÉVOLUTION HAÏTIENNE ET LA QUÊTE DE LIBERTÉ
I- Contexte Historique de la Révolution Haïtienne................Page 350
1- Émancipation d'Haïti et symbolisme mondial................Page 350
L'Impact Spirituel de la Révolution sur les Autres Nations - Pages 351-352
a. Toussaint Louverture et la foi dans la quête de liberté - Pages 351-352
b. La Bataille de la Liberté selon les Standards Divins................Page 353

Chapitre 13 : Le Jubilé ....Pages 354-355
A. LE JUBILÉ DANS L'ANCIEN TESTAMENT .... Pages 354-355
I. Signification du Jubilé .... Page 354

Année de Libération et de Restauration ....Page 354
II. Restauration des Droits et des Biens .... Page 354
B. LE JUBILÉ DANS LE NOUVEAU TESTAMENT .... Page 355
   I. Réalisation Spirituelle du Jubilé .... Page 355
   II. Jésus et l'Annonce du Jubilé .... Page 355

Chapitre 14 : Évangélisation .... Pages 361-368
A. L'IMPORTANCE DE L'ÉVANGÉLISATION.............Pages 361-364
   1. Le Mandat de Jésus ....Pages 361-362
     a. Appel à propager la bonne nouvelle.....................Pages 361-362
     b. Enseignement sur l'évangélisation......................... Pages 361-362
   2. L'Évangélisation comme Acte d'Amour....................Pages 363-364
     a. Motivation derrière l'évangélisation.................... Pages 363-364
     b. Impact de l'évangélisation sur la communauté..... Pages 363-364
B. MÉTHODES D'ÉVANGÉLISATION..........................Pages 365-368
   1. Évangélisation Personnelle...................................Pages 365-366
     a. Stratégies d'engagement individuel....................Pages 365-366
     b. Témoignages personnels et récits....................Pages 365-366
   2. Évangélisation en Groupe.....................................Pages 367-368
     a. Activités de groupe et événements.....................Pages 367-368
     b. Collaborations avec d'autres églises et groupes...........Pages 368

Chapitre 15 : L'amour... Pages 387-392
A. TYPOLOGIE DE L'AMOUR .... Pages 387-389
   1. L'Amour Agapé : Amour Inconditionnel .... Pages 388
     a. Définition et caractéristiques de l'amour agapé............... Pages 388
     b. Exemples bibliques de l'amour agapé .... Pages 389
     c. L'amour agapé dans la vie quotidienne ....Pages 389
   2. L'Amour Philia : Amour Fraternel .... Pages 391
     a. Nature et importance de l'amour philia .... Pages 391
     b. Manifestations de l'amour fraternel dans la Bible .... Pages 391
     c. Le rôle de l'amitié chrétienne dans l'amour fraternel ....Page 391
B. L'AMOUR, UN ORDRE DIVIN .... Pages 390-392
   1. L'Amour comme Commandement Divine....................Pages 390-391
     a. Commandement de l'amour dans les Écritures .... Pages 390-391

  b. Vivre selon le commandement de l'amour Pages.................. 390-391
  c. Témoignages de foi à travers l'amour divin .... Pages 390-391
 2. L'Amour comme Fondement de la Foi Chrétienne .... Pages 392
  a. Lien entre amour et foi dans la vie chrétienne .... Pages 392
  b. L'amour en tant que preuve de la foi en Christ .... Pages 392
  c. Impact de l'amour sur la communauté chrétienne........... Pages 392

Chapitre 16 : L'Adoration.. Pages 401-414
 A. COMPRENDRE L'ADORATI................................ Pages 401-403
 1. Définition de l'Adoration .... Pages 401-402
 2. L'Adoration et la Dévotion .... Pages 403
 B. TERMINOLOGIE HÉBRAÏQUE ....Pages 404-405
 1. Avodah (הָעֲבוֹדָה) .... Pages 404
 2. Yadah (יָדָה) .... Pages 405
 C. L'ADORATION DANS L'ANCIEN TEST. ....Pages 406-407
 1. Pratiques des Patriarches .... Pages 406
 2. Le Temple : Lieu d'Adoration .... Pages 407
 D. FORMES D'ADORATION .... Pages 408-410
 1. Adoration par la Louange .... Pages 408
 2. Adoration par la Musique .... Pages 409-410
 E. L'ADORATION DANS LE NOUVEAU TEST............... Pages 411-412
 1. Adorer en Esprit et en Vérité .... Pages 411
 2. Pratiques de l'Église Primitive .... Pages 412
 F. LA VRAIE ADORATION .... Pages 413-414
 1. Caractéristiques de l'Adoration Authentique....... Pages 413
 2. Bénéfices de l'Adoration .... Pages 414
 E. PÉCHÉS ET ADORATION .... Pages 418-419
 1. Péché de l'Orgueil vs. Adoration d'Humilité
  a. Orgueil et Supériorité
  b. Humilité et Reconnaissance de Dieu

Chapitre 17 : La Prière .... Pages 422-444
 A. INTRODUCTION À LA PRIÈRE ....Pages 422-423
 1. Nature de la Prière .... Pages 422-423
  a. Communication avec Dieu .... Pages 422-423
  b. Rôle de la prière dans la vie chrétienne .... Pages 422-423

B. TYPES DE PRIÈRE .... Pages 424-436
1. Prière de Confession .... Pages 424-425
   a. Définition et importance .... Pages 424-425
   b. Exemple : Psaume 51 .... Pages 424-425
2. Prière de Supplication .... Pages 426-427
   a. Demande d'aide et dépendance .... Pages 426-427
   b. Exemple : Prière dans le Jardin de Gethsémané........ Pages 426-427
3. Prière de Gratitude .... Pages 428-429
   a. Reconnaissance envers Dieu .... Pages 428-429
   b. Exemple : Prière de remerciement de Jésus .... Pages 428-429
4. Prière de Consécration .... Pages 430-431
   a. Engagement à Dieu .... Pages 430-431
   b. Exemple : Prière de Jésus dans le Jardin .... Pages 430-431
5. Prière d'Adoration .... Pages 432-433
   a. Louange de la grandeur de Dieu .... Pages 432-433
   b. Exemple : Psaume 150 .... Pages 432-433
6. Prière d'Intercession .... Pages 434-435
   a. Demande d'intercession pour les autres .... Pages 434-435
   b. Exemple : Prière de Moïse .... Pages 434-435
7. Prière de Délivrance .... Pages 436-437
   a. Demande de libération et de protection .... Pages 436-437
   b. Exemple : Psaume 34:7 .... Pages 436-437

C. EXEMPLES DE PRIÈRE DANS LA BIBLE .... Pages 429-431
1. Prière de Moïse .... Page 429
2. Prière de David .... Page 430
3. Prière de Jésus .... Page 431
4. Prière de Jabez .... Pages 431
5. Prière de Daniel .... Pages 431
6. Le Notre Père .... Pages 431
7. Prière de Salomon .... Pages 431

D. IMPORTANCE ET OBSTACLES À LA PRIÈRE. ....Pages 438-444
1. Impact sur la Vie Spirituelle .... Pages 438-439
2. Rôle de la Prière dans la Communauté .... Pages 440
3. Manque de Temps .... Pages 441
4. Doutes et Distractions ....Pages 442
5. Ressentiment et Manque de Foi .... Pages 443-444

Chapitre 18 : La Foi .... Pages 444-450
A. LA NATURE DE LA FOI .... Pages 444-447
1. Définition de la Foi .... Pages 444-445
   a. Concepts fondamentaux de la foi .... Pages 444-445
   b. Différence entre foi et croyance .... Pages 445
   c. Fides et son rôle dans la compréhension de la foi .... Pages 445
2. LA FOI DANS LES ÉCRITURES .... Pages 446-447
   a. Versets clés sur la foi .... Pages 446
   b. Exemples de foi dans l'Ancien et Le N.T. .... Pages 447
   c. Betach : Confiance et sécurité en Dieu .... Pages 447
B. LA FOI EN ACTION .... Pages 448-450
1. Exemples de Foi dans la Bible .... Page 448
   a. Figures bibliques exemplaires .... Page 448
   b. Témoignages de foi dans des situations difficiles .... Page 448
2. Application de la Foi dans la Vie Quotidienne .... Pages 449-450
   a. Comment vivre sa foi au quotidien .... Pages 449
   b. Les défis de la foi dans le monde moderne .... Pages 450

Chapitre 19 : Bénédiction .... Pages 456-461
A. LA BÉNÉDICTION DE DIEU .... Pages 456-458
1. La Signification de la Bénédiction .... Pages 456
   a. Concepts clés liés à la bénédiction .... Pages 456
   b. Différents types de bénédictions .... Pages 456
2. Bénédictions dans l'Ancien Testament .... Pages 457-458
   a. Exemples de bénédictions sur le peuple d'Israël .... Pages 457
   b. Rôle des patriarches dans la bénédiction .... Pages 458
B. LA BÉNÉDICTION DANS LA VIE DU CROYANT .... Page 459-461
1. Recevoir et Donner des Bénédictions .... Pages 459
   a. Importance de recevoir des bénédictions .... Pages 459
   b. Comment donner des bénédictions aux autres .... Pages 459
2. La Bénédiction comme Mode de Vie .... Pages 460-461
   a. Vivre dans une attitude de bénédiction .... Pages 460
   b. Impact de la bénédiction sur la communauté .... Pages 461

Chapitren20: L'Espérance .... Pages 462-468
A. LA NATURE DE L'ESPÉRANCE .... Pages 462-465

1. Définition et Importance de l'Espérance .... Pages 462-463
   a. Concepts clés de l'espérance .... Pages 462-463
   b. Rôle essentiel de l'espérance dans la vie chrétienne......... Pages 463
2. Espérance Biblique .... Pages 464-465
   a. Exemples d'espérance dans l'Ancien Testament .... Pages 464
   b. Promesses d'espérance dans le Nouveau Testament......... Pages 465

B. L'ESPÉRANCE DANS LA VIE DU CROYAN............ Pages 466-468
1. Espérance en Christ .... Pages 466-467
   a. La résurrection comme fondement de l'espérance ....Pages 466
   b. Espérance éternelle promise à travers Christ .... Pages 467
2. Vivre avec Espérance au Quotidien .... Pages 468
   a. Pratiques pour cultiver l'espérance .... Pages 468
   b. Impact de l'espérance sur la vie communautaire .... Pages 468

Chapitre 21 : Le Mariage .... Pages 469-488
A. LA SIGNIFICATION DU MARIAGE .... Pages 469-472
1. Le Mariage dans la Bible .... Pages 469
   a. Vue d'ensemble biblique du mariage .... Pages 469
2. Les Fondements Spirituels du Mariage .... Pages 470-472
   a. L'union sacrée entre l'homme et la femme .... Pages 470
   b. Importance de la prière et de la foi dans le mariage ....Pages 472

B. LE MARIAGE EN PRATIQUE .... Pages 473-488
1. Les Clés d'un Mariage Heureux .... Pages 473-485
   a. Communication efficace et respect mutuel .... Pages 473
   b. Le partage des moments de qualité ensemblePages 474
   c. Soutien mutuel dans les épreuves .... Pages 475
2. La Résolution des Conflits .... Pages 486-488
   a. Stratégies pour gérer les désaccords .... Pages 486
   b. Le rôle du pardon dans le mariage .... Pages 488

Connaitre La Bible

« Ta parole est une lampe à mes pieds,
et une lumière sur mon sentier. »
(Psaume 119:105)

Lumière Éternelle

La Bible est un phare dans la nuit profonde,
Ses pages dévoilent des secrets que l'on confonde.
De la Genèse aux Évangiles révélés,
Chaque vers est un guide, chaque mot, un éclairé.

Pourquoi ne pas nourrir de Ta parole divine,
Quand la sagesse éternelle en elle se dessine ?
Son écho résonne dans chaque cœur épris,
Guidant nos pas vers l'éternité, infinie.

Les Prophètes et les Psaumes nous parlent de foi,
De l'amour de Dieu, du chemin et des lois.
L'Évangile porte l'espérance et la paix,
Un message d'amour qui jamais ne se tait.

Dans les Écritures, l'histoire de notre foi,
Des récits d'espoir, de sagesse et de choix.
La Bible éclaire nos jours de son feu sacré,
Nous conduisant vers la lumière à jamais.

Chaque chapitre, un trésor d'une profondeur infinie,
Elle nourrit nos âmes, elle est la voie de vie.
Lumière divine, guide pour notre destin,
La Bible est un don, un précieux chemin.

BIBLIOLOGIE – CONNAÎTRE LA BIBLE

2 Timothée 3:16 (LSG) : « Toute Écriture est inspirée de Dieu et utile pour enseigner, pour convaincre, pour corriger, pour éduquer dans la justice. »

Définition :
La bibliologie est l'étude théologique de la Bible en tant que livre sacré, englobant son origine, sa nature, son autorité et son rôle dans la vie des croyants. Cette discipline explore comment la Bible a été inspirée, transmise et interprétée à travers les âges, ainsi que son impact sur la foi chrétienne et la vie quotidienne des croyants. En somme, la bibliologie cherche à comprendre comment la Bible, en tant que Parole de Dieu, guide, édifie et transforme les vies de ceux qui l'étudient et l'appliquent. Pour l'École du Dimanche, il est essentiel d'aborder la bibliologie de manière simple et adaptée aux enfants. Cela peut inclure l'utilisation d'éléments anatomiques pour aider à comprendre la structure et le contenu de la Bible, rendant ainsi cette étude plus accessible et significative pour les jeunes croyants

Qu'est-ce que la Bible ?
C'est une bibliothèque divine, allant de la Genèse à l'Apocalypse, composée de 66 livres remplis de récits, de lois, de sagesse et de prophéties qui révèlent la volonté et le plan de Dieu pour l'humanité. La Bible est le livre sacré des chrétiens, divisée en deux grandes parties : l'Ancien Testament et le Nouveau Testament. Elle contient les paroles inspirées de Dieu et guide les croyants dans leur vie quotidienne.

La *bibliolâtrie* est un terme qui fait référence à l'adoration excessive de la Bible, au point de la traiter comme une idole, en mettant davantage l'accent sur le texte en lui-même que sur Dieu, qu'elle révèle. Cela se manifeste lorsqu'une personne accorde une importance démesurée à la lettre tout en négligeant l'esprit, les enseignements moraux et les relations vivantes que le texte vise à encourager.

En d'autres termes, c'est une forme d'idolâtrie où l'on remplace la foi en Dieu par une vénération du livre, sans comprendre ou appliquer ses principes de manière vivante et spirituelle. Comme le dit l'apôtre : « La lettre tue, mais l'Esprit vivifie » (2 Corinthiens 3:6).

Les Apocryphes

Cependant, en plus des textes canoniques, il existe des écrits appelés apocryphes. Ces livres, bien qu'ils aient été largement lus et parfois respectés, n'ont pas été retenus dans le canon officiel des Écritures. Ils comprennent des récits historiques, des enseignements religieux et des écrits poétiques.

Quelques mentions dans la Bible
Certaines références aux écrits apocryphes se trouvent dans la Bible elle-même. Par exemple :
Nombres 21:14 mentionne le Livre des Guerres de l'Éternel.
Josué 10:13 fait référence au Livre de Jashar.
Ces mentions indiquent que des écrits non canoniques circulaient dans la communauté juive et chrétienne des premiers siècles.

Impact et Importance
Les apocryphes offrent un contexte historique et culturel riche, aidant à comprendre les croyances et les pratiques des anciens Israélites et des premiers chrétiens. Bien qu'ils ne soient pas considérés comme inspirés de la même manière que les livres canoniques, ces textes contribuent à une meilleure compréhension de la théologie, de l'histoire et de la littérature bibliques.

Réserve sur les Apocryphes
Il est important de garder à l'esprit que les apocryphes ne sont pas considérés comme inspirés par la plupart des traditions chrétiennes. Leur étude doit donc être abordée avec discernement, en reconnaissant qu'ils peuvent contenir des éléments de vérité ou des récits intéressants, mais ne doivent pas être confondus avec l'autorité des Écritures canoniques.

Conclusion:
Ainsi, certains livres sont non canoniques et sont appelés apocryphes. À la lumière de la Bible, nous avons fait mention de quelques passages trouvés dans les apocryphes dans ce manuel, uniquement pour illustrer certains faits. L'étude de ces écrits nous permet d'explorer les nuances et les débats qui ont entouré la formation du canon biblique, enrichissant notre connaissance de la foi et des traditions qui ont influencé le christianisme à travers les siècles.

INTRODUCTION AU PENTATEUQUE

Le Pentateuque, également connu sous le nom de la Torah, constitue la première section de la Bible hébraïque. Il est composé de cinq livres :

Genèse (Bereshit) : Ce livre narre la création du monde, l'histoire des premiers êtres humains, et les récits des patriarches, notamment Abraham, Isaac, Jacob et Joseph. Il établit les fondements de la foi juive et des relations entre Dieu et son peuple.

Exode (Shemot) : L'Exode raconte la libération des Israélites de l'esclavage en Égypte, le leadership de Moïse, la réception des Dix Commandements au mont Sinaï, et l'établissement des lois et des rituels qui régissent la vie communautaire.

Lévitique (Vayikra) : Ce livre se concentre sur les lois religieuses, les rituels, les sacrifices, et les règles de pureté. Il détaille les responsabilités des prêtres et les pratiques nécessaires pour maintenir la sainteté dans la communauté.

Nombres (Bamidbar) : Nombres raconte le voyage des Israélites dans le désert, leurs épreuves et leurs rébellions. Il inclut des recensements de la population et l'organisation des tribus d'Israël.

Deutéronome (Devarim) : Ce livre se présente sous la forme d'un discours de Moïse avant l'entrée dans la Terre promise. Il récapitule les lois précédentes et exhorte le peuple à obéir à Dieu pour bénéficier de ses bénédictions.

Conclusion
Le Pentateuque est fondamental pour les traditions juive et chrétienne, établissant les principes éthiques et les croyances qui définissent l'identité du peuple d'Israël. Son étude est essentielle pour comprendre les racines de la foi et les pratiques influençant la spiritualité. Plus qu'un simple recueil de textes religieux, le Pentateuque est un document vivant qui a façonné des siècles de croyance, offrant des leçons sur la foi et la moralité.

CLASSIFICATION DES LIVRES DANS LA BIBLE

Dans l'Ancien Testament :
La Torah : Les cinq premiers livres de la Bible, également appelés Pentateuque, comprenant la Genèse, l'Exode, le Lévitique, les Nombres et le Deutéronome.
Les Livres Historiques : Récits de l'histoire d'Israël, tels que Josué, Juges, Ruth, et les Livres des Rois.
Les Livres Poétiques et Sapientiaux : Comprennent les Psaumes, les Proverbes, l'Ecclésiaste, et le Cantique des Cantiques.
Les Livres des Prophètes : Écrits des prophètes comme Isaïe, Jérémie, Ézéchiel, et les Douze Petits Prophètes.

Les Livres Historiques :
Racontent l'histoire d'Israël depuis l'entrée en Terre Promise jusqu'à l'exil.

Les Livres Poétiques et Sapientiaux :
Contiennent des poèmes, des prières, et des réflexions sur la vie.

Les Livres des Prophètes :
Transmettent les messages de Dieu à travers des prophètes.

Activités :
Puzzle de la Bible : Utilisez un puzzle illustré représentant les différentes sections de l'Ancien Testament pour aider les enfants à comprendre sa structure.
Lecture de Contes : Lisez des histoires simples de l'Ancien Testament et discutez des leçons qu'elles enseignent.
Application : Encouragez les enfants à apprendre des histoires de l'Ancien Testament et à partager ce qu'ils ont appris.

Priere:
Père Céleste, Nous te remercions pour la sagesse et la guidance de l'Ancien Testament. Ouvre nos cœurs pour comprendre ses enseignements et voir comment il annonce les promesses accomplies en Jésus. Aide-nous à appliquer ses leçons dans notre vie et à approfondir notre foi.
Que Ton Esprit nous guide alors que nous étudions et méditons sur Ta Parole. Nous sommes reconnaissants pour les fondements qu'elle nous fournit et pour la continuité de Ta vérité. Au nom de Jésus, nous prions. Amen.

SURVOL DU NOUVEAU TESTAMENT

<u>Les Évangiles</u> : Récits de la vie et de l'enseignement de Jésus-Christ, comprenant Matthieu, Marc, Luc, et Jean.

<u>Les Actes des Apôtres</u> : Récit de la naissance et de l'expansion de l'Église chrétienne après la résurrection de Jésus.

<u>Les Épîtres</u> : Lettres écrites par les apôtres, notamment Paul, Pierre, Jacques, Jean et Jude, adressées aux églises et aux individus.

<u>L'Apocalypse</u> : Vision prophétique de la fin des temps et de la victoire finale de Dieu.

Activités :

<u>Discussion</u> : Demandez aux enfants ce qu'ils savent déjà sur la Bible et expliquez que la Bible est une grande bibliothèque contenant les paroles de Dieu.

<u>Jeu de rôle</u> : Créez des cartes avec des images représentant les parties de la Bible (Ancien Testament, Nouveau Testament, livres, chapitres) et demandez aux enfants de les organiser correctement.

<u>Application</u> : Encouragez les enfants à lire des histoires de la Bible à la maison avec leurs parents.

<u>Questions à Discuter</u> :
Qui est l'auteur de la Bible ? (Réponse : Dieu, écrit par des hommes inspirés)
Combien d'auteurs ont écrit la Bible ? (Réponse : Environ 40 auteurs)
Pourquoi la Bible est-elle importante pour nous aujourd'hui ?

Priere :
Seigneur, Merci pour la Bible, Ta Parole sacrée, révélant Ta volonté et Ton plan pour nous. Aide-nous à comprendre et à vivre selon Tes enseignements contenus dans l'Ancien et le Nouveau Testament. Que Ta Parole nous guide et nous transforme chaque jour.
Nous te prions en le nom de Jésus. Amen.

Présentation du Nouveau Testament

Le Nouveau Testament se concentre sur la vie, le ministère, et l'enseignement de Jésus-Christ, ainsi que sur l'expansion de l'Église chrétienne. Il est composé des Évangiles, des Actes des Apôtres, des Épîtres et de l'Apocalypse. Ces écrits révèlent l'amour de Dieu manifesté à travers le sacrifice de Jésus, la propagation du message chrétien, et les visions prophétiques pour l'avenir. En explorant ces textes, nous découvrons la réalisation de la promesse divine et la voie pour vivre selon les enseignements du Christ.

Les Sections du Nouveau Testament :

Les Évangiles :
Présentent la vie, le ministère, et les enseignements de Jésus-Christ. Les Évangiles de Matthieu, Marc, Luc et Jean offrent une vue complète de la mission rédemptrice de Jésus et de Son impact sur le monde.

Les Actes des Apôtres :
Décrivent les débuts de l'Église chrétienne et la propagation du message évangélique après la résurrection de Jésus, mettant en lumière les actions des apôtres et les premières églises.

Les Épîtres :
Incluent des lettres écrites par les apôtres aux premières communautés chrétiennes. Ces lettres, telles que celles de Paul, Pierre, Jacques et Jean, offrent des conseils pratiques, des encouragements et des enseignements doctrinaux.

L'Apocalypse :
Contient des visions prophétiques sur la fin des temps, la victoire finale de Dieu sur le mal, et la création d'un nouveau ciel et d'une nouvelle terre. Ce livre révèle la dimension eschatologique du plan divin.

En étudiant le Nouveau Testament, nous découvrons comment Dieu a manifesté Son amour à travers Jésus-Christ, comment l'Église a été fondée, et comment les croyants sont appelés à vivre en harmonie avec les enseignements du Christ et à attendre la réalisation des promesses divines.

FICHE DE LA LEÇON #1

Titre : Une Vie Authentique Dictée par la Parole de Dieu

Texte d'Or : Psaume 119:105 – « Ta parole est une lampe à mes pieds, et une lumière sur mon chemin. »

Verset d'Appui :
2 Timothée 3:16 – « Toute Écriture est inspirée de Dieu, et utile pour enseigner, pour convaincre, pour corriger, pour instruire dans la justice. »

Points de Reflexion
1- Importance de la lecture de La parole
2- L'Impact de la Parole sur Nos Décisions Quotidiennes :

Questions
1- Comment la Bible, en tant que lampe et lumière, influence-t-elle vos décisions et actions quotidiennes ?
2- Quels aspects de votre vie sont les plus éclairés par les enseignements bibliques ?
3- Comment pouvez-vous mieux intégrer les principes de la Bible dans vos interactions avec les autres ?

Prière :
« Seigneur, nous Te remercions pour Ta Parole qui est une lampe à nos pieds et une lumière sur notre chemin. Aide-nous à suivre la guidance de Tes enseignements dans chaque aspect de notre vie. Que nous vivions selon Ta volonté et que Ta Parole éclaire nos décisions et actions. Au nom de Jésus, Amen. »

VÉRACITÉ DE LA BIBLE
Peut-on faire confiance à tout ce que la Bible dit ?

Introduction
La Bible, en tant que texte sacré des traditions judéo-chrétiennes, est souvent au centre de débats sur sa véracité et son authenticité. Composée de l'Ancien et du Nouveau Testament, elle contient des récits historiques, des enseignements moraux et des prophéties qui ont façonné la foi de millions de croyants à travers les siècles. L'étude de la véracité de la Bible implique une analyse approfondie de son contexte historique, culturel et littéraire, ainsi que des preuves archéologiques et manuscrites. En explorant ces éléments, nous pouvons mieux comprendre la fiabilité des Écritures et leur pertinence continue dans la vie spirituelle et morale des croyants.

SHILOH DANS L'ANCIEN TESTAMENT
Dans l'Ancien Testament, le terme "Shiloh" est riche de significations, à la fois en tant que prophétie messianique et lieu historique. Voici une exploration détaillée des différents aspects de Shiloh.

1. Prophétie Messianique
Dans Genèse 49:10, Jacob prophétise que "le sceptre ne s'éloignera pas de Juda jusqu'à ce que vienne Shiloh". Ce verset est souvent considéré comme une annonce de la venue d'un Messie, un roi ou un sauveur issu de la lignée de Juda. Pour les chrétiens, ce passage trouve son accomplissement en Jésus-Christ, qui incarne cette promesse. Shiloh devient ainsi un symbole de paix et de royauté, une figure annonciatrice du règne divin.

2. Lieu de Culte
Shiloh était également une ville importante dans l'histoire d'Israël, située dans la région d'Éphraïm. Après l'entrée des Israélites en Terre promise, le tabernacle y fut établi, faisant de Shiloh un centre religieux majeur. Ce lieu était non seulement le site de sacrifices et de célébrations, mais il était également là où Samuel, le prophète, fut appelé par Dieu (1 Samuel 3). Shiloh incarne ainsi un point central dans la relation entre Dieu et le peuple d'Israël.

3. Symbolique de Shiloh
Le nom "Shiloh" est souvent interprété comme signifiant "celui à qui il appartient" ou "qui apporte la paix". Cette symbolique souligne l'idée que le Messie, en tant que Shiloh, est destiné à rétablir l'ordre et la paix. Shiloh représente l'espoir d'une restauration pour un peuple éprouvé par des guerres et des souffrances.

4. La Transition vers Jérusalem

Avec le temps, alors que le tabernacle fut transféré à Jérusalem et que le temple fut construit par Salomon, Shiloh perdit de son rôle en tant que centre de culte. Toutefois, les attentes messianiques autour de Shiloh continuèrent à influencer la spiritualité du peuple d'Israël. Le passage de Shiloh à Jérusalem symbolise un développement dans la compréhension de la présence de Dieu parmi son peuple.

5. Interprétations Rabbinique et Chrétienne

Dans la tradition rabbinique, Shiloh est souvent considéré comme un titre de dignité ou de royauté, représentant le Messie attendu. Pour les chrétiens, cette interprétation est renforcée par la croyance en Jésus comme le Messie, qui restaure la relation entre Dieu et l'humanité. Ainsi, Shiloh est vu à la fois comme un lieu historique et comme une figure spirituelle, symbolisant l'espoir de rédemption.

Conclusion

Shiloh, en tant que prophétie et lieu, incarne une promesse de paix et de restauration dans l'Ancien Testament. Sa signification messianique demeure un sujet d'étude important, soulignant la continuité de la révélation divine et l'espérance d'un avenir rédempteur.

L'accomplissement de cette prophétie, ainsi que d'autres, confirme la véracité de la Bible, attestant que ses enseignements et promesses sont authentiques. Ces réalisations témoignent de la cohérence du message biblique à travers les âges et encouragent la foi des croyants.

Ainsi, l'étude de Shiloh et des prophéties messianiques invite à une exploration spirituelle, à la recherche de sens et de vérité. Reconnaître ces accomplissements nous aide à affirmer que la Bible est véritablement la parole de Dieu, offrant lumière et direction à ceux qui cherchent leur place dans le plan divin de rédemption.

EXACTITUDE DES PROPHÉTIES BIBLIQUES SUR LA VENUE DU SHILO

Les quatre Évangiles du Nouveau Testament — Matthieu, Marc, Luc et Jean — offrent des perspectives uniques sur la vie et l'œuvre de Jésus-Christ, mettant en lumière son identité messianique. Chacun de ces Évangiles a été rédigé avec un objectif distinct, révélant différents aspects du ministère de Jésus et permettant une compréhension enrichie de son message. En explorant ces écrits, nous découvrons non seulement la nature divine de Jésus, mais aussi son rôle en tant que Messie, Serviteur, Sauveur, et Fils de Dieu. Cet article examine les prophéties de l'Ancien Testament qui annoncent la venue du Messie, en particulier en tant que Shilo, et leur accomplissement en Jésus, soulignant ainsi son importance dans le plan divin de rédemption.

Jésus comme le Shilo : Évidences de son Identité Messianique

L'Ancien Testament regorge de prophéties annonçant la venue du Messie, et Jésus est reconnu par les chrétiens comme l'accomplissement ultime de ces promesses divines. Cet article examine les prophéties clés et leurs réalisations en la personne de Jésus.

I. La Prophétie de la Naissance du Messie

La première prophétie concernant la naissance du Messie se trouve dans Ésaïe 7:14, qui annonce : « Voici, la vierge concevra, elle enfantera un fils, et on l'appellera Emmanuel. » Cet événement est pleinement accompli dans Matthieu 1:22-23, où il est dit que « tout ceci est arrivé afin que s'accomplisse ce que le Seigneur avait annoncé par le prophète ».

Cette naissance virginale marque le début de la réalisation des promesses messianiques. est également prédite dans Ésaïe 53:3, affirmant qu'il sera « méprisé et abandonné des hommes... ». Dans Marc 10:45, Jésus lui-même déclare : « Le Fils de l'homme est venu, non pour être servi, mais pour servir... ». Cette dualité de souffrance et de service montre la nature profonde du ministère de Jésus.

II. La Lignée Davidique

Une autre prophétie fondamentale est celle de la lignée davidique, exprimée dans Jérémie 23:5 : « Voici, les jours viennent, dit l'Éternel, où je susciterai à David un germe juste... ». L'accomplissement de cette prophétie se trouve dans Matthieu 1:1, qui identifie Jésus comme « fils de David, fils d'Abraham ». Cela établit Jésus comme le roi promis descendant de David, renforçant ainsi sa légitimité messianique.

III. Le Ministère de Guérison et de Miracles

Le ministère de Jésus est également prophétisé dans Ésaïe 61:1-2, où il est dit : « L'Esprit du Seigneur, l'Éternel, est sur moi... pour guérir ceux qui ont le cœur brisé... ». Dans Luc 4:18-19, Jésus déclare avoir été oint pour cette mission, réalisant ainsi les promesses de guérison et de libération. Cela démontre son rôle en tant que Messie, apportant l'espoir et la guérison aux opprimés.

IV. Le Sacrifice Atonant

La prophétie de Ésaïe 53:5 dépeint le Messie comme un sacrificateur, affirmant : « Il était blessé pour nos transgressions... ». Cela trouve son accomplissement dans Jean 1:29, où Jésus est désigné comme « l'Agneau de Dieu, qui ôte le péché du monde ». Ce sacrifice ultime souligne la mission rédemptrice de Jésus, offrant la paix et le pardon à l'humanité.

V. La Résurrection

La prophétie de la résurrection est illustrée dans Psaume 16:10, qui annonce : « Car tu ne laisseras pas mon âme dans le séjour des morts... ». Cela se réalise dans Matthieu 28:5-6, lorsque l'ange déclare aux femmes que Jésus est ressuscité, comme il l'avait promis. Cette résurrection est essentielle pour la foi chrétienne, affirmant la victoire sur la mort et le péché.

VI. L'Entrée Triomphale à Jérusalem

La prophétie de l'entrée triomphale de Jésus à Jérusalem est trouvée dans Zacharie 9:9, où il est écrit : « Voici, ton roi vient à toi, doux, monté sur un âne... ». Cet événement est réalisé dans Matthieu 21:5, marquant l'acclamation de Jésus comme roi. Ce moment est symbolique de son autorité et de son rôle messianique.

VII. Le Messie comme Serviteur Souffrant

La souffrance du Messie est prophétisée dans Ésaïe 53:3, où il est décrit comme « méprisé et abandonné des hommes, homme de douleurs ».

Cette image préfigure le rôle sacrificiel de Jésus. Dans Marc 10:45, Jésus lui-même affirme : « Car le Fils de l'homme est venu, non pour être servi, mais pour servir et donner sa vie comme la rançon de plusieurs. » Ce passage souligne la nature altruiste de sa mission, illustrant comment son service est lié à sa souffrance et à son sacrifice pour l'humanité.

Conclusion

Ces prophéties et leurs accomplissements illustrent non seulement la légitimité messianique de Jésus, mais aussi la cohérence et la véracité des Écritures. Chaque prophétie réalisée renforce la confiance en la Bible en tant que parole de Dieu, confirmant qu'elle est véritablement un guide spirituel fiable pour les croyants. En explorant ces vérités, nous découvrons la richesse du message biblique et son impact profond sur notre compréhension de la rédemption.

Autres Prophéties Clés

VIII. La Promesse d'Adam et Ève
La première promesse de rédemption se trouve dans Genèse 3:15 : « Je mettrai inimitié entre toi et la femme... ». Cette prophétie établit la nécessité d'un Sauveur pour vaincre Satan.

IX. Le Sacrifice de l'Agneau
Genèse 22:8 relate qu'« Abraham dit : Mon fils, Dieu se pourvoira lui-même de l'agneau pour l'holocauste. » Ce passage préfigure le sacrifice de Jésus, l'Agneau de Dieu.

X. La Lignée de Juda
Genèse 49:10 annonce que « le sceptre ne s'éloignera pas de Juda... ». Cela confirme que le Messie proviendra de la tribu de Juda, comme le souligne la généalogie de Jésus.

XI. La Promesse d'Abraham
Dans Genèse 12:3, Dieu promet : « Je ferai de toi une grande nation... ». Jésus, en tant que descendant d'Abraham, devient la source de bénédiction pour toutes les nations.

XII. La Promesse d'une Nouvelle Alliance
Genèse 9:9-11 annonce une alliance éternelle. Jésus réalise cette promesse à travers la nouvelle alliance qu'il établit par son sang, apportant rédemption et réconciliation.

XIII. Le Messie comme Roi et Prêtre
Genèse 14:18-20 décrit Melchisédec, roi et prêtre. Jésus, à la fois roi et prêtre, remplit également ces rôles, affirmant son autorité.

XIV. La Victoire sur les Ennemis
Genèse 49:8 proclame : « Juda, tu es celui que tes frères loueront... ». Cette prophétie anticipe la royauté de Jésus et son triomphe sur ses ennemis.

DES PREUVES QUE LA BIBLE EST RÉELLEMENT AUTHENTIQUE

Le Mont Sinaï: "Le mont Sinaï présente encore des signes de brûlure au sommet, confirmant le verset Exode 19:18 (LSG), résultant de la rencontre de Moïse avec Dieu

Le Rocher Fendu: le rocher fendu, par lequel Dieu a donné de l'eau à son peuple dans le désert. Ce rocher mesure toujours 60 pieds de haut et il a été prouvé qu'il a été une source d'eau.

Les Chars de Pharaon: Des chars de guerre provenant de Pharaon et de son armée ont été retrouvés au fond de la mer Rouge, là où ils ont été submergés en poursuivant les Israélites.

La Femme de Lot: La femme de Lot s'est transformée en statue de sel à cause de sa désobéissance ; elle se tient encore aujourd'hui exactement à l'endroit indiqué par la Bible.

Le Soufre de Sodome et Gomorrhe: Dieu a fait pleuvoir du soufre sur Sodome et Gomorrhe ; à ce jour, on peut trouver des boules de soufre composées à 100 % de soufre, ce que l'on ne trouve nulle part ailleurs dans le monde.

L'Arche de Noé: Nous avons également l'arche de Noé, localisée dans un endroit similaire à celui décrit dans la Bible, et ayant les dimensions exactes données par Dieu à Noé.

Le Sang de Jésus et l'Arche de l'Alliance

1er point étonnant : "L'arche de l'alliance, sur laquelle on répandait le sang des victimes, se trouve étonnamment sous la croix où Jésus a été crucifié. Cela remplit la condition pour que le sang de Jésus soit versé sur le couvercle, coulant à travers les fissures causées par le tremblement de terre au dernier soupir de Jésus. Le sang suit le trajet jusqu'à l'arche, remplaçant ainsi le sang des bêtes pour la plénitude de la propitiation.

2ème point étonnant : Des études ont révélé que du sang a coulé à travers les fissures où Jésus a été crucifié, menant à l'arche de l'alliance. Ce qui est particulièrement remarquable, c'est que ce sang était vivant et contenait 24 chromosomes. Normalement, nous héritons de 23 chromosomes de notre mère et 23 de notre père, mais ce sang a été trouvé avec 23 chromosomes de la mère et un chromosome d'une source extérieure.

Il est toutefois hautement impossible de tester les chromosomes dans des corps sans vie, mais cette substance a été trouvée vivante, et les chercheurs ont déclaré n'avoir jamais rien vu de tel. Cette découverte soulève des questions fascinantes sur la nature divine du sang de Jésus et son rôle dans notre rédemption.

FICHE DE LA LÉÇON #2

Titre : Jésus comme le Messie Promis

Texte d'Or : Ésaïe 9:6 - « Car un enfant nous est né, un fils nous est donné, et la domination reposera sur son épaule ; on l'appellera Admirable, Conseiller, Dieu puissant, Père éternel, Prince de la paix. »

Versets d'Appui :
Michée 5:2 - Jean 4:25-26 - Luc 24:44

Points de Discussion :

1- Accomplissement des Prophéties :
Lecture et Réflexion : Lisez Ésaïe 9:6. Comment ce verset annonce-t-il la venue de Jésus comme le Messie promis ?
Réflexion supplémentaire : Comparez ce verset avec Michée 5:2 qui annonce la naissance à Bethléem. Pourquoi ces prophéties renforcent-elles notre foi en l'accomplissement des Écritures ?

2- Jésus identifié comme le Shilo :
Lecture et Réflexion : Lisez Genèse 49:10. Que signifie la prophétie sur le sceptre ne s'éloignant pas de Juda jusqu'à l'arrivée de Shilo ? Comment Jésus remplit-il cette prophétie en tant que descendant de la tribu de Juda et en tant que roi promis ?
Réflexion supplémentaire : Dans Jean 4:25-26, Jésus révèle à la Samaritaine qu'il est le Messie attendu. Comment cette déclaration fait-elle écho à la prophétie de Shilo, apportant paix et rédemption au peuple de Dieu ?

3- Le Ministère et les Miracles de Jésus :
Lecture et Réflexion : Lisez Luc 4:18-19 et Ésaïe 61:1-2. Jésus a déclaré que ces prophéties étaient accomplies en Lui. Comment Ses miracles, guérisons, et paroles de libération renforcent-ils Son identité en tant que Messie promis ?

Réflexion supplémentaire : Pourquoi est-il important que Jésus ait accompli non seulement les prophéties liées à sa naissance et à sa lignée, mais aussi celles qui concernent son ministère ?

Questions de Réflexion :

Que signifie le terme "Shilo" dans Genèse 49:10 et comment cette prophétie pointe-t-elle vers Jésus ?

Réponse :
"Shilo" signifie "celui à qui appartient" ou "celui qui apporte la paix". Il est souvent interprété comme une référence au Messie. Jésus, descendant de Juda, est considéré comme l'accomplissement de cette prophétie, apportant la paix et la rédemption.

Comment Jésus a-t-il accompli les prophéties de l'Ancien Testament concernant le Messie ?

Réponse :
Jésus a accompli les prophéties par sa naissance à Bethléem (Michée 5:2), son ministère de guérison (Ésaïe 61:1-2), son sacrifice pour les péchés (Ésaïe 53:5) et sa résurrection (Psaume 16:10).

Pourquoi l'identité de Jésus comme le Messie promis est-elle si importante pour la foi chrétienne ?

Réponse :
L'identité de Jésus comme Messie est essentielle car elle prouve la véracité des prophéties bibliques, renforce la foi en la Parole de Dieu, et établit Jésus comme le Sauveur venu pour racheter l'humanité, accomplissant ainsi le plan de Dieu pour le salut.

Quel est le lien entre les miracles de Jésus et son identité messianique ?

Réponse :
Les miracles de Jésus, tels que guérisons et libérations, montrent qu'il est l'accomplissement des prophéties messianiques de l'Ancien Testament. Ils confirment qu'il a été oint par Dieu pour apporter la guérison et le salut au monde.

Comment pouvons-nous, aujourd'hui, vivre selon les enseignements de Jésus en tant que Shilo, le Prince de la Paix ?

Réponse :
Nous pouvons vivre selon ses enseignements en cherchant la paix, en montrant l'amour et la compassion aux autres, et en partageant l'Évangile avec ceux qui ne le connaissent pas encore. Jésus est notre modèle pour mener une vie de réconciliation et de service.

COMMENT LES 4 ÉVANGILES PRÉSENTENT JÉSUS COMME LE SHILO

Les quatre Évangiles du Nouveau Testament — Matthieu, Marc, Luc et Jean — offrent des perspectives uniques sur la vie et l'œuvre de Jésus-Christ. Chacun de ces Évangiles a été rédigé avec un objectif distinct et met en lumière différents aspects de Jésus, permettant une compréhension enrichie de Son ministère et de Son message. En explorant ces écrits, nous découvrons non seulement la nature divine de Jésus mais aussi Son rôle en tant que Messie, Serviteur, Sauveur, et Fils de Dieu.

1 - ÉVANGILE DE MATTHIEU (PRÉSENTATION)

Jésus comme le Messie Promis (Matthieu 1:1-16; 1:22-23)

Généalogie : Matthieu commence par établir la lignée royale de Jésus, soulignant Sa légitimité en tant que descendant de David, conformément aux prophéties de l'Ancien Testament. Cette généalogie confirme que Jésus est l'héritier légitime et le Messie attendu par le peuple juif.

Accomplissement des prophéties : Matthieu insiste sur le fait que la venue de Jésus accomplit les prophéties messianiques de l'Ancien Testament, établissant ainsi Sa mission divine et Son autorité.

Enseignements : Le Sermon sur la Montagne (Matthieu 5-7) expose les enseignements fondamentaux de Jésus sur le Royaume des cieux. Ces discours abordent des aspects essentiels de la vie chrétienne, tels que les Béatitudes, la loi spirituelle, et les principes de la vie en communauté.

Application :
Réflexion personnelle : Encouragez les enfants à réfléchir à quel aspect de Jésus ils se sentent le plus proches ou admiratifs. Comment peuvent-ils voir Jésus comme le Messie, le Serviteur, le Sauveur ou le Fils de Dieu dans leur propre vie ?

Activité : Créez une affiche ou un tableau avec les différentes façons dont Jésus est présenté dans chaque Évangile. Demandez aux enfants de décorer et d'ajouter des détails sur ce qu'ils ont appris.

2 - ÉVANGILE DE MARC (PRÉSENTE)

Jésus comme le Serviteur Souverain (Marc 1:10; 1:34; 3:12)
Action : Marc adopte un style dynamique et rapide, mettant en avant les actions et les miracles de Jésus. Le terme grec « euthys » traduit par « aussitôt » est souvent utilisé pour souligner la rapidité avec laquelle Jésus agit.

Miracles et guérisons : Les nombreux miracles de Jésus, tels que les guérisons et les exorcismes, illustrent Sa puissance divine et Sa compassion envers les malades et les opprimés. Ces actes démontrent non seulement Son autorité mais aussi Son amour pour l'humanité.

Mystère messianique : Jésus demande souvent à Ses disciples de ne pas révéler Son identité messianique, soulignant le mystère de Sa mission et préparant le chemin pour une révélation progressive de Sa nature divine.

3 - ÉVANGILE DE LUC (PRÉSENTE)

Jésus en tant qu'homme fils de l'homme
(Luc 1:26-38; 2:8-20; 4:18-19; 15:11-32)

Détails sur la naissance : Luc fournit un récit détaillé et évocateur de la naissance de Jésus, mettant en avant les aspects à la fois humains et divins. Il souligne l'humilité de la naissance et l'importance des annonces angéliques.

Compassion : Jésus est décrit comme un Sauveur plein de compassion, et Luc inclut plusieurs paraboles sur la miséricorde, telles que la parabole du fils prodigue. Ces récits montrent le souci de Jésus pour les marginalisés et les pécheurs.
Enseignements : Luc présente des enseignements sur la justice sociale, le pardon et la rédemption, reflétant l'engagement de Jésus envers une vie juste et une relation personnelle avec Dieu. Les récits sont souvent accompagnés de leçons pratiques pour les croyants.(Références : Jean 6:35; 8:12; 10:11; 17)

4 - ÉVANGILE DE JEAN (PRÉSENTE)

Jésus en tant que Dieu (Fils de Dieu)
(Jean 6:35; 8:12; 10:11; 17; 3:1-21)

Discours : Jean présente des discours profonds et théologiques, révélant la nature divine de Jésus et Son union intime avec le Père. Les « Je suis » déclaratifs de Jésus (par exemple, « Je suis le pain de vie ») révèlent Son identité divine et Sa mission salvatrice.

<u>Miracles comme signes</u> : Les miracles de Jésus sont décrits comme des « signes » qui attestent de Sa divinité et de Sa mission. Ces signes sont destinés à renforcer la foi des disciples et à manifester la gloire de Dieu.

<u>Intimité</u> : Jean met en avant la relation personnelle et spirituelle entre Jésus et Son Père. La prière sacerdotale de Jésus (Jean 17) illustre Sa profonde communion avec Dieu et Son désir de l'unité pour Ses disciples.

Prière : Seigneur Dieu, nous te remercions pour l'accomplissement de tes promesses à travers Jésus-Christ, le Messie promis. Aide-nous à mieux comprendre les prophéties et à reconnaître la vérité de ta Parole. Que la paix et la rédemption apportées par Jésus, le Shilo, remplissent nos cœurs. Donne-nous la force de vivre selon tes enseignements et de partager cette espérance avec les autres. Au nom de Jésus, nous prions. Amen.

Application
<u>Vivre dans la Paix</u>
Jésus, en tant que Shilo, apporte la paix. Recherchez activement la paix dans vos relations familiales, professionnelles, et communautaires en étant un instrument de réconciliation et de pardon.

<u>Affermir sa Foi</u>
Les prophéties accomplies renforcent la confiance en la Parole de Dieu. Engagez-vous à lire la Bible plus profondément et à vous confier en Dieu dans les moments d'incertitude.

<u>Partager l'Espoir</u>
Soyez un témoin vivant de la paix et du salut que Jésus offre, en partageant son amour et sa rédemption avec ceux qui vous entourent.

FICHE DE LA LÉÇON #3

Titre : Comment les 4 Évangiles Présentent Jésus

Texte d'Or : Jean 1:14 - « Et la parole a été faite chair, et elle a habité parmi nous, pleine de grâce et de vérité ; et nous avons contemplé sa gloire, une gloire comme celle du Fils unique venu du Père. »

Versets d'Appui : Matthieu 1:1 - Marc 10:45 - Luc 19:10 - Jean 20:31

Points de Discussion :

1. <u>Matthieu : Jésus le Roi et Messie</u>
Matthieu présente Jésus comme le Roi promis, descendant de David, accomplissant les prophéties messianiques. Lisez Matthieu 1:1. Comment Jésus est-il présenté comme le Fils de David et le Messie attendu ?

2. <u>Marc : Jésus le Serviteur Souffrant</u>
Marc met l'accent sur le service et le sacrifice de Jésus, en particulier à travers sa mort sur la croix. Lisez Marc 10:45. Comment ce verset décrit-il le rôle de Jésus en tant que serviteur ?

3. <u>Luc : Jésus le Sauveur de l'Humanité</u>
Luc se concentre sur l'humanité de Jésus et son rôle en tant que Sauveur de tous, y compris les marginalisés. Lisez Luc 19:10. Comment Luc illustre-t-il la mission de Jésus pour « chercher et sauver ce qui était perdu » ?

4. <u>Jean : Jésus le Fils de Dieu</u>
Jean présente Jésus comme la Parole faite chair, révélant la divinité de Christ. Lisez Jean 20:31. Comment ce passage révèle-t-il la véritable nature divine de Jésus ?

Application :
Chaque évangile offre une perspective unique sur la personne de Jésus. Quelle est la perspective qui vous parle le plus ? Comment pouvez-vous appliquer ces différentes facettes de Jésus à votre vie quotidienne ?

Questions de Réflexion

Matthieu : Comment la généalogie de Jésus dans Matthieu 1 influence-t-elle votre compréhension de son identité messianique ? Pourquoi est-ce important pour les lecteurs juifs ?

Marc : Que signifie pour vous le fait que Jésus se présente comme un Serviteur ? En quoi cela change-t-il votre perspective sur la grandeur et le leadership ?

Luc : En quoi l'accent mis par Luc sur les marginaux et les pécheurs affecte-t-il votre compréhension de l'amour et de la compassion de Jésus ?

Jean : Comment la vision de Jésus comme la Parole de Dieu dans l'Évangile de Jean enrichit-elle votre compréhension de sa nature divine ? Que cela signifie-t-il pour votre foi personnelle ?

Questions d'Application
Pratique : Comment pouvez-vous imiter le service et l'humilité de Jésus dans votre propre vie quotidienne ?

Compassion : Quelles actions concrètes pouvez-vous entreprendre pour vous engager auprès des personnes marginalisées ou en difficulté, à l'image de Jésus dans l'Évangile de Luc ?

Croyance : Comment pouvez-vous renforcer votre relation personnelle avec Jésus en tant que Fils de Dieu, comme présenté dans l'Évangile de Jean ?

Ces questions visent à encourager une réflexion profonde et à appliquer les enseignements des Évangiles dans la vie quotidienne.

Bibliographie

Voici une *bibliographie* et une classification des livres de la Bible protestante avec des informations sur l'année (estimée pour la rédaction), le contexte ou le thème, et les auteurs traditionnels associés. La Bible protestante contient 66 livres divisés en deux sections : l'Ancien Testament (39 livres) et le Nouveau Testament (27 livres).

ANCIENT TESTAMENT

I- Le Torah ou Pentateuque
Auteur: Moïse

1. Genèse
Année: ~1450-1400 av. J.-C.
Contexte : Origines de l'humanité, des patriarches et de la nation d'Israël.
Moïse (traditionnellement)

2. Exode
Année: ~1450-1400 av. J.-C.
Contexte: Libération des Israélites de l'esclavage en Égypte.

3. Lévitique
Année: ~1440-1400 av. J.-C.
Contexte: Lois concernant le culte, la pureté rituelle, les sacrifices.

4. Nombres
Année: ~1440-1400 av. J.-C.
Contexte: Pérégrinations d'Israël dans le désert.

5. Deutéronome
Année:~1400 av. J.-C.
Contexte: Répétition de la Loi avant l'entrée en Terre Promise.

Les Livres historiques

6. Josué
Année: ~1375 av. J.-C.
Contexte: Conquête de Canaan par les Israélites.
Auteur: Josué (traditionnellement)

7. Juges
Année: ~1050 av. J.-C.
Contexte: Période des Juges avant la royauté en Israël.
Auteur: Samuel (traditionnellement)

8. Ruth
Année: ~1000 av. J.-C.
Contexte: Histoire de rédemption familiale à l'époque des Juges.
Auteur: Samuel (traditionnellement)

9. 1 et 2 Samuel
Année: ~930 av. J.-C.
Contexte: Vie de Samuel, Saül et David, rois d'Israël.
Auteur: Samuel (pr. 1 Samuel), Natan, Gad (traditionnellement)

Les Livres histoiriques (Suite)

10. *1 et 2 Rois*
Année: ~600 av. J.-C.
Contexte: Règnes des rois d'Israël et de Juda, jusqu'à l'exil babylonien.
Auteur: Jérémie (selon la tradition)

11. *1 et 2 Chroniques*
Année: ~450-425 av. J.-C.
Contexte: Histoire d'Israël du point de vue sacerdotal.
Auteur: Esdras (traditionnellement)

12. Esdras
Année: ~450 av. J.-C.
Contexte: Retour des exilés et reconstruction du Temple.
Auteur: Esdras

13. Néhémie
Année: ~430 av. J.-C.
Contexte: Reconstruction des murs de Jérusalem.
Auteur: Néhémie

14. Esther
Année: ~400 av. J.-C.
Contexte: Sauvetage des Juifs sous le règne perse.
Auteur: Anonyme

Poésie et sagess

15. *Job*
- *Année* : ~1500-1400 av. J.-C. (ou plus tard selon les études)
- *Contexte* : Souffrance humaine et la justice de Dieu.
- *Auteur* : Anonyme (certains pensent à Moïse)

16. *Psaumes*
- *Année* : ~1000-400 av. J.-C.
- *Contexte* : Prières, louanges, et supplications diverses.
- *Auteur* : David et divers autres auteurs

17. *Proverbes*
- *Année* : ~950 av. J.-C.
- *Contexte* : Sagesse pratique pour la vie.
- *Auteur* : Salomon et d'autres sages

18. *Ecclésiaste*
- *Année* : ~935 av. J.-C.
- *Contexte* : Réflexions sur la vanité de la vie.
- *Auteur* : Salomon (traditionnellement)

19. *Cantique des Cantiques*
- *Année* : ~950 av. J.-C.
- *Contexte* : Poème sur l'amour entre un homme et une femme.
- *Auteur* : Salomon

CONNAÎTRE LA BIBLE

Prophètes Majeurs

20. *Ésaïe*
   - *Année* : ~700-680 av. J.-C.
   - *Contexte* : Prophéties sur le jugement et la rédemption.
   - *Auteur* : Ésaïe

21. *Jérémie*
   - *Année* : ~627-580 av. J.-C.
   - *Contexte* : Appels au repentir avant la chute de Jérusalem.
   - *Auteur* : Jérémie

22. *Lamentations*
   - *Année* : ~586 av. J.-C.
   - *Contexte* : Poèmes de deuil après la destruction de Jérusalem.
   - *Auteur* : Jérémie (traditionnellement)

23. *Ézéchiel*
   - *Année* : ~593-571 av. J.-C.
   - *Contexte* : Prophéties pendant l'exil babylonien.
   - *Auteur* : Ézéchiel

24. *Daniel*
   - *Année* : ~530 av. J.-C.
   - *Contexte* : Visions apocalyptiques et récits de foi sous Babylone.
   - *Auteur* : Daniel

Prophètes mineurs

Osée à Malachie (12 petits prophètes)

Année : ~850-400 av. J.-C.
Contexte : Prophéties diverses sur le jugement et la restauration.
Auteur : Osée, Joël, Amos, Abdias, Jonas, Michée, Nahum, Habacuc, Sophonie, Aggée, Zacharie, Malachie
   - *Auteur* : Salomon

1. Osée
Référence : Osée 1-14
Auteur : Osée
Contexte : Osée prophétise dans le royaume d'Israël au VIIIe siècle av. J.-C. Son mariage avec Gomer, une femme infidèle, symbolise l'infidélité d'Israël envers Dieu. Le livre met l'accent sur l'amour de Dieu, sa miséricorde et l'appel au repentir.
Thème principal : L'amour de Dieu pour son peuple malgré leur infidélité.

2. Joël
Référence : Joël 1-3
Auteur : Joël
Contexte : Prophétisant probablement au IVe siècle av. J.-C., Joël parle d'une invasion de sauterelles comme jugement divin et appelle à un retour à Dieu. Le livre mentionne le jour du Seigneur et la promesse de l'effusion de l'Esprit Saint.
Thème principal : Le jugement et la restauration.

3. Amos
Référence : Amos 1-9
Auteur : Amos
Contexte : Prophète du royaume d'Israël au VIIIe siècle av. J.-C., Amos était un berger et un cultivateur. Il dénonce l'injustice sociale et l'hypocrisie religieuse, tout en prédisant la destruction d'Israël pour ses péchés.
Thème principal : Justice sociale et la responsabilité morale du peuple.

4. Abdias
Référence : Abdias 1
Auteur : Abdias
Contexte : Le plus court livre de l'Ancien Testament, Abdias prophétise contre Édom pour leur violence et leur arrogance envers Israël, surtout après la chute de Jérusalem.
Thème principal : La vengeance de Dieu contre les nations qui se moquent de son peuple.

5. Jonas
Référence : Jonas 1-4
Auteur : Jonas
Contexte : Jonas est envoyé à Ninive pour prêcher la repentance, mais il essaie de fuir sa mission. Son histoire souligne la miséricorde de Dieu et le thème de la repentance, même pour les ennemis d'Israël.
Thème principal : La compassion divine et l'appel à la repentance.

6. Michée
<u>Référence</u> : Michée 1-7
<u>Auteur</u> : Michée
<u>Contexte</u> : Prophète contemporain d'Amos et d'Osée, Michée s'oppose aux injustices et annonce le jugement, tout en promettant la restauration d'Israël. Il célèbre la venue d'un futur dirigeant, le Messie, à Bethléhem.
<u>Thème principal</u> : La justice de Dieu et l'espoir de la restauration.

7. Nahum
<u>Référence</u> : Nahum 1-3
<u>Auteur</u> : Nahum
<u>Contexte</u> : Prophète qui annonce la chute de Ninive, la capitale assyrienne, vers la fin du VIIe siècle av. J.-C. Il se réjouit de la vengeance de Dieu contre ceux qui ont opprimé son peuple.
<u>Thème principal</u> : La colère de Dieu contre les oppresseurs.

8. Habacuc
<u>Référence</u> : Habacuc 1-3
<u>Auteur</u> : Habacuc   <u>Contexte</u> : Habacuc interroge Dieu sur le mal et l'injustice, demandant pourquoi il semble tarder à agir. Le livre se termine par une prière de louange et un appel à vivre par la foi.
<u>Thème principal</u> : La foi au milieu de l'injustice.

9. Sophonie
<u>Référence</u> : Sophonie 1-3
<u>Auteur</u> : Sophonie
<u>Contexte</u> : Prophète durant le règne du roi Josias, Sophonie avertit de la proximité du jugement divin sur Juda et les nations. Il appelle à la repentance et annonce la restauration pour un reste fidèle.
<u>Thème principal</u> : Le jugement et l'espoir de la restauration.

10. Aggée
<u>Référence</u> : Aggée 1-2
<u>Auteur</u> : Aggée
<u>Contexte</u> : Prophète après le retour d'exil à Babylone (vers 520 av. J.-C.), Aggée exhorte le peuple à reconstruire le temple et à prioriser leur relation avec Dieu.
<u>Thème principal</u> : La reconstruction et l'importance de la dévotion.

11. Zacharie

<u>Référence</u> : Zacharie 1-14
<u>Auteur</u> : Zacharie
<u>Contexte</u> : Contemporain d'Aggée, Zacharie utilise des visions symboliques pour encourager le peuple à poursuivre la reconstruction et leur rappelle les promesses de Dieu concernant le Messie et la restauration d'Israël.
<u>Thème principal</u> : L'espoir et la promesse de la restauration.

12. Malachie

<u>Référence</u> : Malachie 1-4
<u>Auteur</u> : Malachie
<u>Contexte</u> : Prophète à la fin de l'ère du retour d'exil, Malachie critique la dévotion des prêtres et le manque de respect du peuple envers Dieu. Il prédit la venue d'un messager et le jour du Seigneur.
<u>Thème principal</u> : L'importance de la fidélité envers Dieu et l'annonce de la venue du Messie.

connaître la Bible

NOUVEAU TESTAMENT

I- Les Évangiles

1. Matthieu
Année: ~50-70 apr. J.-C.
Contexte: Récit de la vie de Jésus, accent sur la royauté de Jésus.
Auteur: Matthieu (apôtre)

2. Marc
Année : ~50-60 apr. J.-C.
Contexte: Récit rapide de la vie de Jésus, accent sur ses actions.
Auteur: Marc (associé à Pierre)

3. Luc
Année: ~60-70 apr. J.-C.
Contexte: Récit de la vie de Jésus, accent sur son humanité.
Auteur: Luc (médecin, compagnon de Paul)

4. Jean
Année: ~85-90 apr. J.-C.
Contexte: Récit théologique de la vie de Jésus, accent sur sa divinité.
Auteur: Jean (apôtre)

5. Actes des Apôtres
Année: ~63-70 apr. J.-C. Contexte: Début de l'Église chrétienne et ministère de Paul.
Auteur: Luc

6. Épîtres de Paul
Romains
1 Corinthiens
2 Corinthiens
Galates
Éphésiens
Philippiens
Colossiens
1 Thessaloniciens
2 Thessaloniciens
1 Timothée
2 Timothée
Tite
Philémon
Année: ~50-68 apr. J.-C.
Contexte: Enseignements et encouragements aux premières Églises. Auteur: Paul

7. Hébreux
Année: ~60-70 apr. J.-C.
Contexte: Supériorité de Christ par rapport à l'ancienne alliance.
Auteur: Inconnu (tradition attribuée à Paul ou un autre disciple)

8. Épîtres générales (Jacques, Pierre, Jean, Jude)
Année: ~45-90 apr. J.-C.
Contexte: Exhortations pratiques et encouragements pour les croyants. - *Auteur* : Jacques, Pierre, Jean, Jude

9. Apocalypse de Jean
Année: ~95 apr. J.-C.
-

Système de calendrier
Calendrier juif : Lunisolaire, basé sur les cycles de la lune (mois) et du soleil (années). Les mois sont déterminés par les phases de la lune, et des mois intercalaires sont ajoutés pour aligner le calendrier avec l'année solaire.
Calendrier grégorien : Solaire, basé uniquement sur la révolution de la Terre autour du soleil. Les mois sont fixes, avec des années bissextiles tous les quatre ans pour ajuster l'écart avec le cycle solaire.
1- Nouvel an
Calendrier juif : Le Nouvel An juif, Rosh Hashanah, tombe généralement en septembre ou début octobre (mois de Tishri, le premier mois de l'année civile, mais le septième de l'année religieuse).
Calendrier grégorien : Le Nouvel An commence le 1er janvier.

Voici une comparaison côte à côte des dates importantes du calendrier juif avec les périodes	
Le Calendrier grégorien comporte 12 mois :	Le Calendrier juif comporte 12 mois (avec un mois intercalaire ajouté tous les 2-3 ans). Les mois sont :
Janvier	Nisan (mars-avril)
Février	Iyar (avril-mai)
Mars	Sivan (mai-juin)
Avril	Tammuz (juin-juillet)
Mai	Av (juillet-août)
Juin	Elul (août-septembre)
Juillet	Tishri (septembre-octobre)
Août	Cheshvan (octobre-novembre)
Septembre	Kislev (novembre-décembre)
Octobre	Tevet (décembre-janvier)
Novembre	Shevat (janvier-février)
Décembre	Adar (février-mars) – En année bissextile, on a Adar I et Adar II.

2- Année bissextile
Calendrier juif : Une année bissextile a lieu 7 fois en 19 ans, où un mois supplémentaire, Adar II, est ajouté pour aligner le calendrier avec l'année solaire.
Calendrier grégorien : Une année bissextile a lieu tous les 4 ans, avec l'ajout d'un jour (29 février).

3. Début de la journée

<u>Calendrier juif</u> : La journée commence au coucher du soleil. Par exemple, le sabbat (Shabbat) commence le vendredi soir et se termine le samedi soir.
<u>Calendrier grégorien</u> : La journée commence à minuit.

4. Fêtes religieuses (Correspondances temporelles)
Pessa'h (Pâque juive) dans le calendrier juif tombe généralement en mars ou avril, et correspond souvent à Pâques dans la tradition chrétienne, car elle est également basée sur un calcul lunaire.
Hanoucca tombe généralement en décembre, autour de la période de Noël dans le calendrier grégorien.
Rosh Hashanah tombe en septembre-octobre, à une période proche de la rentrée scolaire dans de nombreux pays.

5. Semaine
Les deux calendriers suivent une structure de sept jours. Le Shabbat dans le calendrier juif est observé du vendredi soir au samedi soir, tandis que dans les pays influencés par le christianisme, le jour de repos est généralement le dimanche.
Résumé des parallèles :
Rosh Hashanah (Nouvel An juif) correspond à Nouvel An dans le calendrier grégorien, bien qu'ils ne tombent pas à la même période.
Pessa'h (Pâque juive) coïncide souvent avec la saison de Pâques.
Hanoucca correspond à la période de Noël.
Les deux calendriers ont des ajustements lors des années bissextiles : un mois entier dans le calendrier juif, et un jour dans le calendrier grégorien.

6- Prophéties sur la formation de l'État d'Israël
Isaïe 66:8 : « Un pays est-il né en un jour ? Une nation est-elle enfantée d'un seul coup ? Car Sion, à peine en travail, a enfanté ses fils. »
Ce verset est souvent interprété comme prédisant la restauration rapide et miraculeuse de la nation juive, ce qui s'est réalisé le 14 mai 1948, lorsque l'État d'Israël a été officiellement proclamé en un jour.
Ézéchiel 37:21-22 : « Je les retirerai du milieu des nations, je les rassemblerai de tous les côtés et je les ramènerai dans leur pays. Je ferai d'eux une seule nation dans le pays, sur les montagnes d'Israël... »
Cela évoque le retour des Juifs dispersés dans le monde entier vers leur terre ancestrale, ce qui a été un élément fondamental dans le sionisme et la création d'Israël.

Quelques dates importantes dans le calendrier juif :

Rosh Hashanah (ראש השנה) – Le Nouvel An juif : Cela marque le début des Grandes Fêtes juives. C'est une période de réflexion, de repentance et de renouveau. Elle a lieu généralement en septembre ou début octobre.

Yom Kippour (יום כיפור) – Le Jour du Grand Pardon : Considéré comme le jour le plus saint du judaïsme, Yom Kippour est une journée de jeûne, de prière et de repentance. Il a lieu 10 jours après Rosh Hashanah.

Souccot (סוכות) – La Fête des Cabanes : Un festival d'une semaine qui commémore les 40 ans d'errance des Israélites dans le désert après leur exode d'Égypte. Elle implique de demeurer dans des abris temporaires appelés "souccot."

Sim'hat Torah (שמחת תורה) – La Joie de la Torah : Célébrée à la fin de Souccot, cette journée marque la fin du cycle annuel de la lecture de la Torah et le début d'un nouveau cycle.

Hanoucca (חנוכה) – La Fête des Lumières : Une fête de huit jours qui commémore la réinauguration du Second Temple à Jérusalem et le miracle de l'huile qui a duré huit jours. Elle tombe généralement en décembre.

Pessa'h (פסח) – La Fête de la Liberté : Commémore l'Exode d'Égypte lorsque les Israélites furent libérés de l'esclavage. Elle implique le repas du Seder et le récit de l'histoire de l'Exode.

Chavouot (שבועות) – La Fête des Semaines : Célébrée sept semaines après Pessa'h, Chavouot marque le don de la Torah aux Israélites au mont Sinaï.

Pourim (פורים) – La Fête des Sorts : Une fête joyeuse qui commémore le salut du peuple juif du complot d'Haman visant à les détruire, comme relaté dans le Livre d'Esther.

Jérémie 16:14-15 : « *Cependant, voici venir des jours, dit l'Éternel, où l'on ne dira plus: L'Éternel est vivant, Lui qui a fait monter du pays d'Égypte les enfants d'Israël! Mais on dira: L'Éternel est vivant, Lui qui a fait monter les enfants d'Israël du pays du nord et de tous les pays où il les avait chassés. Je les ramènerai dans leur pays que j'avais donné à leurs pères.* » Cette prophétie est interprétée comme une promesse divine de rassemblement du peuple juif dispersé dans le monde entier.

7- Yitzhak Rabin et Israël

Yitzhak Rabin (1922-1995) a joué un rôle clé dans l'histoire moderne d'Israël, en particulier en tant que Premier ministre lors des années critiques des négociations de paix avec les Palestiniens. Il a également été un acteur majeur dans la construction et la défense de l'État d'Israël après sa création.

Participation à la guerre d'indépendance :
Rabin était un officier de l'armée israélienne pendant la guerre de 1948, qui a suivi la déclaration d'indépendance de l'État d'Israël. Cette guerre a été essentielle pour assurer l'existence de l'État naissant.

Accords d'Oslo (1993) : L'un des moments les plus importants de la carrière de Rabin a été sa signature des Accords d'Oslo avec les Palestiniens en 1993, qui ont marqué un tournant dans les efforts de paix au Moyen-Orient. Ces accords visaient à établir une paix durable entre Israël et les Palestiniens, un rêve que Rabin a poursuivi malgré l'opposition intérieure.

Son assassinat : Rabin a été assassiné en 1995 par un extrémiste israélien, opposé aux concessions faites dans les Accords d'Oslo. Son assassinat a été un choc pour Israël et a ralenti le processus de paix.
Le lien entre prophéties et l'histoire moderne
Certains voient dans la fondation d'Israël et les événements comme le retour des Juifs en Israël, les guerres et les efforts pour établir la paix, une continuité des prophéties bibliques. Les actions de leaders comme Yitzhak Rabin sont perçues comme faisant partie de cette histoire en mouvement vers la réalisation complète de ces prophéties.

Le conflit et la paix en Terre Sainte restent un sujet central pour ceux qui suivent les prophéties bibliques, avec des développements modernes qui continuent de résonner profondément dans la théologie et la politique.

Connaître Dieu

Poème

"Or, la vie éternelle, c'est de te connaître, toi, le seul vrai Dieu"
Jean 17:3

Clé de Vie

Dans l'abîme sombre et profond,
L'homme errant, sans but, sans nom,
Cherchait en vain la vérité,
Sans Dieu, tout n'est qu'obscurité.

Déchu de la source de vie,
Comme l'arbre qui meurt, flétri,
Son âme hurle, son cœur pleure,
Privé de paix, en proie à l'heure.

Mais du ciel, descend une clarté,
Le Verbe se fait chair, vérité.
En Christ, le salut retrouvé,
Pour l'humanité déchirée.

Le sang versé sur le bois sacré,
La clé de vie, par Lui donnée.
Connaître Dieu, c'est renaître,
De l'éternité, être maître.

Les chaînes tombent, le cœur s'ouvre,
La lumière chasse l'ombre.
En Lui, la vie enfin s'anime,
Dans l'amour divin, on s'illumine.

*Job Francois*__

CONNAÎTRE DIEU – LA CLÉ DE LA VIE ÉTERNELLE

"Or, la vie éternelle, c'est qu'ils te connaissent, toi, le seul vrai Dieu, et celui que tu as envoyé, Jésus-Christ."

Introduction

La vérité centrale de la foi chrétienne est révélée dans les paroles de Jésus : « Or, la vie éternelle, c'est qu'ils te connaissent, toi, le seul vrai Dieu, et celui que tu as envoyé, Jésus-Christ. » (Jean 17:3). Cette déclaration souligne que la connaissance de Dieu ne se limite pas à une compréhension intellectuelle, mais constitue le fondement même de la vie éternelle. Pourtant, à cause du péché et de la séparation d'avec Dieu, l'humanité vit dans un état de mort spirituelle, éloignée de cette vie pleine et véritable.

1 - La Séparation : Une Vie Éloignée de Dieu

Au commencement, l'homme a été créé pour vivre en parfaite communion avec Dieu. Cette communion était la source de sa vie, de sa sagesse et de sa prospérité spirituelle. Cependant, avec la chute d'Adam, l'homme a été séparé de Dieu, la seule véritable source de vie. Cette séparation n'a pas seulement altéré notre relation avec Dieu, mais elle a aussi corrompu notre nature.

<u>Illustrations</u>
Pour mieux comprendre cette séparation, on peut utiliser l'illustration d'un arbre déraciné. Tant que l'arbre est enraciné dans le sol, il puise les éléments nutritifs et l'eau nécessaires à sa survie. Mais dès qu'il est déraciné, il commence à dépérir ; ses feuilles se flétrissent, ses branches se dessèchent, et sa mort devient inévitable. De même, lorsque l'homme est séparé de Dieu, il perd sa source de vie spirituelle. Sa nature se corrompt, son âme se dessèche, et il devient incapable de produire les fruits de justice pour lesquels il a été créé.

2 - Les Conséquences de la Séparation

L'éloignement de Dieu a plongé l'homme dans un état de mort spirituelle. Cette mort spirituelle ne se limite pas à l'absence de vie après la mort physique, mais se manifeste par une existence marquée par l'obscurité spirituelle, le vide intérieur, et l'incapacité à saisir ou à expérimenter les vérités divines. L'homme sans Dieu cherche constamment à combler ce vide par des moyens mondains, mais ces tentatives sont vouées à l'échec, car rien dans ce monde ne peut remplacer la vie que seul Dieu peut offrir.
Les conséquences de cette séparation se manifestent dans tous les aspects de la vie humaine : le péché, la souffrance, la confusion, et la perte de sens. Comme un arbre déraciné, l'homme séparé de Dieu est condamné à une mort spirituelle, à moins qu'il ne soit réenraciné dans la connaissance et la vie de Dieu.

3 - Le Retour à la Vie : Revenir à la Source

Le rétablissement de l'homme à sa véritable nature et à sa source de vie ne peut se faire que par la réconciliation avec Dieu. Jésus-Christ est venu pour restaurer cette relation rompue et offrir un chemin de retour vers la vie éternelle. Par sa mort et sa résurrection, Jésus a ouvert la voie à la réconciliation, permettant à l'homme d'être réenraciné dans la vie divine.

Connaître Dieu ne se limite pas à acquérir des informations à son sujet, mais implique d'entrer dans une relation vivante avec Lui. Cette connaissance transforme l'homme, le réoriente vers sa véritable source de vie, et amorce le processus de restauration de sa nature à l'image de Dieu. Ce réenracinement dans la connaissance de Dieu est le seul espoir pour l'humanité de retrouver la vie éternelle.

La vie éternelle commence ici et maintenant, dans la connaissance intime du seul vrai Dieu et de Jésus-Christ, qu'Il a envoyé. En rétablissant cette communion avec Dieu, nous recevons la vie véritable, celle qui nourrit notre esprit et nous prépare à l'éternité avec Lui. Ainsi, la connaissance de Dieu n'est pas une simple notion ; elle est le fondement essentiel de notre vie spirituelle et de notre destinée éternelle.

Comme un arbre déraciné est destiné à mourir, l'homme séparé de Dieu est voué à la mort spirituelle. Cependant, il est possible de revenir à la source, de restaurer cette communion avec Dieu, et de découvrir la vie éternelle grâce à Jésus-Christ. Connaître Dieu ne se limite pas à une compréhension intellectuelle ; c'est une expérience vivante de Sa présence en nous. En rétablissant cette communion, nous accédons à la seule véritable espérance pour l'humanité de vivre pour toujours. Ainsi, la relation restaurée avec Dieu devient le privilège et la promesse de la vie éternelle.

En Fin, La connaissance qui mène à la vie éternelle est une relation intime avec Dieu, continue et permanente rendue possible par Jésus-Christ. En acceptant Christ, le croyant est purifié, transformé par la grâce divine, et reflète l'image de Dieu, ce qui le guide vers la vie éternelle.

FICHE DE LEÇON #1

Titre : La Connaissance Qui Mène à la Vie Éternelle

Texte d'Or : Jean 17:3 - « Or, la vie éternelle, c'est qu'ils te connaissent, toi, le seul vrai Dieu, et celui que tu as envoyé, Jésus-Christ. »
Versets d'Appui : Jean 14:6 - 1 Jean 5:20 - Philippiens 3:8 -

Points de Discussion :
1- Connaitre Dieu :
Les Fruits de la Connaissance : Manifestations de la Vie Éternelle
Une relation authentique avec Dieu manifeste plusieurs fruits spirituels, qui sont des signes visibles de la transformation intérieure que Dieu opère en nous. Ces fruits sont souvent décrits dans la Bible comme les caractéristiques d'une vie vécue en communion avec Dieu. Voici les principaux fruits spirituels : Amour Joie Paix Patience Bienveillance Bonté Fidélité Douceur
Tempérance
2- Une Relation Vivante - Est:
Intimité Personnelle, Transformation Continue, Réponse à l'Amour Divin, Croissance Spirituelle, Engagement Actif.

Question et Réponses

1 - En quoi la séparation d'avec Dieu affecte-t-elle la nature spirituelle de l'homme ? Réponse : Elle conduit à la mort spirituelle, l'obscurité, le vide intérieur, et l'incapacité de saisir les vérités divines.

2 - Quelles actions concrètes pouvons-nous entreprendre pour restaurer notre communion avec Dieu ?
Réponse : Prière, lecture de la Bible, repentance, participation à la communauté chrétienne.

3 - Quel est le lien entre la connaissance de Dieu et la vie éternelle selon Jean 17:3 ?
Réponse : La connaissance de Dieu en Jésus-Christ transforme notre vie en nous réorientant vers notre véritable source de vie. Elle nous permet de vivre selon les principes divins, de manifester les fruits de l'Esprit, et de restaurer notre nature spirituelle à l'image de Dieu.
Quel est le lien entre la connaissance de Dieu et la vie éternelle selon Jean 17:3 ?

4 - Comment la connaissance de Dieu, en Jésus-Christ, transforme-t-elle notre vie ?
Réponse : Elle nous réoriente vers notre source de vie, manifeste les fruits de l'Esprit, et restaure notre nature spirituelle.

- Quels fruits spirituels manifeste une relation authentique avec Dieu ?
Réponse : Amour, joie, paix, patience, bonté, fidélité, douceur, maîtrise de soi.

Prière: Seigneur Dieu,
Je viens à Toi pour restaurer ma communion avec Toi. Purifie-moi de mes péchés et aide-moi à m'éloigner de ce qui me sépare de Ta présence. Donne-moi la grâce de prier, de méditer sur Ta Parole et de participer à la communauté chrétienne.

Transforme ma vie par ma connaissance de Toi, afin que je puisse manifester les fruits de l'Esprit. Merci pour Ton amour et la promesse de la vie éternelle.

Amen.

Poème

Psaume 19:1 (LSG)
« Les cieux racontent la gloire de Dieu, et l'étendue manifeste l'œuvre de ses mains. »

Nature de Dieu

*Dans la danse invisible des quarks et des fils de lumière,
L'univers se tisse en éclats et en mystères.
Chaque vibration devient une étoile, une vérité révélée,
Dans l'ombre des dimensions, les secrets sont dissimulés.*

*Les quarks, en leur ballet, forment matière et essence,
Protons et neutrons, en leur force d'interférence.
Les gluons les lient dans une étreinte invisible,
Tandis que la lumière éclaire ce monde indicible.*

*Les « cordes de lumière », en leur vibration infinie,
Suggèrent des réalités au-delà de notre vision.
Chaque oscillation est une symphonie cosmique,
Révélant des dimensions hors de notre perception.*

*La lumière, en son éclat, déchire le voile de l'ombre,
Illuminant les profondeurs où les mystères se confondent.
Mais notre regard limité, avec ses instruments imparfaits,
Ne peut saisir pleinement ce que l'univers reflète.*

*Des galaxies naissent, des étoiles s'éteignent,
Dans l'écrin du cosmos, où le temps se déploie.
Les cordes vibrent, les quarks dansent en harmonie,
Et nous, spectateurs, restons suspendus dans ce bal cosmique.*

*Cherchons à comprendre avec curiosité et passion,
Les secrets que la lumière et les dimensions nous cachent.
Pour chaque éclat de vérité, chaque ombre dévoilée,
Nous nous approchons toujours plus près de l'immensité révélée.*

Job Francois__

A - I. PERCEPTION DE LA NATURE DE DIEU

"les perfections invisibles de Dieu, sa puissance éternelle et sa nature divine, se voient comme à l'œil nu dans ses œuvres." — Romains 1:20

Amour et Lumière: Deux Principales Essences de la Nature de Dieu
Dans de nombreuses traditions religieuses et philosophiques, Dieu est compris comme la source ultime de deux réalités fondamentales : l'amour et la lumière. Ces deux attributs ne sont pas seulement des symboles, mais des manifestations de l'essence divine. Ce texte explore ces concepts séparément, en examinant leur signification spirituelle et en reliant la lumière à des découvertes scientifiques contemporaines qui confirment certains aspects de cette vision.

1 - L'Amour Divin:
L'amour est souvent décrit comme l'essence la plus profonde de Dieu. Dans la théologie chrétienne, l'apôtre Jean déclare que « Dieu est amour » (1 Jean 4:8). Cela signifie que l'amour n'est pas simplement une qualité parmi d'autres de Dieu, mais qu'il est la nature même de Dieu.

a) <u>L'amour comme force créatrice</u>: L'amour divin est à l'origine de la création. Tout ce qui existe trouve sa cause dans cet amour infini, qui désire partager l'existence et la bonté. Dieu a créé non pas par nécessité, mais par un pur élan d'amour. En ce sens, l'amour est la raison pour laquelle le cosmos et la vie existent.

b) <u>L'amour inconditionnel</u> :Contrairement à l'amour humain, souvent imparfait et conditionnel, l'amour divin est totalement gratuit et inconditionnel. Il ne dépend pas des mérites des créatures, mais se donne de manière absolue. C'est un amour qui cherche à se répandre, à embrasser, à soutenir la vie dans toutes ses formes.

c) <u>L'Amour et l'Expérience Humaine</u>: L'amour divin agit également dans les relations humaines. Il inspire la compassion, le pardon et la bienveillance, et pousse les croyants à aimer leur prochain comme Dieu les aime (Matthieu 22:39). Cet amour transforme l'âme, illuminant l'esprit et le cœur, et mène à la recherche d'une union avec Dieu, la source de cet amour infini.

Une force unificatrice: Dans une perspective plus mystique, l'amour divin est la force unificatrice de l'univers, liant ensemble toutes les créatures dans un tissu d'interdépendance et de communion. C'est la force qui mène les êtres humains à rechercher la vérité, la justice et le bien commun (Jean 13:34-35).

2 - La Lumière : La Manifestation Physique et Spirituelle de Dieu

Lumière Divine dans les Textes Spirituels
Dans la tradition chrétienne, Dieu est également identifié à la lumière. Dans 1 Jean 1:5, il est dit : « Dieu est lumière, et il n'y a pas en lui de ténèbres. » La lumière, dans ce contexte, représente la vérité, la pureté, et la présence divine. Dieu est vu comme celui qui illumine les âmes et les guide vers la vérité et la sagesse (Jean 8:12).

a) <u>Lumière et connaissance</u>
La lumière divine éclaire les esprits, révélant la vérité spirituelle et morale. Elle est la source de toute sagesse, et son rayonnement dissipe les ténèbres de l'ignorance et de l'erreur. Dans ce sens, la lumière n'est pas simplement un phénomène physique, mais une manifestation de la vérité divine.

b) <u>Lumière et présence</u>
Dieu, en tant que lumière, est omniprésent. Comme la lumière du soleil qui touche toutes les parties du monde, la lumière divine est présente en tout lieu et en tout être, maintenant l'univers dans l'existence (Psaume 139:12).

c) <u>Lumière Divine et Découvertes Scientifiques</u>
La science moderne nous offre une perspective fascinante qui peut être liée à cette notion spirituelle de la lumière. Dans les découvertes récentes, la lumière se révèle être un phénomène fondamental dans l'univers, à la fois sur les plans microscopique et cosmique.

d) La Lumière dans La Physique Quantique

<u>Les Quarks, les "Light Strings" et la Lumière :</u>
Les quarks sont des particules élémentaires qui, avec les leptons (comme les électrons), constituent les blocs de construction de la matière. Ils forment les protons et les neutrons, qui sont les composants des noyaux atomiques. Les quarks interagissent par la chro modynamique quantique (QCD), une théorie qui décrit comment ils sont liés entre eux par des gluons. Les gluons sont les médiateurs de la force nucléaire forte, responsable de maintenir les quarks ensemble à l'intérieur des protons et des neutrons.

e) Les Cordes Lumineuses : Les "light strings" ou cordes lumineuses

évoquent des concepts issus de la théorie des cordes. Cette théorie propose que les particules élémentaires ne sont pas des points, mais des "cordes" vibrantes. Les propriétés des particules dépendent de la manière dont ces cordes vibrent. Bien que la théorie des cordes soit prometteuse pour unifier les forces fondamentales de l'univers, y compris la gravité, elle reste spéculative et nécessite davantage de validation expérimentale et théorique.

3- Vibrations Lumineuses :

En physique quantique, la lumière et l'énergie jouent un rôle essentiel dans la structure de l'univers. Les quarks, éléments de base des protons et des neutrons, sont en réalité des vibrations d'énergie, souvent associées à des particules lumineuses. La théorie des cordes suggère que les particules fondamentales de l'univers sont des cordes vibrantes d'énergie, comparables à des cordes lumineuses. Cette perspective implique que la matière est une forme condensée de lumière, en accord avec l'idée que la lumière divine est la source ultime de toute réalité matérielle.

a) <u>Lumière et Dimension</u>
La lumière, en tant qu'énergie électromagnétique, est fondamentale pour comprendre l'univers. Les photons jouent un rôle clé dans divers phénomènes physiques. Les théories modernes, telles que la théorie des cordes, postulent l'existence de dimensions supplémentaires, encore spéculatives et non directement observables, mais qui pourraient éclairer certains aspects inexplorés de la réalité.

b) <u>Observation</u>
Les théories avancées, comme la théorie des cordes, suggèrent l'existence de dimensions supplémentaires invisibles à nos outils actuels. Ces dimensions seraient "compactifiées" à des échelles extrêmement petites, rendant leur observation directe impossible. Bien qu'elles ne soient pas détectables, elles influenceraient les particules subatomiques, comme les quarks et les gluons, qui sont responsables des forces nucléaires. Ces dimensions existent sous forme d'énergie pure et sont cruciales dans la compréhension des forces fondamentales de l'univers, mais restent pour l'instant hypothétiques.

c) La Lumière dans la Biologie : La Fécondation
Un phénomène fascinant de la lumière dans la création se manifeste au moment de la fécondation. Lorsqu'un spermatozoïde fertilise un ovule, une explosion de lumière est observée, provoquée par la présence de zinc. Ce phénomène biologique symbolise la présence de lumière dès le début de la vie, représentant un signe de création et de vie nouvelle (Luc 11:34-36).

d) Confirmation de la Lumière Divine :
L'idée que les particules fondamentales de l'univers sont des manifestations de lumière résonne avec la conception spirituelle de Dieu comme lumière véritable. Si les quarks et autres particules fondamentales sont des vibrations de lumière, cela pourrait être vu comme une confirmation scientifique de l'idée que la lumière divine est à la base de l'existence universelle. Ainsi, la lumière dans sa forme pure constitue la base de la structure même de l'univers.

e) Lumiere et Vérité Biblique :
Comme le souligne 1 Timothée 6:16 (LSG) : « C'est lui seul qui a l'immortalité, qui habite une lumière inaccessible, que nul homme n'a vu, ni ne peut voir ; à lui soient honneur et puissance éternelle ! Amen. » Ce verset nous rappelle que la lumière, dans sa dimension ultime, est une manifestation de la divinité que nous ne pouvons pleinement comprendre ou percevoir. Elle est à la fois le fondement de notre exploration scientifique et un reflet de la transcendance divine. Ainsi, bien que nous continuions à explorer les mystères de la lumière et de l'univers, nous devons le faire avec la conscience de nos limites humaines et le respect de la grandeur infinie de Dieu.

Conclusion:
si Dieu devait revêtir une forme corporelle : Elle ne ressemblerait en rien à ce que nous connaissons. Plutôt que d'adopter une forme physique limitée, Son corps serait une pure lumière, reflétant Sa nature divine et éternelle. Étant donné que Dieu est éternel et non créé, toute manifestation corporelle associée à Lui serait simplement lumière pure et infinie. Cette lumière symboliserait la pureté, la grandeur et l'infinité de Son essence divine.
En d'autres termes, si Dieu devait avoir un corps, ce serait une éclatante lumière une représentation sublime de Son essence éternelle et inaltérable.

connaître Dieu

FICHE DE LEÇON #2

Titre : La Splendeur Icomparable de Dieu

Texte d'or : « C'est lui seul qui a l'immortalité, qui habite une lumière inaccessible, que nul homme n'a vu, ni ne peut voir ; à lui soient honneur et puissance éternelle ! Amen. » — 1 Timothée 6:16 (LSG)

Points de discussion
1. Dieu est amour et lumière.
2. Les vérités qui nous aident à comprendre cela: La Manifestation Physique et Spirituelle de Dieu

Versets d'appui : Éphésiens 4:18 - Romains 5:1 - Jean 15:4-5
Psaume 104:2 (LSG) : « Il s'enveloppe de lumière comme d'un manteau, il étend les cieux comme une tente. »

Questions de Réflexion et Devoirs

1- Comment la lumière divine, décrite comme inaccessible dans 1 Timothée 6:16, influence-t-elle notre compréhension de la nature de Dieu ?
2- Comment pouvons-nous appliquer la compréhension de l'amour divin comme force créatrice dans nos interactions quotidiennes avec les autres ?
3- Pourquoi est-il important de reconnaître nos limites humaines tout en explorant les mystères de la lumière et de l'univers ?

Prière : Seigneur Tout-Puissant, nous Te rendons grâce pour la splendeur infinie de Ta présence. En Toi, la lumière pure et éternelle, nous découvrons la profondeur de Ta nature divine. Que Ta lumière éclaire nos vies et nous guide dans notre marche quotidienne. Aide-nous à saisir l'immensité de Ta gloire et à refléter Ta pureté dans nos actions. Que Ta lumière nous inspire et nous transforme, nous rapprochant toujours plus de Toi. Nous Te prions au nom de Jésus-Christ. Amen.

II - Autres Éléments de la Nature de Dieu

Omnipotence (Toute-puissance)
<u>Définition</u> : La capacité infinie de Dieu à accomplir tout ce qu'il veut, sans aucune limite imposée à son pouvoir.
<u>Signification</u> : Dieu est le créateur et le souverain de tout ce qui existe, et son pouvoir est illimité.

Omniscience (Savoir absolu)
<u>Définition</u> : La connaissance infinie de Dieu, comprenant tout ce qui a été, est et sera, ainsi qu'une compréhension totale des réalités, des pensées et des événements.
<u>Signification</u> : Dieu possède une connaissance complète de tout, englobant passé, présent et futur.

Omniprésence (Présence partout)
<u>Définition</u> : La présence infinie de Dieu, sans limitation d'espace ou de temps.
<u>Signification</u> : Dieu est présent en tout lieu et à tout moment, transcendant les frontières spatiales et temporelles.

Immuabilité (Inchangabilité)
<u>Définition</u> : L'aspect de Dieu qui ne change jamais, avec une nature et des promesses éternelles.
<u>Signification</u> : Dieu reste constant et inaltérable, à l'opposé des changements et des mutations humaines.

Éternité (Existence hors du temps)
<u>Définition</u> : L'existence de Dieu sans commencement ni fin, transcendant le temps.
<u>Signification</u> : Dieu existe indépendamment du passage du temps.

Souveraineté (Autorité suprême)
<u>Définition</u> : L'autorité suprême de Dieu sur toute la création, où tout ce qui se passe dépend de sa volonté.
<u>Signification</u> : Dieu contrôle et dirige tout selon sa volonté souveraine.

III - La fidélité de Dieu

La fidélité de Dieu est l'un de Ses attributs essentiels, manifestant Sa constance, Sa loyauté et Son engagement envers Ses promesses et Son peuple. Dans la Bible, cette fidélité est décrite comme inébranlable et éternelle, une source de réconfort pour ceux qui Lui font confiance. Voici quelques exemples bibliques qui illustrent la fidélité de Dieu :

1. La fidélité de Dieu envers Abraham

Dans Genèse 12:1-3, Dieu appelle Abraham et lui promet une grande nation, malgré son âge avancé et le fait qu'il n'ait pas encore d'enfant. Dieu réitère Sa promesse en Genèse 15:5-6, assurant à Abraham que sa descendance sera aussi nombreuse que les étoiles dans le ciel. Bien que l'attente soit longue, la fidélité de Dieu se manifeste pleinement en Genèse 21:1-2, lorsque Sara donne naissance à Isaac, prouvant que Dieu accomplit toujours ce qu'Il promet.

2. La fidélité de Dieu envers les Israélites dans le désert

Après avoir délivré les Israélites de l'esclavage en Égypte, Dieu leur montre Sa fidélité à travers leur voyage dans le désert. En Exode 13:21-22, Il les guide jour et nuit par une colonne de nuée et une colonne de feu, et en Exode 16:4-5, Il leur pourvoit de la manne pour les nourrir quotidiennement. Même lorsqu'ils murmurent contre Lui, Dieu reste fidèle à Sa promesse de les amener dans la Terre promise, ce qui est confirmé en Josué 21:45 : "De toutes les bonnes paroles que l'Éternel avait dites à la maison d'Israël, aucune ne resta sans effet."

3. La fidélité de Dieu dans le Nouveau Testament :

La venue de Jésus-Christ est l'accomplissement ultime de la fidélité de Dieu. Depuis le début des Écritures, Dieu promet un Sauveur pour restaurer l'humanité. En envoyant Jésus, Dieu montre qu'Il reste fidèle à Sa promesse de salut. En Luc 1:68-73, Zacharie loue Dieu pour avoir accompli cette promesse en envoyant Jésus, le Messie. La fidélité de Dieu envers l'humanité est également évidente en Jean 3:16, où Il envoie Son Fils unique pour que quiconque croit en Lui ne périsse point, mais ait la vie éternelle.

4. La fidélité de Dieu dans la vie de David

Malgré les nombreuses épreuves auxquelles David a fait face, comme la persécution par le roi Saül, Dieu est resté fidèle à Sa promesse de faire de David le roi d'Israël. En 2 Samuel 7:12-16, Dieu fait
idélité de Dieu dans la vie de David, lui promettant que son trône sera

établi à jamais. Cette promesse se réalise à travers Jésus-Christ, descendant de David, qui règne pour toujours. En Psaume 89:3-4, la fidélité de Dieu à cette alliance est rappelée : "J'ai fait alliance avec mon élu; j'ai juré à David, mon serviteur: J'affermirai ta postérité pour toujours."

5. La fidélité de Dieu envers Jérémie et les prophètes
Dieu fait preuve de fidélité envers les prophètes, même lorsqu'ils sont rejetés par leur peuple. Dans les moments de désespoir, Jérémie témoigne de la fidélité de Dieu, déclarant en Lamentations 3:22-23 : "Les bontés de l'Éternel ne sont pas épuisées, ses compassions ne sont pas à leur terme; elles se renouvellent chaque matin. Oh ! que ta fidélité est grande !" Malgré la destruction et l'exil, Jérémie sait que Dieu tiendra Ses promesses. En Jérémie 31:35-37, Dieu promet de ne jamais rejeter complètement Israël, prouvant ainsi Sa fidélité envers Son peuple.

IV - L'éternité de Dieu

L'éternité de Dieu est l'un des attributs les plus fondamentaux et incomparables de Sa nature divine. Contrairement aux êtres humains et à toute la création, Dieu est éternel, existant sans début ni fin. Il n'est pas limité par le temps ou les événements qui rythment la vie humaine. Ce concept de l'éternité divine transcende toute compréhension humaine et est souvent exprimé dans les Écritures pour montrer la grandeur, la souveraineté et l'immuabilité de Dieu.

1- Dieu est immuable dans Son éternité
L'immuabilité de Dieu est directement liée à Son éternité. En Malachie 3:6, il est écrit : "Car je suis l'Éternel, je ne change pas." Contrairement aux hommes qui changent avec le temps et les circonstances, Dieu reste le même à travers l'éternité. Il ne subit aucune modification ou altération. Ce qui était vrai de Lui il y a des milliers d'années reste vrai aujourd'hui.

2. Dieu est le commencement et la fin
En Apocalypse 1:8, Dieu déclare : "Je suis l'Alpha et l'Oméga, dit le Seigneur Dieu, celui qui est, qui était, et qui vient, le Tout-Puissant." L'Alpha et l'Oméga sont la première et la dernière lettre de l'alphabet grec, symbolisant que Dieu englobe tout le temps, depuis le commencement jusqu'à la fin, et qu'Il demeure souverain à travers toutes les époques.

3. Dieu existe au-delà du temps

En 2 Pierre 3:8, il est dit : "Mais il est une chose, bien-aimés, que vous ne devez pas ignorer, c'est qu'aux yeux du Seigneur, un jour est comme mille ans, et mille ans sont comme un jour." Ce verset montre que Dieu ne perçoit pas le temps de la même manière que les êtres humains. Il vit en dehors des limites temporelles, et Ses plans s'accomplissent selon un calendrier éternel que les hommes ne peuvent totalement saisir.

V. Les Concepts de Temps

Le temps est perçu comme un flux ou une dimension dans laquelle les événements se déroulent successivement. Il est mesurable et segmenté en passé, présent et futur. Le temps est associé à la finitude, à la progression et à la transformation des choses. Dans la vie quotidienne, tout ce qui existe dans le monde matériel est soumis au temps.

Temps Linéaire et Temps Circulaire

Le temps est perçu de deux manières principales dans les traditions philosophiques et théologiques : de manière linéaire et circulaire.

<u>Temps linéaire</u> : Le temps suit une séquence continue allant du passé au futur, en passant par le présent.
Il est associé à la progression, à la transformation et à la finitude des choses. Dans une perspective théologique, le temps linéaire est souvent vu comme le cadre de l'histoire de l'humanité, avec un commencement (création) et une fin (jugement dernier).
<u>Temps circulaire</u> : Le temps est vu comme un cycle répétitif où les événements se reproduisent.
Ce concept est plus commun dans certaines traditions religieuses et philosophiques orientales, telles que l'hindouisme et le bouddhisme, où la réincarnation et les cycles de vie jouent un rôle central.

VI. L'Éternité et le Temps des Hommes : Kairos et Chronos

Les notions de kairos et chronos représentent deux perceptions distinctes du temps, l'une divine et l'autre humaine.

Le Temps (Chronos) : Le temps humain est mesurable et divisé en passé, présent et futur. Il représente le cadre dans lequel les événements se déroulent de manière séquentielle.

Caractéristiques : Linéarité : Le temps avance sans retour possible.
Changement : Tous les êtres et événements dans le temps subissent des transformations.

Finitude : Le temps humain est limité, tant pour les individus que pour les événements.

L'Éternité (Kairos) :
Contrairement au chronos, le kairos est un concept divin qui échappe aux limitations du temps linéaire.
L'éternité n'est pas soumise à la progression ou au changement. C'est un état intemporel où passé, présent et futur coexistent simultanément.

Caractéristiques :
Intemporalité : L'éternité ne connaît ni commencement ni fin.
Immuabilité : Ce qui est éternel ne change pas.
Infinité : L'éternité est un état infini, opposé à la fragmentation du temps humain.

L'éternité, en revanche, est un état hors du temps, où le passé, le présent et le futur sont simultanément présents. C'est souvent décrit comme une existence infinie, immuable et intemporelle, où les notions de commencement et de fin n'ont aucun sens. L'éternité est souvent attribuée à Dieu dans la théologie monothéiste, en tant qu'être éternel, existant en dehors des limitations du temps.

1. Dieu existe en dehors du temps
Le concept du temps est une réalité qui, bien qu'essentielle pour les humains et la création, ne s'applique pas à Dieu. La Bible nous enseigne que Dieu ne vit pas dans le temps comme les êtres créés. Avant qu'Il ne crée l'univers, il n'y avait ni matière, ni espace, ni temps. Le temps a commencé avec la création, mais Dieu, Lui, existe hors du temps, dans une réalité éternelle et infinie.

En hébreu, le terme olam (עוֹלָם) est souvent utilisé pour désigner l'éternité ou une durée sans fin, et il se réfère fréquemment à la nature éternelle de Dieu. Par exemple, dans Psaume 90:2, il est écrit : "Avant que les montagnes soient nées, et que tu aies créé la terre et le monde, d'éternité (olam) en éternité (olam), tu es Dieu." Cela démontre que Dieu a toujours existé et continuera d'exister sans fin, indépendamment du temps.

2. Il n'y avait pas de temps avant la création

Le temps n'existait pas avant que Dieu ne crée l'univers. En Genèse 1:1, il est dit : "Au commencement, Dieu créa les cieux et la terre." Ce « commencement » marque le début du temps. Avant cela, Dieu existait dans une réalité intemporelle. Le terme hébreu reshit (רֵאשִׁית), utilisé pour "commencement", souligne que c'est un point de départ temporel, mais Dieu, qui est 'Elohim olam (Dieu éternel), existait bien avant cela, dans une dimension que nous ne pouvons pas bien saisir car elle transcende le temps.

3. L'éternité comme dimension de l'existence de Dieu

L'éternité, ou netsah (נֶצַח), est la dimension dans laquelle Dieu existe. Contrairement à l'homme, qui est limité par le passé, le présent et le futur, Dieu est en dehors de ces contraintes. En Isaïe 57:15, Dieu est décrit comme celui qui habite "dans l'éternité" : "Car ainsi parle le Très-Haut, dont la demeure est éternelle (netsah) et dont le nom est saint: J'habite dans les lieux élevés et dans la sainteté." Cela signifie que pour Dieu, l'éternité n'est pas seulement une durée infinie, mais une dimension d'existence sans début ni fin, au-delà de toute temporalité.

4. Dieu ne change pas avec le temps

Parce que Dieu existe en dehors du temps, Il est immuable, c'est-à-dire qu'Il ne change pas. En Malachie 3:6, il est écrit : "Car je suis l'Éternel, je ne change pas." Le fait que Dieu soit en dehors du temps signifie qu'Il ne subit pas d'altération ni d'évolution. Le temps ne peut avoir d'impact sur Lui, car Il est le même hier, aujourd'hui, et pour toujours. Le terme hébreu emunah (הֱנוּמְא), souvent traduit par « fidélité », indique ici que Dieu est constant et fiable précisément parce qu'Il ne dépend pas du temps.

5. Le temps est une création temporaire

Alors que le temps est créé et finira par avoir une fin, l'éternité de Dieu continuera sans interruption. En Apocalypse 10:6, il est dit qu'il y aura un moment où "il n'y aura plus de temps" (plus de chronos en grec), ce qui signifie que la création reviendra à l'état où seul Dieu, l'Éternel, existera en dehors du temps. Ce verset souligne la nature temporaire du temps pour l'humanité et pour la création, alors que Dieu, Lui, continuera à exister dans Son éternité.

6. Implication pour les croyants : L'éternité promise

L'éternité n'est pas seulement la dimension d'existence de Dieu, mais c'est aussi l'avenir des croyants qui ont foi en Lui. En Jean 17:3, Jésus parle de la vie éternelle comme étant la connaissance de Dieu et de Lui-même : "Or, la vie éternelle, c'est qu'ils te connaissent, toi, le seul vrai Dieu, et celui que tu as envoyé, Jésus-Christ." Le terme grec utilisé ici pour "éternelle" est aionios (αἰώνιος), mais son équivalent en hébreu, olam, porte la même idée d'une existence en dehors des limites du temps. Cette promesse d'éternité permet aux croyants de vivre avec une espérance qui transcende la temporalité de cette vie.

En Resumé

Dieu ne vit pas dans le temps, car Il l'a créé. Avant la création du monde, le temps n'existait pas. L'éternité est la dimension dans laquelle Dieu existe, et Son existence transcende le passé, le présent et le futur. Le temps, pour nous, est une réalité créée et temporaire, mais pour Dieu, qui est 'Elohim olam et netsah, il n'est pas contraignant.

Son nom, Yahweh, signifie « l'Éternel » et se traduit par l'expression « Celui qui suit » ou « Je suis », indiquant un éternel présent. Dieu n'a pas de point de départ ni de point d'arrivée dans le temps ; Il est infini. Le temps de l'éternité ne commence pas à un point pour finir à un autre, ce qui signifie que nous ne pouvons pas appliquer les notions de passé, présent et futur à la dimension de l'éternité de Dieu.

Pour les croyants, cette éternité est une promesse de vie avec Lui, une existence hors du temps, où l'on pourra Le connaître et être en communion avec Lui pour toujours. C'est dans cette communion éternelle que se trouve notre espérance et notre joie, car nous serons libérés des contraintes du temps et enveloppés dans la plénitude de Sa présence.

VII - Dieu en tant que Père et Roi de l'univers

Dieu est non seulement Roi de l'univers, régnant sur toute la création, mais aussi un Père aimant qui prend soin de Ses enfants avec tendresse et compassion. Cette double nature, à la fois royale et paternelle, met en évidence la grandeur de Sa souveraineté tout en soulignant la proximité de Sa relation avec l'humanité. En tant que Roi, Il gouverne avec justice et puissance ; en tant que Père, Il guide, protège et aime ceux qui Lui appartiennent.

1. Dieu en tant que Créateur

En tant que Créateur, Dieu possède tout et règne sur tout, mais Il n'est pas un Roi distant. En Ésaïe 64:8, il est écrit : "Mais maintenant, ô Éternel, tu es notre Père; nous sommes l'argile, et c'est toi qui nous as formés, nous sommes tous l'ouvrage de tes mains." Ce verset montre que Dieu, en tant que Roi souverain, est aussi notre Père, qui prend soin de nous comme un potier modèle son œuvre.

2. Le Père éternel, Roi pour toujours

Dieu ne se contente pas de régner en Roi sur l'univers ; Il est aussi un Père éternel, dont le règne n'a pas de fin. En Psaume 145:13, il est dit : "Ton règne est un règne éternel, et ta domination subsiste dans tous les âges."
Sa royauté s'étend non seulement sur l'univers physique, mais également sur le domaine spirituel. En tant que Père éternel, Il assure la sécurité et la constance de Son amour à Ses enfants. Il n'abandonne jamais ceux qui Lui font confiance, et Son règne se distingue par la justice, la fidélité et la bonté.

3. La justice du Roi, la miséricorde du Père

En tant que Roi, Dieu règne avec justice et droiture. En Psaume 97:2, il est écrit : "La justice et l'équité sont la base de son trône." Cependant, en tant que Père, Il agit aussi avec compassion et miséricorde. En Psaume 103:13, il est dit : "Comme un père a compassion de ses enfants, l'Éternel a compassion de ceux qui le craignent." Dieu est donc à la fois le Roi juste qui gouverne le monde et le Père aimant qui prend soin de Ses enfants.

4. Dieu, Père et Roi des rois

Dieu est appelé Père parce qu'Il engendre une relation intime avec Ses enfants par l'adoption divine. En 1 Jean 3:1, il est écrit : "Voyez quel amour le Père nous a témoigné, pour que nous soyons appelés enfants de Dieu!" Mais Il est aussi le Roi des rois, souverain sur toutes les puissances terrestres et célestes (1 Timothée 6:15). Aucun pouvoir humain ou spirituel ne peut surpasser Son autorité.

5. Dimension de la Paternite de Dieu: Un Père pour tous les croyants
En tant que Roi de l'univers, Dieu règne sur tout ce qui est visible et invisible, mais en tant que Père, Il a une relation spéciale avec ceux qui croient en Lui. En Éphésiens 4:6, il est écrit : "Il y a un seul Dieu et Père de tous, qui est au-dessus de tous, et parmi tous, et en tous." Cela démontre que Dieu est à la fois un Roi universel et un Père intime pour ceux qui font partie de Sa famille.

6. Le règne messianique de Christ : Le Fils de Dieu, Roi de l'univers
Le règne de Dieu en tant que Roi est parfaitement manifesté à travers Jésus-Christ, le Fils de Dieu. Jésus est à la fois notre Sauveur et notre Roi. En Apocalypse 19:16, il est dit que Jésus est "Roi des rois et Seigneur des seigneurs." En tant que Fils du Père, Il reflète l'amour paternel de Dieu, tout en exerçant l'autorité royale sur toute la création.

7. Dieu, Père dans l'éternité, et Roi dans le présent et le futur
Alors que Dieu règne dès maintenant, la Bible enseigne qu'Il est aussi le Père qui attend de rassembler Ses enfants dans Son royaume à venir. En Matthieu 6:10, nous prions : "Que ton règne vienne; que ta volonté soit faite sur la terre comme au ciel." Cette prière révèle notre attente du moment où Dieu, notre Père, établira pleinement Son règne sur la terre et où nous serons unis à Lui pour toujours.

8. Adoration du Père et Roi de l'univers
En raison de cette double nature, Dieu mérite toute l'adoration. Nous L'adorons en tant que Père bienveillant qui prend soin de nous et en tant que Roi majestueux qui règne avec autorité sur tout l'univers. Psaume 95:3 déclare : "Car l'Éternel est un grand Dieu, il est un grand Roi au-dessus de tous les dieux." Notre adoration reconnaît Sa souveraineté, mais elle exprime aussi notre gratitude pour Son amour paternel. 1 Timothée 1:17 (LSG)

Conclusion:
Dieu en tant que Père et Roi de l'univers combine deux réalités profondes de la nature divine. En tant que Roi, Il règne avec toute la puissance, la justice et la souveraineté que Sa majesté exige. Mais en tant que Père, Il agit avec amour, compassion et miséricorde envers Ses enfants. Les croyants sont appelés à reconnaître et adorer Dieu sous ces deux aspects, sachant qu'Il règne sur toutes choses et qu'Il prend soin d'eux avec la tendresse d'un Père.

YHWH – L'Éternel

Dans le silence, avant le monde apparu,
L'Éternel se tient, éternel et connu.
« Je suis celui qui suis », déclare avec force,
Son règne est infini, son pouvoir s'impose.

Au-delà du temps, il demeure en majesté,
Son nom seul incarne l'éternité.
YHWH, le Créateur, la source de tout,
Dans ses bras ouverts, nous trouvons le tout.

YAHWEH Jireh – L'Éternel pourvoira

Sur le mont, le bélier se montre en éclat,
L'Éternel pourvoit, comme il l'a toujours fait.
Abraham, émerveillé par la grâce,
Voit dans le sacrifice une grande audace.

À chaque besoin, chaque prière sincère,
Dieu pourvoit avec soin, son amour éclaire.
L'Éternel pourvoit, en toutes circonstances,
Répond à nos besoins avec bienveillance.

YAHWEH Rapha – L'Éternel qui guérit

Sous le ciel vaste, Rapha touche et restaure,
Guérisseur divin, il apaise nos douleurs.
Chaque blessure, chaque peine, il soulage,
L'Éternel qui guérit, au-delà des mirages.

Des âmes tourmentées aux corps affligés,
Sa main divine est là pour nous protéger.
YAHWEH Rapha, dans Sa lumière pure,
Répare les cœurs, et nos vies assurent.

Job Francois__

B. LES NOMS DE DIEU

Introduction :
Les noms de Dieu dans la Bible révèlent Sa nature, Son caractère et Sa relation avec l'humanité. Chaque nom est significatif et se rapporte à des circonstances spécifiques dans lesquelles Dieu a démontré une partie particulière de Son être ou de Son action. Comprendre les noms de Dieu nous aide à saisir comment Il agit dans nos vies selon les différentes situations que nous rencontrons.

YHWH – L'Éternel (Exode 3:14)

Texte : "Dieu dit à Moïse : Je suis celui qui suis. Et il ajouta : Tu diras aux enfants d'Israël : Je suis m'a envoyé vers vous."

Description : Yahweh est le nom de Dieu dans la Bible hébraïque, signifiant "Je suis" ou "Je suis celui qui suis." Ce nom représente l'existence éternelle de Dieu, sans commencement ni fin. Il souligne que Dieu est toujours présent et immuable, étant le Créateur et le Seigneur de l'univers. Yahweh exprime la fidélité et la souveraineté de Dieu, qui règne sur tout pour l'éternité. En français, ce nom est rendu par "L'Éternel."

Points de discussion :
La signification de l'éternité dans le nom de Dieu.
L'impact de l'immuabilité divine sur notre compréhension de la fidélité de Dieu.

YAHWEH Jireh – L'Éternel pourvoira (Genèse 22:14)

Texte : "Abraham donna à ce lieu le nom de : L'Éternel pourvoira. C'est pourquoi l'on dit aujourd'hui : À la montagne de l'Éternel il sera pourvu."

Description : Ce nom met en avant la provision de Dieu dans les moments de besoin. Il se traduit par « L'Éternel pourvoira » et montre que Dieu pourvoit à nos besoins de manière parfaite. Ce nom est associé à l'épisode où Dieu fournit un bélier pour le sacrifice à la place du fils d'Abraham, Isaac, démontrant la providence divine en des moments critiques.

YAHWEH Rapha – L'Éternel qui guérit (Exode 15:26)

Texte : "Il dit : Si tu écoutes attentivement la voix de l'Éternel, ton Dieu, et si tu fais ce qui est droit à ses yeux, si tu prêtes l'oreille à ses commandements, et si tu observes toutes ses lois, je ne te frapperai d'aucune des maladies dont j'ai frappé les Égyptiens, car je suis l'Éternel, celui qui te guérit."

Description : Ce nom révèle Dieu comme le guérisseur et celui qui restaure. Il signifie que Dieu est capable de guérir non seulement les maladies physiques, mais aussi les blessures émotionnelles et spirituelles. Il met en lumière la capacité de Dieu à apporter la guérison dans toutes les dimensions de notre vie.

Points de discussion :

Les aspects de la guérison divine au-delà du physique.
Comment comprendre et expérimenter la guérison de Dieu dans notre vie quotidienne.

YAHWEH Shalom – L'Éternel est paix (Juges 6:24)

Texte : "L'Éternel est paix."
Description : Met en lumière la paix divine que Dieu apporte dans les moments de trouble.
Circonstance : Gédéon expérimente ce nom lorsque Dieu lui assure Sa paix durant une période de guerre et d'incertitude.

YAHWEH Tsidkenu – L'Éternel Notre Justice

Le nom "Tsidkenu" révèle un aspect fondamental du caractère de Dieu : Sa justice parfaite. Dans les Écritures, ce nom souligne que Dieu est la source ultime de la justice et qu'Il est fidèle à ses promesses de rétablir et de juger avec équité.

Points principaux :
YAHWEH Tsidkenu – L'Éternel Notre Justice (Jérémie 23:6)
Texte : "En ces jours-là, Juda sera sauvé, et Israël habitera en sécurité. Et voici le nom dont on l'appellera : L'Éternel Notre Justice."
Description : Ce nom exprime la justice parfaite et la droiture de Dieu. Il affirme que Dieu est le seul à pouvoir établir la justice véritable et que Ses jugements sont toujours justes.

Questions de Réflexion :

1- Que signifie le nom propre de Dieu, "Yahweh" ?

2- Quelle signification personnelle avez-vous trouvée dans les noms de Dieu, selon les circonstances que vous avez traversées ?

3- Comment le nom de Dieu comme Yahweh Jireh a-t-il été une réalité dans votre vie lorsque vous avez fait face à des besoins matériels ou spirituels ?

Application :
Pratique Personnelle : Réfléchissez aux différents noms de Dieu et notez comment chacun d'eux a été manifeste dans votre vie. Utilisez ces noms dans vos prières pour exprimer votre confiance et votre gratitude envers Dieu.

FICHE DE LEÇON #3

Titre : Le Nom de Dieu

Texte d'or : « Je suis l'Éternel, c'est là mon nom ; je ne donnerai pas ma gloire à un autre, ni mon honneur aux idoles. » — Ésaïe 42:8 (LSG)

Versets d'appui : Genèse 22:14 - Exode 15:26 - Juges 6:24

Points de Discussion :

1- L'Éternel : La Nature Immuable et Éternelle de Dieu
Description : Le nom "Yahweh" ou "L'Éternel" exprime l'existence éternelle de Dieu, sans commencement ni fin. Il souligne la constance, la fidélité et la souveraineté divine.

2- Les Noms de Dieu et Leur Importance dans Nos Situations
Les noms de Dieu dans la Bible révèlent Sa nature et Sa relation avec nous. Chaque nom représente une facette spécifique de Dieu et est significatif dans des contextes particuliers

Noms de Dieu dans la Tradition Chrétienne

Yahweh : « Je suis celui qui suis » – Exode 3:14
Adonaï : « Seigneur » – Psaume 110:1
El Shaddaï : « Dieu Tout-Puissant » – Genèse 17:1
El Elyon : « Dieu Très-Haut » – Genèse 14:18
El Olam : « Dieu Éternel » – Genèse 21:33
El Roi : « Dieu qui voit » – Genèse 16:13
Yahweh Jiré : « Le Seigneur pourvoira » – Genèse 22:14
Yahweh Rapha : « Le Seigneur qui guérit » – Exode 15:26
Yahweh Nissi : « Le Seigneur est ma bannière » – Exode 17:15
Yahweh Shalom : « Le Seigneur est paix » – Juges 6:24
Yahweh Tsidkenu : « Le Seigneur notre justice » – Jérémie 23:6
Yahweh Shammah : « Le Seigneur est présent » – Ézéchiel 48:35
Yahweh Mekaddishkem : « Le Seigneur qui sanctifie » – Lévitique 20:8
Père : « Le Père céleste » – Matthieu 6:9
Rédempteur : « Celui qui rachète » – Job 19:25
Souverain Seigneur : « Maître et Seigneur suprême » – Actes 4:24
Yehoshua HaMashiach : Jésus le Messie (Matthieu 1:16, Jean 1:41)

Noms de Dieu dans la Tradition Juive

Adonaï : « Seigneur » – Psaume 110:1
Elohim : « Dieu » (pluriel de majesté, exprimant la grandeur et la majesté divine) – Genèse 1:1
El Shaddaï : « Dieu Tout-Puissant » – Genèse 17:1
El Elyon : « Dieu Très-Haut » – Genèse 14:18
Yahweh : « Je suis celui qui suis » – Exode 3:14
El Olam : « Dieu Éternel » – Genèse 21:33
Yahweh Tsevaot : « Seigneur des armées » – 1 Samuel 1:3
El Roi : « Dieu qui voit » – Genèse 16:13
El Gibbor : « Dieu Fort » – Ésaïe 9:5 (un héro ou un guerrier fort)
Yahweh Nissi : « Le Seigneur est ma bannière » – Exode 17:15
Yahweh Shalom : « Le Seigneur est paix » – Juges 6:24
Yahweh Rapha : « Le Seigneur qui guérit » – Exode 15:26
Yahweh Tsidkenu : « Le Seigneur notre justice » – Jérémie 23:6
Yahweh Mekaddishkem : « Le Seigneur qui sanctifie » – Lévitique 20:8
Yahweh Yesha : Le Seigneur Sauveur (Isaïe 12:2, « Voici, Dieu est ma délivrance ; j'aurai confiance et je n'aurai point de crainte, car le Seigneur, l'Éternel, est ma force et ma louange ; il est devenu ma délivrance. »)

Filiation

Poème

Éphésiens 1:4-5
« En lui, Dieu nous a choisis avant la création du monde, pour être saints et irréprochables devant lui. Il nous a prédestinés dans son amour à être ses enfants d'adoption par Jésus-Christ, selon le bon plaisir de sa volonté. »

Un héritage Divin

Dans l'amour de Dieu, nous trouvons
Un lien fort et profond.
Fils et filles, nous sommes nés
Pour marcher dans Sa clarté.

Son amour nous guide chaque jour,
Dans la joie et dans le tour.
Nous portons Sa vérité,
En Lui, nous avons tout trouvé.

De Sa grâce, nous sommes comblés,
Par Sa main, nous sommes guidés.
Sa filiation, un don sacré,
Un trésor pour l'éternité.

Chaque pas, chaque action
Révèle notre connexion.
Dans Sa lumière, nous grandissons,
Par Son amour, nous vivons.

Job Francois__

La Filiation

Definition:

Le terme "**filiation**" trouve ses racines dans le mot latin **filia,** qui signifie "fils" ou "fille", et désigne la relation qui unit un enfant à ses parents, particulièrement le lien de descendance. En tant que concept, la filiation fait référence au lien juridique, biologique, ou spirituel qui établit la relation entre une personne (l'enfant) et un ou plusieurs parents (le père, la mère ou les deux).

A-I_ Types de Filiation

La filiation peut être envisagée sous plusieurs angles :
Filiation biologique : C'est le lien naturel entre un parent et son enfant, fondé sur la naissance. Ce lien est généralement reconnu par des éléments biologiques comme la génétique.

Filiation juridique : Il s'agit du lien légal qui établit la reconnaissance d'un enfant par ses parents, qu'il soit biologique ou adopté. En droit, cela confère à l'enfant des droits (comme l'héritage) et des devoirs envers ses parents.

Filiation spirituelle ou religieuse :
Dans un cadre religieux, la filiation ne renvoie pas nécessairement à un lien de sang, mais à un lien spirituel ou symbolique. Par exemple, dans le christianisme, être "fils de Dieu" ou "enfant de Dieu" est une forme de filiation spirituelle, qui marque l'appartenance à Dieu par la foi et le baptême. (que nous allons developper plus tard)

Signification en Théologie
Dans la théologie chrétienne, la filiation divine a une importance particulière. Elle désigne la relation que les croyants ont avec Dieu, devenant enfants de Dieu par adoption spirituelle, grâce à Jésus-Christ. Cette filiation confère aux croyants des privilèges tels que l'héritage du Royaume de Dieu, tout en les appelant à une transformation progressive pour refléter l'image du Christ, le Fils unique de Dieu.

Une fois déduit que la filiation est la relation entre père et fils, tâchons de définir ces deux termes

DÉFINITION DE "FILS" ET DE "PÈRE"

Un fils est avant tout l'enfant d'un parent, généralement du père ou de la mère. Mais dans le contexte psychologique et culturel, ce terme prend une signification plus profonde. Un fils est un enfant qui, en grandissant, devient porteur de la responsabilité de continuer les valeurs, les croyances et les traditions familiales. Il devient adulte non seulement sur le plan physique, mais aussi émotionnel et moral. Ce processus implique l'apprentissage, l'intégration, puis la mise en pratique des leçons transmises par les parents, en particulier par le père.

Le père, quant à lui, n'est pas seulement le géniteur, mais celui qui prend le rôle de guide et de protecteur. Il est responsable de l'éducation, de la transmission des valeurs et de la formation du caractère de ses enfants. Dans de nombreuses cultures, le père joue un rôle clé dans la préparation de ses fils à devenir des hommes responsables et capables de prendre la relève au sein de la famille et de la société.

Différence entre un enfant et un fils

La distinction entre un enfant et un fils repose principalement sur deux dimensions : la maturité et les responsabilités. Un enfant est un individu en pleine croissance, marqué par l'innocence, la dépendance et la soif d'apprentissage. Sur le plan psychologique, l'enfant est en développement constant, cherchant à comprendre le monde qui l'entoure. Il n'a pas encore atteint un niveau de maturité suffisant pour assumer de lourdes responsabilités.

En revanche, un fils, dans le contexte d'un jeune adulte ou d'un homme adulte, représente un individu qui a dépassé ce stade de dépendance. Il est un enfant devenu mature, capable d'assumer des responsabilités importantes dans la famille et dans la société. Un fils adulte incarne les valeurs apprises au cours de sa croissance, les transmet à son tour, et devient un pilier sur lequel la famille peut compter. Il ne se contente plus de recevoir, il donne à son tour, portant le fardeau de la continuité familiale.

Caractéristiques générales d'un fils

Identité familiale : Le fils est porteur de l'héritage familial, qu'il s'agisse de traditions culturelles, morales ou spirituelles. Il perpétue le nom de la famille et joue un rôle clé dans la continuité générationnelle.breuses cultures.

Apprenant et récepteur : Un fils est souvent perçu comme celui qui apprend et grandit sous l'influence de ses parents. Il reçoit les enseignements et les valeurs transmises par eux, en particulier par le père dans de nom

Héritier : Traditionnellement, le fils est l'héritier des biens, des responsabilités et de la position sociale du père. Il est préparé à reprendre le rôle de chef de famille ou d'autorité après son père.

Responsabilité et respect : Le fils a la responsabilité de respecter et d'honorer ses parents, en se conformant aux attentes familiales. Ce respect est souvent marqué par une obéissance, mais aussi par un devoir de soutien envers ses parents, notamment lorsqu'ils vieillissent.

Continuité : En devenant adulte, le fils est celui qui prend la relève dans la famille. Il transmet à son tour les valeurs et l'héritage familial à ses propres enfants, assurant ainsi la continuité des traditions et des enseignements.

En résumé, un fils est bien plus qu'un simple enfant. Il porte l'héritage familial et assume des responsabilités qui vont au-delà de la simple relation biologique. Un fils incarne la continuité générationnelle et revêt plusieurs caractéristiques essentielles :

Héritier : Il est l'héritier des biens, mais surtout des valeurs et de l'histoire familiale.
Respectueux : Même à l'âge adulte, il continue à respecter et honorer ses parents.
Agent de continuité : Il transmet les enseignements reçus à la génération suivante, assurant ainsi la pérennité des valeurs et traditions familiales.
Responsable et mature : En tant qu'adulte, il devient capable de prendre des décisions autonomes tout en s'inspirant des leçons apprises.

II - La Filiation : Un Concept Ancien

La filiation, dans sa dimension spirituelle et théologique, exprime un lien profond et indissociable entre Dieu et Sa création. Ce lien ne se limite pas à la simple paternité biologique ou symbolique, mais introduit des notions d'autorité, de protection, de responsabilité et d'immanence. Explorons cette relation de filiation sous deux aspects majeurs : la filiation de Dieu avec la création et celle des anges.

FILIATION DE DIEU PAR RAPPORT À LA CRÉATION

1-Dieu est le Père de la Création
Dieu est décrit comme le Père de toute la création dans les Écritures. Dès les premiers versets de la Genèse, "Au commencement, Dieu créa les cieux et la terre" (Genèse 1:1), il est établi que Dieu est l'origine de tout ce qui existe. Cet acte créatif place Dieu en position de père universel, non seulement parce qu'il est l'auteur de l'existence, mais parce qu'il entretient une relation active et continue avec Sa création.

Dieu est immanent dans Sa création
On dit que Dieu est immanent en raison de Sa relation intime et continue avec la création. L'immanence de Dieu signifie qu'Il est présent et actif dans tout ce qu'Il a créé. Contrairement à une vision déiste où Dieu créerait l'univers pour ensuite s'en détacher, la vision biblique affirme que Dieu soutient, gouverne et intervient dans la création à chaque instant. Il est donc proche de Ses créatures, agissant dans le monde naturel et spirituel, tout en étant transcendant, c'est-à-dire au-delà de Sa création. Cela montre que la filiation de Dieu avec Sa création ne se limite pas à un acte passé, mais à une relation présente et dynamique.

2-a. La Filiation des Anges
a. Les Anges : Fils spirituels de Dieu
Dans plusieurs passages bibliques, les anges sont décrits comme les fils de Dieu (Job 1:6, Job 38:7). Ils sont des êtres spirituels créés directement par Dieu et dotés de pouvoirs et de rôles particuliers dans l'ordre céleste. Leur filiation est d'ordre spirituel, car contrairement à l'homme, ils ne sont pas engendrés biologiquement, mais créés comme serviteurs de Dieu, témoins de Sa gloire et exécutants de Sa volonté dans l'univers.

b. Dieu est transcendant par rapport à Sa création
Dans la vision biblique, Dieu est principalement transcendant par rapport à Sa création. Cela signifie qu'Il est au-delà de tout ce qui a été créé, Il n'est pas limité par le temps, l'espace ou les lois naturelles. Cette transcendance suggère que, bien que Dieu soit impliqué dans le monde, il ne partage pas une intimité avec la création au sens où nous l'entendons dans les relations humaines. Sa relation avec la création est davantage celle d'un Créateur souverain qui dirige et gouverne, plutôt que celle d'un père affectif en proximité constante.

c. L'Homme : Fils de Dieu par création et souffle divin

L'humanité, et en particulier Adam, est souvent qualifiée de "fils de Dieu" (Luc 3:38) en raison de la relation unique qu'elle entretient avec le Créateur. Dieu a formé l'homme à partir de la poussière, puis insufflé en lui le souffle de vie (Genèse 2:7). Ce souffle divin établit une filiation directe, spirituelle et physique. L'homme est créé à l'image et à la ressemblance de Dieu (Genèse 1:26), ce qui confère à cette filiation un caractère sacré et une responsabilité particulière : celle de gouverner la terre et de refléter la nature divine à travers la justice, l'amour et la sagesse.

d. La Responsabilité de la Filiation

La filiation divine confère également des responsabilités. L'homme, en tant que fils de Dieu, a reçu la mission de gérer et de dominer la création (Genèse 1:28). Ce mandat implique une participation active à l'œuvre divine sur terre, en gouvernant avec équité, respect et amour, comme Dieu gouverne l'univers. L'homme, en tant que fils, est donc appelé à imiter son Père céleste, non seulement en portant son image, mais aussi en manifestant ses attributs.

e. Filiation des anges avant la chute

Avant la rébellion de Lucifer et de certains anges, toute la hiérarchie angélique reflétait la perfection et la pureté divine. Les anges étaient appelés à servir Dieu, tout en étant proches de Lui, jouissant de Sa présence. Cette filiation spirituelle mettait l'accent sur la loyauté, la sainteté et l'obéissance. Leur mission, en tant que fils de Dieu, était d'accomplir la volonté divine dans le ciel et sur la terre.

f. La rupture dans la filiation angélique :
La chute des anges

La chute de Lucifer (Satan), autrefois un glorieux fils de Dieu, et d'une partie des anges, a marqué une rupture dans cette filiation. En se rebellant contre Dieu, Lucifer et ses alliés ont rejeté leur statut de fils fidèles pour devenir des opposants. Ce passage d'anges fidèles à anges déchus a brisé la relation de filiation avec Dieu, transformant leur statut d'héritiers célestes en ennemis de la volonté divine. Ils sont passés d'un état de glorification à un état de déchéance, tout en restant des créatures puissantes.

g. Les Anges Fidèles : Toujours fils de Dieu

En dépit de cette rupture pour certains, les anges restés fidèles à Dieu continuent d'être des fils de Dieu spirituels. Ils jouent un rôle crucial dans le plan divin, intervenant dans l'histoire humaine pour protéger, guider et exécuter les ordres divins. Leur filiation demeure intacte, car ils persistent dans l'obéissance et la communion avec Dieu.

La filiation de Dieu envers la création englobe l'ensemble de l'univers, des créatures spirituelles comme les anges à l'humanité, en passant par l'ordre naturel. Dieu, en tant que Père, entretient une relation dynamique, à la fois transcendante et immanente, avec Ses créatures. La filiation des hommes, comme celle des anges, met en lumière le caractère unique de chaque créature, avec des rôles et des responsabilités spécifiques. Alors que les hommes sont appelés à gouverner la terre en tant que fils de Dieu, les anges sont les serviteurs célestes, reflet de Sa volonté et gardiens de l'ordre divin. Cependant, la chute de certains anges a brisé cette relation, établissant un contraste saisissant entre la filiation fidèle et la rébellio

III - L'héritage Royal

Le concept de l'héritage royal est un thème riche et significatif dans la Bible, symbolisant la relation entre Dieu, Son peuple, et les promesses qu'Il leur a faites. Dans le contexte biblique, cet héritage implique non seulement une richesse matérielle, mais aussi des bénédictions spirituelles, une identité et une destinée particulière. Voici une exploration de ce concept :

1. L'héritage royal en tant que promesse divine
L'héritage royal commence par les promesses de Dieu à Son peuple. Dans Genèse 17:7, Dieu fait alliance avec Abraham, promettant que sa descendance sera bénie et que Dieu sera leur Dieu. Cette promesse se transmet à travers les générations, établissant les Israélites comme le peuple choisi de Dieu, héritiers de ses promesses. En Exode 19:5-6, Dieu déclare : "Vous serez pour moi un royaume de prêtres et une nation sainte." Cela positionne les Israélites comme une nation royale ayant une mission divine.

2. L'héritage en tant que droits et privilèges
Dans le contexte de l'héritage royal, il existe des droits et des privilèges qui accompagnent cette position. En Psaume 2:8, Dieu dit : "Demande-moi, et je te donnerai les nations pour héritage, et les extrémités de la terre pour possession." Cela montre que l'héritage royal implique la possession de quelque chose de précieux et de puissant, en ce sens que le peuple de Dieu est destiné à régner et à exercer une influence sur le monde.

3. L'héritage royal et la royauté de Christ
Jésus-Christ, en tant que Fils de Dieu, incarne l'héritage royal. Dans Apocalypse 1:6, il est écrit : "Il a fait de nous un royaume, des prêtres pour son Dieu et Père." Les croyants sont ainsi considérés comme cohéritiers avec Christ (Romains 8:17). Cela signifie que, par la foi en Jésus, les croyants participent à cet héritage royal et à la royauté éternelle, partagea

5. L'héritage et l'identité
Être un héritier royal implique une identité particulière. En 1 Pierre 2:9, il est dit : "Vous êtes un lignage choisi, une nation sainte, un peu ple acquis, afin que vous annonciez les louanges de celui qui vous a appelés des ténèbres à son admirable lumière." Cela met en avant que l'héritage royal transforme la manière dont les croyants se perçoivent et se comportent dans le monde. Ils sont appelés à représenter le royaume de Dieu.

6. La responsabilité de l'héritage

Avec l'héritage royal vient également la responsabilité de vivre d'une manière qui honore cette position. Les héritiers sont appelés à mener une vie qui reflète les valeurs et la nature du royaume de Dieu. En Matthieu 5:14, Jésus déclare : "Vous êtes la lumière du monde." Cela indique que ceux qui héritent du royaume ont la responsabilité de briller pour Christ et d'influencer positivement leur environnement.

7. L'héritage éternel

L'héritage royal des croyants se manifeste pleinement dans l'éternité. En Hébreux 9:15, il est dit que Jésus est le médiateur d'une nouvelle alliance, afin que ceux qui sont appelés reçoivent l'héritage éternel. Cela souligne que l'héritage que les croyants recevront est non seulement spirituel, mais aussi éternel, promettant une communion éternelle avec Dieu.

Conclusion:

Le concept de l'héritage royal est profondément enraciné dans les Écritures et évoque la relation privilégiée entre Dieu et Son peuple. Il inclut des promesses, des privilèges, des responsabilités et une identité unique. Les croyants sont appelés à vivre en tant qu'héritiers de Dieu, à représenter Son royaume sur terre et à attendre avec impatience l'accomplissement de cet héritage dans l'éternité. Ce concept nous rappelle que notre position en Christ nous confère une dignité et un appel à vivre selon les valeurs du royaume de Dieu.

L'héritage Famlial

Le concept de l'héritage familial est à la fois profond et fondamental, agissant comme un fil conducteur à travers les histoires et les enseignements de la Bible. L'héritage familial n'est pas simplement une question de transmission de biens matériels ou de traditions culturelles; il représente une continuité spirituelle, morale et identitaire qui façonne les générations futures. Cet héritage familial est au centre même de l'existence humaine et dépasse les simples considérations matérielles. Il se manifeste dans toutes les fonctions de l'univers, y compris dans les dimensions divine, humaine, et même angélique.

1. Le but ultime de la famille

L'objectif ultime de la famille dans le cadre de l'héritage est de transmettre des valeurs, des promesses et une identité qui s'étendent au-delà de la vie individuelle. En Malachie 2:15, il est dit : "Et n'a-t-il pas fait un ? Bien qu'il ait un reste d'esprit, pourquoi donc un ? Afin de chercher une postérité pour Dieu." Ce verset souligne que le mariage et la famille ont pour but de produire une descendance qui honore Dieu, perpétuant ainsi un héritage spirituel. La famille est conçue pour être une institution par laquelle les promesses de Dieu sont transmises et vécues.

2. L'héritage au cœur de l'existence humaine

L'héritage familial est profondément ancré dans la condition humaine. Dans Proverbes 13:22, il est écrit : "L'homme de bien laisse un héritage aux enfants de ses enfants." Cela indique que la manière dont une personne vit et les valeurs qu'elle transmet à sa famille ont des répercussions sur plusieurs générations. L'héritage familial influence non seulement la culture et les traditions, mais également les croyances et les valeurs morales qui définissent la vie des membres de la famille.

3. Un héritage au-delà du matériel

Bien que l'héritage familial puisse inclure des biens matériels, il va bien au-delà de cela. Il comprend également l'héritage spirituel, qui englobe la foi, les croyances et les valeurs morales. En Éphésiens 1:11, il est dit : "En lui nous avons été aussi faits héritiers, ayant été prédestinés selon le dessein de celui qui opère toutes choses d'après le conseil de sa volonté." Cette notion d'héritage spirituel est essentielle pour comprendre comment la famille est appelée à transmettre la foi et les valeurs spirituelles à ses membres.

4. L'héritage dans toutes les fonctions de l'univers

L'héritage familial est présent dans toutes les fonctions de l'univers. Dans le cadre de la fonction divine, Dieu se présente comme un Père qui prend soin de Son peuple et qui désire un héritage spirituel pour tous. En tant que Roi de l'univers, Il établit un royaume éternel qui est aussi un héritage pour ceux qui croient en Lui. Les promesses faites à des figures bibliques comme Abraham, Moïse et David illustrent la continuité de cet héritage divin à travers l'histoire.

Dans la dimension humaine, l'héritage familial se manifeste dans les valeurs et les traditions transmises de génération en génération. Les parents enseignent à leurs enfants les principes éthiques, les croyances et les histoires qui définissent leur identité familiale. Cela crée un lien fort qui unit les membres de la famille dans un objectif commun et une mission partagée.

En ce qui concerne la dimension angélique, il est important de noter que même les anges, créatures spirituelles, ont un rôle dans le plan de Dieu et l'héritage de l'humanité. Les anges servent de messagers et d'agents de Dieu, participant à la protection et à la guidance des croyants. En Hébreux 1:14, il est écrit : "Ne sont-ils pas tous des esprits au service de Dieu, envoyés pour servir ceux qui doivent hériter du salut?" Cela montre que l'héritage du salut est également soutenu par des forces spirituelles qui œuvrent pour le bien des croyants.

5. La responsabilité de l'héritage familial

Avec l'héritage familial vient également la responsabilité de vivre selon les valeurs que l'on souhaite transmettre. Les parents sont appelés à enseigner à leurs enfants non seulement la foi, mais aussi l'amour, la compassion et l'intégrité. En Deutéronome 6:6-7, il est dit : "Et ces commandements que je te donne aujourd'hui seront dans ton cœur. Tu les inculqueras à tes fils et tu en parleras quand tu resteras dans ta maison, quand tu marcheras en chemin, quand tu te coucheras et quand tu te lèveras." Cela souligne l'importance de l'enseignement continu des valeurs familiales et spirituelles.

Conclusion

Le concept de l'héritage familial est fondamental dans la Bible, reliant les générations passées aux générations futures à travers des valeurs, des traditions et des promesses. Cet héritage, qui est au centre même de l'existence humaine, se manifeste dans toutes les fonctions de l'univers, y compris dans les dimensions divine, humaine et angélique. En tant que tels, les membres de la famille ont la responsabilité de transmettre cet héritage avec diligence et foi, en honorant les promesses de Dieu et en formant une identité commune qui glorifie le Créateur.

Filiation d'Adam : L'Héritage du Premier Homme

I - Qui est Adam ? Origine et Signification de Son Nom

Adam, le premier homme selon la tradition judéo-chrétienne, est une figure centrale de la création. Son nom, en hébreu "אדם" (Adam), signifie "humain" ou "terre", soulignant son lien profond avec la matière et la création. Ce terme dérive de "adamah", qui désigne "terre" ou "sol". Adam incarne l'idée de l'humanité, de la dignité et de la responsabilité envers la création. Dans le récit de la Genèse, il est façonné par Dieu à partir de la poussière de la terre, symbolisant ainsi la relation intime entre l'homme et son environnement.

Non seulement Adam est un individu emblématique, mais il se présente également comme le prototype de l'humanité. À ce titre, il porte un héritage multidimensionnel qui englobe non seulement sa création, mais aussi son rôle dans la relation entre Dieu et l'humanité. Cet héritage de filiation se manifeste sous différentes dimensions : spirituelle, sociale et écologique, façonnant notre compréhension de son autorité et de sa place dans l'ordre divin.

De plus, Adam n'est pas uniquement une figure d'origine physique. Son nom porte également un sens collectif, désignant l'humanité dans son ensemble. En Adam, toute l'humanité trouve son point de départ, et son rôle dans l'histoire sacrée le positionne comme le père spirituel et biologique de l'humanité.

1- Le Premier Homme Parfait

Avant la chute, Adam était le modèle parfait de l'homme tel que Dieu l'avait initialement conçu. Il vivait dans un état de pureté et d'harmonie, à l'image de Dieu, doté d'une connaissance surnaturelle. Cette connaissance s'étendait au-delà des frontières terrestres, embrassant les mystères de l'univers créé par Dieu. Sa capacité à nommer les créatures qui venaient d'être créées (Genèse 2:19-20) démontre non seulement une profonde compréhension de leur nature, mais également une autorité directe conférée par Dieu sur toute la création.
Adam ne se contentait pas de donner des noms arbitraires ; chaque nom était une expression de la nature et du but de la créature. Cette

compétence requérait une immersion dans les profondeurs de la sagesse divine, une connexion intime avec la pensée de Dieu. Sa voix résonnait avec une autorité céleste, une vibration spirituelle qui faisait que même les animaux l'écoutaient avec soumission.

sagesse divine, une connexion intime avec la pensée de Dieu. Sa voix résonnait avec une autorité céleste, une vibration spirituelle qui faisait que même les animaux l'écoutaient avec soumission.

2- Adam Comme Fils de Dieu

Dans les Évangiles, notamment dans Luc 3:38, Adam est désigné comme le fils de Dieu. Cette appellation souligne qu'Adam n'a pas eu de père humain, mais qu'il a été directement façonné par Dieu. En tant que premier être humain créé à partir de la poussière, il porte en lui l'image divine. Contrairement aux générations qui le suivront, Adam n'est pas né d'une union charnelle, mais de la volonté directe de Dieu, ce qui marque sa position unique en tant que premier de la lignée humaine.

Cette relation spéciale entre Adam et Dieu non seulement établit sa filiation directe, mais met également en lumière son rôle unique dans le plan divin pour l'humanité. Il était destiné à refléter la gloire de Dieu à travers ses actions, sa manière de gouverner la création, et son obéissance à la loi divine. Cette filiation témoigne de la dignité originelle d'Adam, en tant qu'homme parfait et fils de Dieu.

3- Types de Filiation d'Adam

Les Différentes Filiation d'Adam:

<u>La Filiation Divine</u>
Dans Luc 3:38, Adam est désigné comme "fils de Dieu", une affirmation qui souligne sa relation unique avec le Créateur. Contrairement à tous les autres êtres humains qui descendent d'une lignée biologique, Adam a été directement créé par Dieu à partir de la terre. Cette filiation divine indique non seulement une proximité avec Dieu, mais aussi une responsabilité unique : celle d'être le gardien de la création. En tant que fils de Dieu, Adam possède une autorité naturelle qui s'étend au-delà du monde physique ; il est également le représentant spirituel de l'humanité, chargé de communiquer la volonté divine et d'agir en tant que régent sur la terre.

La Filiation Naturelle

Adam est également reconnu comme le premier homme de la lignée humaine, le père biologique de toute l'humanité. Cette filiation naturelle fait de lui le point de départ de toutes les générations futures, établissant un lien physique entre Dieu et tous les hommes. En Genèse 1:28, Dieu ordonne à Adam de "se multiplier et de remplir la terre", une mission qui inclut la transmission des bénédictions divines à sa descendance. Son rôle en tant que père de l'humanité n'est pas seulement biologique, mais spirituel, car il incarne le modèle de ce que signifie être créé à l'image de Dieu.

La Filiation Spirituelle

Avant la chute, Adam vivait en communion parfaite avec Dieu. Sa filiation spirituelle est manifestée par sa capacité à comprendre les mystères de la création, à nommer les animaux, et à percevoir leur essence et leur rôle divin (Genèse 2:19-20). Dans cet état d'harmonie, Adam était capable de recevoir directement la sagesse divine, lui conférant une autorité spirituelle qui lui permettait de gérer la création de manière réfléchie et éclairée. Cette relation intime avec Dieu est le reflet de sa pureté originelle et de sa capacité à accomplir sa mission comme régent de la terre.

La Filiation Fédérale

En tant que chef fédéral de l'humanité, Adam représente non seulement lui-même, mais aussi tous ses descendants devant Dieu. Cette dimension de sa filiation signifie que ses actions ont des répercussions sur l'ensemble de la race humaine. Romains 5:12 souligne que "par un seul homme, le péché est entré dans le monde". Ainsi, la désobéissance d'Adam a entraîné des conséquences tragiques pour toute l'humanité. Son autorité découlait non seulement de son statut personnel, mais aussi de sa responsabilité collective envers sa postérité. Il n'était pas qu'un individu ; il portait le poids de l'humanité sur ses épaules.

Le Rôle de la Filiation d'Adam dans Son Autorité

La diversité des filiations d'Adam met en lumière la source et l'étendue de son autorité sur la création. En tant que fils de Dieu, Adam reçoit une autorité divine, amplifiée par son rôle en tant qu'image de Dieu (Genèse 1:26). Sa capacité à nommer les animaux n'était pas un simple acte de gestion ; c'était un acte d'autorité et de domination, qui lui permettait d'établir un ordre divin parmi les créatures.

ple acte de gestion ; c'était un acte d'autorité et de domination, qui lui permettait d'établir un ordre divin parmi les créatures.
Sa filiation spirituelle enrichit également son autorité, car elle lui permet

de comprendre et d'interagir avec la création d'une manière qui transcende le matériel. Adam n'était pas un gestionnaire passif ; il était un participant actif, capable de percevoir la sagesse divine dans chaque élément de la création. Son esprit pur avant la chute lui donnait une vision profonde et claire des mystères de l'univers.

Enfin, la dimension fédérale de sa filiation souligne qu'Adam avait la responsabilité de maintenir l'ordre divin non seulement pour lui-même, mais pour toute l'humanité. Ses décisions étaient d'une portée immense, influençant le destin de ses descendants. Cette autorité, liée à ses diverses filiations, illustre la gravité de sa désobéissance et la chute qui en a résulté, plongeant l'humanité dans un état de séparation d'avec Dieu

4- La Sagesse et la Connaissance Profonde d'Adam
L'Intelligence Éveillée:
Adam, en tant que premier homme, était doté d'une sagesse exceptionnelle, lui permettant d'interagir harmonieusement avec la création. Lorsqu'il a été chargé de nommer les animaux, chaque nom était soigneusement choisi pour refléter la nature et le rôle de chaque créature. Par exemple, le lion, symbolisant la force et la majesté, est nommé en hébreu "ari", ce qui signifie "celui qui déchire", soulignant son rôle en tant que roi des animaux. De même, le serpent, ou "nachash", incarne à la fois la ruse et la sagesse, lui conférant un rôle particulier dans le récit de la Genèse. Ces choix de noms démontrent la capacité d'Adam à comprendre les caractéristiques essentielles des êtres vivants qui l'entouraient.

Une Connexion Spirituelle Profonde
La connaissance d'Adam ne se limitait pas à des faits superficiels; elle était profondément spirituelle. Sa relation avec Dieu lui a permis de saisir les mystères de la création, lui offrant une vision claire des lois qui régissent le monde. L'éléphant, par exemple, en hébreu "peled", symbolise la sagesse et la mémoire, et Adam, en comprenant cette symbolique, aurait su reconnaître l'importance de ces qualités dans le maintien de l'harmonie dans le jardin.

En plus de ces exemples, le chien, dont le nom signifie "celui qui aide", symbolise la loyauté et le partenariat. Adam, en nommant ces animaux, a établi des relations qui témoignent de sa compréhension des rôles écologiques et spirituels au sein de la création. Cela démontre que sa sagesse était ancrée dans une connaissance profonde du monde et de la volonté divine.

Autre exemples de Noms Hébreux d'Animaux et Leur Sens

Les noms des animaux dans la création révèlent des vérités profondes sur leur nature et leur rôle dans l'univers. Chaque créature est un témoignage de la magnificence de Dieu. Prenons le chien (כֶּלֶב, "kelev"), symbole de loyauté et de fidélité. Ce compagnon fidèle incarne les valeurs d'amour inconditionnel et de dévouement, rappelant à Adam sa mission de veiller sur la création. La gazelle (צְבִי, "tzvi") représente la grâce et la beauté, un rappel que la création est également un reflet de l'art divin. Le lion (אֲרִיאֵל, "ariel"), roi des animaux, évoque la force et la majesté, témoignant du pouvoir de Dieu dans la création. La colombe (יוֹנָה, "yonah") est un symbole de paix, illustrant l'intention divine de réconciliation. Le taureau (שׁוֹר, "shor"), puissant et travailleur, incarne l'effort et la force. Le serpent (נָחָשׁ, "nachash"), bien que souvent perçu négativement, représente aussi la sagesse et la complexité de la création, invitant Adam à naviguer avec discernement dans un monde rempli de choix. Ces noms, chacun chargé de sens, sont une invitation à comprendre la richesse de la création et à reconnaître le rôle unique que chaque être vivant joue dans le plan divin.

5- La Compréhension des Rôles : Un Équilibre Écologique

Adam était également conscient de l'importance de l'équilibre dans la création. Par exemple, il savait que le corbeau (en hébreu "oreb") est un oiseau de proie, chargé de nettoyer la nature en se nourrissant des cadavres. Ce rôle essentiel pour l'écosystème montre comment chaque créature a une fonction précise qui contribue à l'harmonie de l'ensemble. Cette connaissance des rôles des animaux renforçait son autorité en tant que gardien du jardin, car il comprenait les interrelations qui régissaient la vie autour de lui.

De même, le paon, un symbole de beauté et de fierté, est également présent dans la création. Adam aurait reconnu que la beauté n'est pas seulement une question d'apparence, mais qu'elle joue un rôle dans l'appréciation de la création divine. Chaque créature, avec son propre sens et sa fonction, contribue à l'équilibre global que Dieu a établi.

6- La Sagesse Comme Lumière Guidante

La sagesse d'Adam était une lumière qui le guidait dans ses décisions. En étant en communion avec Dieu, il a reçu des révélations sur la manière de vivre en harmonie avec toute la création. Cette sagesse, enrichie par la connaissance des animaux et de leurs rôles, lui conférait une légitimité et une autorité qui transcendaient son existence humaine. Adam, en tant que premier homme, était le symbole de l'équilibre parfait entre la sagesse divine et la connaissance humaine, un exemple à suivre pour toutes les générations à venir.

Ainsi, la sagesse et la connaissance profonde d'Adam ne constituent pas seulement un héritage spirituel, mais elles révèlent également le chemin vers une coexistence harmonieuse avec la création. Ces qualités, enracinées dans la compréhension des rôles et des relations, mettent en lumière l'importance d'honorer et de respecter chaque aspect de la création divine.

7- L'Apparence et l'Habillement de Gloire: Abondance et Splendeur

L'un des aspects les plus fascinants de la richesse d'Adam réside dans sa création divine. Adam était vêtu d'un "habit de gloire", une lumière qui émanait de sa présence. Cette apparence rayonnante symbolise l'autorité et la dignité qu'il possédait en tant que premier homme. Les Écritures parlent de la beauté de la création et de la splendeur divine. Dans le livre des Apocryphes, on peut lire que Adam était enveloppé d'une lumière qui le distinguait des autres créatures. Cet "habit de gloire" est considéré comme un symbole de sa pureté et de sa proximité avec Dieu. L'éclat de cet habit lui conférait non seulement une beauté extérieure, mais aussi une profondeur spirituelle. Il représentait la vérité et la lumière, éléments essentiels pour exercer son autorité sur la création. Lorsque Adam a péché, cette lumière s'est estompée, symbolisant la perte de son état de grâce et de son autorité. Cette notion d'habillement spirituel souligne l'importance de vivre en conformité avec la volonté divine pour maintenir l'autorité et l'intégrité personnelle.

8- L'Abondance de Richesses dans le Jardin

Adam vivait dans le jardin d'Éden, un lieu d'abondance où tout était parfait. Les Écritures nous décrivent cet endroit comme étant rempli de toutes sortes de fruits, de fleurs et de beautés naturelles (Genèse 2:8-9). En outre, il était entouré de richesses symboliques, comme les pierres précieuses qui ornent les murs du jardin, représentant la splendeur de la création divine. Les références bibliques à des pierres précieuses comme le saphir et l'émeraude (Ézéchiel 28:13) montrent que le jardin d'Éden était non seulement un lieu de vie, mais aussi un lieu d'opulence et de beauté. Chaque élément, chaque ressource, témoignait de la générosité de Dieu et de la grandeur de sa création. Cela renforçait l'idée que l'autorité d'Adam était fondée sur sa capacité à gérer cette richesse avec sagesse.

9- Un Héritage de Richesse Spirituelle

La richesse d'Adam ne se limitait pas à l'abondance matérielle. Elle englobait également un héritage spirituel. Adam avait le privilège de communiquer directement avec Dieu, d'apprendre et de grandir dans sa connaissance de la création. Cette relation privilégiée lui conférait une richesse inestimable, lui permettant d'accéder à des vérités profondes sur lui-même et sur l'univers.

L'autorité d'Adam découle également de cette richesse spirituelle, car elle lui permettait d'agir en tant que médiateur entre Dieu et la création. Il comprenait la responsabilité qui l'accompagnait, étant le gardien des ressources divines. La richesse spirituelle qu'il possédait l'aidait à naviguer dans les défis de la vie, renforçant ainsi son rôle d'autorité sur la terre.

10- La Voix d'Adam : Un Instrument d'Autorité

La voix d'Adam était un puissant instrument d'autorité. En nommant les créatures, il exerçait son pouvoir donné par Dieu pour régner sur la terre. Chaque nom qu'il attribuait était un acte d'autorité, car il définissait la nature et le but de chaque être vivant. Ce processus de nomination était une manifestation de la responsabilité qu'Adam avait reçue de son Créateur.

La voix d'Adam était également associée à la communication divine. Lorsqu'il parlait, il le faisait en harmonie avec la volonté de Dieu. Cela montre que son autorité n'était pas seulement inhérente à sa création, mais qu'elle était renforcée par sa connexion spirituelle avec le Tout-Puissant. Sa voix, puissante et créatrice, incarnait la sagesse et la connaissance profonde qu'il possédait.

11- L'Apparence de Lumière et son Impact

En plus de sa voix, l'apparence d'Adam revêtait une grande importance. Vêtu de cet "habit de gloire", il se distinguait par une lumière qui révélait son état de grâce. Cette lumière n'était pas simplement physique; elle symbolisait son autorité et sa proximité avec Dieu. Dans le livre des Apocryphes, il est dit que la lumière qui émanait de lui était le reflet de la gloire divine.

La présence de cette lumière autour d'Adam renforçait son rôle en tant que chef et gardien de la création. Sa beauté spirituelle, visible par tous, inspirait le respect et l'admiration. Cette lumière était une extension de son autorité, car elle témoignait de sa relation spéciale avec Dieu. En agissant avec sagesse et dans la lumière, Adam était capable d'exercer son autorité de manière juste et équilibrée.

12- L'Autorité Ancrée dans la Création

L'autorité d'Adam n'était pas seulement théorique; elle se manifestait également dans son interaction avec la création. En tant que gardien du jardin, il avait la responsabilité de protéger et de cultiver la terre. Cette autorité était ancrée dans la connaissance des rôles et des relations qui régissaient l'écosystème. Adam, en tant que créateur de noms et gestionnaire de la création, était un exemple de leadership éclairé.

Ainsi, l'autorité d'Adam, fondée sur sa voix et son apparence, était une manifestation de sa sagesse et de son rôle en tant que fils de Dieu. Son héritage reste pertinent aujourd'hui, car il nous rappelle l'importance de vivre en harmonie avec la création tout en exerçant une autorité responsable.

13- Adam et la Quête de Rédemption

En conclusion, la filiation d'Adam, sa connaissance prodigieuse, son autorité sur la création, et sa chute tragique sont au cœur du récit biblique sur l'humanité. Adam, initialement conçu à l'image de Dieu, se trouve face à une réalité sombre après sa désobéissance. En cédant à la tentation, il a non seulement rompu sa relation intime avec le Créateur, mais a aussi altéré l'ordre divin, introduisant le péché dans le monde. Cette désobéissance a eu des répercussions dévastatrices : comme le dit Genèse 3:15, Dieu annonce l'inimitié entre la descendance d'Adam et celle du serpent, symbolisant le conflit entre le bien et le mal, et marquant le début d'une lutte éternelle.

La perte de son autorité, autrefois si grande, est un témoignage de la fragilité humaine face à la tentation. Adam, qui était le gardien de la création, se retrouve désormais déchu, et son rôle de chef fédéral devient une charge de responsabilité qui pèse sur toute sa descendance. La mort et la souffrance entrent dans le monde, et l'humanité se retrouve en quête de rédemption.

Cependant, cette chute ne diminue en rien la place exceptionnelle d'Adam en tant que fils de Dieu et père de l'humanité. Elle souligne plutôt la nécessité d'un sauveur, Jésus-Christ, le nouvel Adam, qui rétablit ce qui a été perdu. À travers sa victoire sur le péché, nous sommes invités à retrouver notre connexion divine et à embrasser notre propre filiation en tant qu'enfants de Dieu. Adam, malgré sa chute, demeure une figure clé dans le grand dessein divin, illustrant notre potentiel et notre besoin constant de dépendre de Dieu pour accomplir notre destinée.

la filiation d'Adam, sa connaissance prodigieuse, son autorité sur la création, et sa chute tragique sont au cœur du récit biblique sur l'humanité. Il incarne à la fois la perfection originelle voulue par Dieu et la fragilité humaine face à la tentation. Par son rôle unique, Adam ouvre la voie à une compréhension plus profonde de la nature humaine, de son rapport avec Dieu, et de la quête de rédemption qui traverse toute l'histoire biblique.

Adam n'est pas simplement le premier homme ; il est une figure clé dans le grand dessein divin. Sa vie et sa chute nous rappellent à la fois notre potentiel, mais aussi notre besoin de dépendre de Dieu pour accomplir notre destinée. À travers Christ, le second Adam, nous retrouvons cette connexion divine perdue, et nous sommes invités à embrasser notre propre filiation en tant qu'enfants de Dieu.

B- Jésus-Christ Le Fils de Dieu : Statut Conféré

Dans la tradition biblique, le statut de fils est un honneur conféré par le père, impliquant la transmission de l'autorité et de l'héritage familial. Cela est illustré dans les récits d'Isaac, de Jacob et de ses fils, et trouve son accomplissement ultime en Jésus-Christ, déclaré Fils de Dieu.

I-1. L'Exemple d'Isaac
Isaac, fils d'Abraham, reçoit le statut d'héritier de la promesse divine. Dans Genèse 17:19, Dieu déclare à Abraham : « Sarah, ta femme, t'en donnera un fils, et tu l'appelleras Isaac ; j'établirai mon alliance avec lui comme une alliance perpétuelle pour sa postérité après lui. » Isaac hérite ainsi des bénédictions et des promesses faites à Abraham, affirmant son statut de fils légitime et héritier de l'alliance divine.

2. L'Exemple de Jacob et de Ses Fils
Jacob, fils d'Isaac, reçoit également un statut spécial par Dieu. Dans Genèse 32:28, Dieu change son nom en Israël, déclarant : « Ton nom ne sera plus Jacob, mais Israël ; car tu as lutté avec Dieu et avec les hommes, et tu as prévalu. » Jacob transmet ensuite cet héritage à ses fils, établissant les douze tribus d'Israël. La bénédiction de Jacob, notamment dans Genèse 49, déclare le rôle et la destinée unique de chaque fils, chaque tribu recevant une portion spécifique de l'héritage familial.

3. Jésus-Christ : Le Fils Déclaré de Dieu
Le statut de Jésus-Christ en tant que Fils de Dieu est conféré non seulement par une déclaration divine mais aussi par son rôle unique dans l'accomplissement de la promesse de salut. Jésus est déclaré Fils de Dieu de manière exceptionnelle et unique, comme le montre le verset de Matthieu 3:17 : « Et voici une voix des cieux qui dit : Celui-ci est mon Fils bien-aimé, en qui j'ai mis toute mon affection. » Cette déclaration divine lors du baptême de Jésus marque son statut unique en tant que Fils de Dieu, différent de tous les autres, portant une autorité divine et une mission rédemptrice spécifique.

Le terme "Fils" (בן, ben) signifie un lien familial étroit, reflétant la relation intime entre Dieu et Jésus. Dans la culture juive, un fils incarne la continuité et l'héritage, représentant non seulement la lignée physique mais aussi l'héritage spirituel. Le terme "bien-aimé"(אהוב, ahuv) exprime non seulement un amour profond, mais aussi la faveur et l'approbation, soulignant un statut spécial. Cet amour est intimement lié aux relations d'alliance, mettant en avant l'engagement indéfectible de Dieu envers Son élu, renforçant ainsi l'idée d'approbation divine et de but dans la mission de Jésus.

II-1. FILIATION DE JÉSUS-CHRIST

La filiation de Jésus-Christ se réfère à sa relation unique et exclusive avec Dieu le Père en tant que Fils unique. Cette relation est non seulement une question de statut mais aussi fondamentale pour comprendre le plan de salut. En tant que Fils unique, Jésus possède une communion parfaite et une connaissance intime du Père, ce qui lui confère l'autorité divine et la mission de rédemption.

Le verset clé, Jean 3:16, souligne la profondeur de l'amour de Dieu pour l'humanité en envoyant son Fils unique pour offrir la vie éternelle. Cet acte de sacrifice rédempteur révèle la relation d'amour entre Dieu et l'humanité. Jésus est déclaré Fils de Dieu dans plusieurs passages bibliques. Par exemple, dans Matthieu 3:17, lors du baptême de Jésus, une voix du ciel déclare : « Celui-ci est mon Fils bien-aimé, en qui j'ai mis toute mon affection. » Cette déclaration divine, accompagnée de la manifestation visible du Saint-Esprit, atteste de la reconnaissance divine de Jésus comme Fils bien-aimé, confirmant ainsi sa mission et son autorité. En tant que Fils unique, Jésus est distinct de tous les autres individus appelés fils de Dieu dans la Bible, qui sont souvent considérés comme étant des fils par adoption ou par relation spirituelle. Cela signifie que toute autre personne désignée comme fils est en réalité adoptée dans la famille de Dieu, tandis que Jésus est le Fils unique par nature et par essence.

Unicité de Jésus-Christ dans la filiation divine
La Bible appelle Jésus "le Fils unique de Dieu", soulignant sa relation unique et parfaite avec le Père. Jésus est non seulement l'exemple parfait de ce que signifie être fils de Dieu, mais il est aussi le seul à partager pleinement la nature divine du Père. Comme il le dit lui-même dans

Jean 10:30 « *Moi et le Père, nous sommes un.* » Cela implique que le Fils est égal au Père en: gloire, majesté, essence et puissance, tout en étant distinct dans Sa fonction de Fils unque. Cette unité souligne l'harmonie parfaite entre le Père et le Fils, révélant leur nature divine commune tout en respectant leurs rôles respectifs dans la hierarchie.

Isaïe 9:6 nous donne aussi une indication de la stature unique de Christ : « *Car un enfant nous est né, un fils nous est donné, et la domination reposera sur son épaule.* »
Ce verset montre que Christ, en tant que Fils, est investi de l'autorité de Dieu. Il est capable de gouverner et d'exécuter la volonté divine, car il connaît parfaitement la pensée de Dieu.

2. Divinité de Jésus-Christ
La divinité de Jésus-Christ est une doctrine fondamentale du christianisme, affirmant qu'il est à la fois pleinement Dieu et pleinement homme. Cette compréhension est essentielle pour saisir l'ampleur et l'efficacité de l'œuvre de Jésus, car elle établit qu'il possède la nature divine tout en incarnant une véritable nature humaine. Cette union des deux natures est cruciale pour la rédemption, car seul un être divin pouvait accomplir un sacrifice suffisant pour expier les péchés de l'humanité.

Colossiens 2:9 illustre cette vérité de manière claire : « *Car en lui habite corporellement toute la plénitude de la divinité.* » Ce verset affirme que, bien que Jésus soit incarné en tant qu'homme, il est également la plénitude de la divinité. Il n'y a aucune séparation ou diminution dans sa nature divine, ce qui confère une autorité et une grandeur infinies à son enseignement et à son œuvre.

Hébreux 1:3 renforce cette compréhension en déclarant que Jésus est « *le reflet de la gloire de Dieu et l'expression exacte de son essence, et il soutient toutes choses par sa parole puissante.* » Ce passage montre que Jésus est non seulement le reflet de la gloire de Dieu, mais aussi l'expression parfaite de sa nature divine. Sa capacité à soutenir toutes choses par sa parole démontre son pouvoir divin et son rôle central non seulement dans l'œuvre de création mais aussi dans celle de rédemption. Ainsi, la divinité de Jésus-Christ assure que son sacrifice est pleinement efficace pour la réconciliation de l'humanité avec Dieu, et sa nature divine confère à son enseignement et à son œuvre une autorité infinie.

3. Démonstration de l'Autorité Divine :

Jésus a souvent affirmé son autorité divine face aux scepticismes et aux oppositions, comme en témoigne l'épisode où les Pharisiens lui demandent : « Par quelle autorité fais-tu cela ? » (Matthieu 21:23). Cette question révèle leur perplexité face à son autorité, qui ne provenait pas des institutions humaines, mais de Dieu lui-même. Jésus répond à leurs interrogations en soulignant que son autorité est divine, soutenue par ses miracles, ses enseignements et sa relation unique avec le Père.

Exemples d'Autorité : Autorité sur la Nature : Jésus calme la tempête en mer (Marc 4:39), démontrant son pouvoir sur les éléments naturels, un pouvoir qui, selon les croyants, ne peut venir que de Dieu.

Autorité pour Pardonner les Péchés : En guérissant un paralytique et en lui disant « Tes péchés te sont pardonnés » (Marc 2:5), Jésus montre qu'il possède l'autorité divine pour pardonner les péchés, une prérogative qui appartient uniquement à Dieu.

Autorité sur les Démons : Jésus expulse les démons (Luc 8:29), affirmant ainsi son pouvoir sur les forces spirituelles du mal, soulignant son autorité divine sur le royaume des ténèbres.

Profil d'un Fils Révélant le Père :
En tant que Fils de Dieu, Jésus révèle le caractère du Père à travers ses actions et ses enseignements. Il incarne les attributs divins de miséricorde, de justice et d'amour, reflétant fidèlement la nature et la volonté du Père. Sa manière d'enseigner, ses miracles, et sa façon d'interagir avec les gens manifestent la volonté divine et le caractère du Père.

Conclusion:
Jésus-Christ a clairement affirmé son identité en tant que Fils de Dieu à travers ses actions, ses enseignements et ses révélations. Il a manifesté une autorité divine évidente et a révélé le caractère de Dieu de manière unique. Sa vie est une illustration parfaite de ce que signifie être un Fils de Dieu, mettant en lumière son rôle central dans la révélation divine à l'humanité. Par son ministère, Jésus-Christ a incarné les attributs et l'autorité du Père céleste, confirmant ainsi sa nature divine et son rôle exceptionnel dans le plan de Dieu.

NOTION DE FILIATION

FICHE DE LEÇON #1

Titre : La Filiation et la Divinité de Jésus-Christ

Texte d'Or : Jean 1:14 – « Et la Parole a été faite chair, et elle a habité parmi nous, pleine de grâce et de vérité ; et nous avons contemplé sa gloire, une gloire comme du Fils unique venant du Père. »

Versets d'Appui :
Jean 10:30 : « *Moi et le Père, nous sommes un.* »
Colossiens 2:9 : « Car en lui habite corporellement toute la plénitude de la divinité. »
Hébreux 1:3 : « Il est le reflet de sa gloire et l'empreinte de sa per sonne, et il soutient toutes choses par sa parole puis sante. »

Points principaux :
1. Filiation de Jésus-Christ
2. Divinité de Jésus-Christ

Questions de discssion

Quel rôle les miracles de Jésus jouent-ils dans la démonstration de son autorité divine ?
Réponse attendue : Les miracles montrent le pouvoir divin de Jésus et confirment qu'il a l'autorité de Dieu pour accomplir des actes qui dépassent les capacités humaines.

Pourquoi est-il important de comprendre que Jésus est à la fois pleinement Dieu et pleinement homme ?
Réponse attendue : Cela nous aide à comprendre comment Jésus pouvait accomplir le sacrifice parfait pour nos péchés et comment il peut sympathiser avec nos faiblesses humaines tout en ayant le pouvoir de nous sauver.

NOTION DE FILIATION

Comment les actions et le caractère de Jésus révèlent-ils Dieu en tant que Père, tout en confirmant la filiation divine de Jésus ?

Réponse attendue : Les actions de Jésus révèlent le caractère de Dieu en tant que Père en montrant Sa compassion, Son amour, et Sa miséricorde à travers les guérisons, le pardon, et la provision pour les besoins des gens. En se soumettant à la volonté du Père et en priant, Jésus confirme sa filiation divine et l'harmonie entre le Père et le Fils.

Comment pouvons-nous suivre l'exemple de Jésus en tant que Fils de Dieu dans notre vie quotidienne ?
Réponse attendue : Nous pouvons suivre l'exemple de Jésus en vivant selon ses enseignements, en montrant de l'amour et de la compassion envers les autres, et en cherchant à refléter la nature de Dieu dans nos actions et nos paroles.

Questions de Réflexion Personnelle :
Quelle est la chose la plus précieuse que tu as apprise sur Jésus aujourd'hui ?
Réponse attendue : Les réponses varieront selon l'individu, mais elles devraient refléter une meilleure compréhension de la filiation et de la divinité de Jésus.

Comment la compréhension de la divinité de Jésus influence-t-elle ta relation personnelle avec lui ?
Réponse attendue : Les réponses pourraient inclure une relation plus profonde, un respect accru pour ses enseignements, ou une confiance plus forte dans sa capacité à nous guider et à nous sauver.

Quelle action concrète peux-tu prendre cette semaine pour mieux refléter l'amour et les enseignements de Jésus dans ta vie ?
Réponse attendue : Les réponses varieront, mais elles devraient refléter des actions spécifiques que les enfants peuvent prendre pour mettre en pratique les enseignements de Jésus.

Prière : « Seigneur Jésus, merci d'être notre Fils bien-aimé et de nous montrer l'amour de Dieu. Aide-nous à comprendre ta divinité et à suivre ton exemple chaque jour. Que ton esprit nous guide et nous remplisse de ta sagesse. Amen. »

III- LE DROIT D'AÎNESSE

Le droit d'aînesse, tel que présenté dans la Bible, est bien plus qu'une simple coutume de transmission de biens matériels. Il revêt un sens spirituel profond qui s'étend à la relation entre Dieu et Son peuple, notamment en ce qui concerne la filiation et la bénédiction divine.

1. Le Droit d'Aînesse dans l'Ancien Testament

Dans les cultures anciennes, l'aîné jouait un rôle central dans la famille. Il héritait d'une double portion des biens paternels et était souvent chargé de la direction spirituelle et matérielle du clan familial. Ce droit est institutionnalisé dans la Loi de Moïse (Deutéronome 21:17) où il est stipulé que même si un homme préfère l'un de ses fils, l'aîné ne peut être déshérité. Toutefois, plusieurs récits bibliques montrent que ce droit n'était pas absolu, mais qu'il pouvait être influencé par des facteurs spirituels.

L'histoire de Jacob et Ésaü en est un exemple frappant (Genèse 25:29-34). Bien qu'Ésaü fût l'aîné, il perdit son droit d'aînesse parce qu'il méprisa sa position en échange d'un simple repas. Jacob, malgré sa jeunesse, acquit cette bénédiction grâce à son zèle spirituel. Cet épisode montre que <u>le droit d'aînesse ne dépendait pas uniquement de la naissance, mais de la disposition intérieure à honorer et à recevoir les promesses divines.</u>
De même, dans le cas de Joseph, bien qu'il ne fût pas l'aîné parmi les fils de Jacob, il reçut une bénédiction spéciale de son père, et ses deux fils, Éphraïm et Manassé, furent adoptés par Jacob et intégrés dans le droit d'héritage.

2. David : Un Aîné Spirituel Choisi par Dieu

L'exemple de David, bien que le plus jeune de sa fratrie, est emblématique de la manière dont Dieu choisit selon des critères spirituels et non selon l'ordre de naissance (1 Samuel 16:7-13). Alors que ses frères étaient physiquement plus impressionnants, Dieu choisit David pour sa maturité intérieure et son attachement profond à Lui. Bien qu'ignoré par les hommes, David était vu par Dieu comme étant prêt à exercer une autorité royale. Ce choix divin démontre que la maturité spirituelle et l'humilité peuvent conférer un droit d'aînesse spirituel, transcendant les conventions humaines.

3. Le Droit d'Aînesse dans le Nouveau Testament :

Christ, le Premier-Né

Le droit d'aînesse atteint son apogée en Jésus-Christ, décrit comme "le premier-né de toute la création" (Colossiens 1:15) et "le premier-né d'entre les morts" (Colossiens 1:18). Ces titres soulignent la prééminence de Christ sur toute la création et Son rôle unique dans le plan de rédemption. En tant que premier-né, Jésus détient l'autorité suprême et le droit d'hériter de toutes choses (Hébreux 1:2). Cette prééminence n'est pas une question de chronologie, mais de position et de statut. Jésus est le "premier-né" parce qu'Il est le modèle parfait de l'obéissance et de la communion avec le Père.

De plus, par son rôle de Fils unique, Jésus nous ouvre l'accès à l'héritage divin. Tous ceux qui croient en Lui deviennent enfants de Dieu et cohéritiers avec Christ (Romains 8:17). Ainsi, le droit d'aînesse, dans un sens spirituel, est étendu à tous les croyants, qui participent désormais à la gloire et aux bénédictions réservées à Jésus.

4. Le Droit d'Aînesse et la Filiation Spirituelle

En Jésus, le concept de droit d'aînesse se transforme. Ce n'est plus simplement une question de naissance physique, mais d'adoption spirituelle. Tous ceux qui acceptent Jésus-Christ comme Seigneur et Sauveur deviennent fils et filles de Dieu, adoptés dans Sa famille (Galates 4:6-7). Ce changement de statut permet aux croyants de jouir des droits et privilèges réservés autrefois à l'aîné : une relation intime avec le Père, l'accès à Ses bénédictions, et la mission de manifester Son règne sur terre.

Comme le droit d'aînesse dans l'Ancien Testament, notre héritage spirituel implique des responsabilités. Nous sommes appelés à vivre dans la maturité spirituelle, reflétant l'image de Dieu, à manifester les fruits de l'Esprit et à accomplir notre rôle en tant que cohéritiers avec Christ. Le fait que Jésus soit le premier-né et que nous soyons ses cohéritiers signifie également que, comme Lui, nous devons accepter le chemin de la souffrance, de l'obéissance et de la gloire.

IV- LA FILIATION ET LE DROIT D'AÎNESSE : Resumé

La filiation, dans la Bible, va de pair avec le concept du droit d'aînesse. Le droit d'aînesse, tel qu'enseigné dans l'Ancien Testament, conférait des privilèges spécifiques à l'aîné, mais il symbolisait aussi une responsabilité spirituelle. Cependant, à travers l'histoire biblique, ce privilège a souvent été réattribué par Dieu à ceux qui montraient une maturité spirituelle, indépendamment de leur rang familial.

1. Le Droit d'Aînesse Réinterprété par la Filiation Divine

Dans la tradition juive, l'aîné recevait une double portion d'héritage et devenait le chef de la famille après le décès du père. Ce privilège incluait aussi la responsabilité de préserver la foi familiale. Cependant, Dieu, dans plusieurs récits, montre que ce droit n'est pas automatiquement attribué à celui qui est né en premier, mais à celui qui Lui est fidèle. L'exemple de Jacob et Ésaü en est une illustration (Genèse 25:29-34), où Ésaü perd son droit d'aînesse en méprisant les bénédictions spirituelles.

Cette réattribution spirituelle est un rappel que la filiation avec Dieu ne dépend pas des critères humains, mais de la relation spirituelle. En adoptant ce modèle, nous comprenons que Dieu choisit ceux qui sont spirituellement prêts à recevoir Ses promesses.

2. La Filiation à Dieu à Travers Jésus-Christ

Dans le Nouveau Testament, ce concept trouve son aboutissement en Jésus-Christ, le "Premier-né de toute la création" (Colossiens 1:15). Jésus n'est pas seulement le premier en termes chronologiques, mais en termes de statut et de prééminence. Par Lui, le droit d'aînesse prend une dimension spirituelle. Jésus, en tant que Fils unique de Dieu, est celui qui possède tous les privilèges du droit d'aînesse : Il est l'héritier des promesses divines et le médiateur de la Nouvelle Alliance.

En tant que croyants, nous sommes adoptés dans la famille de Dieu (Galates 4:5-6) et devenons cohéritiers avec Christ (Romains 8:17). Ainsi, nous accédons à la filiation divine, non par naissance naturelle, mais par la nouvelle naissance spirituelle. Cette filiation nous confère les droits et privilèges d'enfants de Dieu, y compris l'héritage éternel, l'intimité avec le Père, et la mission de manifester Son règne sur la terre.

3. La Responsabilité Spirituelle de la Filiation

La filiation divine ne concerne pas seulement les droits, mais aussi les responsabilités. Comme Jésus, le Premier-né, nous sommes appelés à manifester les caractéristiques du Père. Nous devons refléter Son caractère, vivre selon Ses principes et porter les fruits de l'Esprit (Galates 5:22-23). En tant que fils et filles de Dieu, nous sommes appelés à une vie de maturité spirituelle, à servir comme des représentants du Royaume de Dieu et à apporter la lumière dans un monde spirituellement obscur.

La filiation spirituelle chrétienne se distingue par sa profondeur unique par rapport aux concepts de filiation dans d'autres traditions religieuses. Dans la foi chrétienne, Jésus-Christ est non seulement le Fils de Dieu, mais également le « premier-né de toute la création » (Colossiens 1:15). Ce titre souligne Sa prééminence sur toute la création, affirmant qu'Il est à la fois Créateur et Souteneur de tout ce qui existe, tant dans les cieux que sur la terre (Colossiens 1:16-17). Ainsi, Jésus n'est pas simplement un être divin, mais le fondement même de l'univers, ce qui confère à la filiation chrétienne une profondeur et une signification incomparables. Contrairement à d'autres traditions qui peuvent voir la relation entre l'humain et le divin comme plus distante ou symbolique, la filiation chrétienne implique une connexion intime avec le Christ, qui est à la fois Dieu et homme.

Le droit d'aînesse de Jésus est également un aspect fondamental de la filiation chrétienne, symbolisé par le terme « premier-né d'entre les morts » (Colossiens 1:18). Ce titre non seulement célèbre Sa résurrection, mais établit également Son autorité suprême sur la mort, garantissant ainsi notre propre espérance de résurrection. En tant que Fils de Dieu, Jésus joue un rôle central dans le plan de rédemption, étant le pont entre l'humanité pécheresse et un Dieu saint. Sa prééminence dans la création et Sa victoire sur la mort sont des preuves de Son rôle salvateur pour l'humanité. Cela nous invite à comprendre que notre filiation spirituelle en Christ n'est pas seulement une question de croyance, mais une réalité transformative qui nous connecte à la source même de la vie éternelle et de la rédemption.

Conclusion: La filiation avec Dieu, à travers Jésus-Christ, transcende les concepts humains du droit d'aînesse. Elle élargit ce droit à tous ceux qui croient en Jésus, leur donnant non seulement l'héritage divin mais aussi la responsabilité de vivre selon les standards spirituels de Dieu. Dans cette filiation, nous sommes appelés à marcher en maturité spirituelle, à être des témoins de Sa gloire, et à participer activement à l'avancement de Son Royaume sur terre.

V - LA PRÉÉMINENCE DU FILS UNIQUE DE DIEU
De David à Jésus, Une Filiation Divine

La Prééminence du Fils : Un Concept Biblique
Dans l'Écriture, la notion de filiation divine ne se limite pas seulement à une relation biologique ou hiérarchique, mais elle incarne également une prééminence spirituelle et une maturité qui se manifestent dans le choix de Dieu. Pour mieux comprendre cela, revenons sur l'histoire de David et sur la place de Jésus-Christ dans le plan de Dieu.

David et ses Frères : Un Exemple de Prééminence Spirituelle
Contexte de David et de ses frères
David, le plus jeune fils de Jessé, était considéré comme insignifiant par ses frères et par son propre père. Aux yeux humains, il était un simple berger. Cependant, aux yeux de Dieu, David était celui qui possédait la maturité spirituelle pour être oint comme roi d'Israël.

1 Samuel 16:7 :
« L'Éternel ne considère pas ce que l'homme considère ; l'homme regarde à ce qui frappe les yeux, mais l'Éternel regarde au cœur. »

David, bien que rejeté par ses frères, avait déjà un attachement profond à Dieu, un lien intime avec Yahweh, qui l'avait préparé à une destinée plus grande. Cet exemple montre que Dieu honore ceux qui atteignent la maturité spirituelle avant même que les hommes ne les reconnaissent.

Droit d'ainesse et prééminence de Christ Le Fils Unique de Dieu

Christ, en tant que Fils unique de Dieu, incarne cette prééminence spirituelle. Le terme "Fils" n'est pas simplement un titre de relation, mais un titre de position, de prééminence. Jésus est celui par qui tout a été créé, et Il est également celui pour qui tout existe.

Colossiens 1:16-18 :
« Car en lui ont été créées toutes choses qui sont dans les cieux et sur la terre… tout a été créé par lui et pour lui. Il est avant toutes choses, et toutes choses subsistent en lui. Il est le premier-né d'entre les morts, afin d'être en tout le premier. »

POURQUOI DIEU A-T-IL ENVOYÉ SON FILS ?

Être Fils : Plus Qu'un Titre, Une Nature Divine et Une Mission Suprême

Psaume 2:7 : « Tu es mon Fils ! Aujourd'hui, je t'ai engendré. »

Dieu a envoyé Jésus non seulement comme médiateur, mais principalement comme Fils, l'image visible de la divinité. Jésus, par Sa nature divine et éternelle, a accompli parfaitement l'œuvre de rédemption, apportant à l'humanité une restauration totale et éternelle. Là où les prophètes et les sacrificateurs étaient limités par leur nature humaine et leur temporalité, Jésus, en tant que Fils de Dieu, a accompli cette œuvre de réconciliation d'une manière parfaite et éternelle. Il est le seul capable d'offrir un sacrifice suffisant pour la restauration complète de l'humanité. Son œuvre ne s'arrête pas avec le temps ; elle est éternelle, tout comme Lui.

Colossiens 1:15 : « *Il est l'image du Dieu invisible, le premier-né de toute la création.* »

Dans la Bible, le titre de « Fils de Dieu » représente bien plus qu'une simple relation hiérarchique ; il incarne une nature divine partagée avec Dieu, un lien profond et indissociable. Jésus, en tant que Fils, possède une nature divine parfaite qui Lui confère une autorité infinie. Le sang de Jésus, Son pouvoir, Son enseignement et Ses œuvres relèvent de la majesté de Dieu et témoignent de Sa nature divine. Tout ce que Jésus a accompli sur Terre – de Son sacrifice suprême à Son enseignement – reflète pleinement la nature de Dieu. C'est en raison de cette nature divine que Son sacerdoce et Son sacrifice étaient le seul espoir pour accomplir la rédemption de l'humanité. Le sacrifice qui ôte les péchés ne pouvait être réalisé par un simple homme, même un roi, un prophète, un juge ou un sacrificateur, car leurs œuvres étaient limitées et temporaires, incapables de satisfaire aux exigences d'une restauration éternelle. Le Fils de Dieu seul, dans Sa perfection et éternité, était capable de répondre à ce besoin vital pour l'humanité. C'est à cause de Sa nature éternelle et de Son rôle en tant que Fils que le sacrifice parfait et éternel était efficace.

La Mission de Jésus : Comme David, mais avec une Œuvre Éternelle

Dans sa mission sur la Terre, Jésus a été choisi par Dieu, tout comme David qui, bien qu'étant rejeté par ses frères, fut choisi par Dieu pour une mission divine. David régna sur Israël, mais son règne était limité et temporaire, tout comme les sacrifices et les œuvres des prophètes, des sacrificateurs et des juges, qui étaient eux aussi de nature provisoire. En revanche, Jésus, par Sa nature divine et éternelle, est devenu le Roi éternel, celui qui règne sur toute la création et accomplit un dessein bien plus grand : une réconciliation éternelle. Son règne apporte une vie éternelle, une paix éternelle et un repos éternel à ceux qui croient en Lui.

Jésus : La Parole Éternelle et l'Œuvre de Réconciliation Parfaite

Jésus, en tant que Fils de Dieu, n'est pas seulement l'instrument du salut, mais Il est Lui-même la Parole éternelle par laquelle tout a été créé. Son œuvre de réconciliation est donc parfaite et éternelle, apportant une restauration complète et durable pour l'humanité. Jésus ne se contente pas de réparer les choses temporairement, mais Il inaugure un processus éternel, apportant la paix éternelle entre l'humanité et Dieu. En Lui réside la vie éternelle, la joie éternelle, la paix éternelle, et tout ce qui découle d'une communion parfaite avec Dieu.

Le Fils : L'Expression Visible du Père
Jean 14:9 : « Celui qui m'a vu a vu le Père. »

La Réponse aux Problèmes Temporels et Éternels
Dans Son œuvre, Jésus a répondu aux problèmes temporels et éternels de l'humanité, tels que la maladie, la souffrance et la mort, qui raccourcissent notre existence. Jésus a non seulement apporté une solution spirituelle à nos besoins éternels, mais Il a aussi incarné la guérison, la restauration et la vie éternelle face à la souffrance et à la mort. Son sacrifice à la croix a non seulement brisé le pouvoir du péché, mais aussi vaincu la mort elle-même, offrant à l'humanité une victoire complète et éternelle.

Conclusion : Une Œuvre Éternelle, Source de Vie, Joie, Paix et Repos

L'œuvre de rédemption accomplie par Jésus est d'une portée éternelle, parce qu'elle découle de Sa nature divine et de Son autorité suprême. Cette œuvre ne se limite pas à un simple acte temporaire ; elle transforme tout ce qu'elle touche. En Lui, l'humanité trouve la vie éternelle, la joie éternelle, la paix éternelle, et le repos éternel. Ce que les sacrifices des anciens prophètes, rois et sacrificateurs n'ont pu accomplir, Jésus, le Fils de Dieu, l'a fait de manière parfaite et éternelle. Sa mission est celle d'apporter la restauration, de combler le vide spirituel de l'humanité et d'offrir une vie nouvelle, celle d'une communion éternelle avec Dieu. Jésus, en tant que Fils, est le seul à pouvoir apporter la réconciliation totale et éternelle.

NOTION DE FILIATION

Questions et Réponses

Comment l'histoire de David montre-t-elle que Dieu établi ceux qui ont atteint la maturité spirituelle ?
David, bien que rejeté par ses frères, a été choisi par Dieu pour son cœur humble et sa foi. Dieu valorise la maturité spirituelle plutôt que l'apparence extérieure (1 Samuel 16:7).

Pourquoi Jésus est-il le "premier-né" de toute la création ?
"Premier-né" signifie qu'Il a la suprématie sur toute la création. Il est l'héritier de toutes choses et le médiateur entre Dieu et les hommes (Colossiens 1:15).

Quelles sont les caractéristiques qui font de Jésus l'image parfaite du Père ?
Jésus partage la nature divine du Père, reflétant Son amour, justice, et vérité. Il révèle pleinement Dieu et accomplit le salut parfait (Hébreux 1:3).

Comment refléter la maturité spirituelle ?
En vivant par la foi, en obéissant à Dieu, et en cultivant un cœur humble et aimant, à l'image de Christ.

Comment la prééminence et le droit d'aînesse de Jésus-Christ, tels qu'enseignés dans les Écritures, révèlent-ils Son rôle unique en tant que Fils de Dieu, et comment cela confirme-t-il Sa position centrale dans la création et la rédemption ?

Réponse : La prééminence et le droit d'aînesse de Jésus-Christ, tels qu'enseignés dans les Écritures, révèlent Son rôle unique en tant que Fils de Dieu et confirment Sa position centrale dans la création et la rédemption.

Dans Colossiens 1:16-17, il est dit que « tout a été créé par Lui et pour Lui », affirmant la prééminence de Jésus dans la création, comme Celui par qui tout existe et qui maintient tout ensemble. En tant que « premier-né d'entre les morts » (Colossiens 1:18), Jésus détient le droit d'aînesse, symbolisant Sa supériorité sur tout ce qui a été créé et Sa victoire sur la mort.

Cette prééminence et ce droit d'aînesse révèlent non seulement Sa divinité mais aussi Son rôle central dans le plan de rédemption, où Il est à la fois le Créateur et le Sauveur, accomplissant la réconciliation entre Dieu et l'humanité.

NOTION DE FILIATION

FICHE DE LEÇON #2

Titre: La Prééminence et le Droit d'Aînesse de Jésus-Christ

Texte d'or : « Il est l'image du Dieu invisible, le premier-né de toute la création. Car en Lui ont été créées toutes les choses qui sont dans les cieux et sur la terre, les visibles et les invisibles, trônes, seigneuries, dominations, autorités ; tout a été créé par Lui et pour Lui. Il est avant toutes choses, et toutes choses subsistent en Lui. » (Colossiens 1:15-17)

Versets d'appui : Colossiens 1:16-17 _ Hébreux 1:2-3_Apocalypse 1:5

Points de discussion:
1 - <u>Prééminence de Jésus</u> : Jésus est décrit comme le « premier-né de toute la création », ce qui signifie qu'Il a une position de suprématie sur toute la création. En tant que Créateur, Il est avant toutes choses et maintient tout ensemble (Colossiens 1:16-17).
2 - <u>Droit d'aînesse</u> : Le terme « premier-né d'entre les morts » (Colossiens 1:18) symbolise non seulement la résurrection mais aussi le droit d'aînesse, soulignant Sa supériorité et Sa victoire sur la mort.

Questions

1- Que signifie la prééminence de Jésus dans la création selon Colossiens 1:16-17 ?
2 - Comment le droit d'aînesse de Jésus se manifeste-t-il dans Sa résurrection ?
3 - En quoi la prééminence et le droit d'aînesse de Jésus confirment-ils Son rôle dans la rédemption ?
4 - Quelles sont les conséquences de reconnaître Jésus comme le Créateur et le Souteneur de tout ce qui existe sur notre vision du monde et de notre place en son sein ?

Prière:
Seigneur, nous Te remercions pour la prééminence et le droit d'aînesse de Jésus-Christ. Merci de nous avoir révélé Son rôle unique en tant que Créateur et Sauveur. Aide-nous à comprendre profondément Sa position centrale dans Ta création et dans notre rédemption. Fortifie notre foi en Sa victoire sur la mort et en Son pouvoir souverain.

FILIATION AVEC DIEU

I- le Contexte juif: Alliance et Appel

Comme nous l'avons vu précédemment, la notion de filiation avec Dieu est centrale dans la foi chrétienne et a des racines profondes dans le contexte juif. Dans l'Ancien Testament, Israël est décrit comme le « fils » de Dieu, une relation fondée sur l'alliance et le choix divin. Dans le Nouveau Testament, cette relation est enrichie et étendue à tous les croyants par la foi en Jésus-Christ, englobant à la fois la nouvelle naissance et l'adoption spirituelle. Examinons ces concepts en profondeur en comparant la filiation juive et chrétienne.

La Filiation Juive : Alliance et Appel

Dans la tradition juive, la filiation est perçue à travers le prisme de l'alliance entre Dieu et le peuple d'Israël. Cette relation est décrite en termes familiaux, où Israël est considéré comme le fils de Dieu, illustrant un lien d'alliance et de faveur particulière. Ce concept est fondé sur des engagements réciproques et une mission divine spécifique.

Alliance Collective : L'Ancien Testament souligne la position d'Israël en tant que fils de Dieu. Dans Exode 4:22, Dieu dit à Pharaon : « Israël est mon fils, mon premier-né. » Ce verset met en avant la relation privilégiée entre Dieu et Israël, marquée par un engagement divin envers cette nation choisie.

Appel Divin : Osée 11:1 rappelle l'amour continu de Dieu pour Israël depuis ses débuts, en mentionnant : « Quand Israël était jeune, je l'aimais, et j'ai appelé mon fils hors d'Égypte. » Cet appel divin, qui inclut la délivrance d'Égypte, montre comment Dieu guide et soutient Son peuple selon un plan divin spécifique.

Inclusivité dans la Tradition Juive

L'histoire de Ruth et Boaz illustre une dimension d'inclusion au sein de la communauté d'Israël. Bien que la filiation soit principalement collective et nationale, cet exemple montre que des étrangers peuvent être intégrés dans la communauté divine. Ruth, une Moabite, est acceptée dans la lignée de David, démontrant ainsi que la grâce divine et l'inclusivité sont également présentes dans la tradition juive, offrant une place pour les non-Israélites au sein du peuple choisi.

II - Le Contexte Chrétien: Adoption et Election

À l'inverse de la filiation juive, qui se concentre sur une alliance collective et un appel divin spécifique à Israël en tant que nation, la filiation chrétienne est définie par les concepts d'adoption et d'élection. Contrairement à la relation divine dans le contexte juif, structurée autour d'un engagement national et historique, la filiation chrétienne introduit une dimension plus personnelle et universelle. L'adoption spirituelle permet à chaque individu de devenir enfant de Dieu par la foi en Jésus-Christ, établissant une relation directe et personnelle avec Dieu, indépendamment de son origine ethnique ou culturelle. De plus, l'élection divine reflète un choix universel, invitant chaque croyant à faire partie de la famille de Dieu sur la base de la grâce plutôt que sur des critères nationaux. Cette approche offre à chaque croyant une place unique dans la famille de Dieu, enrichissant la relation divine et la rendant accessible à tous, transcendant les limites des alliances collectives du passé.

Comparaison

1- Nature de la Relation
Filiation Juive : La relation est une alliance collective avec Israël en tant que nation, marquée par des engagements réciproques et un appel divin spécifique. Elle est ancrée dans un contexte historique et culturel particulier.
Filiation Chrétienne : La relation est définie par l'adoption personnelle et l'élection divine. Elle offre une connexion directe avec Dieu, accessible à tous les croyants par la foi en Jésus-Christ, sans distinction ethnique ou nationale.

2- Critères d'Appartenance
Filiation Juive : Fondée sur l'appartenance nationale et la relation d'alliance établie avec Israël. L'appel divin est spécifique à cette nation et se manifeste à travers des engagements historiques et culturels.

Filiation Chrétienne : Déterminée par la foi personnelle en Jésus-Christ. L'adoption et l'élection sont basées sur la grâce divine, offrant une place dans la famille de Dieu à tous ceux qui croient.

3- Dimension de la Relation

Filiation Juive :
Met l'accent sur l'alliance nationale et l'appel divin spécifique, avec des implications historiques et culturelles pour la relation entre Dieu et Israël.
Filiation Chrétienne : Met l'accent sur la relation personnelle et spirituelle à travers l'adoption et l'élection, fournissant une relation universelle avec Dieu qui transcende les frontières culturelles et ethniques.

Conclusion:
La comparaison entre la filiation juive et chrétienne révèle des différences notables mais aussi des aspects complémentaires dans la manière dont Dieu se rapporte à Son peuple. Tandis que la filiation juive repose sur une alliance collective et un appel divin spécifique pour Israël, la filiation chrétienne est caractérisée par une adoption personnelle et une élection divine qui ouvrent la relation avec Dieu à tous les croyants. Ces perspectives enrichissent notre compréhension des relations divines, montrant comment la grâce et l'inclusivité de Dieu s'expriment à travers les traditions juive et chrétienne.

Questions & Réponses

Quelle est la différence principale entre la filiation juive et chrétienne ? Réponse : La filiation juive est collective, fondée sur une alliance avec Israël en tant que nation, tandis que la filiation chrétienne est personnelle et universelle, basée sur l'adoption et l'élection individuelle en Jésus-Christ.

Comment l'inclusivité se manifeste-t-elle dans chaque tradition ?
Réponse : Dans la tradition juive, l'inclusivité est limitée mais présente, comme le montre l'histoire de Ruth. En revanche, la tradition chrétienne est universelle, accueillant tous les croyants indépendamment de leur origine.

Quels sont les critères d'appartenance dans chaque tradition ?
Réponse : Pour la tradition juive, l'appartenance est fondée sur l'appartenance nationale à Israël. Pour la tradition chrétienne, elle est déterminée par la foi en Jésus-Christ, offrant une place à tous les croyants grâce à la grâce divine.

COMMENT DEVENIR ENFANT DE DIEU

La filiation chrétienne, au cœur de la foi chrétienne, est un concept profond et transformateur qui éclaire la relation entre Dieu et les croyants telle qu'exprimée dans le Nouveau Testament. Ce processus de filiation se déroule à travers quatre étapes essentielles, chacune apportant une dimension unique à la relation divine : l'élection divine, la foi en Jésus-Christ, la nouvelle naissance, et l'adoption spirituelle. Ces étapes ne sont pas isolées mais interconnectées, chacune contribuant de manière cruciale à la métamorphose du croyant et à son intégration dans la famille de Dieu. En scrutant ces étapes, nous découvrons comment la filiation chrétienne ne se limite pas à un simple engagement religieux, mais constitue une relation personnelle et universelle avec Dieu, transcendant les distinctions ethniques et culturelles pour embrasser chaque individu dans la grandeur de Sa grâce infinie.

1. L'Élection Divine

La première étape du processus de filiation chrétienne est belle bien, l'élection divine. Selon la doctrine chrétienne, Dieu a choisi certaines personnes pour le salut avant même la fondation du monde. Cette élection est un acte de grâce divine, non basé sur les mérites personnels ou les œuvres humaines, mais sur le dessein éternel de Dieu. L'élection divine est un choix souverain qui marque le début de la relation personnelle entre Dieu et le croyant. Éphésiens 1:4-5 (LSG) : « En lui, Dieu nous a choisis avant la fondation du monde, pour que nous soyons saints et irréprochables devant lui, dans l'amour, nous ayant prédestinés dans son amour à être pour lui des fils adoptifs par Jésus-Christ, selon le bon plaisir de sa volonté. »2 Timothée 1:9 (LSG) : « Il nous a sauvés, et nous a appelés avec un saint appel, non selon nos œuvres, mais selon son propre dessein et la grâce qui nous a été donnée en Jésus-Christ avant les temps éternels. »

2. Par la Foi en Jésus-Christ

Après l'élection divine, la foi en Jésus-Christ est essentielle pour entrer dans la famille de Dieu. Cette foi va au-delà d'une simple croyance intellectuelle ; elle implique une confiance totale en Jésus comme Sauveur et Seigneur. C'est par cette foi que les croyants sont habilités à devenir enfants de Dieu, indépendamment de leur passé ou de leur origine ethnique. Jean 1:12 (LSG) : « Mais à tous ceux qui l'ont reçue, à ceux qui croient en son nom, elle a donné le pouvoir de devenir enfants de Dieu. » Galates 3:26 (LSG) : « Car vous êtes tous fils de Dieu par la foi en Jésus-Christ. »

FILIATION ET RÉGÉNÉRATION

Dans le cadre de la filiation spirituelle, la régénération est le moyen par lequel l'homme devient véritablement enfant de Dieu. Tandis qu'Adam, en tant que premier homme, est désigné comme le fils de Dieu par création (Luc 3:38), les croyants en Christ deviennent enfants de Dieu par la nouvelle naissance et par adoption.

Pour introduire la régénération dans le cadre de la filiation, il est essentiel de comprendre que, dans la théologie chrétienne, la régénération marque une transformation fondamentale dans notre relation avec Dieu. Ce processus est intimement lié aux concepts de nouvelle naissance et d'adoption dans la famille de Dieu.

Définition de la Régénération
La régénération est le renouvellement spirituel qui permet à une personne de passer de l'état de péché à l'état de justice devant Dieu. C'est une transformation radicale de l'âme et de l'esprit, où une personne devient vivante spirituellement après avoir été morte dans ses péchés (Éphésiens 2:1). Ce n'est pas une simple amélioration morale, mais une recréation complète, un « nouveau départ » dans la relation avec Dieu.

La Nouvelle Naissance
La nouvelle naissance est une transformation spirituelle indispensable pour entrer dans le royaume de Dieu. Jésus a enseigné que cette régénération est une condition essentielle pour voir le royaume de Dieu. Cette nouvelle naissance est opérée par l'Esprit Saint et marque le commencement d'une vie nouvelle, guidée par les principes divins. L'eau fait référence au baptême, symbole de purification et d'engagement, tandis que l'Esprit représente l'œuvre de Dieu qui régénère le croyant et le rend capable de vivre selon les principes divins.

L'eau fait référence au baptême, symbole de purification et d'engagement, tandis que l'Esprit représente l'œuvre de Dieu qui régénère le croyant et le rend capable de vivre selon les principes divins.

Jean 3:3 (LSG) : « Jésus lui répondit : En vérité, en vérité, je te le dis, si quelqu'un ne naît de nouveau, il ne peut voir le royaume de Dieu. »
_____Jean 3:5 (LSG) : « Jésus répondit : En vérité, en vérité, je te le dis, si quelqu'un ne naît d'eau et d'Esprit, il ne peut entrer dans le royaume de Dieu. »

NOTION DE FILIATION

La nouvelle naissance implique une purification par l'eau et une transformation par l'Esprit, marquant le début d'une relation renouvelée avec Dieu.

Romains 8:15 (LSG) : « Vous n'avez pas reçu un esprit de servitude pour être encore dans la crainte, mais vous avez reçu un esprit d'adoption par lequel nous crions : Abba ! Père ! »

Ce verset révèle que la filiation chrétienne est aussi un acte d'adoption spirituelle. Les croyants reçoivent l'Esprit d'adoption, leur permettant de se rapporter à Dieu comme à un Père affectueux et bienveillant.

Galates 4:6 (LSG) : « Et parce que vous êtes fils, Dieu a envoyé dans vos cœurs l'Esprit de son Fils, qui crie : Abba ! Père ! »

L'Esprit de Dieu habite dans les croyants, affirmant leur statut d'enfants de Dieu et établissant une relation personnelle et intime avec Lui.

L'Adoption Spirituelle

L'adoption spirituelle est la dernière étape du processus de filiation chrétienne. Elle représente l'intégration juridique et spirituelle des croyants dans la famille de Dieu. Par l'adoption, les croyants reçoivent l'Esprit d'adoption, leur permettant de se rapporter à Dieu comme à un Père bienveillant, et bénéficient des droits et privilèges d'un enfant légitime.

Romains 8:15 (LSG) : « Vous n'avez pas reçu un esprit de servitude pour être encore dans la crainte, mais vous avez reçu un esprit d'adoption par lequel nous crions : Abba ! Père ! »

Galates 4:4-5 (LSG) : « Mais lorsque les temps ont été accomplis, Dieu a envoyé son Fils, né d'une femme, né sous la loi, afin que ceux qui étaient sous la loi fussent rachetés, et que nous recevions l'adoption. »

La doctrine de l'élection révèle le choix souverain de Dieu, qui, dans Son omniscience, choisit certains individus pour le salut avant la fondation du monde. Éphésiens 1:4-5 souligne que ce choix divin repose uniquement sur la grâce et non sur les mérites personnels. Ce choix témoigne de l'amour inconditionnel de Dieu, qui prédestine les croyants à devenir Ses enfants adoptifs par Jésus-Christ, illustrant ainsi la profondeur de Son dessein éternel.

En complément, la doctrine de l'adoption affirme que, par la foi en Jésus-Christ, les croyants sont intégrés dans la famille de Dieu. Cette adoption spirituelle, décrite dans Romains 8:15, confère à chaque croyant tous les droits et privilèges d'un enfant légitime. Galates 4:4-5 précise que Dieu a envoyé Son Fils pour nous racheter de la loi et nous offrir cette adoption, permettant ainsi une relation personnelle et intime avec Dieu, marquée par l'amour et la protection divins.

Ce processus d'élection et d'adoption nous permet de comprendre comment la filiation chrétienne transcende les frontières ethniques et culturelles. Les croyants, indépendamment de leur origine ou passé, sont accueillis dans la famille de Dieu, soulignant l'universalité de la grâce divine. Cette intégration spirituelle révèle une appartenance qui dépasse les distinctions humaines, offrant à chaque individu une place unique dans la famille divine.

En définitive, la filiation chrétienne, enrichie par les doctrines de l'élection et de l'adoption, transforme notre relation avec Dieu. Elle nous donne une nouvelle identité et un héritage éternel, nous permettant de vivre en tant qu'héritiers des promesses divines. Cette relation nous invite à une communion profonde avec Dieu, offrant une appartenance universelle qui reflète l'amour incommensurable et la grâce infinie de notre Créateur.

Implications et Applications de la Filiation Chretienne
Devenir enfant de Dieu dans la perspective chrétienne est un processus riche en significations qui touche à l'intégration, à la transformation et à la reconnaissance divine. Cette filiation spirituelle, comparable à l'adoption dans les cultures antiques comme à Rome, où l'adopté devenait pleinement membre de la famille, possède des implications profondes.

Voici les principales dimensions de cette adoption spirituelle :

Être en filiation avec Dieu implique :

Intégration Complète:
Tout comme dans la Rome antique, où un enfant adopté était complètement intégré avec tous les droits et privilèges
d'un membre légitime, l'adoption spirituelle dans le christianisme signifie que les croyants sont intégrés à part entière dans la famille de Dieu. Ce changement radical confère aux croyants une nouvelle identité, leur donnant accès à une relation personnelle avec Dieu et à la promesse de la vie éternelle. Cette intégration représente une transformation totale, sem-

blable à celle des enfants adoptifs de l'époque romaine, qui obtenaient des droits pleins et entiers.

Nouvelle Identité:
L'adoption spirituelle établit pour les croyants une nouvelle identité. Comme le changement de statut pour les enfants adoptifs dans la Rome antique marquait une transformation significative, l'adoption par Dieu marque une transformation profonde pour les croyants. Cette nouvelle identité les place comme héritiers des promesses divines, reflétant une intégration complète dans la famille divine. Cette transformation est définitive et essentielle, affirmant leur place et leur rôle dans le royaume de Dieu.

Affirmation Divine:
Devenir enfant de Dieu est aussi une affirmation publique de l'appartenance, similaire à l'adoption dans la culture romaine. Dieu, en accueillant les croyants comme Ses enfants, fait une déclaration claire sur leur valeur et leur place dans Sa famille. Cette affirmation divine est un acte de reconnaissance et de confirmation de l'appartenance des croyants à la famille de Dieu. Elle renforce la valeur personnelle des croyants et leur assure une place spéciale au sein du royaume divin.

NOTION DE FILIATION

ENFANT DE DIEU ET FILS DE DIEU

Quelle différence ?

Dans la Bible, les termes "enfant de Dieu" et "fils de Dieu" sont souvent utilisés, mais il existe une distinction significative entre ces deux statuts. Alors que tous ceux qui acceptent Christ sont appelés "enfants de Dieu", devenir "fils de Dieu" implique un processus de maturité spirituelle et d'identification avec le Père céleste. Explorons cette différence à la lumière des Écritures.

A- Enfant de Dieu

Le statut d'enfant de Dieu est conféré instantanément à tous ceux qui acceptent Jésus-Christ comme Seigneur et Sauveur. Il ne dépend pas

de nos œuvres ou de notre maturité spirituelle, mais de la foi en Christ. Comme il est écrit dans Jean 1:12 :
« *Mais à tous ceux qui l'ont reçue, à ceux qui croient en son nom, elle (la Parole) a donné le pouvoir de devenir enfants de Dieu.* »
Cela signifie que par la foi en Jésus, nous sommes adoptés dans la famille de Dieu et bénéficions de tous les privilèges qui en découlent. Ce statut d'enfant de Dieu est instantané et inconditionnel. Toutefois, bien que ce soit un privilège immense, l'Écriture nous appelle à une progression spirituelle au-delà de cet état.

B- Être Fils de Dieu : Qu'est-ce que cela veut dire être Fils de Dieu ?

I - Signification

1. Relation Intime avec Dieu (Yadah)

Être Fils de Dieu ne se résume pas à un simple titre ou une appartenance théologique, mais implique une relation intime et personnelle avec le Créateur, souvent désignée dans la Bible par le mot hébreu "Yadah" (ידע).
Ce terme, qui signifie "connaître" dans le sens d'une expérience profonde et intime, exprime la profondeur de cette connexion entre Dieu et Ses enfants. Cela dépasse une simple connaissance intellectuelle pour devenir une relation où le croyant est pleinement exposé à l'amour, à la volonté et à la présence de Dieu. Cette intimité se construit à travers la prière, la méditation de la Parole, et une communion continue avec le Saint-Esprit. Contrairement à une relation distante ou formelle, être Fils de Dieu implique d'être en connexion constante avec Lui, comme un enfant avec son père.

NOTION DE FILIATION

Cette intimité divine nous permet de ressentir l'amour et la guidance de Dieu de manière directe et personnelle, tout comme Adam connaissait Dieu dans le jardin d'Éden avant la chute.

2. Une Nouvelle Identité Spirituelle

En entrant dans cette relation intime avec Dieu, le croyant reçoit une nouvelle identité spirituelle. Cette nouvelle identité repose sur la réconciliation avec Dieu par Christ et la régénération par le Saint-Esprit. Jean 1:12 nous dit : « Mais à tous ceux qui l'ont reçu, à ceux qui croient en son nom, il a donné le pouvoir de devenir enfants de Dieu ». Ainsi, la foi en Jésus-Christ marque le début de cette nouvelle vie
où le croyant devient véritablement fils ou fille de Dieu, héritant des promesses divines et accédant à une vie guidée par l'Esprit.

Dans cette nouvelle identité, les croyants sont adoptés dans la famille de Dieu, non pas comme des serviteurs, mais comme des enfants chéris. Romains 8:15 le décrit ainsi : « Vous n'avez pas reçu un esprit de servitude pour être encore dans la crainte, mais vous avez reçu un esprit d'adoption, par lequel nous crions : Abba ! Père ! » L'adoption divine transforme notre statut : nous ne sommes plus des étrangers ou des rebelles, mais des héritiers légitimes du Royaume.

II - Responsabilité Spirituelle

1- Représenter le Royaume de Dieu

Être Fils de Dieu s'accompagne de grandes responsabilités spirituelles. Non seulement nous sommes héritiers, mais nous sommes aussi appelés à être révélateurs du caractère et des valeurs de Dieu sur terre. Jésus dit dans Matthieu 5:16 : « Que votre lumière brille ainsi devant les hommes, afin qu'ils voient vos bonnes œuvres, et glorifient votre Père qui est dans les cieux. »

En tant qu'enfants de Dieu, notre vie devient une réflexion de Sa gloire et de Sa justice. Nous sommes appelés à marcher dans la sainteté, à pratiquer la justice et à aimer avec un cœur pur. Cette responsabilité s'exprime également par la mission d'évangélisation et de témoignage. Chaque croyant est investi de la mission de répandre la lumière de l'Évangile, reflétant ainsi la compassion, la miséricorde et la justice de Dieu dans un monde souvent plongé dans l'obscurité spirituelle.

NOTION DE FILIATION

2 - Manifestation de l'Amour Divin
L'une des façons les plus tangibles de révéler la gloire du Père est à travers l'amour. Jésus a enseigné que l'amour est au cœur de la volonté de Dieu. Dans Jean 13:34-35, Jésus déclare : « Je vous donne un commandement nouveau : Aimez-vous les uns les autres ; comme je vous ai aimés, aimez-vous aussi les uns les autres. C'est à cela que tous connaîtront que vous êtes mes disciples, si vous avez de l'amour les uns pour les autres. » En vivant cet amour, nous manifestons la nature aimante du Père et révélons sa gloire aux autres.

3 - Réflexion de la Justice et de la Miséricorde
La justice et la miséricorde sont des attributs essentiels de Dieu que nous sommes appelés à refléter. Michée 6:8 nous rappelle : « On t'a fait connaître, ô homme, ce qui est bien ; et ce que l'Éternel demande de toi : c'est que tu pratiques la justice, que tu aimes la miséricorde, et que tu marches humblement avec ton Dieu. » En agissant avec justice et miséricorde, nous reflétons le caractère juste et bienveillant du Père, illustrant ainsi sa gloire dans un monde souvent marqué par l'injustice et la cruauté.

4 - Témoignage de la Lumière Spirituelle
En tant qu'enfants de Dieu, nous sommes appelés à être la lumière du monde, comme le souligne Matthieu 5:14-16 : « Vous êtes la lumière du monde. Une ville située sur une montagne ne peut être cachée. On n'allume pas une lampe pour la mettre sous un seau, mais on la met sur un chandelier, et elle éclaire tous ceux qui sont dans la maison. Que votre lumière brille ainsi devant les hommes, afin qu'ils voient vos bonnes œuvres, et qu'ils glorifient votre Père qui est dans les cieux. » En vivant de manière à refléter la lumière de Dieu, nous témoignons de sa gloire et guidons les autres vers lui.

Exemple Biblique :
Matthieu 5:16 – « Que votre lumière brille ainsi devant les hommes, afin qu'ils voient vos bonnes œuvres, et glorifient votre Père qui est dans les cieux. »
Éphésiens 5:1 – « *Soyez donc les imitateurs de Dieu, comme des enfants bien-aimés.* »
: Romains 8:15 – « Vous n'avez pas reçu un esprit d'adoption, par lequel nous crions : Abba ! Père ! »

III - 1. Une Transformation Continue

Processus de Sanctification
Être Fils de Dieu signifie entrer dans un processus de transformation continue, connu sous le nom de sanctification. Ce processus est initié par le Saint-Esprit et vise à conformer le croyant à l'image de Christ. 2 Corinthiens 3:18 déclare : « Nous tous qui, le visage découvert, contemplons comme dans un miroir la gloire du Seigneur, nous sommes transformés en la même image, de gloire en gloire, par l'Esprit du Seigneur. »

Ce processus de transformation est progressif et implique :
Le renouvellement de l'esprit (Romains 12:2) à travers l'étude et la méditation de la Parole.

La purification intérieure des pensées et des actions (1 Jean 3:3).
Le développement des fruits de l'Esprit (Galates 5:22-23) tels que l'amour, la patience, la bonté et la foi.
Le croyant doit collaborer avec l'Esprit en se soumettant à la volonté de Dieu, recherchant à chaque étape une plus grande ressemblance avec Christ.

2 - La Perfection en Christ
Bien que le processus de sanctification soit continu, le but ultime est d'atteindre la perfection en Christ. Philippiens 3:12-14 nous rappelle que Paul, bien qu'apôtre, se voyait encore en chemin vers cette perfection, nous exhortant à persévérer dans la foi.

Cette quête de perfection ne repose pas sur nos propres efforts mais sur la grâce et la puissance de Dieu qui nous transforme progressivement. À travers ce processus, l'amour de Dieu se manifeste encore plus puissamment dans notre vie, nous permettant de réfléchir la gloire du Père.

Enfin, être un fils de Dieu implique d'accepter de se laisser guider par Dieu tout au long de sa vie, dans un processus continu de transformation. Cette transformation n'est pas immédiate, mais se produit progressivement à mesure que nous grandissons dans notre compréhension et notre relation avec Dieu. À chaque étape, nous sommes appelés
à nous conformer davantage à l'image de Christ, incarnant de plus en plus les valeurs et les desseins divins. C'est ainsi que, en tant que fils de Dieu, nous participons activement aux desseins éternels de Dieu, non seulement pour notre propre vie, mais pour toute l'humanité.

IV - Participation Aux Fonctions Divines

En tant qu'enfants de Dieu, nous sommes appelés à participer activement aux fonctions divines qui reflètent la nature et le dessein de notre Créateur. Cette participation va au-delà de la simple obéissance ; elle implique une collaboration dynamique avec Dieu dans les aspects essentiels de Sa création et de Sa rédemption. Nous sommes invités à jouer un rôle actif dans la poursuite de Sa mission, en devenant des agents de changement, de guérison et de lumière dans un monde qui en a grand besoin. En comprenant les fonctions divines que nous sommes appelés à assumer, nous pouvons mieux aligner notre vie quotidienne avec les desseins célestes et faire une différence significative dans notre environnement.

1- Œuvres de Dieu :

Création : En tant que créateurs à l'image de Dieu, nous participons à la création et à la transformation du monde par notre travail et notre service. Dieu nous a confié la responsabilité de gérer et de préserver Sa création. En accomplissant cette tâche avec diligence, nous reflétons Sa nature créatrice. Genèse 1:28 – « Dieu les bénit, et Dieu leur dit : Soyez féconds, multipliez-vous, remplissez la terre, et assujettissez-la ; et dominez sur les poissons de la mer, sur les oiseaux du ciel, et sur tout animal qui se meut sur la terre. »

Rédemption : Nous sommes appelés à participer à l'œuvre de rédemption en partageant le message de l'Évangile et en aidant à restaurer ce qui est brisé. Par le ministère de la réconciliation, nous avons l'opportunité de contribuer à la restauration des relations entre Dieu et l'humanité.   2 Corinthiens 5:18 – « Tout cela vient de Dieu, qui nous a réconciliés avec lui par Jésus-Christ, et qui nous a donné le ministère de la réconciliation. »

2 Fonction de Témoignage et de Service :
Témoignage : En tant qu'enfants de Dieu, nous avons la responsabilité de témoigner de Sa grâce et de Son amour à ceux qui ne Le connaissent pas. Nous sommes appelés à être des témoins vivants de Sa lumière, apportant la vérité de l'Évangile dans les endroits sombres de notre monde.

Matthieu 5:14 – « Vous êtes la lumière du monde. Une ville située sur une montagne ne peut être cachée. »
Service : Le service aux autres est une manifestation des œuvres divines, reflétant la compassion et le dévouement de Dieu. En suivant l'exemple de Jésus, nous devons servir les autres avec un cœur généreux et dévoué, met-

tant en pratique les principes du Royaume de Dieu.Marc 10:45 – « Car le Fils de l'homme est venu non pour être servi, mais pour servir et donner sa vie comme rançon pour beaucoup. »

V - Les Bénéfices de la Filiation Spirituelle

Les Bénéfices de la Filiation Spirituelle en Tant que Fils
Être enfant de Dieu, à travers l'adoption spirituelle en Christ, offre une multitude de privilèges et de bénédictions. Cette relation intime avec Dieu transforme profondément notre expérience spirituelle et personnelle. Voici quelques-uns des bénéfices clés :

1. Relation Intime avec Dieu

En tant qu'enfants de Dieu, nous avons l'opportunité de développer une relation personnelle et profonde avec Lui. Cette relation est marquée par une connexion authentique et constante, où nous pouvons nous adresser à Dieu avec confiance, en l'appelant « Abba, Père » (Romains 8:15). Cette intimité nous permet de nous rapprocher de Dieu, de partager nos pensées et nos émotions, et de recevoir Son amour et Son soutien.

2. Direction Divine

Être enfant de Dieu signifie que nous avons accès à la direction divine pour notre vie. Dieu, en tant que notre Père, guide nos pas et nous donne des conseils précieux à travers Sa Parole, l'Esprit Saint, et la communauté chrétienne. Cette direction est essentielle pour vivre une vie conforme à Sa volonté et pour faire des choix éclairés. Le Psaume

3. Provision Divine

La filiation spirituelle implique également la promesse de la provision divine. En tant qu'enfants de Dieu, nous pouvons avoir confiance que Dieu pourvoira à nos besoins matériels et spirituels. Jésus nous assure dans Matthieu 6:31-33 : « Ne vous inquiétez donc point, en disant : Que mangerons-nous ? Que boirons-nous ? ... Cherchez premièrement le royaume de Dieu et sa justice, et toutes ces choses vous seront données par-dessus. » Cette promesse de provision est fondée sur l'amour et la fidélité de Dieu envers Ses enfants.

VI - LES HÉRITAGES DES PROMESSES DE DIEU

En tant qu'héritiers des promesses de Dieu, nous partageons dans l'héritage que Dieu a préparé pour Ses enfants. Cela inclut des bénédictions spirituelles comme la vie éternelle, la paix intérieure, et la réconciliation avec Dieu. Dans Éphésiens 1:11, il est écrit : « En lui nous sommes aussi devenus héritiers, ayant été prédestinés selon le dessein de celui qui opère toutes choses d'après le conseil de sa volonté. » Cet héritage est non seulement un futur prometteur, mais aussi une réalité présente qui enrichit notre vie quotidienne. Telque:...

Héritage Spirituel : Promesses et Bénédictions
Être Fils de Dieu confère un héritage spirituel glorieux. Cet héritage ne se limite pas à des bénédictions matérielles, mais s'étend aux promesses divines de vie éternelle, de paix intérieure et de communion parfaite avec Dieu. Galates 4:7 déclare : « Ainsi tu n'es plus esclave, mais fils ; et si tu es fils, tu es aussi héritier par la grâce de Dieu. »

CET HÉRITAGE INCLUT :

1. Vie Éternelle
L'une des promesses les plus précieuses que nous recevons en tant qu'enfants de Dieu est la vie éternelle. Cette promesse nous assure une existence sans fin en communion avec Dieu, au-delà de la mort physique. Jésus a promis dans Jean 3:16 : « Car Dieu a tant aimé le monde qu'il a donné son Fils unique, afin que quiconque croit en lui ne périsse point, mais qu'il ait la vie éternelle. » Cette vie éternelle commence dès maintenant, dans une relation personnelle avec Dieu, et se poursuit dans Sa présence pour l'éternité.

2. Paix Intérieure
La paix est un autre aspect central de notre héritage. Cette paix transcende les circonstances et les difficultés de la vie. Dans Jean 14:27, Jésus dit : « Je vous laisse la paix, je vous donne ma paix ; je ne vous donne pas comme le monde donne. Que votre cœur ne se trouble point et ne s'alarme point. » Cette paix intérieure provient de notre réconciliation avec Dieu et de la certitude de Sa présence constante.

3. Prospérité Spirituelle

En tant qu'héritiers, nous bénéficions aussi de prospérité spirituelle, qui inclut la croissance dans la foi, la sagesse divine, et la maturité chrétienne. Éphésiens 1:3 nous rappelle : « Béni soit Dieu, le Père de notre Seigneur Jésus-Christ, qui nous a bénis de toutes sortes de bénédictions spirituelles dans les lieux célestes en Christ. » Cette prospérité se manifeste dans notre capacité à vivre selon les valeurs chrétiennes et à manifester les fruits de l'Esprit.

4. Réconciliation et Restauration:

Notre héritage inclut également la réconciliation et la restauration. Par la grâce de Dieu, nous sommes réconciliés avec Lui et nos vies sont restaurées. Cette réconciliation est décrite dans 2 Corinthiens 5:18 :« Tout cela vient de Dieu, qui nous a réconciliés avec lui par Christ et qui nous a donné le ministère de la réconciliation. »

5. Protection Divine

Nous avons la promesse de la protection divine. Dieu veille sur nous, nous garde et nous protège dans toutes les situations. Dans Psaume 91:4, il est écrit : « Il te couvrira de ses plumes, et tu trouveras un refuge sous ses ailes ; Sa fidélité est un bouclier et une cuirasse. » Cette protection assure que nous ne sommes jamais seuls, même dans les moments difficiles.

6. Joie Spirituelle

La joie éternelle en présence de Dieu (Psaume 16:11).

L'accès à une vie abondante (Jean 10:10) ici-bas et dans l'éternité.
Le croyant est invité à se considérer comme un ambassadeur du Royaume et à recevoir cet héritage avec gratitude et responsabilité.
Tout comme Jésus l'a fait dans Son ministère, nous devons aussi refléter les valeurs du Royaume de Dieu.

Enfin, la joie spirituelle est une partie intégrante de notre héritage. Cette joie ne dépend pas des circonstances extérieures mais provient de notre relation avec Dieu. Jean 15:11 nous dit : « Je vous ai dit ces choses, afin que ma joie demeure en vous, et que votre joie soit parfaite. » Cette joie nous fortifie et nous soutient, même dans les moments de difficulté.
En tant qu'héritiers des promesses de Dieu, nous recevons des bénédictions profondes et durables : la vie éternelle, la paix intérieure, la prospérité spirituelle, la réconciliation et la restauration, la protection divine, et la joie spirituelle. Ces promesses enrichissent notre vie chrétienne en nous offrant une richesse spirituelle et une assurance pour l'avenir.

Notion de Filiation

Elles nous rappellent la grandeur de l'héritage que nous avons en Christ et nous encouragent à vivre pleinement en accord avec notre identité divine. ent de Dieu, qui nous a réconciliés avec lui-même par Christ, et qui nous a donnés le ministère de la réconciliation. » Cela signifie que nos relations avec Dieu et avec les autres peuvent être restaurées et renouvelées.

Questions et Réponses

Q1 : Quel est le principal bénéfice de la filiation spirituelle ? R1 : Le principal bénéfice est la relation personnelle avec Dieu, nous permettant de Le connaître comme un Père aimant et de recevoir Ses bénédictions, telles que la vie éternelle, la paix intérieure, et la sécurité spirituelle.

Q2 : Comment la filiation spirituelle affecte-t-elle notre relation avec Dieu ? R2 : La filiation spirituelle nous donne un accès direct à Dieu, nous permettant de nous approcher de Lui sans intermédiaire, et de vivre sous Sa direction et Sa protection constante.

Q3 : Quel rôle joue la paix intérieure dans notre héritage spirituel ? R3 : La paix intérieure est une bénédiction essentielle qui nous permet de traverser les difficultés de la vie avec sérénité, assurée par notre réconciliation avec Dieu et Sa présence constante.

Q4 : En quoi consiste la prospérité spirituelle que nous recevons en tant qu'enfants de Dieu ? R4 : La prospérité spirituelle inclut la croissance dans la foi, la sagesse divine, et la maturité chrétienne, nous permettant de vivre selon les valeurs chrétiennes et de manifester les fruits de l'Esprit.

Q5 : Comment l'exemple de 1 Jean 3:1 illustre-t-il notre filiation avec Dieu ? R5 : Ce verset souligne l'amour profond de Dieu pour nous, en nous appelant Ses enfants, et affirme notre statut d'enfants de Dieu grâce à Son amour inconditionnel.

NOTION DE FILIATION

FICHE DE LEÇON #3

Titre: Privilège de Devenir Enfant de Dieu

Texte d'Or: Galates 4:6 – « Et parce que vous êtes fils, Dieu a envoyé dans vos cœurs l'Esprit de son Fils, qui crie : Abba ! Père ! »

Points de Discussion
L'accès direct à Dieu
La réception de l'amour divin
L'assurance de la vie éternelle
L'appartenance à la famille de Dieu
La sécurité spirituelle

Prière
Seigneur Tout-Puissant, nous Te remercions pour l'héritage merveilleux que Tu nous as donné en tant que Tes enfants. Aide-nous à vivre pleinement cette filiation, à expérimenter Ta paix et Ta joie, et à marcher dans la prospérité spirituelle que Tu nous offres. Renforce notre assurance en Ta protection et en Ta réconciliation, et que notre vie reflète Ton amour et Ta grâce. Nous Te demandons cela au nom de Jésus. Amen.

Questions et Réponses Suplementaires

Q1 : Quel est le principal bénéfice de la filiation spirituelle ? R1 : Le principal bénéfice est une relation personnelle avec Dieu, permettant de recevoir Ses bénédictions telles que la vie éternelle, la paix intérieure et la sécurité spirituelle.

Q2 : Comment la filiation spirituelle affecte-t-elle notre relation avec Dieu ? R2 : La filiation spirituelle nous donne un accès direct à Dieu, nous permettant de Le connaître comme un Père aimant et de vivre sous Sa direction et protection.

Q3 : Quel rôle joue la paix intérieure dans notre héritage spirituel ? R3 : La paix intérieure est une bénédiction essentielle qui nous aide à traverser les difficultés avec sérénité, assurée par notre réconciliation avec Dieu et Sa présence constante.

Q4 : En quoi consiste la prospérité spirituelle que nous recevons en tant qu'enfants de Dieu ? R4 : La prospérité spirituelle inclut la croissance dans la foi, la sagesse divine et la maturité chrétienne, nous permettant de vivre selon les valeurs chrétiennes et de manifester les fruits de l'Esprit.

Q5 : Comment l'exemple de 1 Jean 3:1 illustre-t-il notre filiation avec Dieu ? R5 : Ce verset souligne l'amour profond de Dieu pour nous, nous appelant Ses enfants, et affirme notre statut d'enfants de Dieu grâce à Son amour inconditionnel.

Seigneur
Tout-Puissant, nous Te remercions pour l'héritage merveilleux que Tu nous as donné en tant que Tes enfants. Aide-nous à vivre pleinement cette filiation, à expérimenter Ta paix et Ta joie, et à marcher dans la prospérité spirituelle que Tu nous offres. Renforce notre assurance en Ta protection et en Ta réconciliation, et que notre vie reflète Ton amour et Ta grâce. Nous Te demandons cela au nom de Jésus. Amen.

NOTION DE FILIATION

FICHE DE LEÇON #4

Titre : La Filiation avec Dieu

Texte d'Or : Jean 1:12 – « *Mais à tous ceux qui l'ont reçu, à ceux qui croient en son nom, il a donné le droit de devenir enfants de Dieu.* »

Points principaux :
1- **Appel à Vivre selon la Filiation**
   Verset clé : Matthieu 5:16   Exemple Biblique : Éphésiens 5:1

2 - **Nature de la Filiation avec Dieu**
   Verset clé : Jean 1:12 – Exemple Biblique : Romains 8:15

3 - **Responsabilités d'un Enfant de Dieu**

4 - **Les Bénéfices de la Filiation Spirituelle**
   Verset clé : Galates 4:6 – Exemple Biblique : 1 Jean 3:1

Versets d'Appui : Michée 6:8, 2 Corinthiens 5:18, Marc 10:45, Genèse 1:28

Questions :
1 - Quelle est la différence entre être un "enfant de Dieu" et être un "fils de Dieu" ?

2 - Quels sont les privilèges spirituels que vous avez expérimentés en tant qu'enfant de Dieu ?

3 - Quels bénéfices trouvez-vous dans votre identité en tant qu'enfant de Dieu ?

4 - Comment la filiation chrétienne se distingue-t-elle dans le contexte des autres religions ?

5 - Quelles responsabilités avons-nous en tant que "fils de Dieu" ?

6 - En quoi la relation de filiation avec Dieu influence-t-elle votre

Questions de Discussion

Réfléchissez à comment ces deux statuts sont distincts mais complémentaires dans la vie chrétienne.
Comment la relation avec Dieu en tant qu'enfant influence-t-elle notre vie quotidienne ?

Explorez les impacts pratiques de cette relation sur la conduite et les choix personnels.
Quels sont les avantages spirituels concrets de vivre comme un "fils de Dieu" ?

Discutez des bénédictions spécifiques que l'on reçoit en approfondissant sa relation avec Dieu.
En quoi la filiation chrétienne diffère-t-elle des concepts de filiation ou de relation divine dans d'autres religions ?

Comparez les perspectives chrétiennes avec celles de l'Islam, du Judaïsme et d'autres croyances.
Comment la transformation intérieure est-elle manifestée dans la vie d'un croyant ?

Examinez les signes de cette transformation et son impact sur le comportement et les relations.
Quels rôles et responsabilités les enfants de Dieu ont-ils dans la mission de rédemption ?

Décrivez les contributions que les croyants sont appelés à faire dans le monde pour avancer le Royaume de Dieu.
Comment un chrétien peut-il développer et renforcer sa relation personnelle avec Dieu ?

Identifiez les pratiques et disciplines spirituelles qui favorisent une relation plus profonde avec le Père.
En quoi la compréhension de notre identité en tant qu'enfant de Dieu influence-t-elle notre façon de voir les autres et le monde ?

Réfléchissez à comment cette identité affecte notre comportement et notre interaction avec les autres.

Q&A Résumé sur la Filiation en Christ

Q1 : Qu'est-ce que signifie être enfant de Dieu selon la Bible ?

R : Être enfant de Dieu signifie être en relation intime avec Dieu, reconnu comme faisant partie de sa famille, avec le Saint-Esprit qui témoigne de cette filiation. Cela inclut aussi le statut d'héritier de Dieu et cohéritier avec Christ (Romains 8:16-17).

Q2 : Comment devenons-nous enfants de Dieu ?

R. -a) <u>Par la Foi en Jésus-Christ :</u>

Jean 1:12 – En recevant Jésus et en croyant en son nom, nous recevons le pouvoir de devenir enfants de Dieu.
Galates 3:26 – La foi en Jésus-Christ nous rend fils de Dieu.

  b) <u>Par la Nouvelle Naissance :</u>

Jean 3:3 – Jésus explique que la nouvelle naissance est essentielle pour voir le royaume de Dieu.
Jean 3:5 – La nouvelle naissance, par l'eau et l'Esprit, est nécessaire pour entrer dans le royaume de Dieu.

  c) <u>Par l'Adoption Spirituelle :</u>

Éphésiens 1:5 – Dieu nous a prédestinés à être ses enfants d'adoption par Jésus-Christ.
Romains 8:15 – Nous avons reçu un esprit d'adoption qui nous permet d'appeler Dieu « Abba ! Père ! ».

Q3 : Quel est le contexte juif de la filiation ?

R : Dans la tradition juive, la filiation fait référence à la relation d'alliance entre Dieu et le peuple d'Israël, où les Juifs sont considérés comme les enfants de Dieu en raison de leur statut d'élu dans cette alliance spéciale.

Conclusion finale

Vivre en tant qu'enfant de Dieu est un appel à refléter la gloire du Père dans chaque aspect de notre vie. Cette filiation nous offre des privilèges spirituels profonds, tels que l'accès direct à Dieu, la réception de son amour inconditionnel et de sa direction divine, ainsi que la promesse de la vie éternelle. En tant que fils et filles de Dieu, nous trouvons un sens d'appartenance, une sécurité spirituelle et une paix intérieure.

En manifestant l'amour, l'obéissance, la justice, la miséricorde et la lumière spirituelle, nous honorons Dieu et faisons connaître sa nature au monde. Chaque action que nous posons dans cette filiation témoigne du caractère du Père, et c'est en répondant à cet appel divin que nous participons à la rédemption et à la transformation de ce qui est brisé. En vivant pleinement notre identité en Christ, nous contribuons à la restauration des relations entre Dieu et l'humanité, et nous trouvons une joie profonde dans l'accomplissement de notre vocation spirituelle.

Prière:
Seigneur Dieu Tout-Puissant,
Nous Te remercions pour le privilège d'être Tes enfants, pour Ton amour inconditionnel et pour la direction divine que Tu nous offres. Nous adorons la promesse de la vie éternelle et la sécurité spirituelle que nous trouvons en Toi.

Aide-nous à vivre pleinement en accord avec notre identité en Christ. Que chaque aspect de notre vie reflète Ta gloire et Ta lumière. Donne-nous la force de manifester Ton amour, Ta justice, Ta miséricorde et Ta vérité dans toutes nos interactions. Que nous soyons des témoins fidèles de Ta grâce, apportant l'espoir et la rédemption autour de nous.

Guide-nous dans notre cheminement spirituel, aide-nous à marcher dans Tes voies avec diligence et fidélité. Que nous trouvions joie et satisfaction dans notre vocation spirituelle, et que nous puissions toujours glorifier Ton nom.

Au nom de Jésus-Christ, nous prions. Amen.

La victoire

Poème

Béni soit l'Éternel, mon rocher, qui exerce mes mains à la bataille, et mes doigts à la guerre.
(Psaume 144:1)

Victoire Divine

Dans la bataille, l'ombre avance,
Le doute murmure en silence.
L'ennemi sème la terreur,
L'âme vacille, lourde de peur.

Mais dans la nuit, une voix s'élève,
Dieu murmure, "Courage, Élève !
Ma force est en toi, sois en paix,
Je suis ton bouclier, ta vraie clé."

La tempête hurle, les vents frappent,
Mais en Dieu, l'espoir s'empare.
Il brise les chaînes, détruit le joug,
Son bras puissant repousse le fléau.

En Lui, la victoire est scellée,
Chaque pas, chaque cri est mené
Par Sa puissance, Son amour fidèle,
L'ennemi fuit, abattu, rebelle.

Sur la croix, tout est accompli,
La victoire est à Lui, sans répit.
L'agneau immolé, roi ressuscité,
Par Son sang, nous sommes rachetés.

Au nom de Jésus, tout genou fléchit,
La victoire éclate, l'ombre s'enfuit.
En Dieu, nous sommes plus que vainqueurs,
La victoire divine remplit nos cœurs.

Job Francois__

Victoire

« *Toute Forgée contre toi sera sans effet ; Et toute langue qui s'élèvera en justice contre toi, Tu la condamneras. Tel l'heritage des serviteurs de l'Eternel, tel est le salut qui leur viendra de moi, Dit l'Eternel Esaïe 54 :17* »

A-I) Étymologie : Le mot Victoire vient du latin Victoria, dérivé de Victor (vainqueur). signifie le fait de gagner une bataille.

Définitions

Bataille : Une bataille est un combat livré entre deux flottes, deux armées ou Royaume, dont l'issue influe sur la conduite d'une guerre. Elle peut également désigner une lutte réelle ou simulée entre deux ou plusieurs personnes. On utilise aussi des termes tels que champ de bataille, plan de bataille, etc.

Guerre : La guerre est un conflit armé entre deux pays, royaumes, ou individus. Elle peut se composer d'un ensemble de conflits ou de batailles successives, dont l'issue peut être la victoire ou la défaite.

Sacerdoces : Fonction ou dignité de prêtre.
Royaume : Un royaume est une entité politique, spirituelle ou territoriale gouvernée par un roi ou une reine. Il se caractérise par une monarchie, un territoire défini, un système juridique et social, ainsi qu'une identité culturelle.

Défaite : La défaite est la perte d'une bataille, d'un combat, ou d'une guerre.

Empire :
Définition : Un vaste domaine sous une seule autorité.
Contexte Biblique : L'Empire du Christ est un règne éternel (Apocalypse 11:15).

A-II) LES ORIGINES DE LA GUERRE – LA RÉVOLTE DE SATAN

Introduction a la guerre Spirituelle

La rébellion de Satan, autrefois connu sous le nom de Lucifer, illustre de manière frappante la révolte contre la prééminence de Dieu, qui lui confère automatiquement le mérite de la gloire de toute la création. Lucifer, un ange d'une beauté et d'une sagesse incomparables, occupait une position exaltée parmi les êtres célestes. Son nom, "porteur de lumière", symbolisait son rôle initial de messager de la lumière divine. Pourtant, malgré ces privilèges, l'orgueil a trouvé une place dans son cœur.

Lucifer a commencé à désirer l'adoration et la gloire qui appartiennent uniquement à Dieu. En contemplant sa propre splendeur, il s'est laissé séduire par l'idée de se hisser au-dessus de son Créateur. Ce désir insatiable de surpasser Dieu, véritable affront à sa prééminence, est exprimé dans Ésaïe 14:13-14, où Lucifer déclare son intention de monter au ciel et de s'asseoir sur le trône de Dieu.

C'est à ce moment précis que l'orgueil a conduit à sa chute, transformant un ange de lumière en l'adversaire sombre que nous connaissons sous le nom de Satan. Cette rébellion a des conséquences désastreuses, car elle n'est pas seulement un acte de désobéissance, mais un défi à l'autorité divine. Dans Ézéchiel 28:12-19, bien que le texte fasse référence au roi de Tyr, il décrit également Lucifer comme "la forme accomplie de la perfection, plein de sagesse et parfait en beauté", soulignant ainsi son statut avant sa révolte contre la gloire de Dieu.

Précipité de la "montagne de Dieu" avec les anges qui l'ont suivi, Satan exerce aujourd'hui le "pouvoir des ténèbres" (Luc 22:53 ; Éphésiens 6:12), à la tête d'une armée de démons. Son acte de rébellion a eu des conséquences non seulement pour lui-même, mais également pour ceux qui l'ont suivi. Un tiers des anges, séduits par les promesses de grandeur de Lucifer, se sont rebellés et sont devenus les démons, perpétuellement opposés à Dieu et à son œuvre, comme le souligne Apocalypse 12:4.
(Apocalypse 12:4). La rébellion de Satan a marqué le début d'une guerre spirituelle qui continue à ce jour, avec des répercussions s'étendant à toute la création.

A-III) LA CHUTE DE L'HOMME

1- Une Continuité de la Rébellion

La chute de l'homme, tout comme la rébellion de Satan, trouve ses racines dans le désir de devenir comme Dieu. Lorsque Satan est tombé du ciel, il n'a pas abandonné son intention de s'opposer à Dieu, mais a plutôt cherché à corrompre la création divine, en particulier l'humanité, façonnée à l'image de Dieu (Genèse 1:27). Sous la forme d'un serpent, il s'est approché d'Ève dans le jardin d'Éden, semant des graines de doute sur la bonté et la vérité de Dieu. Il a insinué que Dieu retenait quelque chose de bon pour eux, déclarant : « Vous ne mourrez point; mais Dieu sait que, le jour où vous en mangerez, vos yeux s'ouvriront, et vous serez comme des dieux, connaissant le bien et le mal » (Genèse 3:4-5). Cette tromperie subtile a éveillé en Ève un désir d'autonomie et de connaissance, indépendamment de Dieu. En mangeant du fruit de l'arbre de la connaissance du bien et du mal, Adam et Ève ont commis un acte de rébellion délibéré, choisissant leur propre chemin plutôt que celui de Dieu.

Cette chute désastreuse a brisé la relation harmonieuse entre Dieu et l'humanité, introduisant le péché, la mort et la souffrance dans un monde auparavant parfait. Les effets du péché originel se sont propagés à toute la création, entraînant une corruption universelle. L'homme est devenu sujet à la mort physique et spirituelle, une séparation d'avec Dieu. Ce péché originel a également affecté la nature humaine, rendant l'homme naturellement enclin à la rébellion et incapable de se réconcilier avec Dieu par ses propres capacités.

2- Ses Conséquences

Pour saisir la dimension de notre victoire, il est essentiel de comprendre l'ampleur de notre défaite. Dès le commencement, il existait une magnifique harmonie entre mari et femme, symbolisée par l'attachement d'Adam à Ève. Cependant, le péché a engendré déséquilibre, déstabilisation, discorde et mort : « …Dans Adam tous meurent » (1 Cor. 15:21-22). « Par la faute d'un seul, la mort a régné par un seul » (Romains 5:17). Ainsi, le péché et la culpabilité qui en découlent passent sur toute la race humaine, si bien que tous sont inéluctablement entraînés dans le péché.

Il est crucial de rappeler la définition du péché : l'incrédulité, le rejet de la vérité et de la volonté bonne de Dieu, ainsi que de sa fidélité et de sa bonté. Cette compréhension des conséquences du péché met en lumière notre besoin désespéré de rédemption et la nécessité de revenir à la relation harmonieuse avec notre Créateur.

3- Conséquences de la Malédiction

Genèse 3:14-19 contient la malédiction prononcée contre le serpent, la femme, l'homme et la terre, marquant un tournant catastrophique dans l'histoire de la création. Dès lors, tout change, entraînant des conséquences désastreuses qui plongent le monde dans le chaos.

Le règne animal : Le serpent est spécifiquement maudit. Ce symbole de tromperie et de rébellion est désormais condamné à ramper sur son ventre, illustrant la dégradation de sa nature initiale.

La femme : Elle subit également des conséquences. Ses douleurs dans l'accouchement sont multipliées, et son désir sera pour son mari, qui dominera sur elle. Cela engendre un déséquilibre dans la relation originelle d'harmonie et de complémentarité.

L'homme et ses descendants : La malédiction s'étend à l'homme, qui devra travailler le sol avec peine pour en tirer sa subsistance. Ce qui devait être un acte de gestion joyeuse de la terre devient une lutte contre la terre maudite. « Tu gagneras ta nourriture à la sueur de ton front » (Genèse 3:19), illustrant la difficulté du travail et l'imperfection de la création.
La terre elle-même : Le sol est également frappé. Au lieu de produire facilement des fruits, il produira des épines et des chardons, indiquant que la création est désormais soumise à la désolation et à la corruption. L'homme, qui avait été appelé à dominer et à gérer la terre, se retrouve désormais à lutter contre elle.

Dans le royaume des plantes et des animaux, la prolifération se fait sans limites, mais elle est désormais entravée par de nouveaux problèmes : maladies, cruauté, parasites et autres désordres. Comme le déclare Paul dans Romains 8:20-21, « La création a été assujettie à la vanité » et « à la servitude de la corruption », témoignant de la dégradation de l'harmonie initiale.

Toute la force de la malédiction s'est concentrée sur Adam en tant que tête et représentant de l'humanité. Bien qu'Ève ait été tirée de lui et séduite la première, c'est Adam qui porte la responsabilité de la chute. Comme le souligne Romains 5:12-21, « *le péché est entré par un seul homme, et par le péché la mort, et ainsi la mort a passé à tous les hommes, parce que tous ont péché* ».

Avant la chute, la création était en parfaite harmonie, et la terre coopérait avec Adam dans son travail. Cependant, après le péché, elle se rebelle, luttes contre l'homme, et produit des carences, des épines et des ronces. « Dieu ne créa pas la mort dans le sens direct, mais retira plutôt cette extension de sa puissance qui avait maintenu un "état constant" de vie et d'ordre, permettant ainsi que toutes choses se désintègrent graduellement vers le désordre et la mort » (H. Morris, Genèse, p. 125). Ce retrait de la puissance divine a ouvert la voie à la dégradation de la création.

On peut supposer que la détérioration a d'abord été rapide, avant de devenir un processus graduel. D'un point de vue génétique moderne, ces changements se produisaient probablement sous forme de mutations. Initialement, les bactéries et autres microorganismes étaient conçus pour remplir des fonctions essentielles dans le maintien de la terre. Cependant, des changements de mutation ont entraîné des effets néfastes, voire mortels, pour les organismes concernés. Les parasites et systèmes viraux se seraient développés de la même manière, contribuant à l'effondrement de l'ordre initial.

Il est crucial de noter que la Bible dit que le sol fut maudit « à cause d'Adam ». Cette introduction de la souffrance et de la mort, bien que tragique, était préférable à un état non mortel pour un homme en rébellion contre Dieu. Imaginons un instant notre condition de rébellion sans la mort ! Cela aurait engendré une existence sans fin, marquée par la souffrance éternelle et le désespoir, soulignant l'importance de la mort en tant qu'élément qui nous pousse vers la rédemption et la restauration de notre relation avec le Créateur.
Ainsi la déclaration de l'apôtre Paul, « Car Christ est ma vie et la mort m'est un gain », révèle que la mort, pour les croyants, est un passage vers une existence plus épanouissante avec Dieu, nous guidant vers la plénitude promise en Christ.

FICHE DE LEÇON #1

Titre : Les Origines de la Guerre Spirituelle

Texte d'Or: Ésaïe 14:12-15 :: « Comment es-tu tombé des cieux, Lucifer, fils de l'aurore ! Comment es-tu abattu, celui qui terrassait les nations ! »
Versets d'Appui : Genèse 3 - Ézéchiel 28:12-17 :

Points de Discussion
1- <u>La Rébellion de Satan :</u>
La rébellion de Satan est le point de départ de la guerre spirituelle. Sa tentation d'Adam et Ève dans le jardin d'Éden a eu des répercussions profondes sur l'humanité, entraînant la chute de l'homme.

2- <u>Les Conséquences Spirituelles</u>
Les conséquences de cette rébellion se manifestent dans le combat constant entre le bien et le mal, et dans la lutte spirituelle pour maintenir la communion avec Dieu tout en résistant aux tentations du mal.

Questions
1- Quelles sont les implications de la rébellion de Satan pour la condition humaine selon Ésaïe 14 et Ézéchiel 28?

2 - Quels changements majeurs ont eu lieu dans le monde à la suite de la chute ?

3 - Comment le péché a-t-il affecté notre relation avec Dieu, avec les autres et avec la création ?

Qu'est-ce que la victoire signifie pour vous personnellement ?

4 - Comment le combat spirituel entre le bien et le mal se manifeste-t-il dans la vie quotidienne des croyants?

A-IV) Qui est Satan

1- Introduction: L'Enigme de Satan
Satan, figure mystérieuse et redoutée, apparaît pour la première fois dans la Bible sous la forme d'un serpent dans le Jardin d'Éden. Mais qui est-il réellement? Comment cet être est-il devenu l'ennemi juré de l'humanité, semant le chaos à travers les âges? Pour comprendre la profondeur de l'influence de Satan, il est essentiel de revenir à ses origines et d'analyser les ramifications de la malédiction prononcée contre lui après la chute de l'homme.

2- L'Inimitié Entre la Femme et le Serpent
Dans Genèse 3:15, Dieu déclare : "Je mettrai inimitié entre toi et la femme, entre ta postérité et sa postérité; celle-ci t'écrasera la tête, et tu lui blesseras le talon." Ce passage prophétique pose les bases d'une bataille millénaire entre les descendants de la femme et ceux du serpent. Mais qu'est-ce que cela signifie réellement ? La phrase "inimitié" n'implique pas seulement une hostilité spirituelle, mais aussi une lutte continue pour la domination, à la fois dans le domaine physique et spirituel.

Le serpent représente Satan, et sa postérité ne se limite pas à des êtres spirituels ou des démons, mais inclut une descendance physique, une lignée terrestre qui se perpétue à travers l'histoire biblique.

3- La Postérité de Satan: La Filiation Changeante
L'idée d'une postérité du serpent peut sembler étrange au premier abord, mais elle est cruciale pour comprendre le combat entre le bien et le mal. Dans la Bible, la filiation—c'est-à-dire le statut d'être un fils ou un enfant—n'est pas toujours définitive. Être appelé « enfant de Dieu » ou « fils de l'homme » peut changer en fonction des actions et des alliances spirituelles que l'on choisit.

Un exemple frappant de cette dynamique est celui de Caïn. Au départ, Caïn et Abel sont tous deux considérés comme les fils de l'homme, descendants directs d'Adam et Ève. Abel, par sa foi et ses actions justes, est agréé par Dieu, tandis que Caïn, par jalousie et colère, finit par tuer son frère. Ce meurtre change tout. 1 Jean 3:12 déclare : « Ne soyons pas comme Caïn, qui était du malin et qui tua son frère. » Ici, Caïn, bien qu'étant au départ un fils d'Adam, est associé au diable après son crime, devenant spirituellement un « fils du serpent ». Cela montre que la filiation spirituelle dépend de l'obéissance et de l'allégeance à Dieu. Les actions de Caïn le placent du côté des ténèbres, faisant de lui un instrument de Satan.

Cette transition démontre que l'humanité peut, selon ses choix, passer de la lignée des enfants de Dieu à celle des enfants du serpent. Ceux qui refusent de marcher dans la lumière de Dieu se placent sous l'influence de Satan, devenant spirituellement liés à sa postérité.

4- La Lignée du Serpent et les Fils d'Adam

Ainsi, nous comprenons que la bataille ne concerne pas seulement des lignées physiques, mais aussi des filiations spirituelles. Les descendants de Caïn représentent une lignée corrompue, tandis que Seth, le troisième fils d'Adam, poursuit la lignée bénie des enfants de Dieu après la mort d'Abel.

Tout au long de l'histoire biblique, cette dynamique de filiation continue. Ceux qui obéissent à Dieu et suivent sa voie sont appelés « enfants de Dieu », tandis que ceux qui s'opposent à Lui deviennent des « enfants du serpent ».

Les Nephilim, par exemple, étaient une race maudite qui n'appartenait pas à la lignée d'Adam, c'est-à-dire une race qui n'avait pas l'ADN du divin. Leur présence représentait une menace directe pour la survie de la race humaine, car Dieu avait voulu conserver la lignée d'Adam. Les Nephilim, en tant qu'hybrides, mettaient en péril cette lignée, risquant ainsi de contrecarrer la promesse de la naissance du Shilo. C'est pourquoi Dieu a ordonné aux fils d'Adam, en particulier aux Israélites, de ne pas se marier avec d'autres nations. Cette instruction visait à protéger la lignée d'Adam contre la contamination par des influences extérieures.
Malheureusement, comme l'illustre l'exemple de Samson, plusieurs ont ignoré cet avertissement, se mariant avec des étrangères et s'exposant ainsi à des influences spirituelles qui ont affaibli leur relation avec Dieu.

5- Les Nephilim: Une Race Maudite

Les Nephilim apparaissent pour la première fois dans Genèse 6:1-4 où il est dit que les fils de Dieu prirent pour femmes des filles des hommes, et que ces unions donnèrent naissance à des géants. Ces Nephilim ne font pas partie de la lignée d'Adam, mais représentent un mélange corrompu entre le céleste déchu et l'humain. Leur taille, leur force, et leur malice en font des ennemis redoutables des enfants de Dieu.

Leur présence dans la Bible est toujours liée à la violence, à la destruction, et à une tentative de s'opposer à l'ordre divin. Par exemple, lors de l'entrée des Israélites en Canaan, les espions envoyés par Moïse rapportèrent avoir vu des Nephilim, semant la peur parmi le peuple de Dieu (Nombres 13:33). Ces géants représentaient non seulement une menace physique, mais aussi une menace spirituelle, car ils étaient perçus comme des descendants du serpent, destinés à s'opposer au plan de Dieu.

6- Le Combat Physique pour la Domination
Tout au long de l'Ancien Testament, les enfants de Dieu durent mener des batailles physiques contre les descendants du serpent. Israël, en tant que peuple élu, fut souvent confronté à des nations païennes dont les rois et les armées étaient associés aux Nephilim. Un exemple notable est celui du roi de Bashan, Og, mentionné dans Deutéronome 3:11, qui était l'un des derniers survivants des Rephaïm, une race de géants.

Ces guerres ne se limitaient pas à des conflits territoriaux ou politiques; elles étaient enracinées dans une bataille spirituelle visant à éliminer la lignée du serpent de la terre promise. La victoire d'Israël symbolisait la domination des enfants de Dieu sur les forces du mal qui tentaient de corrompre l'humanité et de renverser l'ordre divin.

<u>L'Attente du Shilo: La Promesse Messianique</u>
La Bible promet la venue d'un sauveur, appelé Shilo, qui viendrait rétablir l'ordre et briser définitivement la domination du serpent. Ce sauveur est Jésus-Christ, le Messie, qui par sa mort et sa résurrection écrase la tête du serpent, accomplissant la prophétie de Genèse 3:15.

Le rôle de Jésus dans cette bataille cosmique est central. Il est non seulement celui qui libère l'humanité du péché, mais aussi celui qui anéantit la descendance du serpent. En lui, les enfants de Dieu trouvent la victoire définitive sur Satan et sur ses descendants

Questions et Réponses

Q1 : Quelle est la lutte principale décrite dans la conclusion ?
R1 : La lutte principale est celle entre la postérité de la femme et celle du serpent, depuis la chute d'Adam jusqu'à la venue du Messie.

Q2 : Que représente ce combat selon la conclusion ?
R2 : Ce combat représente une inimitié prophétisée en Éden, qui est à la fois spirituelle et physique.

Q3 : Quel est le triomphe ultime mentionné ?
R3 : Le triomphe ultime viendra avec la venue de Shilo, lorsque Christ mettra fin à l'influence du serpent.

Q4 : D'après le texte, était-il juste pour les Israélites de passer au fil de l'épée les autres nations ?
R4 : Oui, c'était une race maudite qui n'était pas la lignée d'Adam, c'est-à-dire une race qui n'avait pas l'ADN d'Adam. Dieu a voulu conserver la race d'Adam, qui faisait face à un danger imminent de disparition par les hybrides, ce qui pourrait empêcher la naissance du Shilo.

Seigneur Dieu,

Je viens devant Toi, conscient de la lutte spirituelle qui existe entre la postérité de la femme et celle du serpent. Accorde-moi la sagesse et la force pour discerner les influences du mal dans ma vie. Protège ma famille et ma communauté, afin que nous restions fermes dans la foi.

Que Ta lumière brille à travers nous, et aide-nous à combattre les ténèbres, tout en étant des témoins de Ta gloire. Donne-nous le courage d'affronter les défis avec foi, sachant que nous sommes victorieux en Toi.

Merci pour Ta protection et Ta grâce.

Amen.

A-V) Noms De Satan

1 - Satan - Adversaire ou accusateur.
2 - Le Diable - Calomniateur ou accusateur.
3 - Lucifer - Porté de lumière ; souvent associé à sa chute.
4 - Beelzebub - Seigneur des mouches ; associé aux esprits maléfiques.
5 - Le Tentateur - Celui qui tente les individus à pécher.
Le Prince de la Puissance de l'Air - Influenceur sur les affaires terrestres.
6 - Le Lion Rugissant - Nature prédatrice et féroce.
7 - Le Père des Mensonges - Source de tromperie.
8 - Le Serpent - Rusé et trompeur ; forme dans le Jardin d'Éden.
9- L'Accusateur des Frères - Accuse les croyants devant Dieu.
10 - Adversaire - Opposant à Dieu et à l'humanité.
11 - Le Mauvais - Signifie sa nature maléfique.
12 - Le Malin - Autre terme soulignant la malveillance.
13 - Le Dragon - Nature féroce et destructive.
14 - Belial - Sans valeur ou maléfique ; dépravation.
15 - Le Dieu de ce Monde - Autorité temporaire sur les affaires terrestres.
16 - Le Voleur - Intention de voler, tuer et détruire.
17 - L'Ange de Lumière - Apparence trompeuse comme agent du bien.
18 - La Bête - Incarnation ultime dans les temps de la fin.
19 - L'Esprit Impur - Contexte de possession démoniaque.
20 - Meurtrier - Désir de détruire la vie.
21 - L'Haineux de l'Humanité - Opposition à l'humanité.
22 - L'Ennemi - Opposant ou ennemi.
23 - L'Auteur de la Confusion - Créateur du chaos et de la discorde.
24- Le Destructeur - Celui qui cherche à ruiner.
25 - Le Tentateur - Menant les autres au péché.
26 - L'Esprit de Désobéissance - Incitant à la rébellion contre Dieu.
27 - L'Accusateur - Portant des accusations contre les fidèles.
28 - Le Vile - Indiquant sa nature corrompue.
29 - Le Mensonge - Connu pour les mensonges et la tromperie.
30 - L'Esprit Meurtrier - Associé à la violence et à la mort.
31 - Le Pilleur - Celui qui enlève la paix et la joie.
32 - Le Dissensionneur - Celui qui sème la discorde parmi les frères.
33 - L'Esprit d'Erreur - Égarant les autres de la vérité.
34 - Le Calomniateur - Répandant des mensonges et des accusations.
35 - L'Adversaire de Dieu - Opposition directe aux desseins de Dieu.
Le Prince des Ténèbres - Souverain sur les forces obscures.

B) LES ÉPISODES TERRESTRES DE LA BATAILLE CONTRE LE PÉCHÉ ET LE MAL

Stratégies et interventions divines

I - L'épisode d'Abel et Caïn
Dans Genèse 4 est effectivement riche en enseignements sur la justice et la miséricorde divine. Voici une analyse détaillée de cet événement, de la stratégie divine impliquée, et de ses implications pour la restauration :

1- Contexte et Événement
Contexte : L'histoire de Caïn et Abel se déroule après la création des premiers humains, Adam et Ève. Abel est un berger, tandis que Caïn est un agriculteur. Les deux frères font des offrandes à Dieu, mais Dieu accepte l'offrande d'Abel et rejette celle de Caïn. Ce favoritisme perçu conduit Caïn à la jalousie, qui dégénère en meurtre.

2- Événement
Après le meurtre, Dieu confronte Caïn et lui annonce les conséquences de son acte. En plus de le condamner à être un vagabond sur la terre, Dieu marque Caïn pour le protéger contre la vengeance d'autres hommes. Cette marque sert de signe pour éviter que Caïn ne soit tué en représailles.

3- Stratégie Divine
Justice et Miséricorde : Dieu répond au péché de Caïn par une double intervention. D'un côté, il applique une punition appropriée en condamnant Caïn à errer sans repos. De l'autre, il accorde une forme de miséricorde en le protégeant contre d'éventuelles représailles. Cette approche montre une tension entre justice et miséricorde. Dieu ne ferme pas les yeux sur le péché, mais il veille aussi à ne pas laisser Caïn tomber dans une situation pire que celle qu'il mérite.

4- Marque de Caïn
La marque est une mesure de protection divine. En offrant cette protection, Dieu limite la violence et la vengeance dans la société humaine. La marque de Caïn est une expression de la justice divine qui se veut équilibrée, offrant une opportunité de rédemption et de réconciliation avec la communauté humaine, même pour ceux qui ont péché gravement.

5- Réflexion

Restauration et Équilibre : Cet épisode illustre le désir de Dieu de maintenir un équilibre dans le monde malgré la présence du péché.
La marque de Caïn et la protection divine qu'elle représente sont des signes de la volonté de Dieu de préserver l'humanité et de limiter les conséquences du péché. Par cette intervention, Dieu établit des frontières pour le mal, en offrant à l'humanité une chance de se rétablir et de se réconcilier.

6- Préfiguration :

La protection accordée à Caïn peut être vue comme une préfiguration de la restauration divine dans un contexte plus large.
Elle préfigure une intervention divine plus grande et plus complète dans la rédemption de l'humanité, montrant que Dieu est engagé à restaurer l'équilibre et la justice dans un monde marqué par le péché.

En somme, l'épisode de Caïn et Abel est une illustration profonde de la manière dont Dieu combine justice et miséricorde, offrant à l'humanité un chemin pour surmonter les conséquences du péché tout en maintenant l'ordre et la protection divine.

FICHE DE LA LEÇON #2

Titre: Le Choix de la Domination

Texte d'or Genèse 4:7 – « Si tu agis bien, ne te seras-tu pas relevé ? Et si tu agis mal, le péché est couché à la porte ; il te désire, mais toi, domine sur lui. »

Points de discussions
1 - L' averissement
2 - Le Choix et ses Conséquences
<u>Responsabilité Personnelle :</u> Nos actions ont des conséquences: agir bien mène à l'acceptation, tandis que le mal entraîne des résultats négatifs. Chaque individu est maître de ses décisions.
<u>Le Péché à la Porte :</u> Le péché est une menace constante, prêt à s'immiscer dans nos vies. Cela souligne l'importance de la vigilance et de la conscience morale.
<u>Invitation à l'Action</u>
Dieu offre à Caïn une chance de se racheter, montrant que choisir le

Questions et Réponses sur l'Épisode de Caïn et Abel

Pourquoi Dieu a-t-Il rejeté l'offrande de Caïn ?
Réponse : Dieu a rejeté l'offrande de Caïn car elle manquait de foi et de sincérité, contrairement à celle d'Abel qui était faite avec dévotion et obéissance.

Comment l'attitude de Caïn illustre-t-elle les effets de la chute sur l'humanité ?

Réponse :
Dégradation Morale :
La tendance de Caïn à céder au péché, malgré les avertissements de Dieu (Genèse 4:6-7), montre comment la chute a altéré la moralité humaine.
Jalousie et Conflit :
La jalousie de Caïn envers Abel (Genèse 4:5) illustre la détérioration des relations humaines due au péché originel.
Absence de Repentance :
Le manque de repentir de Caïn (Genèse 4:9) démontre l'impact profond du péché sur la capacité humaine à reconnaître et regretter ses fautes.

Question : Quelle a été la conséquence du meurtre d'Abel par Caïn ?
Réponse : Dieu a maudit Caïn, le condamnant à errer sur la terre, mais Il l'a également protégé en le marquant pour éviter qu'il soit tué par vengeance.

Prière:
Seigneur tout-puissant,
Nous Te remercions pour la sagesse et la justice que Tu manifestes à travers chaque événement de notre histoire. Comme dans l'épisode de Caïn et Abel, nous reconnaissons que Tu vois les intentions de nos cœurs. Aide-nous à toujours Te servir avec un cœur sincère et une foi véritable, en cherchant à T'honorer dans nos actions et nos offrandes. Pardonne nos faiblesses et guide-nous sur le chemin de l'obéissance, afin que nous puissions éviter la voie du péché et vivre selon Ta volonté. Protège-nous des mauvaises impulsions et donne-nous la force de vaincre nos tentations par Ta grâce. Nous plaçons notre confiance en Ta miséricorde infinie et Ta justice parfaite.

Au nom de Jésus-Christ, nous prions. Amen.

II - 1 INTRODUCTION : ABRAM, L'HOMME CHOISI PAR DIEU

Abram, plus tard renommé Abraham, est un personnage central de l'histoire biblique. Dieu l'appelle à quitter son pays et sa famille pour devenir le patriarche d'une grande nation. Cette promesse divine est énoncée dans Genèse 12:1-3 :

Genèse 12:1-3 (LSG) : « L'Éternel dit à Abram : Va-t-en de ton pays, de ta patrie et de la maison de ton père, vers le pays que je te montrerai. Je ferai de toi une grande nation, je te bénirai, je rendrai ton nom grand, et tu seras une bénédiction. Je bénirai ceux qui te béniront, et je maudirai celui qui te maudira ; et toutes les familles de la terre seront bénies en toi. » Cette promesse place Abram au cœur d'une série d'événements marquants qui révèlent Dieu non seulement comme un guide spirituel mais aussi comme un stratège militaire suprême.

2. La Première Bataille d'Abram : La Libération de Lot
Contexte de la Bataille : Une guerre éclate entre deux coalitions de rois. Kedorlaomer, roi d'Élam, et ses alliés (Amraphel, Aryok et Tidal) envahissent la région et écrasent les rois de Sodome, Gomorrhe et trois autres cités. Lot est capturé lors de cette invasion (Genèse 14:1-12) :

Genèse 14:1-12 (LSG) : « ...Kedorlaomer, roi d'Élam, et les rois qui étaient avec lui, frappèrent Rephaïm à Ashteroth-Karnaïm, Zuzim à Ham, Émim à Shavé-Kiriathaim, et les Horites dans leur montagne du Seïr, jusqu'à Élan-Paran, qui est près du désert. Ensuite, ils revinrent vers la région de Kadesh et frappèrent tout le territoire des Amalécites, et aussi les Amoréens qui habitaient à Hatsatson-Tamar. Alors, le roi de Sodome, le roi de Gomorrhe, le roi d'Adma, le roi de Tsoar, sortirent et se rangèrent en ordre de bataille contre eux dans la vallée de Siddim (c'est-à-dire la mer Salée). »
L'Intervention d'Abram : En apprenant la capture de Lot, Abram, bien qu'il ne dispose que de 318 hommes, élabore un plan audacieux. Il attaque de nuit, surprenant l'ennemi (Genèse 14:13-16) :

Genèse 14:14-16 (LSG) : « Abram apprit que son frère était fait prisonnier ; il arma ses serviteurs nés dans sa maison, trois cent dix-huit hommes, et il les poursuivit jusqu'à Dan. Et il se divisa contre eux pendant la nuit, lui et ses serviteurs ; il les battit, et il les poursuivit jusqu'à Hobah, qui est à gauche de Damas. Il ramena tous les biens, et aussi son frère Lot, et ses biens, ainsi que les femmes et le peuple. »

VICTOIRE DIVINE

Détail Clé : Le Livre de Jasher, un texte ancien, confirme cette bataille (Jasher 16:5-6) :

Jasher 16:5-6 : « Et Abram et ses hommes poursuivirent les rois jusqu'à l'entrée de Dan, et ils attaquèrent les rois de nuit. Ils battirent les rois, les mirent en fuite et reprirent tous les captifs. »

3. Dieu, le Bouclier d'Abram : La Récompense Céleste

Rencontre avec Melchisédek : Après la bataille, Abram rencontre Melchisédek, roi de Salem et prêtre du Dieu Très-Haut. Melchisédek bénit Abram (Genèse 14:18-20) :

Genèse 14:18-20 (LSG) : « Melchisédek, roi de Salem, fit apporter du pain et du vin. Il était Sacrificateur du Dieu Très-Haut. Il bénit Abram, et dit : Béni soit Abram par le Dieu Très-Haut, Créateur du ciel et de la terre ! Béni soit le Dieu Très-Haut qui a livré tes ennemis entre tes mains ! Et Abram lui donna la dîme de tout. »

Symbole Spirituel : Melchisédek offre à Abram du pain et du vin, symboles de l'approvisionnement spirituel de Dieu. Cet acte de foi et de reconnaissance renforce la relation d'Abram avec Dieu.

2- Réflexion et Application

Stratégie Divine et Victoire : La libération de Lot par Abram montre que Dieu utilise des stratégies divines pour accomplir Ses desseins, même à travers des moyens qui semblent limités par les normes humaines. La victoire d'Abram démontre que la foi en Dieu et l'obéissance à Ses instructions peuvent conduire à des succès apparemment impossibles.

3- Bénédiction et Reconnaissance

La rencontre avec Melchisédek met en lumière l'importance de reconnaître la main de Dieu dans nos victoires. L'offrande de dîme et les bénédictions reçues montrent que la reconnaissance des dons divins est essentielle pour maintenir une relation juste et fidèle avec Dieu.

Prière :

Seigneur, nous te remercions pour l'exemple de foi et de courage d'Abraham. Aide-nous à être prêts à intervenir avec bravoure et compassion dans les moments de besoin. Donne-nous la force de faire ce qui est juste, même lorsque les circonstances sont difficiles. Guide-nous dans notre marche avec toi, pour que nous puissions, comme Abraham, être des témoins fidèles de ta bonté. Au nom de Jésus, nous prions. Amen.

III - ÉPISODE DE LA LIBÉRATION DES ESCLAVES EN ÉGYPTE

Le récit des dix plaies d'Égypte dans le livre de l'Exode (Exode 7-12) semble symboliquement défier non seulement le Pharaon mais aussi le panthéon égyptien et ses divinités. Chaque plaie représente un coup porté aux aspects fondamentaux de la vie égyptienne, mettant en lumière l'infériorité des dieux égyptiens face à Yahweh. Voici les trois premières plaies et leur possible association avec les divinités égyptiennes :

L'eau changée en sang (Exode 7:14-24)
Dieu visé : Hâpi, dieu du Nil et symbole de la fertilité de l'Égypte. Le fleuve Nil était au cœur de la vie égyptienne, et en changeant ses eaux en sang, Yahweh démontre qu'Il contrôle cette source de vie et de prospérité, faisant une moquerie du dieu Hâpi, qui était censé protéger le Nil et sa fertilité.

Les grenouilles (Exode 8:1-15)
Déesse visée : Héqet, la déesse à tête de grenouille associée à la fertilité et à la régénération. Héqet symbolisait la vie et la procréation. La plaie des grenouilles, en créant une surabondance incontrôlable de ces animaux, ridiculise cette déesse, montrant que Yahweh domine même les symboles de fertilité de l'Égypte.

Les poux (Exode 8:16-19)
Dieu visé : Geb, dieu de la terre. Le fait que la poussière de la terre se transforme en poux est une attaque directe contre Geb, qui était considéré comme le maître de la terre et de tout ce qu'elle produit. En corrompant la terre par les poux, Yahweh montre que même le domaine de Geb n'est pas à l'abri de Sa puissance.

Les mouches (Exode 8:20-32)
Dieu visé : Khepri, dieu du soleil levant, souvent représenté avec une tête de scarabée. Les mouches et insectes nuisibles envahissant l'Égypte symbolisent le désordre, mettant en échec le rôle de Khepri en tant que force de renouveau et de régénération.

La peste du bétail (Exode 9:1-7)
Dieu visé : Apis, dieu-taureau, symbole de fertilité et de force. En frappant le bétail, Yahweh prouve que les divinités protectrices des animaux sacrés d'Égypte sont impuissantes. Le dieu Hathor, représenté avec des cornes de vache, est également concerné.

Les ulcères (Exode 9:8-12)
Dieu visé : Sekhmet, déesse associée à la guérison et aux épidémies. En infligeant des ulcères, Yahweh démontre que même les pouvoirs de guérison de Sekhmet ne peuvent contrecarrer la puissance divine du Dieu d'Israël.

La grêle (Exode 9:13-35)
Dieux visés : Nout et Tefnout, respectivement déesse du ciel et déesse de la pluie et de l'humidité. Cette plaie dévaste les cultures et expose la vulnérabilité des forces naturelles sous le contrôle de ces divinités face au Dieu d'Israël, qui montre son autorité sur les éléments.

Les sauterelles (Exode 10:1-20)
Dieux visés : Osiris et Isis, protecteurs de la fertilité et des récoltes. L'invasion des sauterelles détruit les récoltes et le peu qui restait après la grêle, soulignant que ces divinités ne peuvent protéger la nourriture et la prospérité d'Égypte.

Les ténèbres (Exode 10:21-29)
Dieu visé : Rê, dieu du soleil et principal dieu du panthéon égyptien. L'obscurité totale pendant trois jours représente une attaque directe contre Rê, symbole de lumière et de vie, prouvant que le Dieu d'Israël est maître même de la lumière du soleil.

La mort des premiers-nés (Exode 11:1 - 12:36)
Dieu visé : Pharaon lui-même, considéré comme divin et dont le premier-né devait hériter du trône. En frappant les premiers-nés, y compris celui de Pharaon, Yahweh montre sa domination totale sur la royauté et la divinité égyptiennes, prouvant que même le pouvoir dynastique d'Égypte est impuissant face à Lui.

Conclusion :
Chaque plaie adresse une attaque non seulement contre le Pharaon et son peuple, mais aussi contre un aspect clé de la religion et de la culture égyptienne. Elles montrent que Yahweh, le Dieu d'Israël, est souverain sur toute la création, y compris les forces naturelles et surnaturelles que les Égyptiens croyaient contrôler par leurs dieux. L'Exode est ainsi un moment décisif pour Israël, mais aussi une démonstration éclatante de la suprématie du Dieu unique sur les divinités polythéistes.

Questions :

Quelle était la première plaie infligée par Dieu aux Égyptiens ?
La première plaie était la transformation de l'eau du Nil en sang, rendant l'eau imbuvable et tuant les poissons (Exode 7:14-24).

Pourquoi Dieu a-t-il envoyé les dix plaies sur l'Égypte ?
Dieu a envoyé les plaies pour forcer Pharaon à libérer les Israélites de l'esclavage, démontrant également Sa suprématie sur les dieux égyptiens et le pouvoir de Pharaon.

Comment les plaies défiaient-elles les dieux égyptiens ?
Chaque plaie ciblait un aspect de la vie égyptienne et symboliquement défiait un ou plusieurs dieux du panthéon égyptien, comme Hâpi (dieu du Nil) ou Rê (dieu du soleil).

Quelle était la dixième et dernière plaie ?
La mort des premiers-nés était la dernière plaie, frappant chaque famille égyptienne, y compris celle du Pharaon, et amenant finalement Pharaon à libérer les Israélites (Exode 11-12).

Que symbolise la plaie des ténèbres dans la tradition égyptienne ?
La plaie des ténèbres (Exode 10:21-29) symbolisait un défi direct à Rê, le dieu du soleil, car l'obscurité pendant trois jours montrait que même la lumière, vénérée par les Égyptiens, était sous le contrôle du Dieu d'Israël.

IV - LE COMBAT DE REPHIDIM CONTRE AMALEK

<u>Contexte du Combat</u>
Le passage d'Exode 17:8-15 relate une bataille décisive pour Israël. Amalek attaque Israël à Rephidim, la dernière étape avant le Sinaï, où Dieu se manifeste de manière glorieuse. Cette bataille est d'une importance particulière, car elle symbolise la lutte continue contre les forces du mal qui s'opposent à Dieu et à son peuple.

1- Amalek : L'Ennemi Déterminé

Amalek est décrit comme un ennemi féroce. Le conflit avec Amalek commence immédiatement après la fourniture miraculeuse de la manne et de l'eau du rocher, soulignant que ce combat est inévitable pour ceux qui se rapprochent de Dieu. Amalek est un descendant d'Ésaü, et son hostilité contre Israël est profonde et durable. Dieu ordonne à Moïse de consigner cet affrontement dans le Livre et promet d'effacer la mémoire d'Amalek de génération en génération (Ex. 17:16). En 1 Samuel 15:3, Dieu ordonne à Saül de dévouer Amalek à la destruction totale, illustrant la gravité de l'hostilité d'Amalek contre Israël. La désobéissance de Saül à cet ordre aura des conséquences graves.

2- Le Rôle de Moïse et Josué
Josué : Premier personnage mentionné dans ce contexte, Josué est un exemple de leadership et de foi. Appartenant à la tribu d'Éphraïm et étant un jeune homme en préparation spirituelle, il est choisi par Moïse pour diriger les soldats contre Amalek (Ex. 17:9). Sa victoire contre Amalek avec l'aide divine marque le début de son rôle crucial dans la conquête de la Terre promise.
Moïse : Moïse joue un rôle essentiel en levant les mains avec la verge de Dieu, symbole du secours divin. Tant que Moïse garde ses mains élevées, Israël l'emporte sur Amalek. Lorsque ses forces faiblissent, Amalek prend l'avantage. Cela montre que la victoire dépend de l'intervention divine et de la persévérance dans la prière (Ex. 17:11-12).

3- Aaron et Hur : Pour soutenir Moïse, Aaron et Hur se tiennent de chaque côté de lui et l'aident à garder les mains levées, soulignant l'importance de la coopération et du soutien dans la lutte spirituelle.

4- Résumé de la leçon

La bataille d'Israël contre Amalek à Rephidim fut un épisode marquant dans l'histoire biblique. Cette bataille, qui se déroula juste avant la révélation de la Loi sur le mont Sinaï, illustra une lutte spirituelle continue. Amalek, un ennemi redoutable, représenta un adversaire éternel pour Israël, apparaissant à plusieurs moments clés de l'histoire.

Amalek surgit à divers moments dans l'histoire d'Israël, souvent de manière inopinée. Après le refus d'Israël de prendre possession du Pays Promis et son obstination à monter à l'assaut, le peuple fut défait par Amalek (Nombres 14:42-45). Saül reçut l'ordre de détruire complètement Amalek, mais sa désobéissance entraîna son rejet par Dieu (1 Samuel 15:3, 9, 22-29). Amalek brûla Tsiklag et captura les femmes de David, mais David récupéra tout et défit les Amalécites (1 Samuel 30:2, 17-19). Plus tard, au temps d'Ézéchias, les Siméonites frappèrent les réchappés d'Amalek (2 Chroniques 4:42-43). Pendant la période de la déportation, un descendant d'Agag, le roi épargné par Saül, chercha à détruire le peuple juif, mais fut finalement vaincu (Esther 7:6, 10 ; Psaume 7:14-15).

5- Le résultat de cette bataille

Le conflit avec Amalek à Rephidim eut une signification typique importante. L'Éternel ordonna à Moïse d'écrire ce combat dans un livre, en promettant l'effacement de la mémoire d'Amalek (Exode 17:14). Ce fut la première mention d'un écrit dans la Parole de Dieu, soulignant l'importance de se souvenir et de méditer les instructions divines (Josué 1:8). Après la déportation de l'Église, Amalek fut encore présent dans les batailles futures, mais Christ, l'Étoile de Jacob, les détruirait définitivement (Nombres 24:20 ; Psaume 83:4).

6- Note

Amalek, descendant d'Ésaü, fut un symbole de la chair et des ennemis spirituels. Il représenta un adversaire redoutable, trouvant toujours une opportunité pour harceler Israël et les croyants. Amalek, en tant que tyran, illustra la guerre incessante de la chair contre l'esprit.

FICHE DE LA LEÇON #3

Titre : La Victoire Divine sur Amalek

Texte d'Or : Exode 17:15 - « Moïse bâtit un autel, et lui donna pour nom : L'Éternel est ma bannière. »

Versets d'Appui : Exode 17:8-16 - Deutéronome 25:17-19

Points de Discussion :
1- <u>La Rébellion d'Amalek</u> :
Amalek attaque Israël dans le désert, cherchant à affaiblir un peuple fatigué et vulnérable. Cet acte de guerre représente l'opposition constante que les forces du mal lancent contre les enfants de Dieu.

2- <u>Imploration et Intercession Divine</u> :
Moïse monte sur une colline avec Aaron et Hur pour intercéder en élevant les mains en prière, un symbole de dépendance totale à Dieu. Sans cette intercession, Israël n'aurait pas eu la victoire.

3-<u>Intervention Divine</u> :
Alors que Josué combat avec l'armée, Dieu agit à travers les gestes de Moïse. Chaque fois que Moïse lève les mains, Israël a l'avantage. Cette intervention divine montre que la victoire vient du Seigneur, non de la force humaine.

Questions : Pourquoi la prière et l'intercession étaient-elles essentielles pour remporter la victoire contre Amalek ?
Comment cette bataille illustre-t-elle l'importance de la dépendance à Dieu dans nos combats spirituels aujourd'hui ?

Prière : « Seigneur Dieu, nous Te remercions pour Ta présence dans nos combats. Aide-nous à toujours nous tourner vers Toi dans la prière, comme Moïse l'a fait pour Israël. Que nous n'oublions jamais que c'est par Ta force que nous remportons la victoire. Fortifie-nous dans nos luttes et guide-nous chaque jour. Au nom de Jésus, Amen. »

Questions d'interaction pour la classe d'École du Dimanche

1- Pourquoi est-ce que Dieu a ordonné à Moïse de relater le combat contre Amalek dans le Livre?
Réponse attendue : Dieu voulait que cet événement soit mémorisé comme un témoignage de la lutte contre les ennemis de Son peuple et pour rappeler aux générations futures l'importance de se tenir contre le mal.

2- Quel rôle a joué Josué dans la bataille contre Amalek, et pourquoi était-il important dans cette histoire?
Réponse attendue : Josué a dirigé les soldats d'Israël contre Amalek dans la vallée. Son rôle est crucial car il représente la force et le leadership dans la lutte contre les ennemis de Dieu, avec le soutien divin.

3- Pourquoi les mains de Moïse devaient-elles rester élevées pour que les Israélites remportent la victoire? Que cela nous enseigne-t-il sur le pouvoir de la prière et du soutien spirituel?
Réponse attendue : Les mains élevées de Moïse symbolisaient la dépendance de Dieu et la prière continue. Cela nous enseigne que la victoire spirituelle nécessite la prière constante et le soutien des autres croyants.

4- Qu'est-ce que le combat avec Amalek symbolise pour nous aujourd'hui, et comment pouvons-nous appliquer cette leçon dans nos vies?
Réponse attendue : Le combat contre Amalek symbolise la lutte contre les forces du mal dans nos vies. Nous pouvons appliquer cette leçon en restant fidèles à Dieu, en cherchant Son aide dans les épreuves, et en soutenant les autres dans leur foi.

5- Pourquoi Amalek est-il un adversaire particulier dans l'histoire d'Israël ?
Réponse attendue : Amalek est décrit comme l'ennemi de Dieu et d'Israël. Sa bataille contre Israël à Rephidim symbolise une lutte continue contre les ennemis spirituels qui se manifestent de génération en génération.

6- Quel est le symbole d'Amalek dans le contexte spirituel ?
Réponse attendue : Amalek représente la chair qui fait la guerre à l'esprit, ainsi que l'opposition spirituelle contre les croyants.

7- Comment Moïse et Josué ont-ils contribué à la victoire contre Amalek ? Réponse attendue : Moïse a tenu les mains levées en signe de prière, tandis que Josué a combattu dans la vallée. Leur collaboration montre l'importance de la prière et de l'action pour obtenir la victoire.

8- Que nous enseigne la victoire contre Amalek ?
Réponse attendue : La victoire sur Amalek montre que, bien que la bataille spirituelle soit longue, la victoire ultime appartient à Dieu, et Christ détruira définitivement les ennemis spirituels.

9- Pourquoi Dieu a-t-Il promis d'effacer le nom d'Amalek de dessous les cieux, et que cela signifie-t-il pour notre combat spirituel aujourd'hui ?
Réponse attendue : Dieu a promis d'effacer le nom d'Amalek parce qu'il représentait un ennemi acharné contre Son peuple. Cela symbolise la destruction ultime du mal et des ennemis spirituels dans notre propre vie. Cela nous rappelle que Dieu nous accorde la victoire sur nos adversaires spirituels si nous restons fidèles et dépendants de Lui.

Prière Seigneur, nous Te remercions pour Ta fidélité et Ta puissance dans nos luttes. Aide-nous à reconnaître les Amalek dans nos vies et à rechercher Ton aide à chaque étape. Renforce notre foi et notre courage, et guide-nous pour être des témoins fidèles de Ta victoire. Amen.

Application
Dépendance à Dieu : Comme Moïse a levé les mains pour obtenir la victoire, cherchons toujours l'aide de Dieu dans nos défis quotidiens.
Soutien Communautaire : À l'image d'Aaron et de Hur soutenant Moïse, aidons et encourageons ceux qui nous entourent dans leurs épreuves spirituelles.
Confiance en Dieu : Comme David, faisons confiance à Dieu pour nous guider et nous fortifier, sachant que la véritable victoire vient de Lui.

V - L'ÉPISODE DE LA CONQUÊTE DE CANAAN : RÉALISATION DIVINE DES PROMESSES

1. Introduction : La Promesse de Dieu et la Conquête de Canaan
La conquête de Canaan est l'accomplissement de la promesse divine faite à Abraham, selon laquelle ses descendants hériteraient de cette terre (Genèse 15:18). Des siècles plus tard, sous la conduite de Josué, cette promesse se réalise. Cet épisode montre comment Dieu guide et soutient Son peuple pour atteindre Ses objectifs.

2. La Traversée du Jourdain : Un Miracle Divin

<u>Contexte</u> : Après la mort de Moïse, Josué prend la relève pour conduire les Israélites vers la terre promise. Dieu ordonne à Josué de préparer le peuple pour traverser le Jourdain (Josué 1:2-3) :
Josué 1:2-3 (LSG) : « Moïse, mon serviteur est mort ; maintenant lève-toi, passe ce jourdain, toi et tout ce peuple, vers le pays que je donne aux enfants d'Israël. Tout lieu que foulera la plante de vos pieds, je vous l'ai donné, comme je l'avais dit à Moïse. »

<u>La Traversée</u> : Lorsque les prêtres portant l'Arche de l'Alliance mettent les pieds dans le Jourdain, les eaux s'arrêtent, permettant aux Israélites de traverser à sec (Josué 3:14-17) :
Josué 3:14-17 (LSG) : « Lorsque le peuple quitta ses tentes pour passer le Jourdain, les sacrificateurs portant l'Arche de l'Alliance marchèrent devant le peuple. Dès que ceux qui portaient l'Arche arrivèrent au Jourdain, les pieds des sacrificateurs se mouillèrent au bord de l'eau (le Jourdain déborde tout son lit pendant toute la saison de la moisson), les eaux qui venaient d'en haut s'étaient arrêtées, et se tenaient à une hauteur comme une muraille. Le peuple passa en face de Jéricho. »

3- La Chute de Jéricho : La Victoire Divine par la Foi
<u>Contexte</u> : Jéricho est la première grande ville à affronter. Dieu donne des instructions précises à Josué pour la conquérir (Josué 6:1-5) :
« Jéricho était fermée à cause des enfants d'Israël. L'Éternel dit à Josué : Voici, je te livre Jéricho, son roi et ses vaillants héros. Vous marcherez autour de la ville une fois par jour pendant six jours. Sept sacrificateurs porteront sept trompettes de ram's-horn devant l'Arche. Le septième jour, vous ferez sept fois le tour de la ville, et les sacrificateurs sonneront les trompettes. Lorsque vous entendrez le son du cor, tout le peuple poussera un grand cri, et la muraille s'écroulera ; vous monterez dans la ville. » (Josué 6:1-5)

4- Répartition des Bénédictions :
La division de la terre entre les tribus illustre la manière dont les bénédictions de Dieu sont distribuées parmi Son peuple. Chaque tribu reçoit une part, montrant que les promesses divines sont réalisées de manière équitable et ordonnée.

5- Obéissance et Foi :
La victoire sur Jéricho montre que l'obéissance aux instructions divines, même lorsqu'elles semblent improbables, est essentielle pour obtenir les bénédictions et les victoires promises. La foi et l'obéissance des Israélites ont conduit à des succès extraordinaires.

En somme, l'épisode de la conquête de Canaan met en lumière comment Dieu accomplit Ses promesses à travers la foi et l'obéissance. Il guide et soutient Son peuple pour réaliser Ses plans, offrant des victoires et des bénédictions selon Ses desseins.

Questions

1- Quelle était la stratégie divine utilisée pour la conquête de Jéricho, et comment cette stratégie illustre-t-elle la puissance de Dieu dans l'accomplissement de ses promesses ?

2- Comment la chute de Jéricho, comme décrite dans le récit biblique, met-elle en lumière la foi et l'obéissance du peuple d'Israël, et quel impact cela a-t-il eu sur leur conquête de la Terre Promise ?

3- Quels étaient les rôles spécifiques des prêtres et des trompettes dans la stratégie de la chute de Jéricho, et pourquoi ces éléments étaient-ils importants dans le plan divin ?

4- Comment le récit de la chute de Jéricho démontre-t-il l'importance de la foi collective et de l'obéissance au commandement divin pour obtenir des victoires impossibles sur le plan humain ?

5- Quel rôle Rahab a-t-elle joué dans le récit de la chute de Jéricho, et comment sa foi et son courage ont-ils été récompensés selon le texte biblique ?

6- Quelles leçons spirituelles peuvent être tirées de la manière dont Jéricho est tombé après le septième tour, et comment ces leçons peuvent-elles s'appliquer à la vie chrétienne aujourd'hui ?

FICHE DE LA LEÇON #4

Titre : La Bataille de Jéricho

Texte d'Or :Josué 6:2 - « L'Éternel dit à Josué : Vois, je livre entre tes mains Jéricho et son roi, ses vaillants soldats. »
Versets d'Appui : Josué 6:1-20 - Hébreux 11:30

Points de Discussion :
1- <u>Obéissance et Foi</u> :
Dieu donne à Josué des instructions spécifiques pour faire tomber les murailles de Jéricho, des instructions qui semblent illogiques du point de vue humain. C'est par l'obéissance et la foi que les Israélites ont accompli cet acte.
2- <u>Intervention Divine</u> :
Après avoir obéi aux commandements de Dieu en marchant autour de la ville, les murailles de Jéricho s'effondrent, démontrant que c'est la puissance de Dieu qui leur a donné la victoire.

Questions :
1- Quel rôle l'obéissance au commandement de Dieu a-t-elle joué dans la victoire sur Jéricho?
2- Comment la foi des Israélites a-t-elle été mise à l'épreuve avant la chute des murs de Jéricho?
Que représentent les trompettes dans le récit de la conquête de Jéricho?
3- Quelles preuves de l'intervention divine peut-on identifier dans l'événement de la chute de Jéricho?
4- Quelle importance Rahab a-t-elle eu dans le plan de Dieu pour la conquête de Jéricho?
5- Quelle leçon spirituelle pouvons-nous tirer de la manière dont Dieu a conduit Israël à conquérir Jéricho?
6- Comment la conquête de Jéricho se compare-t-elle à d'autres victoires militaires dans l'Ancien Testament?
7- Quelles ont été les conséquences immédiates de la chute de Jéricho pour le peuple d'Israël?
8- Que nous enseigne cette histoire sur le pardon et la grâce, notamment à travers le personnage de Rahab?

VI - L'ÉPISODE DE GÉDÉON ET LES MADIANITES : VICTOIRE PAR LA FOI ET LA STRATÉGIE

1. Introduction : Le Contexte d'Oppression

Les Israélites sont opprimés par les Madianites, qui dévastent leurs récoltes et leur territoire. Cette oppression dure depuis sept ans, et le peuple se tourne vers Dieu pour obtenir secours. Dieu répond en appelant Gédéon pour délivrer Israël de ses ennemis (Juges 6:1-6).

Juges 6:1-6 (LSG) : « Les enfants d'Israël firent ce qui est mal aux yeux de l'Éternel ; et l'Éternel les livra entre les mains de Madian pendant sept ans. La main de Madian s'exerça avec force sur Israël ; et, à cause de Madian, les enfants d'Israël se retirèrent dans les cavernes, dans les lieux forts et les rochers. Lorsque les Israélites semaient, les Madianites montaient avec Amalek et les enfants de l'Orient contre eux ; ils montaient sur leur bétail et arrivaient avec leurs tentes comme une nuée de sauterelles. Ils arrivaient pour dévaster le pays jusqu'à Gaza, et ne laissaient subsister ni vivres dans le pays, ni brebis, ni boeufs, ni ânes. Ils venaient avec leurs troupeaux et leurs tentes ; ils arrivaient comme une nuée de sauterelles, eux et leurs chameaux, si nombreux qu'on ne pouvait les compter. Ils dévastaient le pays en venant. Israël fut extrêmement appauvri à cause de Madian ; et les enfants d'Israël crièrent à l'Éternel. »

2. L'Appel et la Confirmation Divine

Appel de Gédéon : Dieu appelle Gédéon, un homme de la tribu de Manassé, qui se cache dans un pressoir pour moudre le blé (Juges 6:11-12). L'ange de l'Éternel lui apparaît et lui dit qu'il sera le libérateur d'Israël :
Juges 6:11-12 (LSG) : « L'ange de l'Éternel vint et s'assit sous le térébinthe d'Ofra, qui appartenait à Joas, l'Abiézerite. Gideon, fils de Joas, battait du blé au pressoir pour le mettre à l'abri des Madianites. L'ange de l'Éternel lui apparut et lui dit : L'Éternel est avec toi, vaillant héros ! »

Test de Foi : Gédéon demande des signes pour confirmer l'appel de Dieu. Il place une toison de laine sur le sol et demande que celle-ci soit mouillée tandis que le sol reste sec, puis inverse les conditions le lendemain. Ces signes confirment que Dieu est avec lui (Juges 6:36-40).

Juges 6:36-40 (LSG) : « Gédéon dit à Dieu : Si tu veux délivrer Israël par ma main, comme tu l'as dit, voici, je mets une toison de laine sur l'aire ; si la rosée est seulement sur la toison, et que le sol reste sec, je saurai que tu délivreras Israël par ma main, comme tu l'as dit. Il en fut ainsi. Il se leva de bon matin, et pressa la toison ; il exprima la rosée dans un récipient, et il en obtint une pleine coupe d'eau. Gédéon dit à Dieu : Ne t'irrite pas contre moi, et je parlerai encore une fois ; que je fais encore cette épreuve avec la toison : que la toison soit sèche, et que la rosée soit sur le sol. Et Dieu fit ainsi cette nuit-là ; seulement la toison fut sèche, et il y avait de la rosée sur le sol. »

3. La Victoire avec une Armée Réduite
Réduction de l'Armée :
Dieu ordonne à Gédéon de réduire son armée de 32 000 hommes à seulement 300 pour affronter les Madianites. Cette réduction vise à souligner que la victoire est due à l'intervention divine, et non à la force humaine (Juges 7:2-7) :
« L'Éternel dit à Gédéon : Le peuple est trop nombreux pour que je livre Madian entre leurs mains ; Israël pourrait se glorifier contre moi, en disant : C'est ma main qui m'a sauvé. Que ceux qui ont peur s'en aillent. Vingt-deux mille hommes partirent, laissant dix mille. L'Éternel dit encore : Il y a encore trop de gens ; fais-les descendre vers l'eau, et je te les séparerai. Celui dont je te dirai : Il ira avec toi, ira avec toi ; celui dont je te dirai : Celui-ci n'ira pas avec toi, ne viendra pas. » (Juges 7:2-7)

Stratégie Divine :
Dieu donne à Gédéon une stratégie pour vaincre les Madianites. En divisant ses hommes en trois groupes et en utilisant des trompettes et des lampes dans des cruches, Gédéon crée la confusion parmi les Madianites, qui se retournent contre eux-mêmes (Juges 7:19-22) :

« Gédéon et les cent hommes arrivèrent au bout du camp au début de la veille du matin. Ils sonnèrent les trompettes et brisèrent les cruches qu'ils tenaient. Les trois groupes sonnèrent les trompettes, brisèrent les cruches, tenaient des lampes dans leur main gauche et des trompettes dans leur main droite. Ils crièrent : Pour l'Éternel et pour Gédéon ! Tout le camp fut rempli de cris et de fuite ; les Madianites s'enfuirent. » (Juges 7:19-22)

Victoire et Récompense Divine :
Les Madianites, confus et paniqués, sont vaincus grâce à la stratégie divine mise en œuvre par Gédéon et ses 300 hommes. Cette victoire illustre le pouvoir de Dieu et Sa capacité à délivrer Son peuple par des moyens inattendus.

Poème

Si tu connais la mélodie, change cette victoire et ajoute ton nom dans la chanson : 'Pour l'Éternel et pour [ton nom] !'

Pour l'Éternel et pour Gédéon !

Couplet 1:
Nous marchons avec foi, bravoure et lumière,
Pour l'Éternel, avec courage, nous avançons,
Les murs de Jéricho tomberont sous nos prières,
Avec Dieu, la victoire est notre chanson.

Refrain:
Pour l'Éternel et pour Gédéon,
Nous chantons victoire, levons le ton,
Les murs tomberont, notre foi est forte,
Pour l'Éternel et pour Gédéon !

Couplet 2:
Les trompettes résonnent, notre foi triomphe,
Dieu nous guide, l'ennemi se rend,
Avec Gédéon, nous célébrons notre force,
Pour l'Éternel, notre gloire est éclatante.

Refrain:
Pour l'Éternel et pour Gédéon,
Nous chantons victoire, levons le ton,
Les murs tomberont, notre foi est forte,
Pour l'Éternel et pour Gédéon !

Job Francois__

FICHE DE LA LEÇON #5

Titre : La Victoire contre les Madianites

Texte d'Or : Juges 7:7 - « L'Éternel dit à Gédéon : C'est par les trois cents hommes qui ont lapé l'eau que je vous sauverai et que je livrerai Madian entre tes mains. »

Versets d'Appui : Juges 6:1-16 - Juges 7:1-22

Points de Discussion :

1- L'Appel de Gédéon :
Dieu choisit Gédéon, un homme humble et hésitant, pour libérer Israël des Madianites. Cet appel montre que Dieu ne regarde pas les qualifications humaines, mais Il qualifie ceux qu'Il appelle.

2- La Réduction de l'Armée :
Dieu réduit l'armée de Gédéon de 32 000 à 300 hommes, démontrant que la victoire ne viendra pas de la force humaine, mais de la puissance divine.

3- Intervention Divine :
Par la stratégie divine, Gédéon et ses 300 hommes surprennent et battent les Madianites, prouvant que la victoire appartient à l'Éternel.

Questions :
1- Pourquoi Dieu a-t-Il réduit l'armée de Gédéon à seulement 300 hommes ?
2- Comment cet épisode nous montre-t-il que la foi en Dieu est plus puissante que nos propres capacités ?

Prière : « Seigneur, aide-nous à avoir confiance en Ta puissance et non en nos propres forces. Que nous puissions comprendre que Tu es celui qui donne la victoire, même lorsque nos ressources sont limitées. Fortifie-nous dans nos combats et guide-nous chaque jour. Amen. »

VII - BATAILLE CONTRE LES PHILISTINS

Les Philistins, issus des Caslukim, descendants de Cham (Genèse 10:6-14), étaient appelés « géants » et venaient d'Égypte. Ils se sont installés dans la région côtière fertile au sud-ouest de ce qui deviendra plus tard Canaan, et ont fondé cinq villes importantes : Asdod, Gaza, Askalon, Gath et Ekron.

Dès le début, une distinction claire existe entre les Philistins et le peuple de Dieu. Abraham a vécu comme pèlerin dans cette région, bien que Dieu lui ait promis que le pays appartiendrait à ses descendants. Après l'exode d'Égypte, les Israélites sont revenus en Canaan, mais une partie de la région côtière est restée sous contrôle philistin. Josué, conduisant les Israélites, n'a pas réussi à conquérir entièrement cette région, laissant les Philistins présents (Josué 13:2 ; Juges 3:3). Shamgar a lutté contre eux, mais ses victoires étaient limitées (Juges 3:31).

À un moment crucial, les Philistins se sont rassemblés pour combattre Israël et ont campé entre Socoh et Azéka, à Éphès-Dammim. Saül et les hommes d'Israël se rassemblèrent et campèrent dans la vallée d'Élah, se préparant à la bataille contre les Philistins. Les Philistins se tenaient sur une montagne d'un côté, tandis qu'Israël se tenait sur l'autre, avec la vallée entre eux. Un champion sortit du camp des Philistins ; c'était Goliath, de Gath, dont la taille était de six coudées et une spanne. Il portait un casque d'airain, une cuirasse de mailles pesant cinq mille sicles d'airain, des jambières d'airain, et un javelot d'airain. La fer de sa lance pesait six cents sicles de fer, et un écuyer marchait devant lui. Il s'arrêta et cria aux troupes d'Israël : « Pourquoi sortiriez-vous pour vous ranger en bataille ? Ne suis-je pas un Philistin, et vous des serviteurs de Saül ? Choisissez parmi vous un homme pour venir vers moi ! Si lui me tue, nous vous servirons ; et si je le tue, vous nous servirez. » Les Israélites entendirent ces paroles du Philistin et furent saisis d'une grande peur.

Conséquences de la Présence des Philistins pour le Peuple de Dieu
Les Philistins ont eu un impact profond sur Israël, en tant qu'ennemis constants. Leur présence a conduit à une période de domination sévère sur Israël pendant 40 ans en raison des péchés du peuple (Juges 13:1). Aucun autre ennemi n'a eu une telle influence prolongée.
Samson, un nazaréen choisi par Dieu, a été utilisé pour commencer à libérer Israël des Philistins. Malgré ses faiblesses et ses échecs personnels, Samson a eu des victoires importantes contre les Philistins, bien que ses dernières actions aient été les plus décisives (Juges 16:30).

VICTOIRE DIVINE

Questions :

Quelle est la signification de la présence des Philistins en tant qu'ennemis d'Israël dans le contexte de la promesse faite à Abraham concernant Canaan ?

Comment les luttes de Shamgar contre les Philistins illustrent-elles les défis auxquels Israël faisait face pour établir sa présence dans le pays ?

Quels enseignements spirituels pouvons-nous tirer des victoires de Samson contre les Philistins, en particulier en ce qui concerne le concept de la force dans la faiblesse ?

Quel impact la domination philistine a-t-elle eu sur la spiritualité et la culture du peuple d'Israël pendant les 40 années de servitude ?

Quel rôle la stratégie militaire et la préparation ont-elles joué dans les victoires d'Israël contre les Philistins, notamment avec l'utilisation de David en tant que champion ?

2. L'Apparition de David : Confiance et Détermination

David, le jeune berger, était choisi par Dieu pour devenir roi d'Israël. Envoyé par son père pour apporter de la nourriture à ses frères au front, David entend le défi de Goliath et se propose pour affronter le géant (1 Samuel 17:17-32).

1 Samuel 17:17-32 (LSG) : « Isaï dit à David son fils : Prends pour tes frères cette épha de grain rôti et ces dix pains, et cours au camp vers tes frères. Porte aussi ces dix fromages au chef de mille, et vois comment tes frères se portent, et prends quelque chose de leurs assurances. David obéit à son père et alla au camp. Alors qu'il parlait avec eux, le champion philistin Goliath, de Gath, sortit des rangs des Philistins et parla comme précédemment ; David l'entendit. Tous les hommes d'Israël, voyant cet homme, s'enfuirent devant lui, et furent saisis d'une grande peur. Tous disaient : Avez-vous vu cet homme qui est sorti ? Il défie Israël. Celui qui le tuera, le roi le comblera de richesses, lui donnera sa fille, et fera que la maison de son père sera exempte d'impôts en Israël. David parla aux hommes qui se tenaient près de lui... » David, animé par une foi inébranlable, exprima son désir de combattre Goliath. Les autorités, d'abord sceptiques, acceptèrent finalement de lui permettre de

se battre contre le géant. Saül, le roi, offrit son armure à David, mais David préféra se battre avec ses propres armes : une fronde et quelques pierres lisses. Il comprenait que sa victoire dépendait non pas de la force humaine, mais de la puissance divine. David se rendit donc dans la vallée d'Élah, où se tenait Goliath. En face du géant, David proclama sa confiance en Dieu et déclara que la bataille appartenait au Seigneur. Armé uniquement de sa fronde et de ses pierres, il choisit cinq pierres lisses dans le torrent pour se préparer à affronter Goliath.

Lors de leur affrontement, Goliath se moqua de David, mais David répondit avec assurance : « Tu viens à moi avec une épée, une lance et une javelot, mais moi, je viens à toi au nom de l'Éternel des armées, le Dieu des armées d'Israël, que tu as outragé » (1 Samuel 17:45). David lança une pierre avec sa fronde, et elle frappa Goliath en pleine front, le faisant tomber à terre. David courut vers le géant, prit son épée, et le tua en lui tranchant la tête.
Cette victoire n'était pas le fruit de la force militaire ou de la tactique humaine, mais de la stratégie divine. Dieu a démontré par cette victoire que sa puissance transcende les limites humaines et que la foi en Lui peut renverser des obstacles apparemment insurmontables. La défaite de Goliath fit trembler les Philistins, qui s'enfuirent devant les armées d'Israël. David devint un héros, et sa victoire marqua un tournant décisif dans l'histoire d'Israël.
L'histoire de David et Goliath illustre comment Dieu peut utiliser des moyens apparemment faibles pour accomplir des grandes victoires, renforçant ainsi la foi de Son peuple et mettant en lumière sa souveraineté et sa puissance divine.

3- Après David

Même après la victoire initiale, les Philistins ne sont pas totalement soumis. Sous les règnes de Salomon et de Josaphat, Israël doit encore gérer ses relations avec eux, illustrant que la paix durable exige vigilance et obéissance constantes aux directives de Dieu (2 Chroniques 17:10). Cette situation démontre que, même après des triomphes spirituels, des défis persistent et qu'il est essentiel pour chaque génération de renouveler son engagement envers Dieu. Pour préserver la paix, le peuple doit rester fidèle à Ses commandements et rechercher Sa sagesse. Cette dynamique souligne que la vigilance spirituelle est nécessaire pour éviter de retomber dans des conflits, garantissant ainsi la stabilité et la prospérité du peuple d'Israël. alliances stratégiques, et la recherche constante de la sagesse de Dieu.

Questions

1- Comment la victoire de David sur Goliath démontre-t-elle que la puissance divine peut surpasser les capacités humaines ?

2- Quels aspects du caractère de David sont révélés dans son affrontement avec Goliath, et comment ces aspects contribuent-ils à sa victoire ?

3- Quelle est l'origine des Philistins et quel est leur lien avec l'Égypte ?

4- Quelle différence importante y a-t-il entre les Philistins et le peuple d'Israël selon le texte ?

Prière : Seigneur, nous te remercions pour ton travail à travers les faiblesses humaines pour accomplir tes desseins. Aide-nous à reconnaître tes interventions même dans les moments difficiles et à faire preuve de courage face à nos propres défis. Que nous puissions, comme Samson, chercher ta force pour accomplir ta volonté. Au nom de Jésus, nous prions. Amen.

Application :
Réfléchissez à la manière dont les influences extérieures peuvent affecter votre relation avec Dieu et votre engagement envers Ses promesses. Comment pouvez-vous appliquer les leçons tirées des interactions entre Israël et les Philistins dans votre vie personnelle ?

Réflexion Personnelle :

<u>Le Conflit avec les Philistins et David</u>
Israël et les Philistins : Pendant le temps de Samuel, Israël est défait par les Philistins malgré la présence de l'arche de l'alliance, ce qui démontre que la victoire dépend non seulement de la présence symbolique de Dieu mais aussi de l'obéissance et de la pureté spirituelle (1 Sam. 4).
La victoire de David sur Goliath est emblématique de la foi en Dieu face à des adversaires apparemment invincibles. David, en tant que
type de Christ, montre que la véritable victoire vient de la dépendance à Dieu et non de la force militaire pure. Après cette victoire, David affronte et surmonte d'autres géants philistins, illustrant la persistance et la dépendance continue à Dieu pour la victoire (2 Sam. 5).

Questions et Reponses

1- Comment la victoire de David sur Goliath illustre-t-elle la dépendance à Dieu et la foi face à des défis impossibles ?

Réponse attendue : La victoire de David montre que, même face à des obstacles apparemment insurmontables, la foi en Dieu et l'obéissance à Ses instructions permettent de surmonter les défis. David, en tant que type de Christ, nous enseigne que la vraie victoire vient de Dieu.

2- Quelle leçon pouvons-nous tirer de l'échec d'Israël face aux Philistins lorsqu'ils ont tenté de forcer Dieu à les aider ?

Réponse attendue : Nous devons comprendre que Dieu ne répond pas simplement à nos demandes selon notre volonté. Il est essentiel de chercher Sa guidance et de vivre selon Ses commandements pour obtenir Son aide véritable.

Prière

Seigneur, nous Te remercions pour les leçons précieuses que nous tirons de Ta Parole. Aide-nous à reconnaître les batailles spirituelles que nous affrontons et à dépendre entièrement de Toi, comme Moïse a dépendu de Ton aide dans le combat contre Amalek. Renforce notre foi et notre persévérance, et donne-nous la sagesse pour chercher Ta guidance dans chaque défi. Que nous puissions soutenir les autres et rester fermes dans la prière, en nous souvenant que la victoire vient de Toi seul. Amen.

Application

Dépendance à Dieu : Comme Moïse a levé les mains pour obtenir la victoire, nous devons nous rappeler de toujours chercher l'aide de Dieu à travers la prière dans nos propres défis quotidiens.
Soutien communautaire : Tout comme Aaron et Hur ont soutenu Moïse, encourageons et aidons ceux qui nous entourent dans leur vie spirituelle et leurs épreuves.
Confiance en Dieu : À l'instar de David, faisons confiance à Dieu pour nous guider et nous fortifier face à des situations difficiles, sachant que la véritable victoire vient de Lui.

VICTOIRE DIVINE

FICHE DE LA LEÇON #6

Titre : La Victoire de David sur les Philistins

Texte d'Or : *"Béni soit l'Éternel, mon rocher, qui exerce mes mains au combat, mes doigts à la bataille." 2 Samuel 5:19* - «

Versets d'Appui : 2 Samuel 5:17-25 - 1 Chroniques 14:8-17
David consulta l'Éternel, en disant : Monterai-je contre les Philistins ? Les livreras-tu entre mes mains ? Et l'Éternel dit à David : Monte, car je livrerai les Philistins entre tes mains. »

Points de Discussion :
1- Les Philistins et la Montée de David :
Après que David fut devenu roi, les Philistins ont cherché à le renverser pour garder leur domination sur Israël. Mais David ne prit aucune décision sans d'abord consulter Dieu, montrant sa dépendance totale à l'égard de la volonté divine.
2- L'Importance de la Prière et de la Direction Divine :
Avant d'attaquer, David demande à Dieu s'il devait monter contre les Philistins. L'Éternel promet la victoire et David agit en conséquence. Cet épisode montre que suivre la direction de Dieu est crucial dans chaque combat.
3- Deuxième Bataille contre les Philistins :
Dans une autre bataille, Dieu change de stratégie et ordonne à David d'attaquer par derrière après avoir entendu « un bruit de pas dans les cimes des mûriers. » Cela démontre que Dieu agit de différentes manières et que l'écoute constante de Sa direction est essentielle.

Questions :
1- Comment David a-t-il montré sa dépendance à l'égard de Dieu dans ses combats contre les Philistins ?
2- Pourquoi est-il important de chercher la volonté de Dieu avant d'agir, même lorsque nous pensons savoir quoi faire ?
3- Comment l'histoire de David et des Philistins peut-elle inspirer les croyants à suivre la direction de Dieu dans les défis de la vie ?

VIII - L'ÉPISODE AVEC JOSAPHAT

Josaphat était le roi de Juda, régnant de 870 à 849 av. J.-C., succédant à son père Asa. Il est principalement connu pour sa dévotion à Dieu et ses réformes religieuses, qui visaient à éloigner Juda de l'idolâtrie et à ramener le peuple à la vraie adoration de Yahweh. L'un des événements marquants de son règne est la bataille miraculeuse contre une coalition de Moabites, Ammonites et Méounites (2 Chroniques 20), où Josaphat a montré un exemple exceptionnel de foi et de dépendance à l'égard de Dieu.

1- **Contexte de la bataille** : une menace imminente
Les Moabites, Ammonites et Méounites formèrent une coalition contre Juda, menaçant sérieusement Jérusalem. Informé de cette attaque imminente, Josaphat réagit non par la peur ou par des moyens militaires classiques, mais par la prière. Il rassembla tout le peuple de Juda à Jérusalem et déclara un jeûne national, cherchant l'aide du Seigneur (2 Chroniques 20:3-4).

2- **La prière de Josaphat** : la clé de la victoire
Josaphat, dans un acte d'humilité et de foi, se tint devant l'assemblée du peuple et fit une prière remarquable. Il rappela à Dieu ses promesses envers Israël et confessa leur impuissance face à l'ennemi, terminant sa prière par une déclaration de totale dépendance : « Nous ne savons que faire, mais nos yeux sont sur toi » (2 Chroniques 20:12). Dieu répondit à travers le prophète Jahaziel, qui leur annonça qu'ils n'auraient pas à combattre dans cette bataille, car « la bataille n'est pas la vôtre, mais celle de Dieu » (2 Chroniques 20:15).

3- **La victoire miraculeuse**
Le lendemain, conformément à l'instruction divine, Josaphat ordonna à ses soldats de se placer en position, mais il mit en tête de l'armée des chanteurs qui louaient Dieu. Pendant qu'ils chantaient, Dieu provoqua une confusion parmi les armées ennemies, les conduisant à se détruire entre elles. Lorsque les troupes de Juda arrivèrent sur le champ de bataille, l'ennemi était déjà vaincu, et le peuple de Dieu remporta une victoire éclatante sans lever une épée (2 Chroniques 20:22-24).

Cette bataille est un puissant exemple de la puissance de la foi et de la prière dans les moments de crise. Josaphat est un modèle de roi qui a mis sa confiance en Dieu plutôt qu'en la force militaire.

FICHE DE LA LEÇON #7

Titre : Josaphat et la Victoire Divine

Texte d'Or : 2 Chroniques 20:15 - « *Ce n'est pas vous qui combattrez, mais Dieu.* »

Versets d'Appui : 2 Chroniques 20:3-22

Points de Discussion :

1- La Foi face à l'Ennemi :
Josaphat, menacé par une armée ennemie, se tourne vers Dieu par la prière et le jeûne au lieu de préparer une défense militaire. Comment cela montre-t-il sa foi ?

2- La Réponse Divine :
Dieu, par le prophète Jahaziel, assure à Josaphat que la bataille appartient à Lui. Comment cela transforme-t-il l'attitude de Josaphat et du peuple ?

3- Louange avant la Victoire :
Josaphat place des chanteurs en tête de l'armée. Quelle est l'importance de la louange avant même de voir la victoire ?

Questions de Réflexion :
1- Comment la foi de Josaphat a-t-elle influencé la bataille ?
2- Que pouvez-vous appliquer de cette histoire dans vos propres luttes spirituelles ?

Prière : « Seigneur, aide-nous à Te faire confiance comme Josaphat, et à toujours Te louer, même en plein combat. Amen. »

Application :
Cette semaine, face à vos défis, priez et louez Dieu avant de voir la solution.

IX - L'ÉPISODE D'ÉLIE ET LES PROPHÈTES DE BAAL : PREUVE SURNATURELLE ET PUISSANCE DIVINE

1. Introduction : Confrontation avec l'Idolâtrie

Le récit de la confrontation entre Élie et les prophètes de Baal se déroule à une époque où Israël est plongé dans l'idolâtrie sous le règne du roi Achab. La reine Jézabel a introduit le culte de Baal et persécuté les prophètes de Dieu. Élie, un prophète de l'Éternel, se dresse contre cette apostasie et organise une confrontation décisive pour démontrer la suprématie du Dieu d'Israël (1 Rois 18:1-18).

1 Rois 18:1-18 (LSG) : « Après longtemps, au bout de trois ans et demi, la parole de l'Éternel fut adressée à Élie, au troisième an, en ces mots : Va, montre-toi à Achab, et je donnerai la pluie sur la face de la terre. Élie alla se montrer à Achab. La famine était sévère à Samarie. Achab convoqua Obadia, chef de palais ; Obadia craignait beaucoup l'Éternel. Il avait pris cent prophètes, et les avait cachés par cinquante dans une grotte, et les avait nourris de pain et d'eau. Achab dit à Obadia : Va par le pays, vers toutes les sources d'eau et tous les torrents ; peut-être trouverons-nous de l'herbe pour garder les chevaux et les mulets en vie, afin de ne pas perdre les animaux. Ils se partagèrent le pays pour le parcourir. Achab alla seul dans une direction, et Obadia alla seul dans une autre direction. Comme Obadia était en route, voici Élie qui lui vint à la rencontre. Obadia le reconnut, se jeta sur son visage, et dit : Es-tu mon seigneur Élie ? Élie répondit : Je suis ; va dire à ton maître : Voici Élie. Obadia répondit : Que m'as-tu fait ? En me livrant à Achab pour me faire périr ? »

2. La Confrontation sur le Mont Carmel

Défi de la Confrontation : Élie propose un défi aux prophètes de Baal pour prouver lequel des dieux est véritable. Il propose de préparer deux sacrifices : l'un pour Baal et l'autre pour l'Éternel. Les prophètes de Baal prient et invoquent leur dieu, mais sans réponse. Élie, en revanche, prie l'Éternel, qui répond par un miracle spectaculaire 1 Rois 18:19-39 (LSG) : « Maintenant, fais rassembler auprès de moi tout Israël sur la montagne du Carmel, ainsi que les quatre cent cinquante prophètes de Baal et les quatre cents prophètes du bois sacré qui mangent à la table de Jézabel.

Élie s'avança alors devant tout le peuple, et dit : Jusqu'à quand clopinez-vous des deux côtés ? Si l'Éternel est Dieu, suivez-le ; mais si c'est Baal, suivez-le. Le peuple ne lui répondit rien. Élie dit au peuple : Moi seul suis resté prophète de l'Éternel, et les prophètes de Baal sont quatre cent cinquante hommes. Qu'ils nous donnent deux taureaux. Qu'ils choisissent le premier taureau, qu'ils le débitent en morceaux, qu'ils le mettent sur le bois, mais qu'ils ne mettent pas de feu. Je préparerai l'autre taureau, je le mettrai sur le bois, mais je ne mettrai pas de feu. Vous invoquerez le nom de votre dieu, et moi, j'invoquerai le nom de l'Éternel ; celui qui répondra par le feu, c'est lui qui sera Dieu. Tout le peuple répondit : La parole est bonne. »

3- La Prière d'Élie :

Élie prépare son sacrifice, et après avoir trempé le bois et l'autel sous une grande quantité d'eau pour rendre le miracle encore plus impressionnant, il invoque l'Éternel. Dieu répond immédiatement par un feu céleste qui consume le sacrifice, le bois, les pierres et même l'eau dans le fossé (1 Rois 18:30-38). 1 Rois 18:30-38 (LSG) : « Élie dit à tout le peuple : Approchez-vous de moi. Et tout le peuple s'approcha de lui. Il répara l'autel de l'Éternel qui avait été détruit. Élie prit douze pierres, selon le nombre des tribus des fils de Jacob, vers qui la parole de l'Éternel avait été adressée en disant : Israël sera ton nom. Il bâtit avec ces pierres un autel au nom de l'Éternel, puis il fit autour de l'autel un fossé, de la capacité de deux mesures de semence. Il arrangea le bois, coucha les morceaux du taureau sur le bois, et dit : Versez quatre cruchettes d'eau sur l'holocauste et sur le bois. Et ils le firent. Il dit : Faites-le une seconde fois. Et ils le firent une seconde fois. Il dit : Faites-le une troisième fois. Et ils le firent une troisième fois. L'eau coula de tous côtés du fossé, et il remplissait le fossé. Au moment où l'on offrit le sacrifice du soir, le prophète Élie s'approcha et dit : Éternel, Dieu d'Abraham, d'Isaac et d'Israël, fais savoir aujourd'hui que tu es Dieu en Israël, que je suis ton serviteur, et que c'est par ta parole que j'ai fait toutes ces choses. Réponds-moi, Éternel, réponds-moi, afin que ce peuple connaisse que tu es l'Éternel, Dieu, et que tu fais revenir leur cœur vers toi. Alors le feu de l'Éternel tomba, et il consuma l'holocauste, le bois, les pierres et la poussière ; il dévora aussi l'eau qui était dans le fossé. »

4. La Réaction et la Victoire : Purification et Récompense
Victoire et Réaction du Peuple : Le peuple reconnaît la supériorité de l'Éternel et se prosterne devant Lui. Élie ordonne la capture et l'exécution des prophètes de Baal, mettant ainsi fin à l'idolâtrie parmi le peuple d'Israël (1 Rois 18:39-40).
1 Rois 18:39-40 (LSG) : « Quand tout le peuple vit cela, il tomba sur sa face, et il dit : L'Éternel est Dieu ! L'Éternel est Dieu ! Élie leur dit

: Prenez les prophètes de Baal ; qu'il n'en échappe pas un seul. Ils les prirent, et Élie les fit descendre au torrent de Kichon, et il les fit égorger là. »

5. Réflexion et Application
Preuve Surnaturelle : L'épisode démontre la puissance surnaturelle de Dieu face aux idoles et aux faux prophètes. La réponse divine par le feu prouve que l'Éternel est le seul vrai Dieu, au-dessus de toute fausse divinité.

La Foi en l'Action :
Élie montre que la foi en Dieu doit se traduire par des actions courageuses et déterminées. Sa confiance en Dieu lui permet d'affronter et de vaincre l'opposition.

Purification Spirituelle : L'épisode illustre la nécessité de purifier le peuple de l'idolâtrie pour restaurer la pureté du culte et la dévotion envers Dieu. La victoire d'Élie marque une étape importante dans la purification spirituelle d'Israël.

En conclusion,
l'épisode d'Élie et des prophètes de Baal est un puissant témoignage de la puissance divine et de la véracité de la foi en Dieu. Il montre comment Dieu peut se manifester de manière spectaculaire pour affirmer Sa souveraineté et accomplir Ses desseins, même dans des situations de grande adversité.

FICHE DE LA LEÇON #8

Titre : La Puissance de Dieu à travers Élie

Texte d'Or : 1 Rois 18:37 - *Réponds-moi, Éternel, réponds-moi, afin que ce peuple reconnaisse que c'est toi, Éternel, qui es Dieu, et que c'est toi qui ramènes leur cœur*
Versets d'Appui : 1 Rois 18:20-39 - Jacques 5:17-18

Points de Discussion :

1- <u>La Confrontation sur le Mont Carmel :</u>
Élie défie les prophètes de Baal pour prouver qui est le vrai Dieu. Ce récit montre l'importance de la foi et de la détermination dans des moments de crise spirituelle.

2- <u>La Réponse Divine :</u>
La prière d'Élie est exaucée par un feu du ciel, ce qui illustre la puissance de Dieu face aux idoles. Ce moment est crucial pour le peuple d'Israël, qui doit reconnaître l'autorité de Dieu.

3- <u>La Restauration du Culte :</u>
Après la victoire sur les prophètes de Baal, Élie ordonne de restaurer le culte de Yahweh, marquant un tournant dans la vie spirituelle d'Israël.

Questions :
1- Que révèle la confrontation d'Élie avec les prophètes de Baal sur la nature de la foi et de la loyauté envers Dieu ?
Comment la réponse de Dieu à la prière d'Élie renforce-t-elle notre compréhension de Son pouvoir et de Sa souveraineté ?

Prière :
« Seigneur, nous Te remercions pour l'exemple d'Élie, qui a courageusement défendu Ta vérité. Aide-nous à être fermes dans notre foi et à proclamer Ta puissance dans notre vie. Que nos cœurs soient tournés vers Toi et que nous Te cherchions de tout notre être. Au nom de Jésus, Amen. »

X - L'ÉPISODE DE LA LIBÉRATION DE JÉRUSALEM PAR ÉZÉCHIAS : PROTECTION DIVINE ET INTERCESSION

1. Introduction :
Contexte Historique et Menace Assyrienne
L'épisode de la libération de Jérusalem se déroule au VIIIe siècle av. J.-C., pendant le règne du roi Ézéchias de Juda. Jérusalem est assiégée par l'armée puissante du roi assyrien Sanchérib, qui a envahi le royaume de Juda après avoir conquis de nombreux autres territoires. La menace assyrienne est immense, et les habitants de Jérusalem sont désespérés face à l'armée envahissante (2 Rois 18:13-16).
2 Rois 18:13 (LSG) : « En l'année quatorzième du roi Ézéchias, Sanchérib, roi d'Assyrie, monta contre toutes les villes fortifiées de Juda, et les prit. »

2. L'Intercession d'Ézéchias : Appel à Dieu
Face à cette crise, Ézéchias se tourne vers Dieu avec une profonde foi et une prière fervente. Il envoie des messagers au prophète Ésaïe pour demander l'intercession divine. Ézéchias présente la lettre de Sanchérib, qui se moque de Dieu et menace la ville, comme preuve de la défiance de l'ennemi envers le Dieu d'Israël (2 Rois 19:1-4).
2 Rois 19:14-15 (LSG) : « Ézéchias reçut la lettre des mains des messagers, et il la lut. Puis il monta à la maison de l'Éternel, et il étendit la lettre devant l'Éternel. Ézéchias pria l'Éternel, en disant : Éternel, Dieu d'Israël, qui sièges entre les chérubins, c'est toi seul qui es Dieu de tous les royaumes de la terre ; c'est toi qui as fait les cieux et la terre. »

3. La Réponse Divine : Proclamation de la Libération
Dieu répond à la prière d'Ézéchias par l'intermédiaire du prophète Ésaïe. Dieu assure Ézéchias que Sanchérib ne pénétrera pas dans Jérusalem, et promet une délivrance totale. Cette réponse est une démonstration de la protection divine et de la fidélité de Dieu envers ceux qui lui font confiance (2 Rois 19:20-34).
2 Rois 19:32-34 (LSG) : « C'est pourquoi ainsi parle l'Éternel sur le roi d'Assyrie : Il n'entrera pas dans cette ville, il n'y lancera pas une flèche, il ne l'approchera pas avec un bouclier, il ne dressera pas des retranchements contre elle. Il reviendra par le chemin par lequel il est venu ; il n'entrera pas dans cette ville, dit l'Éternel. Je protégerai cette ville pour la sauver, à cause de moi et à cause de mon serviteur David. »

4. La Défaite des Assyriens : Manifestation du Pouvoir Divin
Dans la nuit qui suit la proclamation divine, l'ange de l'Éternel frappe 185 000 soldats assyriens dans le camp de Sanchérib. La défaite miraculeuse

VICTOIRE DIVINE

des troupes assyriennes est un témoignage éclatant du pouvoir de Dieu et de Sa capacité à délivrer Son peuple contre toute attente (2 Rois 19:35-37).

2 Rois 19:35 (LSG) : « Il arriva, cette nuit-là, que l'ange de l'Éternel sortit et frappa dans le camp des Assyriens cent quatre-vingt-cinq mille hommes ; et le matin, ils étaient tous des cadavres. »

2 Rois 19:36-37 (LSG) : « Alors Sanchérib, roi d'Assyrie, leva le camp, s'en retourna, et demeura à Ninive. Comme il adorait dans le temple de Nisroch, son dieu, Adrammélec et Sharezer, ses fils, le frappèrent de l'épée, et ils s'enfuirent au pays d'Ararat. »

5. Réflexion et Application

Protection Divine : Cet épisode illustre la protection divine directe et puissante en réponse à la foi et à la prière sincère. La délivrance de Jérusalem démontre que Dieu est capable de protéger Son peuple contre des forces apparemment invincibles.

6. Intercession et Foi :

La réponse d'Ézéchias à la menace assyrienne montre l'importance de l'intercession et de la foi en Dieu. Ézéchias ne se fie pas à ses propres forces, mais cherche l'aide divine, soulignant que la véritable victoire vient de Dieu.

7. Manifestation du Pouvoir Divin :

La défaite miraculeuse de l'armée assyrienne renforce la conviction que Dieu est souverain et que Sa puissance dépasse les limites humaines. Elle rappelle que Dieu est capable d'accomplir des miracles pour accomplir Ses promesses.

En conclusion, l'épisode de la libération de Jérusalem par Ézéchias est un puissant exemple de la manière dont la foi, l'intercession et la protection divine peuvent mener à des victoires spectaculaires, même dans les situations les plus désespérées.

VICTOIRE DIVINE

FICHE DE LA LEÇON #9

Titre : Attitude de Victoire

Texte d'Or : 2 Rois 19:35 - « Cette nuit-là, l'ange de l'Éternel sortit et frappa dans le camp des Assyriens cent quatre-vingt-cinq mille hommes. »

Versets d'Appui : 2 Rois 18:13-37 - 2 Rois 19:1-37 - Ésaïe 37:14-38

Points de Discussion :

1- L'Assaut de l'Assyrie :
Le roi Sanchérib d'Assyrie envahit Juda, menaçant Jérusalem. Ézéchias se tourne vers Dieu dans la prière et demande son intervention divine.

2- Prière d'Ézéchias :
Le roi Ézéchias apporte la lettre de menace du roi assyrien devant Dieu et implore Sa délivrance, reconnaissant que seul l'Éternel peut sauver son peuple.

3- Intervention Divine :
En réponse à la prière fervente d'Ézéchias, Dieu envoie un ange qui détruit l'armée assyrienne en une nuit, prouvant que Dieu est souverain et capable de délivrer son peuple.

Questions :

1- Comment Ézéchias a-t-il montré sa foi en Dieu face à la menace de l'Assyrie ?
2- Que pouvons-nous apprendre sur l'importance de la prière dans nos moments de crise ?

Prière : « Seigneur, nous venons à Toi comme Ézéchias l'a fait, avec confiance en Ta puissance. Nous Te remercions pour Ta fidélité et Ta protection. Enseigne-nous à toujours Te chercher en prière dans les moments de détresse et à faire confiance à Ton intervention. Amen. »

XI - ESTHER : UN MODÈLE DE COURAGE ET D'INTERCESSION

L'histoire d'Esther est l'un des récits les plus inspirants de la Bible, illustrant le courage, la foi et la détermination d'une jeune femme face à des défis apparemment insurmontables. En tant que reine de Perse, Esther se retrouve dans une position unique pour influencer le roi et sauver son peuple d'un complot d'extermination orchestré par Haman.
Dans le livre d'Esther, la situation désespérée des Juifs est mise en évidence. Haman, irrité par le refus de Mardochée de se prosterner devant lui, conçoit un plan pour exterminer tous les Juifs. Lorsque Mardochée informe Esther de ce plan, il lui rappelle que peut-être c'est pour un temps comme celui-ci qu'elle a été appelée à la royauté.

Le courage d'Esther est exemplaire. Elle sait qu'entrer auprès du roi sans y être convoquée pourrait lui coûter la vie, mais elle choisit de prendre ce risque. Elle demande à son peuple de jeûner et de prier, démontrant que l'intercession collective est cruciale dans des moments de crise. Son action met en lumière la nécessité de l'engagement personnel et de la foi active.
À travers son courage, Esther montre comment Dieu utilise des individus pour accomplir Son plan. Bien que Dieu ne soit pas mentionné directement dans le texte, Son influence est omniprésente. La manière dont les événements se déroulent révèle une providence divine qui veille sur Son peuple.

Conclusion:

L'histoire d'Esther nous rappelle que dans les moments de crise, Dieu prépare des individus pour agir selon Son plan. Le courage et la détermination d'Esther illustrent comment une seule personne peut influencer le cours de l'histoire. À travers son intercession et sa foi, elle a sauvé son peuple, montrant que même lorsque Dieu semble absent, Sa providence est à l'œuvre. Ces récits nous encouragent à reconnaître notre rôle dans la lutte pour la justice et à avoir confiance que Dieu nous équipe pour affronter les défis.

Application:

Engagement Personnel : Identifiez une cause où vous pouvez défendre les opprimés dans votre communauté.
Intercession : Pratiquez le jeûne et la prière pour des situations qui vous tiennent à cœur.
Courage dans l'Action : Demandez à Dieu de vous donner le courage d'agir pour la vérité et la justice.

FICHE DE LA LEÇON #10

Titre : Esther et la Délivrance d'Israël

Texte d'Or : Esther 4:14 - « *Et qui sait si ce n'est pas pour un temps comme celui-ci que tu es parvenue à la royauté ?* »

Versets d'Appui : Esther 4:1-17_Esther 5:1-8_ Esther 7:1-10

Points de Discussion

1- <u>Le Contexte Historique :</u>
Esther, une jeune femme juive, devient reine de Perse. Haman, un conseiller du roi, complote pour exterminer tous les Juifs. Ce contexte met en lumière la vulnérabilité du peuple juif sous l'autorité perse.

2- <u>L'Intervention d'Esther :</u>
Lorsqu'Esther apprend le complot, elle est confrontée à un choix difficile. Elle décide d'entrer auprès du roi sans y être convoquée, risquant sa vie pour défendre son peuple. Son courage et sa détermination montrent l'importance de l'action face à l'injustice.

3- <u>La Providence de Dieu :</u>
Bien qu'aucun verset n'évoque explicitement Dieu, Sa main se manifeste à travers les événements. Le timing parfait des actions d'Esther et la découverte de l'intrigue de Haman révèlent la providence divine.

Questions :

1- Comment la foi d'Esther influence-t-elle ses actions dans cette crise ?

2- Quelles leçons pouvons-nous tirer de la manière dont Esther a utilisé sa position pour défendre son peuple ?

Prière :

« Seigneur, donne-nous le courage d'agir comme Esther face aux injustices de ce monde. Aide-nous à nous lever pour défendre ceux qui sont dans le besoin. Que notre foi nous guide dans nos décisions et nos actions. Amen. »

XII - L'ÉPISODE DE LA RÉVOLTE DES MACCABÉES : RÉSISTANCE ET RESTAURATION

1. Introduction : Contexte de l'Occupation

L'épisode de la révolte des Maccabées se déroule au IIe siècle av. J.-C., à une époque où le peuple juif est sous la domination des Séleucides, une dynastie hellénistique. Le roi Antiochus IV Épiphane impose des politiques d'acculturation et de persécution religieuse, interdisant les pratiques juives et profanant le Temple de Jérusalem en installant un autel à Zeus (1 Maccabées 1:54-59).

1 Maccabées 1:54-59 (LSG) : « Le quinze du mois de Kislev, l'année cent quarante-cinq, le roi Antiochus édifia l'abomination de la désolation sur l'autel des holocaustes ; et dans les villes de Juda, autour, il bâtit des autels. Ils brûlèrent de l'encens sur les autels qu'ils bâtirent dans les villes de Juda, autour, et ils firent brûler des sacrifices dans les rues. Le livre de la loi qu'ils trouvèrent, ils le déchirèrent, ils le brûlèrent. »

2. La Révolte de Juda Maccabée :

Résistance Face à l'Oppression
Juda Maccabée, l'un des cinq fils de Mattathias, un prêtre juif, émerge comme le leader de la révolte contre les Séleucides. Après la mort de son père, Juda et ses frères organisent une résistance armée contre l'occupant, menant une série de batailles pour défendre la foi juive et restaurer le culte dans le Temple (1 Maccabées 2:42-48).

1 Maccabées 2:42-48 (LSG) : « Les fils de Juda Maccabée se réunirent et se mirent en campagne ; ils mirent des hommes d'armes dans les villes de Juda. Ils enlevèrent les femmes et les enfants, et ils les cachèrent dans des lieux sûrs. Puis ils se mirent à tuer les ennemis des Juifs, et ils revinrent dans leurs foyers. »

3. La Purification du Temple : Restauration et Consécration

Après plusieurs victoires décisives, les Maccabées reprennent Jérusalem et purifient le Temple. Le 25 Kislev, ils rallument la menorah du Temple avec une petite quantité d'huile qui, miraculeusement, dure huit jours, malgré que l'huile ne soit supposée durer qu'un jour. Cet événement est célébré chaque année lors de la fête de Hanoucca (1 Maccabées 4:36-61).
« Juda et ses frères, avec toute l'assemblée d'Israël, se mirent en marche pour monter à Jérusalem, au mois de Kislev, le vingt-cinquième jour. Ils trouvèrent l'autel profané, la lumière éteinte, les portes du temple dérobées, les cours remplies de boue. Ils déchirèrent leurs vêtements, se

mirent en deuil, et ils offrirent des sacrifices. Ils consacrèrent le temple le vingt-cinquième jour du mois de Kislev, et ils firent la fête pendant huit jours. »

4. Réflexion et Application
Résistance à l'Oppression : L'épisode des Maccabées démontre la résistance courageuse contre l'oppression religieuse et politique. Leur détermination à défendre leur foi et à restaurer leur culte est un modèle de bravoure et de dévouement.

Restauration Spirituelle : La purification du Temple et le miracle de l'huile sont des symboles puissants de la restauration spirituelle et de la fidélité divine. Ils rappellent que même dans les périodes les plus sombres, Dieu peut accomplir des miracles pour rétablir la foi et la dévotion.

Héroïsme et Foi : La révolte des Maccabées souligne l'importance de l'héroïsme et de la foi dans la lutte pour la justice et la liberté religieuse. Les actions de Juda Maccabée et de ses frères montrent que la résistance face à l'injustice peut conduire à des victoires significatives et à la restauration des valeurs spirituelles.

En conclusion Final, l'épisode de la révolte des Maccabées est un témoignage de la force de la foi et de la détermination face à l'oppression. Il illustre comment la résistance et la fidélité à Dieu peuvent mener à une restauration miraculeuse et à une victoire sur les forces de la tyrannie.

Le Livre de Jasher, également appelé le "Livre des Justes", est un texte mentionné dans la Bible (Josué 10:13 et 2 Samuel 1:18) et est considéré comme une œuvre apocryphe dans le judaïsme et le christianisme. Bien qu'il ne fasse pas partie du canon biblique traditionnel, il relate des histoires détaillées concernant les patriarches bibliques. Un des épisodes intéressants dans ce texte concerne la bataille de Juda, le fils de Jacob.

VICTOIRE DIVINE

FICHE DE LA LEÇON # 11

Titre : La Révolte des Maccabées : Lutte Ultime pour la liberté, la Sainteté et la Justice

Texte d'Or : Psaume 144:1 - « *Béni soit l'Éternel, mon rocher, qui exerce mes mains au combat, mes doigts à la bataille.* ». »

Versets d'Appui : 1 Maccabées 2:1-70 - 1 Maccabées 4:1-25
2 Rois 22:8-11__2 Rois 23:1-3__ 2 Rois 18:4__ 2 Rois 19:35
1 Rois 20:28 __2 Chroniques 20:15

Points de Discussion :
1- Oppression des Grecs Séleucides :
Israël subit une persécution sous Antiochus IV, qui cherche à éradiquer la foi juive en imposant des pratiques païennes. Les Maccabées se lèvent pour résister et restaurer le culte de Dieu.

2- La Révolte de Judas Maccabée :
Inspiré par la foi de son père Mattathias, Judas Maccabée mène une rébellion contre les armées grecques, avec peu de ressources. La foi en Dieu les pousse à se battre pour la liberté religieuse.

3- Intervention Divine et Victoire :
Bien que numériquement inférieurs, les Maccabées remportent des victoires miraculeuses grâce à la protection et à l'intervention divine, rétablissant le culte de Dieu à Jérusalem.

Questions :
Comment la foi des Maccabées les a-t-elle soutenus dans leur lutte contre les Grecs ?
Quelle leçon tirons-nous de la persévérance des Maccabées pour défendre leur foi contre l'oppression ?

Prière : « Seigneur, aide-nous à être courageux comme les Maccabées, à défendre notre foi même face à la persécution. Renforce notre confiance en Toi et donne-nous la force de rester fermes dans les moments d'épreuve. Amen. »

XIII- Leçon spirituelle sur les faits :

Conclusion :
Le Projet Divin à Travers les Batailles et Conquêtes
Les batailles et conquêtes de l'histoire biblique, allant d'Abel et Caïn à Esther, Uzziah, et les Maccabées, offrent une vue d'ensemble puissante du projet de Dieu pour Son peuple. Elles illustrent comment Dieu, en tant que grand guerrier et protecteur, orchestre les événements pour accomplir Ses promesses, manifester Sa justice, et préserver Son alliance. À travers ces récits, nous voyons la constance divine, la providence et la rédemption, et comment Dieu utilise les défis, les luttes, et les victoires pour réaliser Son plan éternel.

1. Abel et Caïn : Justice et Droiture
Événement : Abel, un homme juste, est tué par son frère Caïn, représentant le péché et la désobéissance (Genèse 4:1-16).
Réflexion du Plan de Dieu : Cette histoire met en lumière le thème de la justice divine et les conséquences du péché. Dieu montre Sa préoccupation pour la justice et la protection des innocents, établissant un précédent sur la manière dont Il traite le péché et la droiture.

2. Abraham : Foi et Alliance
Dieu est notre guerrier aujourd'hui, nous donnant des stratégies spirituelles et physiques pour surmonter les batailles que nous affrontons. Tout comme Abram et Josué ont obéi à la voix divine, nous sommes appelés à écouter et à agir avec foi, sachant que Dieu contrôle chaque aspect de nos vies et de nos combats.
Événement : Abraham, appelé par Dieu, quitte sa terre natale pour suivre une promesse divine. Il reçoit la promesse que sa descendance possédera la terre de Canaan et devient le père des nations (Genèse 12, 15, 17).

Réflexion du Plan de Dieu :
L'histoire d'Abraham illustre la foi et l'obéissance à Dieu, malgré les épreuves. En faisant alliance avec Abraham, Dieu établit une relation spéciale avec lui et sa descendance, marquant le début du projet divin pour former un peuple élu. Les batailles d'Abraham, telles que la libération de Lot, montrent la protection divine et la sagesse donnée pour accomplir Sa volonté.

3. Question: Quelle était la signification de la conquête de Canaan ?

Réponse: La conquête de Canaan représentait l'accomplissement de la promesse de Dieu de donner la terre aux descendants d'Abraham, d'Isaac et de Jacob. Elle marquait l'établissement des Israélites dans la Terre Promise, où ils étaient appelés à vivre selon l'alliance divine. Cette conquête symbolisait également le début d'une nouvelle ère pour les Israélites, où ils devaient établir une société basée sur les lois et les principes que Dieu leur avait donnés.

La Conquête de Canaan : Accomplissement de la Promesse
Événement : Sous la direction de Josué, les Israélites conquièrent Canaan, la terre promise par Dieu aux descendants d'Abraham (Josué 1-12).

Réflexion du Plan de Dieu : Cet événement montre l'accomplissement de la promesse de Dieu à Abraham et Sa fidélité envers Son alliance. Il marque la transition de la vie nomade à la sédentarisation dans la Terre Promise, soulignant le contrôle de Dieu sur l'histoire et Sa provision pour Son peuple.

4. Juda, Fils de Jacob : Rôle et Prophétie
Événement : Juda, l'un des fils de Jacob, joue un rôle clé dans la survie de Joseph et devient le chef de la tribu qui porte son nom. Dieu prophétise que le sceptre ne s'éloignera pas de Juda, signifiant que la royauté et le Messie viendront de sa lignée (Genèse 37, 49:10).

Réflexion du Plan de Dieu :
L'histoire de Juda montre le début du développement de la lignée royale d'Israël. La prophétie selon laquelle le Messie viendrait de la tribu de Juda souligne la préparation divine pour l'avènement du Sauveur. Cela met en avant le rôle crucial de cette tribu dans le projet divin pour le peuple d'Israël.

5. La Période des Juges : Leadership et Délivrance
Événement : Les Israélites vivent des cycles de péché, oppression, repentance et délivrance par des leaders appelés juges (Juges 1-21).
Réflexion du Plan de Dieu : Le cycle reflète la patience et la miséricorde de Dieu alors qu'Il délivre Son peuple malgré leur désobéissance. Il démontre également le besoin de leadership juste et les conséquences de l'échec à respecter les lois de Dieu.

6. David et Salomon : Établissement d'un Royaume

Événement : David unifie les tribus d'Israël et établit Jérusalem comme capitale ; Salomon construit le Temple (2 Samuel 5 ; 1 Rois 6).
Réflexion du Plan de Dieu : Le règne de David et le Temple de Salomon représentent l'établissement du royaume de Dieu sur terre et Son lieu de résidence parmi Son peuple. Cette période montre l'intention de Dieu de créer un centre de culte et de gouvernement, reflétant Son désir d'une relation avec Son peuple et d'une nation sainte.

7. L'Exil et le Retour : Jugement et Restauration

<u>Événement</u> : L'exil babylonien résulte de la désobéissance d'Israël, suivi du retour dans le pays sous des leaders comme Esdras et Néhémie (2 Rois 24-25 ; Esdras ; Néhémie).
Réflexion du Plan de Dieu : L'exil et le retour montrent la justice de Dieu et Son engagement à restaurer Son peuple. Cela reflète Sa capacité à utiliser même les périodes de souffrance pour accomplir Ses promesses et apporter repentance et renouveau.

8. Esther : Préservation du Peuple Juif

<u>Événement </u>: Esther, une reine juive, intercède auprès du roi Xerxès pour éviter l'annihilation de son peuple (Esther 1-10).
Réflexion du Plan de Dieu : L'histoire d'Esther souligne la providence et la protection de Dieu pour Son peuple, même lorsque Son nom n'est pas explicitement mentionné. Elle illustre la capacité de Dieu à agir à travers des individus et des situations pour préserver et protéger Son alliance.

9. Uzziah et les Maccabées : Luttes pour la Fidélité

<u>Événement</u> : Le règne d'Uzziah et la Révolte des Maccabées mettent en lumière les luttes contre les menaces internes et externes à la fidélité (2 Chroniques 26 ; 1 Maccabées).

Réflexion du Plan de Dieu : Le règne d'Uzziah et la Révolte des Maccabées reflètent la lutte continue pour maintenir la fidélité au milieu des défis et des oppressions. La victoire des Maccabées contre les Séleucides et la rededicace du Temple (célébrée comme Hanoukka) illustrent la bataille pour la pureté religieuse et l'intervention de Dieu pour protéger Son culte.

Réflexion Globale du Projet de Dieu

Les événements de ces batailles et conquêtes illustrent plusieurs aspects clés du projet de Dieu pour Son peuple :

Justice et Droiture Divine : Des débuts de l'humanité aux périodes historiques ultérieures, la justice et la droiture de Dieu sont des thèmes centraux, montrant Son engagement envers l'ordre moral.

Accomplissement des Promesses : La conquête de Canaan, le rôle d'Abraham et de Juda, ainsi que la restauration après l'exil, montrent la fidélité de Dieu à Ses promesses et Sa capacité à réaliser Ses plans malgré les échecs humains.

Providence et Protection : Des histoires comme celle d'Esther mettent en avant la providence et les soins protecteurs de Dieu, même dans des situations apparemment séculières ou difficiles.

Lutte et Délivrance : La lutte continue du peuple de Dieu, que ce soit contre le péché, l'oppression ou les ennemis externes, souligne le besoin d'intervention divine et la victoire finale à travers la direction de Dieu.

Ces événements reflètent une tapisserie de l'engagement de Dieu avec Son peuple, révélant Son caractère, Son plan de rédemption, et Son engagement à amener Son peuple dans un lieu de bénédiction et de relation avec Lui.

B- Le Combat Spirituel

I-1 La Chair Comparée à Amalek dans le Combat Spirituel

L'ennemi que nous rencontrons dans notre vie spirituelle est souvent comparé à Amalek, représentant la chair en opposition à l'esprit. L'Écriture nous enseigne à déclarer la guerre à notre chair, suivant les recommandations de Romains 13:14 : « Revêtez-vous du Seigneur Jésus-Christ, et ne prenez pas soin de la chair pour en satisfaire les convoitises. » En Galates 5:13, il est écrit : « Frères, vous avez été appelés à la liberté ; seulement ne faites pas de cette liberté un prétexte pour vivre selon la chair ! » Il est crucial de marcher selon l'Esprit pour éviter de satisfaire les désirs de la chair, comme le dit Galates 5:16 : « Marchez selon l'Esprit, et vous n'accomplirez pas les désirs de la chair. » La chair a des désirs contraires à ceux de l'Esprit, et ils sont opposés entre eux (Gal. 5:17). Nous sommes appelés à crucifier la chair avec ses passions et ses désirs (Gal. 5:24) et à semer pour l'Esprit afin de récolter la vie éternelle (Gal. 6:8). Ce combat est constant tout au long de notre vie, et nous devons nous rappeler que l'Esprit qui est en nous est plus fort. Nos sentiments, souvent manipulés par l'ennemi, doivent être soumis à l'évaluation de la Parole et à la prière. À chaque décision importante, demandons-nous : « Que ferait Jésus à ma place ? » et consultons Dieu pour recevoir Sa guidance.

2- Satan : L'Ennemi Juré de Dieu et de Notre Âme

Origine, Histoire et Caractères de Satan

Satan est une créature de Dieu, jadis ornée des plus excellents dons. Selon Ézéchiel 28:12-19, il était la perfection incarnée, mais son cœur s'est élevé contre Dieu, et il fut précipité de la montagne de Dieu. Depuis lors, il exerce le pouvoir des ténèbres avec une multitude de démons. Satan est décrit dans Jean 8:44 comme « meurtrier dès le commencement » et « père du mensonge ». Il a provoqué la chute de l'homme et gouverne par les passions et les convoitises. Satan est un être puissant, sage et rusé, capable de se déguise en « ange de lumière » (2 Cor. 11:14). Même l'archange Michel n'osa pas le juger lorsqu'il contestait avec lui au sujet du corps de Moïse (Jude 9).

3 - Activité de Satan Jusqu'à la Croix de Christ

Satan exerce une activité incessante sur la terre, tout en ayant encore accès au ciel pour accuser les hommes (Éph. 6:12). Il se promène sur la terre et vient dans la présence de Dieu avec ses accusations (Job 1:6-12). Il est en opposition constante contre Dieu, cherchant à contrecarrer les desseins de la grâce divine. Depuis le commencement, il a poussé le monde vers la corruption et la violence, incité Pharaon à faire mourir les fils des Israélites, et tenté de détruire la famille royale de Juda. Malgré cela, Dieu a toujours déjoué ses ruses, et la promesse d'un Libérateur s'est accomplie en son temps.

Lorsque le Fils de Dieu est venu dans le monde, Satan a déployé une énergie extrême pour faire échec à Jésus. Il a tenté de faire mourir l'enfant Jésus à Bethléhem, puis l'a tenté trois fois dans le désert. À Gethsémané, il a livré un dernier assaut pour arrêter Jésus dans le chemin du sacrifice. Cependant, Jésus est allé jusqu'au bout et a triomphé. Par sa mort, Christ a rendu impuissant celui qui avait le pouvoir de la mort, le diable, et a délivré ceux qui étaient asservis par la crainte de la mort (Héb. 2:14). Christ a triomphé des principautés et des autorités, les a publiquement déshonorées (Col. 2:15).

Bien que Satan ait été vaincu à la croix, il ne désarme pas. Il continue de persécuter les disciples et ceux qui croient en Jésus, tout comme il a fait crucifier le Maître. Dès les débuts du christianisme, il a tenté d'influencer les croyants pour les mener au péché et à la fausse doctrine, et il continue à agir ainsi sans relâche. Les ruses du diable sont toujours présentes, mais Christ a donné à ses disciples les armes nécessaires pour triompher de l'ennemi.

Conclusion: La bataille spirituelle à laquelle sont confrontés les croyants ne se limite pas aux moments de tentation personnelle, mais elle fait partie d'un conflit cosmique entre les forces du bien et du mal. Satan utilise des stratégies subtiles et diverses—comme l'isolement, le découragement, et la peur—pour égarer et affaiblir les chrétiens. Pourtant, en Christ, les croyants ont accès à des ressources infinies pour rester fermes et résister aux attaques de l'ennemi.

Jésus a vaincu Satan à la croix, offrant ainsi la victoire à tous ceux qui se confient en Lui. En s'appuyant sur la prière, la parole de Dieu,

4 - L'Ennemi Cherche à Ré-asservir Ceux Qui Lui Ont Échappé

Satan ne cesse jamais de chercher à reprendre sous sa coupe ceux que Christ a arrachés à sa puissance. Cette lutte n'est pas uniquement celle du croyant dans les lieux célestes contre les puissances spirituelles de méchanceté (Éph. 6:12), mais elle est également l'activité continue de Satan ici-bas. Le croyant est appelé à combattre contre le péché (Héb. 12:4) et à mortifier ses membres qui sont sur la terre (Col. 3:5). Il doit fuir les convoitises de la jeunesse et s'abstenir de ce qui fait la guerre à l'âme (1 Pier. 2:11). Par la foi, il saisit la promesse que « le péché ne dominera pas sur vous, parce que vous n'êtes pas sous la loi, mais sous la grâce » (Rom. 6:14).

L'intercession de Jésus-Christ est indispensable pour remporter cette victoire. Il veille constamment sur ceux que le Père Lui a donnés (Jean 17:6). Christ est notre victoire, et Il nous encourage en disant : « Ayez bon courage, moi j'ai vaincu le monde » (Jean 16:33 ; Rom. 8:37). Satan avait demandé à cribler les disciples comme on criblerait le blé, mais Jésus a prié pour Pierre afin que sa foi ne défaille pas (Luc 22:30-31). De même, l'intercession de Jésus est notre source de force et de persévérance.

Cela nous rappelle l'importance de ne jamais résister à Satan avec nos propres forces, mais de revêtir l'armure complète de Dieu (Éph. 6:10-18). Le croyant doit toujours contempler le Seigneur victorieux, tout comme les combattants regardaient Moïse au sommet de la colline pendant la bataille contre Amalek. Christ est notre victoire, et bien que l'Ennemi surgisse parfois comme un fleuve impétueux (Ésaïe 59:19), nous devons rester vigilants.

Pour lutter victorieusement, nous devons nous considérer comme morts au péché, mais vivants pour Dieu dans le Christ Jésus (Rom. 6:2, 11). Dieu brisera bientôt définitivement Satan sous nos pieds (Rom. 16:20). Chaque combat et victoire spirituelle élève notre adoration, bien que nous négligions souvent de louer le Seigneur pour Ses délivrances. À Rephidim, Moïse bâtit un autel appelé « Jéhova-Nissi », reconnaissant que Dieu avait permis à son peuple de remporter la victoire et qu'Il continuerait à les conduire dans chaque bataille (Deut. 25:16-19 ; 2 Thes. 1:6).

L'issu de ce combat est claire : notre victoire est assurée par le Seigneur, mais elle demande une vigilance constante, une reliance sur Son intercession, et une vie enracinée dans la foi. En fin de compte, c'est Dieu Lui-même qui écrasera l'ennemi sous nos pieds et qui nous conduira dans la victoire éternelle.

5 - Les Stratégies du Diable : Appolyon et la Tromperie du Péché

Appolyon : L'Ange de la Destruction

Satan, aussi connu sous les noms d'Appolyon, l'ange de la destruction, et d'Abaddon, lieu de destruction, incarne la force ultime du mal. Son objectif est d'anéantir l'humanité, surtout ceux qui ne connaissent pas Dieu, en utilisant des tactiques subtiles et pernicieuses. Les méthodes de Satan reposent sur une désorientation progressive des esprits. La peur, la misère, le découragement, la dépression et le désespoir sont ses armes les plus puissantes dans cette guerre spirituelle. Ces sentiments détériorent l'état spirituel des descendants d'Adam, leur faisant perdre goût à la vie et aux bénédictions que Dieu leur a accordées. Satan ne se contente pas de les attaquer de front; au contraire, il cherche à les épuiser psychologiquement, à les submerger sous un poids insupportable de souffrance émotionnelle et mentale.

La contrainte de l'isolement est une stratégie particulièrement efficace. En poussant la personne à se séparer de la communauté chrétienne—famille, amis chrétiens, et des encouragements spirituels—Satan parvient à affaiblir leur foi. L'isolement engendre un sentiment de solitude et de désespoir, ce qui rend les âmes plus vulnérables aux attaques de l'ennemi. En restant isolés, les croyants perdent les ressources spirituelles et le soutien dont ils ont besoin pour résister. Satan n'agit pas de manière équitable; il aime profiter des moments de plus grande faiblesse pour multiplier ses attaques.

L'une de ses tactiques les plus sournoises, comme le démontre C.S. Lewis dans Les Lettres du Diable à son Neveu, est de détourner progressivement l'attention des êtres humains de Dieu, en remplaçant la lumière divine par des distractions éphémères. Les humains finissent ainsi par perdre leur connexion avec leur Créateur et leur lien avec la source de vie. Ce lent processus de séparation les conduit vers une destruction non seulement physique, mais aussi spirituelle.

Satan sait qu'une âme affaiblie devient vulnérable à ses attaques. Son but ultime est de détruire l'intégrité spirituelle des êtres humains en les privant de leur foi, de leur joie et de leur espoir en Dieu. Le désespoir mène à une vie sans sens, où les individus sombrent dans une spirale de désolation et de vide, jusqu'à ce qu'ils soient totalement déconnectés de la lumière divine.

La Tromperie du Péché:

Divertissement Illusoire: Une Promesse de Plaisir

Satan, maître des illusions, sait comment présenter le péché sous un jour séduisant. Il propose une promesse alléchante : celle que le péché peut offrir du plaisir, de la satisfaction et une évasion des pressions de la vie quotidienne. À première vue, il semble que s'engager dans des comportements pécheurs puisse apporter un soulagement temporaire, une distraction agréable, voire une aventure excitante. Les plaisirs du péché se présentent souvent comme une fête sans conséquences.

La Séduction des Émotions
Les émotions jouent un rôle clé dans la séduction du péché. Les sentiments d'euphorie, d'adrénaline et de libération associés à certaines actions immorales font que ces comportements semblent non seulement acceptables, mais même désirables. C'est comme si le péché offrait une sortie de la monotonie de la vie quotidienne, permettant aux individus de se sentir vivants, insouciants et libres, même si cette liberté est illusoire.

L'Illusion de l'Impunité
Un des plus grands mensonges que Satan propage est que le péché n'entraîne aucun risque. Il fait croire aux gens qu'ils peuvent s'adonner à leurs désirs sans conséquences, que les lois morales de Dieu ne s'appliquent pas à eux, ou que le jugement divin est une réalité lointaine, sans incidence sur leur vie actuelle. Cette illusion d'impunité les pousse à ignorer les avertissements de leur conscience, les conduisant à croire que chaque acte de désobéissance est sans conséquence.

Un Chemin Vers l'Autodestruction
Pourtant, derrière cette façade de plaisir se cache une vérité sombre. Le péché, bien qu'attrayant, est souvent le précurseur de la souffrance et de la destruction. Les plaisirs momentanés se transforment rapidement en chaînes d'addiction, de culpabilité et de regrets. La recherche de satisfaction personnelle à travers le péché peut mener à des conséquences dévastatrices : rupture de relations, dégradation de la santé mentale et physique, et, finalement, une séparation d'avec Dieu.

Le Prix à Payer
Alors que les individus se laissent emporter par le courant du péché, ils réalisent souvent trop tard qu'ils ont échangé la joie authentique et la paix intérieure contre des plaisirs temporaires. Satan, en les convainquant que le péché est inoffensif, les guide lentement vers une vie de désespoir et d'insatisfaction, où ils se retrouvent piégés dans des cycles de comportements destructeurs.

L'Arme de la Peur : Déguisé en Ange de Lumière
Cependant, l'arme la plus redoutable qu'il utilise n'est pas la terreur di-

recte, mais la peur déguisée. Satan évite de se présenter sous une forme effrayante; au contraire, il se déguise en ange de lumière pour tromper les âmes vulnérables. Son but n'est pas de paraître menaçant, mais plutôt amical et rassurant, offrant un faux sentiment de sécurité.

Un parallèle frappant peut être établi avec la manière dont un serpent capture sa proie. Lorsqu'un serpent prépare une attaque, il ne se jette pas immédiatement sur sa victime. Au lieu de cela, il crée un environnement qui rassure l'animal ciblé, lui donnant l'illusion qu'il est en sécurité. Ce n'est qu'au dernier moment, lorsque la proie est totalement vulnérable, que le serpent l'attaque, la prenant par surprise.

Une illustration éloquente raconte l'histoire d'une femme qui possédait un serpent comme animal domestique. Pendant un certain temps, elle remarqua que le serpent ne mangeait pas. Inquiète, elle l'emmena chez un vétérinaire. Ce dernier lui révéla une vérité terrifiante : le serpent se préparait en fait à la dévorer. Il cessait de manger pour faire de la place dans son ventre et, en s'enroulant autour d'elle pendant son sommeil, il mesurait la taille de sa future proie.

C'est ainsi que Satan procède. Il n'apparaît pas sous une forme effrayante, mais comme quelque chose de séduisant, rassurant et inoffensif. Il offre un sentiment de sécurité pour mieux surprendre et détruire par la suite. L'arme de la peur qu'il utilise est subtile : il érode la foi, la joie et la paix, en piégeant les âmes dans une illusion de confort avant de les entraîner vers la destruction spirituelle et, finalement, la mort.

L' intimité avec Dieu, la Clé pour Résister à la Destruction
Pour échapper aux stratégies subtiles de Satan, il est essentiel de connaître Dieu et de cultiver une relation personnelle avec Lui. Une vie enracinée dans la prière, un éloignement du mal, et un désir constant de vivre, même dans les circonstances les plus sombres, sont les clés pour éviter le désespoir et toutes les influences infernales et démoniaques.

La relation avec Dieu est la source de lumière qui dissipe les ténèbres de la tromperie de Satan. La prière régulière renforce l'âme, la connecte à la vérité divine et la protège contre les ruses et attaques spirituelles. Dans les moments de désespoir, c'est la foi en Dieu qui permet de surmonter les épreuves et d'éviter la tentation de céder aux influences du mal.

Chérir la vie, même dans les périodes les plus sombres, est une résistance active contre les plans de destruction de Satan. Il faut désirer vivre, non pas simplement pour survivre, mais pour s'épanouir dans la lumière de Dieu, refusant ainsi de laisser la peur, le découragement et le désespoir nous submerger.

En fin de compte, la seule manière de résister aux tactiques infernales de Satan est de s'enraciner fermement dans la foi en Dieu, de fuir le mal, et de chercher constamment Sa présence à travers la prière et l'obéissance. C'est dans cette communion avec le Créateur que l'on trouve la force nécessaire pour surmonter toutes les attaques de l'ennemi.

Prière :
Seigneur, nous Te remercions pour la victoire que Tu nous accordes à travers Christ. Aide-nous à rester vigilants face aux tentations et aux attaques de l'ennemi. Fortifie notre foi et donne-nous la sagesse de revêtir l'armure complète que Tu nous as fournie. Que nous puissions rester fermes en Toi, reconnaître Tes délivrances avec gratitude, et vivre en victoire chaque jour. Amen.

Application
Dépendance à Dieu : Cherchez l'aide de Dieu dans vos luttes spirituelles et faites confiance à Son pouvoir pour vous donner la victoire contre les attaques de Satan.

Pratique de la foi : Appliquez les promesses bibliques dans votre vie quotidienne pour combattre le péché et les tentations, en vous appuyant sur l'intercession de Christ.

Renforcement spirituel :
Revêtez l'armure complète de Dieu pour vous protéger contre les assauts de l'ennemi et demeurer fermes dans la foi.

Questions pour la Réflexion
1- Comment Satan tente-t-il de reprendre sous sa coupe ceux qui sont arrachés à sa puissance par Christ ?
3- Quelle est la signification de la promesse selon laquelle « le péché ne dominera pas sur vous » (Rom. 6:14) ?
5- En quoi l'intercession de Christ est-elle essentielle dans notre lutte contre le péché et les attaques de Satan ?
En quoi la connaissance des Écritures peut-elle vous aider à résister aux mensonges de l'ennemi ?
Quelle est l'importance de la repentance dans votre vie spirituelle pour résister aux attaques de Satan ?

II- La Victoire en Jésus-Christ

1- Introduction:
Dans notre leçon d'aujourd'hui, nous allons explorer comment Dieu donne la victoire à Ses enfants à travers Jésus-Christ. Nous apprendrons des leçons importantes sur la victoire spirituelle et comment nous pouvons appliquer ces principes dans notre vie quotidienne.

1 Corinthiens 15:57 « Mais grâce soit rendue à Dieu, qui nous donne la victoire par notre Seigneur Jésus-Christ. »
En contraste avec Moïse, le Seigneur Jésus répond parfaitement aux besoins de Ses disciples. Il a remporté la victoire sur la croix, sur Satan, le monde et la chair. Maintenant, Il est à la droite de Dieu, notre intercesseur et Grand Souverain Sacrificateur pour l'éternité selon l'ordre de Melchisédec (Héb. 5:10 ; 6:20). Jésus peut sauver complètement ceux qui s'approchent de Dieu par Lui (Héb. 7:25).

Christ a rendu « impuissant celui qui avait le pouvoir de la mort, c'est-à-dire le diable », et Il a délivré « tous ceux qui, par crainte de la mort, étaient, pendant toute leur vie, tenus en esclavage » (Héb. 2:14-15). En nous justifiant par la foi et par le sang de la croix, Il nous donne la victoire.

Colossiens 2:13-15 « Vous qui étiez morts par vos offenses et par l'incirconcision de votre chair, il vous a rendus à la vie avec lui, en nous faisant grâce pour toutes nos offenses ; 14 il a effacé l'acte dont les ordonnances nous condamnaient et qui subsistait contre nous, et il l'a détruit en le clouant à la croix ; 15 il a dépouillé les dominations et les autorités, les a publiquement livrées en spectacle, en triomphant d'elles par la croix. »

Le passage de Romains 5:1-5 montre le chemin que Dieu a prévu pour arriver à la victoire : la sanctification. Dieu nous purifie petit à petit, garantissant ainsi que la mort causée par le péché sera anéantie. Cette victoire est assurée par Dieu, donc ne perdons pas courage face aux diverses afflictions que nous connaissons.

2- Comment Dieu Nous Assure la Victoire

2.1. Être puissamment fortifiés par son Esprit Le Seigneur nous fait grandir spirituellement, et Son objectif est que nous soyons forts face à ce monde. Il nous a envoyé le Saint-Esprit pour nous rendre conformes à Sa sainteté. Comme il est écrit : « Pour vous, vous ne vivez pas selon la chair, mais selon l'esprit » (Romains 8:9). Si nous vivons par l'Esprit, marchons aussi selon l'Esprit (Galates 5:25). Le chrétien réagit selon ce que l'Esprit de Dieu lui dicte, et non selon les réactions du monde ou ses instincts naturels.

2.2. Christ habite dans vos cœurs Dieu a créé Adam et Ève pour vivre avec eux éternellement. Le péché a séparé l'homme de Dieu, mais la bonne nouvelle est que Dieu est venu sur terre pour tout réconcilier avec Lui-même. « Christ en vous, l'espérance de la gloire » (Colossiens 1:26-27). La marche par la foi est essentielle, comme il est dit : « Le juste vivra par la foi » (Habacuc 2:4 ; Hébreux 10:38).
Jean 16:33 « *Je vous ai dit ces choses, Afin que vous ayez la paix en moi. Vous aurez des tribulations dans le monde ; mais prenez courage, j'ai vaincu le monde.* »

2.3. Étant enracinés et fondés dans l'amour Il est écrit : « Mon peuple est détruit, parce qu'il lui manque la connaissance » (Osée 4:6). Plus nous connaissons Dieu, plus nous connaissons Son amour. La connaissance de l'amour de Dieu en Jésus-Christ nous encourage dans la victoire.

2.4. Avec tous les saints « La grâce de Dieu, source de salut pour tous les hommes, a été manifestée. Elle nous enseigne à renoncer à l'impiété et aux convoitises mondaines, et à vivre dans le siècle présent selon la sagesse, la justice et la piété » (Tite 2:11-12). L'encouragement de Dieu se vit aussi au milieu du peuple de Dieu, même si les églises locales sont imparfaites.

2.5. S'appuyant sur la prière et la communion avec Dieu
La prière est un pilier fondamental dans notre marche chrétienne. Elle nous permet de communiquer directement avec Dieu et de chercher Sa direction. Jésus a dit : « Tout ce que vous demanderez dans la prière, en ayant la foi, vous le recevrez » (Matthieu 21:22). En cultivant une relation intime avec Dieu, nous nous préparons à faire face aux défis avec la certitude de Sa présence. « Approchez-vous de Dieu, et il s'approchera de vous » (Jacques 4:8).

FICHE DE LA LEÇON I
Titre : La Victoire en Jésus-Christ

Texte d'Or : *1 Corinthiens 15:57 – « Mais grâce soit rendue à Dieu, qui nous donne la victoire par notre Seigneur Jésus-Christ. »*

Versets d'Appui : Hébreux 2:14-15_Colossiens 2:13-15_Romains 5:1-5_Romains 8:9_Galates 5:25_Colossiens 1:26-27_Jean 16:33 Osée 4:6_Tite 2:11-12

Points de Discussion :
1- La Victoire en Jésus-Christ
Jésus a remporté la victoire sur la croix, sur Satan, le monde, et la chair. Il est notre intercesseur et Grand Souverain Sacrificateur. Par Sa victoire, nous avons été justifiés et délivrés de la peur de la mort. Jésus a effacé nos offenses et triomphé des dominations par la croix.

2- Comment Dieu Nous Assure la Victoire
2.1. Être Puissamment Fortifiés par Son Esprit
Le Saint-Esprit nous renforce pour vivre selon la sainteté de Dieu et réagir selon Ses directives, non pas selon les instincts naturels ou les influences du monde.

2.2. Christ Habite dans Vos Cœurs
La présence de Christ en nous est l'espérance de la gloire. Marchons par la foi, sachant que Jésus a vaincu le monde, et trouvons notre paix en Lui malgré les tribulations.

2.3. Étant Enracinés et Fondés dans l'Amour
Une connaissance approfondie de l'amour de Dieu nous encourage à vivre en victoire. La connaissance de Dieu et de Son amour est essentielle pour notre croissance spirituelle.

2.4. Avec Tous les Saints
La grâce de Dieu nous enseigne à vivre selon Sa sagesse et à renoncer aux convoitises mondaines. L'encouragement de Dieu se manifeste également au sein de la communauté des croyants.

III- Combattre le Bon Combat
Le seul combat dont la Bible parle en détail est le combat spirituel que nous devons livrer – les batailles physiques n'en sont souvent que l'aspect extérieurement visible.

Versets à méditer :
1 Timothée 1:18 : "La recommandation que je t'adresse, Timothée, mon enfant, selon les prophéties faites précédemment à ton sujet, c'est que, d'après elles, tu combattes le bon combat."

1 Timothée 6:12 : "Combats le bon combat de la foi, saisis la vie éternelle, à laquelle tu as été appelé, et pour laquelle tu as fait une belle confession en présence d'un grand nombre de témoins."

2 Timothée 4:7 : "J'ai combattu le bon combat, j'ai achevé la course, j'ai gardé la foi."

I - 1. Combattre le Bon Combat : Un Aperçu
Dans la Bible, "combattre le bon combat" est une métaphore puissante pour décrire la lutte spirituelle et morale que chaque chrétien doit mener dans sa vie quotidienne. Ce combat, souvent invisible mais essentiel, est orienté vers la défense de la foi, la recherche de la justice, et la persévérance dans la vie chrétienne. Cette leçon explore en profondeur ce que signifie combattre le bon combat, les aspects spirituels impliqués, et les moyens par lesquels nous pouvons mener cette bataille avec succès.

2 - Le But Ultime du Combat
La citation de 2 Timothée 4:7 définit le but ultime des combats de la vie : "J'ai combattu le bon combat, j'ai achevé la course, j'ai gardé la foi." Cependant, pour atteindre la victoire, il ne suffit pas d'avoir simplement "l'état d'esprit" de la victoire. Il est crucial de comprendre les éléments suivants :

3 - a) La Base Spirituelle
Pour viser la victoire dans le combat spirituel, il est fondamental d'être un chrétien sauvé par la grâce, par le sang de Jésus-Christ. Cette victoire ne repose pas sur nos propres efforts ou œuvres personnelles, mais uniquement sur la foi en Jésus-Christ. En acceptant le sacrifice de Jésus sur la croix, nous recevons le pardon et la justification.
C'est sur cette base spirituelle solide que nous pouvons construire notre vie chrétienne et remporter des succès spirituels. Cette fondation est essentielle pour faire face aux défis et aux tentations, car elle nous ancre dans la vérité de l'évangile.

b) Un Combat pour la Justice : Pour ce qui est Droit

Combattre le bon combat ne se limite pas à un effort individuel pour la victoire spirituelle ; il englobe également un engagement envers la justice, c'est-à-dire ce qui est droit et juste aux yeux de Dieu. Dans la Bible, la justice est un reflet du caractère de Dieu et de Son règne. Ce combat pour la justice implique de mener une vie qui reflète l'œuvre de Dieu à travers le Christ. Cela signifie pratiquer la justice dans nos relations, nos actions et nos décisions quotidiennes.

c) Signification du Combat pour ce qui est Droit

Le combat pour ce qui est droit signifie s'engager activement à promouvoir et à défendre les valeurs de justice, de vérité et d'intégrité. Cela implique :

<u>Vivre selon les principes de Dieu</u> : Adopter des comportements et des attitudes qui reflètent les standards de Dieu pour la justice, même lorsqu'il est difficile ou impopulaire de le faire.

<u>Plaider pour les opprimés</u> : Se battre pour les droits des personnes marginalisées ou vulnérables, en s'assurant qu'elles reçoivent équité et dignité.

<u>Être un témoin de la vérité</u> : Dans un monde souvent rempli de mensonges et d'injustice, être un exemple de vérité et de transparence, reflétant ainsi la lumière de Christ.

<u>Faire disparaître le mal pour faire place au bien</u> :
Agir pour éradiquer les injustices et les comportements malveillants, tout en promouvant des actions et des attitudes qui construisent un environnement juste et vertueux. Ce point implique non seulement la dénonciation du mal, mais aussi l'engagement à instaurer des pratiques et des systèmes qui favorisent le bien-être et l'équité pour tous.

Pour mieux comprendre le combat pour ce qui est droit, il est utile de reconnaître ce qui est considéré comme mal et non conforme à la volonté de Dieu pour nous :

<u>Maladie et souffrance</u> :
Bien que la maladie et la souffrance soient une réalité dans le monde, elles ne font pas partie du plan parfait de Dieu pour l'humanité. Dieu désire notre bien-être et notre santé, et nous devons lutter contre les maladies en cherchant guérison et soulagement.

<u>Injustice et oppression</u> : Toute forme d'injustice, d'oppression ou de discrimination va à l'encontre des principes de Dieu. Le combat pour ce qui est droit implique de s'opposer à ces injustices et de promouvoir l'égalité et la dignité pour tous.

<u>Péché et immoralité :</u> Les comportements pécheurs et immoraux ne sont pas conformes à la volonté de Dieu. Il est important de s'éloigner de ces pratiques et d'encourager des vies marquées par la pureté et la vertu.

<u>Division et conflits :</u> La division et les conflits entre les personnes ne reflètent pas l'unité que Dieu souhaite. Nous devons œuvrer pour la réconciliation et la paix dans nos relations et communautés.

Conclusion:
Le combat pour ce qui est droit est un combat pour faire régner la vérité et la justice, en s'opposant activement à tout ce qui est contraire à la volonté de Dieu. Il s'agit de rechercher et de promouvoir ce qui est bon, juste et vrai, tout en faisant disparaître le mal pour faire place au bien. En menant ce combat, nous contribuons à réaliser la volonté divine sur terre et à refléter le caractère de Dieu dans notre vie quotidienne.

FICHE DE LA LEÇON 1

Titre : Combattre le Bon Combat

Texte d'Or : 1 Timothée 6:12 - « Combats le bon combat de la foi ; saisis la vie éternelle à laquelle tu as été appelé. »

Versets d'Appui : Éphésiens 6:10 : « Fortifiez-vous dans le Seigneur et par sa force toute-puissante. »
Philippiens 3:14

Points de Discussion
1- Le Combat de la Foi pour la Justice Éternelle :
Le combat spirituel est une lutte constante entre les forces du bien et du mal. Les Maccabées, face à la persécution des Grecs Séleucides, ont exemplifié cette lutte. Leur détermination à restaurer la foi juive et à défendre leurs convictions, malgré des circonstances désespérées, montre comment la foi peut donner la force de résister à l'oppression. Ce combat pour la justice éternelle exige que nous restions fermes dans nos principes, même lorsque nous sommes confrontés à des défis.

2- Un Combat pour le Roi Éternel, Auteur du Salut Éternel :
En combattant, nous agissons au nom de notre Roi Éternel, qui nous a offert le salut. Les Maccabées ont compris qu'ils ne combattaient pas seulement pour leur propre survie, mais pour l'honneur de Dieu et la préservation de Son peuple. Ils ont cherché l'intervention divine à travers la prière et le jeûne, et leurs victoires ont été attribuées à la puissance de Dieu. Cela nous rappelle que notre combat spirituel doit être centré sur la gloire de Dieu et l'accomplissement de Son plan pour l'humanité.

Prière : « Seigneur, aide-moi à combattre le bon combat de la foi avec détermination et courage. Permets-moi de rester ancré dans Ta parole et d'encourager ceux qui m'entourent. Donne-moi la force d'avancer chaque jour sur le chemin que Tu as tracé pour moi. Amen. »

C - LES STRATÉGIES DE LA BATAILLE : JÉSUS, LE MODÈLE

I- 1. Introduction
Jésus-Christ est souvent présenté comme le Shilo, le Messie attendu, qui incarne la plénitude de la révélation divine et apporte la victoire sur le péché et les forces du mal. En tant que Fils Unique de Dieu, il est l'image parfaite du Père, révélant ainsi la nature et le caractère de Dieu. Chaque chrétien, appelé à être un enfant de Dieu, a pour modèle Jésus, dont la vie et l'œuvre offrent un exemple inégalé de victoire sur les forces du mal. En s'engageant à imiter Jésus, les croyants peuvent exercer l'autorité qui leur a été conférée et agir en son nom pour détruire les œuvres du diable.

2. Le Fils, l'Image du Père
Jésus est l'image parfaite du Père, comme il est écrit dans Jean 14:9 : « Celui qui m'a vu a vu le Père. » Cela signifie que tout ce que Jésus a fait et dit reflète le caractère de Dieu. Les chrétiens, avant tout fils de l'homme selon la lignée du premier Adam, et fils de Dieu par adoption selon la lignée du deuxième Adam, Christ, sont appelés à l'imiter. Comme il est dit dans 1 Pierre 2:21, « Christ a souffert pour vous, vous laissant un modèle, afin que vous suiviez ses traces. » Par cette imitation, les croyants peuvent détruire les œuvres du diable et manifester la lumière de Christ dans le monde.

II - Responsabilité des Enfants de Dieu
Les chrétiens, en tant que fils de l'homme selon la lignée du premier Adam et fils de Dieu par adoption selon la lignée du deuxième Adam, Christ, doivent agir comme Jésus pour détruire les œuvres du diable. Galates 4:6-7 déclare : « Et parce que vous êtes des fils, Dieu a envoyé dans vos cœurs l'Esprit de son Fils, qui crie : Abba ! Père ! Ainsi, tu n'es plus esclave, mais fils ; et si tu es fils, tu es aussi héritier par la grâce de Dieu. » Cette adoption confère aux chrétiens un pouvoir et une autorité pour agir dans le nom de Jésus.

1- Liste des responsabilités des Enfants de Dieu :
a) Agir sous l'Autorité Divine et le Pouvoir de la Parole
Dans le parcours spirituel des chrétiens, il est fondamental de comprendre les responsabilités qui leur incombent en tant qu'enfants de Dieu. Les Écritures regorgent d'instructions claires et d'appels à l'action, souvent formulés sous forme d'impératifs. Ces commandements, émis par Jésus, ne sont pas de simples recommandations, mais des exhortations puissantes et urgentes, reflétant sa volonté divine pour ses disciples.

L'autorité de la parole de Christ est sans égal. Chaque déclaration qu'Il fait est empreinte de puissance et de légitimité, capable de transformer des vies et de renverser les ténèbres. Lorsque Jésus dit « Allez », « Guérissez », ou « Libérez », ces mots portent un poids divin, incitant les croyants à agir avec assurance.

Les enfants de Dieu sont appelés à parler et à agir avec la même autorité que celle que Jésus a exercée sur terre. En s'alignant sur la parole de Dieu et en vivant sous son autorité, chaque chrétien est équipé pour accomplir des œuvres puissantes et pour faire avancer le Royaume de Dieu.

En explorant comment les impératifs bibliques reflètent l'autorité de la parole de Christ, nous découvrons non seulement nos responsabilités en tant qu'enfants de Dieu, mais aussi le pouvoir qui nous a été conféré pour agir en son nom. Cette réflexion nous pousse à reconnaître l'importance de parler et d'agir avec autorité, en tant que cohéritiers de Christ.

b) Prêcher l'Évangile
Verset de référence : Marc 16:15 - « Allez » dans le monde entier, et prêchez la bonne nouvelle à toute la création.
Nature de Celui qui l'emploie : Jésus, en tant que Fils de Dieu et Messie, donne cet ordre avec une autorité divine. Sa nature souveraine lui confère le pouvoir de commander ses disciples d'annoncer le salut, reflétant ainsi son désir que tous aient accès à la vérité.

c) Pratiquer la guérison
Verset de référence : Matthieu 10:8 - « Guérissez » les malades, ressuscitez les morts, purifiez les lépreux, chassez les démons.
Nature de Celui qui l'emploie : Jésus agit comme le Seigneur et Guérisseur. En donnant cet impératif, il démontre son pouvoir sur la maladie et la mort. Sa compassion pour l'humanité et son autorité divine encouragent ses disciples à agir dans le même esprit.

d) Libérer les captifs
Verset de référence : Luc 4:18 - « Proclamez » la délivrance aux captifs.
Nature de Celui qui l'emploie : Jésus est l'Envoyé de Dieu, rempli du Saint-Esprit, et sa mission est de libérer les opprimés. Son ordre est imprégné de compassion et d'une puissance rédemptrice, affirmant son rôle en tant que Rédempteur qui veut voir les captifs affranchis.

e) Chasser les démons
Verset de référence : Luc 10:19 - « Foulez » sur les serpents et les scorpions.
Nature de Celui qui l'emploie : Jésus est le Victorieux sur les forces des ténèbres. Son impératif montre sa souveraineté sur le mal, et il donne cette autorité à ses disciples, leur permettant de résister aux attaques démoniaques avec confiance.

f) Faire des miracles
Verset de référence : Jean 14:12 - « Faites » les œuvres que je fais.
Nature de Celui qui l'emploie : Jésus, en tant que Fils de l'homme, confère à ses disciples un mandat puissant. Son impératif est à la fois un défi et une promesse, soulignant que ses œuvres doivent se poursuivre à travers ceux qui croient en lui.

g) Être des agents de réconciliation
Verset de référence : 2 Corinthiens 5:18 - « Recevez » le ministère de la réconciliation.
Nature de Celui qui l'emploie : Jésus, en tant que Réconciliateur, appelle ses disciples à agir en tant qu'agents de paix. Son impératif révèle son désir ardent de restaurer les relations entre Dieu et l'humanité, et son caractère aimant encourage les croyants à poursuivre cette mission.

h) Vivre dans l'amour et la compassion
Verset de référence : Jean 13:34-35 - « Aimez-vous » les uns les autres.
Nature de Celui qui l'emploie : Jésus, en tant que modèle suprême d'amour, donne cet impératif non seulement comme un commandement, mais comme une expression de sa nature divine. Son appel à l'amour démontre la profondeur de sa compassion et sa volonté de voir ses disciples vivre dans l'harmonie.

i) Prendre position contre l'injustice
Verset de référence : Michée 6:8 - « Pratiquez » la justice.
Nature de Celui qui l'emploie : Jésus, le Juste, appelle ses disciples à agir avec intégrité. Cet impératif reflète son désir que ses disciples soient des agents de changement, reflétant sa propre justice et son amour pour l'humanité.

5. Autorite de Jesus Sur le mal

L'Autorité de Jésus sur le Mal et l'Emploi de l'Impératif
L'autorité de Jésus sur le mal est manifeste tout au long des Évangiles, et son usage de l'impératif renforce cette autorité divine dans ses interactions avec les forces obscures. Jésus a démontré son pouvoir non seulement par ses actions, mais aussi par ses paroles, souvent exprimées sous forme d'ordres directs, révélant ainsi la puissance de sa parole.

III - 1. Autorité sur les Démons

Jésus a exercé une autorité sans précédent sur les esprits impurs. Dans Marc 1:23-26, il rencontre un homme possédé par un esprit impur et lui dit : "<u>Sors de cet homme, esprit impur</u> !"
L'ordre impératif de Jésus démontre non seulement son pouvoir sur le mal, mais aussi la nécessité pour les disciples d'agir avec la même autorité. Ses paroles ne sont pas de simples suggestions ; elles commandent une réponse immédiate des forces du mal.

2. Autorité sur la Maladie

Dans Matthieu 8:16-17, Jésus guérit ceux qui sont malades, proclamant : "<u>Soyez guéris</u> !" . Cet emploi de l'impératif montre que Jésus parle avec autorité. En guérissant, il ne se contente pas d'offrir des paroles réconfortantes, mais il ordonne une transformation physique et spirituelle. Il nous appelle à prier et à déclarer des guérisons avec la même conviction. L'emploi de l'impératif dans ses déclarations nous rappelle que nous avons une responsabilité. En tant qu'enfants de Dieu, nous devons agir avec autorité et non pas hésiter. Il nous exhorte à déclarer la vérité et à chasser le mal.

Conclusion:

L'autorité de Jésus sur le mal, exprimée à travers l'emploi de l'impératif, nous rappelle la puissance de ses paroles et son rôle en tant que Sauveur. En reconnaissant cette autorité, nous sommes encouragés à vivre dans la foi et à agir avec détermination. En Christ, nous avons la victoire sur le mal et sommes appelés à proclamer cette vérité avec courage et assurance. La puissance de Dieu réside dans nos déclarations et nos actions, et nous devons oser agir dans l'autorité qui nous a été donnée.

3- Autorité sur la Mort
La résurrection de Lazare dans Jean 11 est un exemple puissant de l'autorité de Jésus sur la mort. Il commande : "Lazare, sors !"
Cette déclaration impérative prouve que même la mort obéit à sa voix. Nous sommes appelés à proclamer la vie là où règne la mort, en exerçant notre foi avec assurance.

4. Enseignements sur notre Autorité
Dans Luc 10:19, Jésus dit à ses disciples :
"Voici, je vous ai donné le pouvoir de marcher sur les serpents et les scorpions, et sur toute la puissance de l'ennemi, et rien ne pourra vous nuire."

IV - Le Pouvoir de la Parole : Une Fonction Spirituelle
La parole, en tant qu'expression verbale, revêt une signification spirituelle profonde dans la vie des croyants. Dans la Bible, la parole de Dieu est décrite comme créatrice et vivante. Au commencement, Dieu a parlé, et la création a vu le jour (Genèse 1). Cela illustre que la parole n'est pas simplement un moyen de communication, mais un instrument de création et de transformation.

Souvent, les gens parlent sans réaliser l'impact spirituel de leurs mots. Chaque déclaration, qu'elle soit positive ou négative, contribue à façonner la réalité spirituelle qui nous entoure. Les mots ont le pouvoir de créer des situations, de manifester des croyances, ou de renforcer des attitudes. Par exemple, lorsque nous exprimons des doutes ou de la peur, nous ouvrons des portes à des influences négatives qui peuvent entraver notre progression spirituelle. Satan, en utilisant des armes telles que le doute et la peur, cherche à diminuer notre vibration spirituelle, nous empêchant ainsi d'atteindre le niveau nécessaire pour manifester la volonté de Dieu.

Pourtant, la parole a également un potentiel immense pour créer le bien. La foi créatrice est une arme puissante qui nous permet d'appeler à l'existence ce qui n'est pas encore visible. En alignant notre parole avec la volonté divine et en parlant avec conviction, nous activons des principes de création qui peuvent transformer notre réalité. La parole, lorsqu'elle est ancrée dans la foi, devient un catalyseur pour la manifestation des promesses de Dieu.

Il est crucial pour les enfants de Dieu de prendre conscience de la puissance de leurs paroles. En pratiquant une communication positive et en s'exprimant selon la vérité de la parole de Dieu, ils participent

Conclusion

Le pouvoir de la parole est un aspect fondamental de la vie chrétienne, car il reflète l'autorité divine que nous possédons en tant qu'enfants de Dieu. Chaque mot que nous prononçons a le potentiel de créer ou de détruire, d'élever ou d'abaisser. En reconnaissant la gravité de nos paroles, nous devons veiller à les aligner avec la vérité de la parole de Dieu et à les utiliser pour bâtir, encourager et manifester le bien dans notre vie et dans celle des autres.

La foi créatrice est une arme essentielle pour chacun de nous. En affirmant les promesses de Dieu et en déclarant sa vérité avec confiance, nous pouvons transformer nos réalités et avancer dans notre destinée divine. Par conséquent, il est impératif d'apprendre à parler avec autorité, de surmonter les doutes et les peurs, et d'utiliser notre parole pour honorer Dieu et réaliser ses desseins.

Questions pour la Réflexion avec Réponses Potentielles

1- Quel impact vos paroles ont-elles eu sur votre vie spirituelle jusqu'à présent ? Avez-vous remarqué des situations que vous avez créées par vos mots ? <u>Réponse personelle</u>

2- Comment pouvez-vous changer votre manière de parler pour refléter davantage la vérité de la parole de Dieu ?
<u>Réponse potentielle</u>

Quelles sont les peurs ou les doutes qui vous empêchent de parler avec autorité ? Comment pouvez-vous les surmonter ?
<u>Réponse personelle</u> :

Avez-vous des exemples de moments où vous avez vu votre foi manifester des résultats ?
<u>Réponse personelle</u>

V) - Marcher de victoire en victoire

Nombreux parmi les enfants de Dieu mènent encore une vie de défaite ou insatisfaits. Ils n'ont pas pu jusque-là expérimenter la victoire que Dieu promet (Esaïe 30:15 ; Jean 7:37-39 ; Jean 10:10 ; Jean 15:11 ; Romains 6:7 ; 2 Corinthiens 2:14 ; 1 Jean 2:5) – et pourtant ils le désirent. Parce qu'ils ne savent pas encore ce que signifie vivre une vie de victoire.

Une vie de Victoire : ce qu'elle n'est pas
1- Ce n'est pas une vie où il est impossible de pécher, mais une vie où la victoire sur le péché est possible. La première est inatteignable dans cette vie, mais la seconde est réalisable.

2- Ce n'est pas une vie anormale ou réservée à quelques-uns des enfants de Dieu, mais une provision pour chaque chrétien.

3- Ce n'est pas une vie sans tentation, mais une vie où la tentation est surmontée (voir Hébreux 4:15).

4- Ce n'est pas seulement une victoire extérieure, mais aussi une victoire intérieure qui transforme notre être tout entier.

5- Ce n'est pas une vie entièrement mature où une croissance supplémentaire en grâce est inutile ou impossible.

Ce qu'elle est
La vie victorieuse est caractérisée par la victoire sur le péché, sur soi-même, sur Satan, et sur le monde. Elle représente une liberté totale du pouvoir du péché ainsi que de ses pénalités. Cette vie est non seulement "réconciliée avec Dieu par la mort de Son Fils" (Romains 5:10), mais aussi "sauvée par Sa vie".
En d'autres termes, vivre une vie victorieuse signifie :

Être libéré du pouvoir du péché : Ne plus être sous l'emprise du péché et ses tentations, et vivre en accord avec les principes divins.
.
Vivre sans la pénalité du péché : Être exempt des conséquences éternelles du péché grâce à la grâce et au sacrifice de Jésus-Christ.

Être réconcilié avec Dieu :
Grâce à la mort de Jésus, restaurer la relation avec Dieu et recevoir le pardon.

Être sauvé par la vie de Christ :
Vivre une nouvelle vie en Christ, qui nous donne la force et la guidance pour surmonter les défis et les épreuves.

Questions et Réponses

1. Qu'est-ce que vivre une vie victorieuse en Christ ?
Réponse : C'est avoir triomphé du péché, de soi-même, de Satan et du monde, en vivant libre du pouvoir et des pénalités du péché, grâce à Jésus-Christ.

2. Comment Jésus-Christ nous libère-t-il du péché ?
Réponse : Son sacrifice sur la croix a payé la dette du péché, nous permettant de vivre libre du péché en croyant en Lui.

3. Pourquoi la réconciliation avec Dieu est-elle cruciale ?
Réponse : Elle restaure notre relation avec Dieu, nous permettant de vivre selon Sa volonté et de bénéficier de Sa force et guidance.

4. Quel est le rôle de la vie de Jésus-Christ dans notre victoire ?
Réponse : Sa vie victorienne sur la mort et le péché nous offre un modèle et la force pour surmonter les défis quotidiens.

5. Quels signes montrent que nous sommes réconciliés avec Dieu ?
Réponse : Une transformation intérieure, une paix profonde, l'obéissance à Dieu, et une volonté de partager Son amour.

FICHE DE LA LEÇON 2

Titre : La continuité du combat

Texte d'Or : Galates 6:9 - « *Ne nous lassons pas de faire le bien, car nous moissonnerons au temps propre, si nous ne nous relâchons pas.* »

Versets d'Appui :
Hébreux 12:1-2 : Courir avec persévérance la course qui nous est proposée.
Romains 5:3-5 : Les épreuves produisent la persévérance, la caractère, et l'espérance.

Points de Discussion :
1- Persévérance dans le Combat :
Même face à l'épuisement et à la fatigue spirituelle, il est crucial de continuer à avancer.
La persévérance est une vertu qui nous rapproche de Dieu et renforce notre caractère.

2- Motivation pour Combattre :
La promesse d'une moisson spirituelle nous encourage à continuer malgré les défis.
La communauté des croyants peut nous soutenir dans notre lutte, nous rappelant que nous ne sommes pas seuls.

Questions :
1- Quelles stratégies utilisez-vous pour rester motivé dans votre foi face à l'adversité ?
2- Comment pouvez-vous encourager d'autres à persévérer dans leur combat spirituel ?

Prière : « Seigneur, aide-moi à persévérer dans le combat de la foi. Donne-moi la force de ne pas me relâcher et de continuer à faire le bien. Renforce ma détermination à Te servir chaque jour. Amen. »

Prière de Déclaration

1. Je suis un enfant de Dieu.
Référence : Romains 8:16 - « L'Esprit lui-même rend témoignage à notre esprit que nous sommes enfants de Dieu. »

2. Je suis né de nouveau, baptisé de l'Esprit de Dieu.
Référence : Jean 3:5 - « Jésus répondit : En vérité, en vérité, je te le dis, si un homme n'est né d'eau et d'Esprit, il ne peut entrer dans le royaume de Dieu. »

3. Je suis rempli de l'Esprit de Dieu.
Référence : Éphésiens 5:18 - « Ne vous enivrez pas de vin : c'est de la débauche ; mais soyez remplis de l'Esprit. »

4. Ma vie est cachée en Christ, mon Seigneur.
Référence : Colossiens 3:3 - « Car vous êtes morts, et votre vie est cachée avec Christ en Dieu. »

5. Je suis couvert par le sang de l'Agneau.
Référence : Apocalypse 12:11 - « Et ils l'ont vaincu à cause du sang de l'Agneau et de la parole de leur témoignage. »

6. Dieu est ma délivrance.
Référence : Psaume 68:20 - « Notre Dieu est un Dieu qui sauve ; Et le Seigneur, l'Éternel, délivre de la mort. »

7. J'ai vaincu l'homme fort par le sang de l'Agneau.
Référence : Matthieu 12:29 - « Comment peut-on entrer dans la maison d'un homme fort et lui ravir ses biens, si l'on ne l'a d'abord lié ? »

8. Mon esprit, mon âme et mon corps appartiennent à Dieu.
Référence : 1 Corinthiens 6:19-20 - « Ne savez-vous pas que votre corps est le temple du Saint-Esprit qui est en vous, que vous avez reçu de Dieu, et que vous ne vous appartenez point à vous-mêmes ? »

9. Je suis vivant et je jouis de la paix de Dieu.
Référence : Jean 10:10 - « Je suis venu afin que les brebis aient la vie, et qu'elles l'aient en abondance. »
Référence : Philippiens 4:7 - « Et la paix de Dieu, qui surpasse toute intelli-

gence, gardera vos cœurs et vos pensées en Jésus-Christ. »

10. J'ai la victoire.
Référence : 1 Jean 5:4 - « Car tout ce qui est né de Dieu triomphe du monde ; et la victoire qui triomphe du monde, c'est notre foi. »

11. Ma joie est parfaite.
Référence : Jean 15:11 - « Je vous ai dit ces choses, afin que ma joie demeure en vous, et que votre joie soit parfaite. »

12. Ma vie est glorieuse.
Référence : 2 Corinthiens 3:18 - « Nous tous qui, le visage découvert, contemplons comme dans un miroir la gloire du Seigneur, nous sommes transformés en la même image, de gloire en gloire, comme par l'Esprit du Seigneur. »

13. Je fais des exploits pour Dieu.
Référence : Daniel 11:32 - « Ceux du peuple qui connaîtront leur Dieu agiront avec fermeté et se rendront capables d'exploits. »

14. La bonne main de mon Dieu est sur moi.
Référence : Néhémie 2:8 - « La bonne main de mon Dieu était sur moi. »

15. Le Dieu des cieux m'a donné du succès.
Référence : Néhémie 2:20 - « Le Dieu des cieux nous accordera du succès ; nous, ses serviteurs, nous nous lèverons et nous bâtirons. »

16. Je suis un champion.
Référence : 1 Corinthiens 9:24 - « Ne savez-vous pas que ceux qui courent dans le stade courent tous, mais un seul remporte le prix ? Courez de telle sorte que vous le remportiez. »

Quel est le secret de cette vie de victoire ?

Le secret est quadruple, et pour des raisons de simplicité et de clarté, il peut être énoncé ainsi :

<u>La victoire n'est pas acquise par l'effort humain.</u>
Nous serons sur la voie de vivre une vie de victoire lorsque nous aurons vraiment appris cette leçon simple. Il est absolument impossible de vivre cette vie par notre propre force (voir 1 Samuel 2:9). Voici la raison de tous nos échecs : nous avons essayé de gagner la victoire sur le péché, soi-même et Satan par notre propre force, et nous avons échoué à chaque fois ! Rappelons-le : Dieu a exclu l'œuvre de l'homme de chaque temps de salut. Nous ne sommes pas sauvés de la culpabilité et de la pénalité du péché par nos propres œuvres (Éphésiens 2:8-10 ; Tite 3:5) ; nous ne sommes pas sauvés du pouvoir du péché par nos propres œuvres (Romains 5:10) ; nous ne serons pas sauvés de la présence du péché par nos propres œuvres (Jean 14:3) – voyez tout cela illustré dans Exode 14:13-14.

<u>La victoire est donnée – c'est un don !</u>
1 Corinthiens 15:57 le rend clair. La vie chrétienne victorieuse est un don de Dieu, et elle est offerte à tous ceux qui accepteront ce don. En effet, la vie victorieuse qu'Il offre à tous les hommes est la vie triomphante de Son Fils. Le Seigneur Jésus dans un corps humain a triomphé glorieusement dans Sa vie et par Sa mort sur le péché et Satan ; et maintenant Sa vie victorieuse est offerte à vous et à moi comme un don à recevoir, pour que Sa vie victorieuse puisse être reproduite en nous et vécue à travers nos corps humains. Il n'y a qu'une seule vie victorieuse, et lorsque vous avez reçu le Seigneur Jésus (Jean 1:12), vous avez reçu cette vie. L'avez-vous réalisé ? Maintenant vous devez le laisser vivre Sa vie en vous et à travers vous – regardez Josué 6:16 – la victoire sur Jéricho n'a pas été obtenue par l'effort et l'effort, mais par la simple confiance et obéissance. Cette victoire était un don !

La victoire est maintenue par une attitude. La victoire est seulement victoire, bien sûr, tant qu'elle est maintenue. Quel est alors le secret de la victoire continue ? Voici-le en une phrase : ..... « *FIXONS NOS YEUX SUR JÉSUS... QUI NOUS DONNE LA VICTOIRE...*
» Et le fondement scripturaire de cela se trouve dans Hébreux 12:2 (notre part) et 1 Corinthiens 15:57 (Sa part). Études dans cette série :

Ne marchons pas par la vue :

Elle nous montre une armée invincible. Marchons par la foi : elle nous montre le petit nombre, mais Dieu est avec eux. Je n'ai jamais vu Jésus-Christ, mais je crois en Lui. Sa parole et ses promesses me suffisent. Je vois la réalité avec les yeux de l'Esprit, le discernement. La rencontre avec Jésus met la réalité dans sa vraie proportion.

L'humilité, clé de la puissance et de la victoire

Présenter l'humilité comme la clé de la victoire ; comme la clé de la puissance ; l'humilité qui nous fait bâtir l'œuvre de Dieu et qui nous permet, face à toutes les puissances, face à toutes les dominations, face à toutes les autorités, face à tous les esprits méchants, non seulement d'avoir l'assurance de la victoire, mais de vaincre.
Proverbes 11:2 : "Quand vient l'orgueil, vient aussi l'ignominie ; mais la sagesse est avec les humbles."

Matthieu 18:2-3 : "Jésus, ayant appelé un petit enfant, le plaça au milieu d'eux, et dit : Je vous le dis en vérité, si vous ne vous convertissez et si vous ne devenez comme les petits enfants, vous n'entrerez pas dans le royaume des cieux." Dans ces versets de l'évangile de Matthieu, l'humilité est extrêmement précieuse. Vous trouvez quelqu'un d'humble, vous serez tenté de le piétiner ; vous serez tenté de le dominer ; vous serez tenté de l'écraser. Vous trouvez une apparence de faiblesse chez l'autre, la nature humaine en profite. Mais l'humilité est précieuse, car elle révèle les vérités cachées du cœur de ceux qui l'entourent. Lorsque quelqu'un est fort, tout le monde s'aplatit. Mais lorsque quelqu'un est humble, le vrai cœur se révèle. C'est pour cela que l'humilité est précieuse pour ceux qui sont humbles. Parce que lorsqu'ils rencontrent une personne humble, ils peuvent être confrontés à leur propre jugement. "Si quelqu'un scandalise un de ces petits qui croient en moi, il vaudrait mieux qu'on suspende à son cou une meule de moulin et qu'on le jette au fond de la mer."

Importance de la prière

Nulle part la lutte avec l'ennemi n'est ressentie avec une plus grande acuité que dans l'intercession. Satan comprend l'importance de la prière et cherche à tout prix à l'empêcher. Nous ressentons chaque jour les distractions qui nous poussent à remettre à plus tard ces moments essentiels. Daniel, malgré ses fonctions chargées, ouvrait ses fenêtres du côté de Jérusalem trois fois par jour pour rendre grâce à Dieu (Dan.

(Dan. 6:10-13) Cette activité sacerdotale d'intercession est indispensable pour soutenir tout service, même le plus dévoué. Dieu a confié à Moïse et ses compagnons une tâche importante pour soutenir le combat, mais Moïse, comme chacun de nous, éprouvait la faiblesse de sa nature. Une pierre fut placée sous lui, et Aaron et Hur soutinrent constamment ses mains, l'un de chaque côté (Ex. 17:12). Ainsi, la bataille fut remportée : l'Écriture dit que « ses mains furent fermes jusqu'au coucher du soleil » (Ex. 17:12). Un frère ou une sœur qui combat par la prière, comme Épaphras pour les Colossiens, est une grande bénédiction pour la communauté (Col. 4:12 ; 2 Cor. 1:11).

Imiter Christ :
Recherchons l'exemple de Jésus dans nos actions et attitudes, en nous armant de la Parole de Dieu et en persévérant dans la prière.

Les Armes Spirituelles : L'Armure de Dieu

Le combat spirituel est une réalité quotidienne pour chaque chrétien, et la bataille contre Amalek en Exode 17:8-15 illustre cette lutte constante. En comprenant les stratégies de victoire et en appliquant les principes bibliques, nous pouvons avancer dans notre vie spirituelle avec confiance et détermination. Voici les clés pour vivre une vie victorieuse :

Revêtir l'Armure Spirituelle : L'armure de Dieu, décrite dans Éphésiens 6, est essentielle pour nous protéger et nous rendre capables de résister aux attaques de l'ennemi. Chaque pièce de l'armure, de la ceinture de vérité au casque du salut, joue un rôle crucial dans notre défense spirituelle.

La Ceinture de Vérité : La ceinture de vérité représente la vérité de Dieu, qui nous aide à maintenir notre intégrité et à nous défendre contre les mensonges de l'ennemi. Elle est le fondement de notre armure, soutenant et solidifiant notre position spirituelle (Éph. 6:14).

La Cotte de Mailles de Justice : La cotte de mailles est la justice de Dieu, qui nous protège des accusations et des attaques de l'ennemi. Elle nous couvre et nous protège, nous permettant de vivre en accord avec les standards divins (Éph. 6:14).

Les Sandales du Zèle pour l'Évangile de la Paix :
Ces sandales symbolisent la préparation et le zèle pour proclamer l'Évangile de la paix. Elles nous permettent d'avancer avec assurance et de répandre la paix de Christ dans un monde troublé (Éph. 6:15).

Le Bouclier de la Foi :
Le bouclier de la foi est crucial pour éteindre les flèches enflammées du malin. La foi en Dieu nous protège des doutes, des tentations et des attaques spirituelles (Éph. 6:16).

Le Casque du Salut :
Le casque du salut protège notre esprit et nos pensées, nous aidant à rester alignés avec les pensées de Christ. Il nous assure que nous sommes sauvés et que notre avenir est sécurisé en Dieu (Éph. 6:17).

L'Épée de l'Esprit, qui est la Parole de Dieu :
L'épée de l'Esprit est la Parole de Dieu, notre seule arme offensive dans le combat spirituel. Elle nous permet de contre-attaquer les mensonges et les tentations de l'ennemi en proclamant la vérité biblique (Éph. 6:17).

Signification et Application

Vivre selon la Vérité : La Ceinture de Vérité symbolise la vérité de Dieu qui doit guider nos pensées et nos actions. En intégrant la Parole de Dieu dans notre vie, nous renouvelons notre esprit et restons fidèles à Sa volonté, en étant ancrés dans la vérité divine.

Pratiquer la Justice : La Cuirasse de la Justice
La cotte de mailles représente la justice de Dieu, nous aidant à naviguer les injustices du monde. En suivant l'exemple de Jésus et en cherchant à établir des relations harmonieuses, nous manifestons la justice et la droiture dans notre vie quotidienne.

Partager la Bonne Nouvelle : Les Sandales du Zèle pour l'Évangile de la Paix :
Les sandales symbolisent la préparation et le zèle pour annoncer l'Évangile de la paix. Le zèle pour proclamer le message de Jésus avec passion et engagement nous pousse à vivre et à partager la Bonne Nouvelle avec ceux qui nous entourent.

Renforcer notre Foi : Le Bouclier de la Foi
Le bouclier de la foi est notre protection contre les doutes et les attaques spirituelles. En fortifiant notre foi à travers la prière et l'étude des Écritures, nous restons protégés et fermes dans notre marche avec Dieu, capables de résister aux flèches enflammées du malin.

Protéger notre Esprit : Le Casque du Salut
Le casque du salut protège notre esprit des pensées négatives et des doutes. Il nous aide à rester alignés avec les pensées de Jésus et à maintenir notre assurance en notre salut, nous gardant centrés sur la vérité de notre relation avec Dieu.

L'Épée de l'Esprit : La Parole de Dieu
L'épée de l'Esprit, qui est la Parole de Dieu, est notre seule arme offensive dans le combat spirituel. Elle nous permet de contre-attaquer les mensonges et les tentations de l'ennemi en proclamant
la vérité biblique et en appliquant les enseignements de Dieu dans notre vie.

L'APPROCHE HOLISTIQUE DU COMBAT SPIRITUEL
Le combat spirituel ne se limite pas uniquement à des luttes invisibles dans le domaine spirituel. Il englobe également des aspects pratiques de la vie quotidienne, y compris la santé physique et mentale, l'éducation et la gestion des ressources. Voici comment ces éléments interagissent dans le cadre de notre lutte spirituelle :

1. Le Rôle de la Nourriture
La nourriture joue un rôle essentiel dans notre bien-être physique et spirituel. Un système alimentaire malsain peut être utilisé comme une arme par les structures sociétales et économiques pour affaiblir l'individu. Une alimentation déséquilibrée peut mener à des problèmes de santé qui affectent non seulement notre corps, mais aussi notre esprit et notre capacité à résister aux tentations. En comprenant l'importance d'une nutrition saine, nous renforçons notre corps pour le combat spirituel. La malnutrition peut entraîner une fatigue physique, des troubles de l'humeur et une diminution de la concentration, rendant difficile la prière, l'étude de la Parole de Dieu, et l'engagement dans des activités spirituelles. La santé physique est donc directement liée à notre capacité à mener une vie spirituelle épanouie.

2. L'Importance d'une Bonne Santé:

Maintenir une bonne santé est crucial pour affronter les défis spirituels et émotionnels. Le corps est considéré comme le temple de l'Esprit, et en le nourrissant correctement et en l'entretenant, nous honorons cette vérité.

Pratiques de santé : L'exercice régulier, une alimentation équilibrée, et des habitudes de sommeil adéquates contribuent à une meilleure santé physique et mentale. Ces pratiques nous aident à être alertes, réceptifs et engagés dans notre vie spirituelle.

3. L'Importance d'une Bonne Éducation Financière

Une éducation financière adéquate est un autre aspect essentiel du combat spirituel. La gestion des ressources financières influence notre capacité à servir, donner et contribuer à la communauté.

Lutte contre l'endettement : Un manque de compréhension financière peut mener à des dettes, à l'anxiété, et à un stress qui peut entraver notre cheminement spirituel. En apprenant à gérer nos finances, nous pouvons éviter les pièges de la consommation excessive et des engagements financiers qui nous tiennent en esclavage.

Génération de Revenus et Banques Familiales :

Il est crucial de développer des stratégies pour générer des sources de revenus supplémentaires, surtout face aux oppressions financières du système. La création de banques familiales constitue une solution puissante pour lutter contre ces difficultés. En unissant nos ressources au sein de la famille ou de la communauté, nous pouvons mutualiser les finances, investir dans des projets collectifs, et soutenir les membres en cas de besoin. Cela favorise non seulement l'autonomie économique, mais renforce également les liens familiaux et communautaires.

Conclusion:

La continuité du combat spirituel requiert une approche holistique qui inclut la nutrition, la santé physique, l'éducation financière, et la capacité à générer des revenus. En prenant soin de notre corps, en choisissant une alimentation saine, en comprenant nos finances, et en créant des mécanismes comme les banques familiales, nous nous armons pour affronter les défis spirituels de la vie. Cela nous permet de demeurer vigoureux, alertes, et prêts à répondre à l'appel de notre foi, tout en étant des témoins efficaces de la grâce et de la vérité de Dieu dans le monde.

FICHE DE LA LEÇON 3
Titre : Le Secret d'une Vie Victorieuse

Texte d'Or : 2 Corinthiens 10:4-5 :
"Car les armes avec lesquelles nous combattons ne sont pas charnelles, mais elles sont puissantes, par la vertu de Dieu, pour renverser des forteresses."
Versets d'Appui : 1 Jean 5:4-5 : Philippiens 4:13 : Éphésiens 6:10-18

Points de Discussion :

1- **La Victoire en Christ :** Notre victoire sur le péché et les défis vient de notre foi en Jésus-Christ.
Comprendre notre identité en Christ est essentiel pour vivre dans la victoire.

2- **L'Armure de Dieu :**
La Ceinture de Vérité (Éphésiens 6:14) : La vérité de la Parole de Dieu nous garde ancrés et nous aide à discerner le mensonge.
La Cuirasse de Justice (Éphésiens 6:14) : La justice que nous avons en Christ nous protège des accusations et nous maintient dans une relation juste avec Dieu.
Les Sandales de la Propagation de l'Évangile de la Paix (Éphésiens 6:15) : Être prêt à partager l'Évangile et à marcher dans la paix, même dans l'adversité.
Le Bouclier de la Foi (Éphésiens 6:16) : La foi est notre protection contre les flèches enflammées du mal.
Le Casque du Salut (Éphésiens 6:17) : La sécurité de notre salut en Christ protège notre esprit contre le découragement et les doutes.
L'Épée de l'Esprit (Éphésiens 6:17) : La Parole de Dieu est notre arme offensive pour repousser le mal et pour déclarer la vérité dans des situations de combat spirituel.

3- **L'Importance de la Prière :**
La prière est un élément vital dans le combat spirituel. Elle nous connecte avec Dieu, nous fortifie, et nous guide dans nos luttes. La prière continue est essentielle pour maintenir la victoire spirituelle.

Péché

Poème

Ésaïe 59:2 (LSG) :
« Mais vos iniquités ont fait séparation entre vous et votre Dieu, et vos péchés ont caché sa face de vous, pour ne pas vous écouter. »

Le Mal du Péché

*Le péché murmure dans l'ombre, caché,
Il envoûte l'âme, doucement attirée,
Tel un poison, il s'infiltre en secret,
Corrompant l'esprit, l'emprisonnant à jamais.*

*Il promet des plaisirs, des douceurs éphémères,
Mais laisse derrière lui des chaînes amères,
L'âme égarée, loin du droit chemin,
Cherchant en vain une paix qui prend fin.*

*Le cœur se durcit, la lumière s'éteint,
Le péché sépare, tout espoir s'éloigne,
Il nous éloigne de Dieu, de la vie, de notre source,
Et laisse le vide, une douloureuse écorce.*

*Mais dans la douleur, un cri peut jaillir,
Car la grâce attend, prête à offrir,
Une main tendue, un chemin de retour,
Pour renouer avec l'amour et le jour.*

*La croix se dresse, l'amour se dévoile,
Effaçant la faute, déchirant le voile,
Le mal du péché n'aura pas le dernier mot,
Car la grâce éclaire l'horizon nouveau.*

Job Francois__

I - INTRODUCTION AU CONCEPT DU PÉCHÉ ET DU MAL

"Ensuite, la convoitise, lorsqu'elle a conçu, enfante le péché; et le péché, étant consommé, produit la mort." **Jacques 1:15**

Le concept du péché et du mal est central dans les réflexions morales, éthiques et théologiques à travers les cultures et les philosophies. Ces deux notions sont souvent interconnectées, mais elles représentent des aspects différents de la condition humaine et de l'expérience de la vie.

Le péché est généralement compris comme une transgression des normes ou des lois morales établies, souvent perçues comme des principes universels de justice ou de bien. Il implique une déviation par rapport à ce qui est considéré comme moralement correct ou vertueux. Le péché peut être individuel ou collectif, et il est souvent lié à la notion de libre arbitre, où les individus ont la capacité de choisir entre le bien et le mal.

Le mal, en revanche, peut être vu comme un concept plus large, englobant non seulement les actions mauvaises ou injustes, mais aussi les souffrances, les calamités et les événements négatifs qui affectent l'humanité. Le mal est souvent divisé en deux catégories : le mal moral, qui est directement causé par des actions humaines malveillantes, et le mal naturel, qui comprend les catastrophes et les événements naturels nuisibles qui ne sont pas directement dus à des actions humaines.

La relation entre le péché et le mal est complexe. Le péché est souvent perçu comme une cause ou une explication du mal, en ce sens qu'il contribue à la présence et à l'expansion du mal dans le monde. Cependant, le mal peut également exister indépendamment des actions humaines, sous la forme de souffrances ou de désastres qui semblent être une partie inévitable de l'expérience humaine.

Comprendre ces concepts est crucial pour aborder des questions de responsabilité morale, de justice et de sens dans la vie. Le péché et le mal touchent aux questions profondes de la nature humaine, de la souffrance et de la quête de rédemption ou de justice.

II - D'OÙ VIENT LE MAL, SI DIEU EST BON ET TOUT-POUISSANT ?

Le problème du mal est une question centrale dans la théologie et la philosophie depuis des siècles. Il touche non seulement à la nature de l'existence humaine, mais aussi à la manière dont nous comprenons Dieu, le libre arbitre et la justice divine. D'où vient le mal, si Dieu est bon et tout-puissant ? Cette question a engendré de nombreuses réflexions, tant dans les textes sacrés que dans la pensée théologique..

Origines du mal

Les réponses à cette question varient selon les traditions et les penseurs :

Le libre arbitre : Une des réponses classiques est que Dieu a donné à l'humanité le libre arbitre. Le mal n'est donc pas créé par Dieu mais résulte des mauvaises décisions humaines. Saint Augustin, par exemple, soutient que le mal moral vient de l'abus de la liberté humaine.

Le mal nécessaire : Certains philosophes, comme Leibniz, avancent que le mal fait partie du « meilleur des mondes possibles ». Dans cette vision, le mal permet de plus grandes valeurs, comme la liberté ou la croissance spirituelle, et contribue au plan divin.

Le mal comme absence de bien : Une autre idée, présente chez Saint Augustin, est que le mal n'a pas d'existence propre. Il est simplement une absence ou une privation du bien, plutôt qu'une réalité positive.

Le mal comme épreuve : D'autres théologies, notamment dans le christianisme, voient le mal et la souffrance comme des épreuves qui permettent à l'humanité de grandir spirituellement. Cela est souvent associé à l'idée que la souffrance nous rapproche de Dieu et nous purifie.

Perspectives modernes

En philosophie contemporaine, le problème du mal reste débattu, souvent sous la forme du paradoxe d'Épicure, qui questionne la coexistence du mal avec un Dieu omnipotent et parfaitement bon. Certains penseurs modernes, comme Alvin Plantinga, défendent que le libre arbitre humain justifie l'existence du mal, tandis que d'autres proposent des solutions qui incluent l'idée d'un monde imparfait comme nécessaire pour l'évolution morale ou spirituelle.

1. LE MAL MORAL ET LE MAL NATUREL

En hébreu, le terme רַע (ra) désigne le mal moral et reflète tout ce qui est contraire à la volonté divine, à la vérité et à la justice. Le processus de conception du mal commence dans l'esprit, où des pensées maléfiques prennent forme. Ces pensées créent une impression mentale qui influence le subconscient. Dans la Bible et la théologie hébraïque, il est souvent souligné que la pensée précède l'action : lorsqu'une personne entretient des pensées contraires à la vérité et à la justice, elle « conçoit » le mal dans son cœur. Ce processus de conception interne nourrit et conditionne le subconscient, stimulant l'individu à transformer ces pensées en réalité, c'est-à-dire à pécher.

La Conception du Mal

Le terme הרה (harah), utilisé pour « concevoir », souligne que le mal commence dans la pensée, avant de se manifester physiquement ou moralement dans les actions. Une fois que ces pensées sont pleinement formées, elles peuvent « enfanter » (yalad) le péché, selon Jacques 1:15 : « La convoitise, lorsqu'elle a conçu, enfante le péché. » Cela signifie que le mal moral, lorsqu'il est nourri dans l'esprit, finit par se concrétiser en actes destructeurs.

L'Impact des Pensées Maléfiques

Ainsi, chaque pensée maléfique crée une image mentale, une vision qui impressionne et façonne le subconscient, le conditionnant à agir en conséquence. Ce processus est une chaîne où la pensée mène à l'action, et l'action, au péché. Cela souligne l'importance de surveiller et d'aligner nos pensées avec la vérité et la justice pour éviter de concevoir et d'enfanter le mal.

Le Mal Naturel

Le mal naturel, en revanche, englobe les catastrophes, les maladies et la souffrance physique, des événements qui semblent se produire indépendamment de la volonté humaine. Ce type de mal pose des questions plus complexes, car il ne semble pas avoir de cause directe dans le comportement humain. Ainsi, alors que le mal moral découle de choix conscients, le mal naturel résulte de forces ou d'événements extérieurs, suscitant des réflexions sur la nature de la souffrance et la providence divine.

2. L'origine du mal moral : la désobéissance

Selon les récits bibliques, l'origine du mal moral remonte à la désobéis-

La doctrine du péché

sance humaine dans le Jardin d'Éden. Dans Genèse 3, Adam et Ève choisissent de désobéir à Dieu en mangeant du fruit de l'arbre de la connaissance du bien et du mal, après avoir été tentés par le serpent. Cet acte de désobéissance a introduit le péché et la corruption dans le monde.

Expliquez Ce verset: *Je fais la paix et je crée le mal" soulève la question de savoir si cela signifie que Dieu crée le mal.*
La phrase dans Ésaïe 45:7 : « Je fais la paix et je crée le mal » soulève la question de savoir si cela signifie que Dieu crée le mal.

Pour comprendre cette phrase, il est essentiel de noter que dans l'Ancien Testament, "ra" n'a pas toujours une connotation de mal moral ; il peut également désigner des catastrophes ou des jugements que Dieu permet ou envoie pour accomplir Ses desseins. Dans ce verset spécifique, le contexte montre que Dieu affirme Sa souveraineté sur les événements du monde, y compris la paix (ou prospérité) et les désastres (ou calamités). Cela indique que, bien que Dieu soit en contrôle des calamités, cela ne signifie pas qu'Il crée le mal moral en tant que tel.

En effet, le mal moral est souvent le résultat du mauvais désir que nous portons en nous, qui nous pousse à agir contre la volonté divine. Ces désirs, lorsqu'ils sont nourris, entraînent des conséquences directes et destructrices dans nos vies et dans celles des autres. Ainsi, si Dieu est souverain sur le monde, la responsabilité du mal moral demeure dans les choix humains influencés par ces désirs.
Dieu n'est pas l'auteur du mal moral (En parlant du péché ou l'injustice), mais en tant que souverain de l'univers, Il permet ou ordonne certaines calamités ou jugements comme une réponse au péché ou comme partie de Son plan global. Cette vision est soutenue par d'autres passages qui affirment la justice et la bonté de Dieu, comme Jacques 1:13, qui dit : "Dieu ne peut être tenté par le mal et ne tente lui-même personne."

Conclusion:
Le verset d'Ésaïe 45:7 ne signifie pas que Dieu crée le mal moral, mais qu'Il est souverain sur toutes choses, y compris les événements difficiles ou calamiteux qui peuvent servir à accomplir Sa justice dans le monde.
En effet, le terme hébreu traduit par « mal » dans ce verset est רַע (ra), qui peut également signifier « calamité » ou « désastre » selon le contexte.

III - LA CONCEPTION BIBLIQUE DU PÉCHÉ

Pour définir la conception biblique du péché, il est utile de procéder à une étude des termes utilisés dans les deux Testaments pour le désigner. Les mots associés à l'idée de péché qu'à celle de la grâce. Trois mots seulement servent à exprimer le concept de grâce (chen et chesed dans l'Ancien Testament charis dans le Nouveau). En revanche, il y a au moins huit termes fondamentaux qui désignent le péché dans l'Ancien Testament, et une douzaine dans le Nouveau. Tous ces mots ensemble précisent les notions de base de la doctrine du péché.

1- Dans l'Ancien Testament

Chata: Sous ses diverses formes, ce terme revient 522 fois dans l'Ancien Testament. Dans son sens de base, *il signifie «manquer la cible»* et correspond au grec hamartia. Mais rater la cible, c'est aussi en atteindre une autre. Lorsqu'un tireur rate sa cible, son projectile frappe un autre objet. De la même façon. celui qui pèche et passe à côté de l'objectif fixé par Dieu atteint une autre cible. Le mot n'est donc pas chargé simplement d'une connotation passive. celle d'une cible manquée, il exprime aussi une oeuvre active, celle de frapper à tort.

L' Ancien Testament l'utilise pour parler du mal moral, de l'idolâtrie et des péchés rituels. Parmi les passages importants, signalons Exode 20:20: Juges 20:16 («manquer»); Proverbes 8:36 et 19:2,

Pescha* = Le terme. Contient l'idee de rebellion et il est egalement traduit par transgression. Voir 1 Rois 12:19; 2 Rois 3: 5; Proveres 28: 21. Esaie 1:2

Schagag = s' errer ou s egarer comme. Dans le cas d une brebis … le mot evoque l' erreur. dont l auteur Est responsable.

Ra: Le terme "ra", utilisé environ 444 fois dans la Bible, signifie principalement rupture ou ruine. Il désigne souvent des calamités et est fréquemment traduit par mal. Ce mot peut aussi indiquer quelque chose de nuisible ou moralement mauvais (ex. Genèse 3:5, 38:7; Juges 1:21). Dans Ésaïe 45:7, il est écrit : "Je forme la lumière et je crée les ténèbres, je fais la paix et je crée le mal; moi, l'Éternel, je fais toutes ces choses." Certains comprennent "ra" ici comme signifiant des calamités, tandis que d'autres le perçoivent comme le mal.

La doctrine du péché

Nous pouvons tirer plusieurs conclusions de l'étude du péché dans la Bible :

1- Le péché enfreint toujours une règle claire.
2- Le péché est une violation d'une norme divine établie, qu'il s'agisse 3- d'un commandement explicite ou d'une loi morale.
4- tout péché constitue une révolte contre Dieu et une transgression de Ses normes, qu'il soit sous l'influence de la tentation ou de manière ouverte et délibérée. Chaque acte de péché est une manifestation de rébellion contre l'autorité et les directives divines.

2- **Définition du Péché :**
Le péché peut être défini en utilisant divers termes qui capturent ses différentes dimensions dans l'Ancien et le Nouveau Testament. Bien que cette définition puisse être détaillée, elle se résume comme suit :

Cible manquée : L'échec à atteindre le standard divin.

Méchanceté : Actions malveillantes ou malintentionnées.

Rébellion : Opposition consciente aux lois et directives divines.

Iniquité : Comportement injuste ou immoral.

Égarement : Déviation de la voie correcte ou de la vérité.

Dérèglement : Perte d'ordre moral ou spirituel.

Perversion : Altération ou déviation grave de ce qui est juste.

Errance : Déviation de la voie juste ou du chemin de la vérité.

Impiété : Absence de respect pour Dieu ou ses lois.

Crime : Infraction grave contre la loi divine.

Anarchie : Refus de toute autorité ou loi divine.

Transgression : Violation des lois ou commandements de Dieu.

Ignorance : Manque de connaissance ou compréhension des lois divines.

Offense : Acte de mépris ou de violation contre les règles divines.

3- Comment expliquer 1 Jean 3:9

Pour expliquer 1 Jean 3:9 à la lumière des termes hébreux "chata" et "pesha", nous pouvons examiner comment ces concepts se rapportent à la compréhension néotestamentaire du péché et de la transformation : *1 Jean 3:9 : "Celui qui est né de Dieu ne pèche pas, car la semence de Dieu demeure en lui; il ne peut pécher, parce qu'il est né de Dieu."*

1. Chata (חָטָא)

<u>Signification</u> : Le terme "chata" se réfère généralement à "manquer le but" ou "erreur". Il implique une déviation par rapport à un standard ou objectif fixé, qui, dans le contexte biblique, est les commandements de Dieu. Application à 1 Jean 3:9 : Lorsque l'on considère "chata", le verset souligne que ceux qui sont nés de Dieu sont transformés de telle manière qu'ils ne vivent plus dans une erreur persistante ou une déviation des commandements de Dieu. Leur nouvelle nature rend incompatible le fait de persister dans de telles actions. En essence, la présence de la semence de Dieu (la nature divine) en eux les pousse à rechercher la justice et à éviter de manquer le but des attentes divines.

2. Pesha (פֶּשַׁע)

<u>Signification</u> : "Pesha" désigne la "transgression" ou la "rébellion". Il implique une violation volontaire des lois de Dieu et un acte de défi face à l'autorité divine.

<u>Application à 1 Jean 3:9</u> : À la lumière de "pesha", le verset met en avant que ceux qui sont nés de Dieu ne persistent pas dans des actes de rébellion volontaire ou de défi délibéré contre la loi de Dieu. La nouvelle naissance engendre une transformation qui aligne la volonté du croyant avec celle de Dieu, rendant la rébellion continue incompatible avec leur nouvelle nature. La "semence de Dieu" en eux favorise un cœur désireux d'obéir plutôt que de se rebeller. **En Résumé** Chata : Ceux qui sont nés de Dieu, ayant la semence divine en eux, sont transformés de telle manière qu'ils ne vivent plus dans une erreur persistante. Ils ne "manquent plus le but" comme mode de vie, car leur nouvelle nature est en accord avec les normes divines. Pesha : De même, cette transformation signifie qu'ils ne s'engagent pas dans "pesha"—la transgression ou la rébellion délibérée. Leur nouvelle nature les éloigne de la défaite habituelle et les conduit vers une vie d'obéissance. En somme, 1 Jean 3:9 indique que naître de Dieu entraîne un changement profond dans la nature de la personne, où le péché habituel (tant l'erreur que la rébellion) devient incompatible avec la nouvelle vie. Cette transformation reflète un changement intérieur qui impacte le comportement extérieur, conduisant à une vie alignée avec la justice de Dieu.

IV - QUELQUES CATÉGORIES DE PÉCHÉS
On peut regrouper les péchés mentionnés plus haut en catégories:

1. Les violations de la loi mosaique.

Le corban- illustre bien les péchés de cette catégorie (Mare 7:9-13). Le corban- est la transcription d'un terme hebreu qui signifie «don». Lorsqu'un fils déclarait corban la somme d'argent nécessaire au soutien de ses parents, les scribes l'exemptaient de ses devoirs à leur égard: or la loi imposait aux enfants de pourvoir aux besoins des parents agés. II semblerait même que le fils n était pas obligé de donner au temple toute la somme dévouée par corban. et qu'il pouvait l'utiliser pour lui-měme.

2. Les péchés manifestes
Bien que tous les péchés soient coupables, ils ne sont pas tous d'égale ampleur Certains péchés sont visiblement plus graves que d'autres. Le Seigneur met clairement ce principe en évidence lorsqu'il enseigne à propos de la paille et de la poutre (Matthieu 7:1-5) et lorsqu'il déclare que le péché de Caiphe, qui le livre à Pilate, est plus grave que celui de Pilate (Jean 19:11) Les péchés manifestes les plus graves incluent ceux de la langue. notamment ceux qui contestent les affirmations de Christ (Matthieu 12:22-37), ainsi que l'opposition déclarée aux messagers de Dieu et leur rejet (21:33-46).

3. Les mauvaises attitudes intérieures
Les actions extérieures ne font que traduire les
attitudes intérieures et la vraie nature de l'être humain. Le Seigneur a souvent mis le doigt sur le fait que le péché prend généralement racine dans le coeur de l'homme. Voir à ce propos Luc 12:13-15 ce d'u les mi su et Matthieu 20:20-22.

V - Les Conséquences du Péché dans l'Ancien Testament
Les Répercussions du Péché : Séparation et Jugement
Les conséquences du péché sont profondes et étendues, affectant à la fois les individus et les communautés. Ce chapitre explore ces répercussions à travers les Écritures.

Introduction
Le péché entraîne des conséquences significatives qui vont au-delà des individus pour toucher la communauté entière. L'Ancien Testament révèle comment ces conséquences se manifestent sous diverses formes.

1. La Séparation d'avec Dieu

Le péché crée une séparation entre Dieu et l'humanité, comme le montre Ésaïe 59:2 : « Mais vos iniquités mettent une séparation entre vous et votre Dieu, et vos péchés cachent sa face à vous pour qu'il ne vous écoute pas. » Cette séparation est une conséquence directe du péché. Le péché signifie séparation d'avec Dieu, et cette séparation implique la mort spirituelle.
En effet, la mort est la conséquence ultime du péché, car elle représente la rupture définitive de la relation avec Dieu, qui est la source de la vie.

2. Les Conséquences sur les Individus

Le péché a des répercussions individuelles, entraînant des souffrances et des épreuves. Nombres 14:33 dit : « Vos enfants seront des pasteurs dans le désert quarante ans, et porteront vos infidélités jusqu'à ce que vos cadavres soient consumés dans le désert. » Cette déclaration montre comment les péchés des ancêtres affectent les générations futures.

3. La Mort comme Conséquence du Péché

Le péché mène à la mort physique et spirituelle. Genèse 2:17 avertit : « Mais de l'arbre de la connaissance du bien et du mal, tu ne mangeras pas, car le jour où tu en mangeras, tu mourras. » Cette conséquence souligne la gravité du péché.

VI - LE POUVOIR DU PÉCHÉ DANS L'ANCIEN TESTAMENT ET L'ISSUE DE LA VICTOIRE

1. Le Pouvoir de Corrompre

Référence : Jérémie 17:9
Le péché corrompt profondément l'esprit et le cœur humains. Jérémie 17:9 affirme : « Le cœur est trompeur par-dessus tout, et il est incurable ; qui peut le connaître ? » Le péché déforme ainsi les intentions et les désirs, rendant difficile la compréhension de soi-même.

2. La Déformation du Caractère

Référence : Ézéchiel 18:30 : Le péché affecte le caractère et modifie les comportements. Ézéchiel 18:30 appelle à la repentance : « Repentez-vous et détournez-vous de toutes vos offenses. » Sans repentance, le péché façonne l'identité morale de l'individu.

3. La Mort Spirituelle
<u>Référence : Ézéchiel 18:4</u> : Le péché conduit à la mort spirituelle et à la séparation d'avec Dieu : « L'âme qui pèche est celle qui mourra. » Cette rupture avec Dieu est la conséquence ultime du péché non repentant.

4. La Victoire par la Grâce Divine
Référence : Genèse 15:6
La grâce divine permet la victoire sur le péché. Genèse 15:6 montre que la foi d'Abram lui fut imputée à justice, soulignant que la justification et la rédemption viennent par la foi et non par nos propres efforts.

VII - L'ENSEIGNEMENT DE CHRIST CONCERNANT LE PÉCHÉ

L'avarice Iuc 12:15) Sachant que c'est là le fond du problème de l'homme qui lui a demandé de régles le différend qui l'oppose à son frère, le Seigneur met la foule en garde contre péché d'avarice

Le blasphème (Matthieu 12:22-37) En attribuant à Satan les miracles que Jésus opérait, les pharisiens blasphémaient Ils auraient cependant pu rectifier leur situation en reconnaissant à juste titre le Christ pour ce qu'il était vraiment (vv.33-37: voir le chap.61 de ce livre pour une discussion plus approfondie sur le sujet)

L'iniquité Le terme « iniquité » dans la Bible désigne un type de péché qui reflète une injustice profonde, un manque de droiture, une inclinaison a faire le mal ou encore une rébellion contre Dieu et ses lois.
Dans l'Ancien Testament, l'iniquité (hébreu : avon) est souvent associée à la rébellion intentionnelle contre la volonté de Dieu. Elle va au-delà d'un simple péché de faiblesse ou d'ignorance et implique une corruption morale qui conduit à des actions injustes et délibérées.
Dans le Nouveau Testament, l'iniquité (grec : anomia) est souvent utilisée pour décrire ceux qui agissent sans loi ou en violation délibérée de la loi divine. Par exemple, dans Matthieu 7:23, Jésus parle de ceux qui pratiquent l'iniquité : « Je leur dirai ouvertement : Je ne vous ai jamais connus, retirez-vous de moi, vous qui commettez l'iniquité. »

La transgression de la loi (Matthieu 15:3-6) Pour ne pas devoir prendre soin de leurs parents agés, les scribes avaient imaginé le stratagème suivant: ils consacraient au temple l'argent qui aurait dû revenir à leurs parents, afin de le récupérer ultérieurement. Le Seigneur indique fermement que cette pratique constitue une violation flagrante du commandement d'honorer ses parents.

Le fait d'être une occasion de chute (Matthieu 18:6) Faire quoi que ce soit qui incite autrui à pécher, c'est déjà commettre un péché

La deloyauté (Matthieu 8:19.22) Faire passer son confort, et même ses devoirs légitimes, avant Christ. c'est pécher.
L'immoralité (Matthicu S:27-32) Ce péché peut se commettre dans le corps, dans le coeur et dans le mariage

La stérilite spirituelle (Jean 15:16) Comme les croyants sont appelés à porter du fruit, son absence serait contraire à la volonté divine.

La Doctrine du Péché

Les péchés de parole (Matthicu 5:33-37; 12:36) Le Seigneur souligne le danger du parjure, qui consiste à ne pas tenir un engagement pris sous serment. Il avertit aussi que nous serons jugés pour toute parole inutile que nous aurons prononcée

Le Meurtre : Acte de tuer un autre être humain, considéré comme une grave violation de la loi divine (voir Exode 20:13 ; Matthieu 5:21-22).

La vantardise (Matthicu 6:1-18) naginé enir à eimcn onore Afficher une prétendue piété. c'est pécher. C'est le piège que représentent cer- taines bonnes œuvres, comme l'aumone, la prière et le jeûne, lorsqu'elles sont pratiquées dans le but de gagner les louanges des hommes plutôt que l'approbation de Dieu.

Le manque de foi (Matthieu 6:25) L'anxiété à propos des besoins person- nels traduit un manque de foi dans la pro- vidence divine enir à

Une gestion irresponsable (Matthieu 25:14-30; Luc 19:11-27) Les deux paraboles illustrent:

1- le besoin d'une gestion responsable de la part des disciples de Christ. Les talents représentent les
différentes aptitudes confiées à dif férents individus, alors que les mines dont chaque personne
reçoit la même quantité représentent les occasions que la vie elle-même offre.

2- Les serviteurs qui ne font pas un bon usage des talents et des mines sont chatiés pour leur conduite irresponsable. La négligence dans la prière (Luc 18:1-8) Nous devons prier en tout temps et ne jamais nous relâcher. Je suis sûr qu'on pourrait allonger cette liste, mais elle met déjà clairement en relief le grand nombre de péchés que le Seigneur a dénoncés.
La colère (Matthien 5:22) Le Seigneur met en garde contre la colère qui peut conduire au
L'orgueil (Matthieu 20:20-28; Luc 14:7-11) La recherche d'une position élevée ou de places de choix ne devrait pas venir à l'esprit du vrai serviteur

LE PÉCHÉ DE L'ORGUEIL

L'orgueil, dans cette perspective, devient non seulement dangereux, mais profondément trompeur parce qu'il pousse une personne à prendre la place qui appartient à Dieu en revendiquant une autorité ou une suffisance qui ne lui est pas légitime. Selon les Écritures et la théologie chrétienne, Dieu seul possède l'autorité, la sagesse et la connaissance parfaites. Ces attributs divins confèrent à Dieu un pouvoir souverain et une compréhension totale que l'homme, limité par sa condition, ne peut atteindre.

L'orgueil, dans ce contexte, trompe l'individu en lui faisant croire qu'il peut être autosuffisant, tout-puissant, ou tout-sachant, comme s'il n'avait pas besoin de Dieu ou des autres. Cela mène à un sentiment de fausse invincibilité, où l'on pense être "droit dans son chemin", croyant tout savoir et avoir tous les droits pour soi-même. Cette illusion amène à des actions imprudentes et parfois destructrices, car la personne orgueilleuse oublie ou nie sa propre faiblesse et dépendance.

En réalité, nous partageons tous les mêmes fragilités humaines – nos limitations, notre dépendance mutuelle, et notre besoin de Dieu. L'orgueil, en effaçant cette conscience de dépendance, nous coupe non seulement des autres, mais aussi de Dieu, qui est la source de toute sagesse, autorité et connaissance. Il est donc crucial de reconnaître que la sagesse humaine est toujours limitée, et que l'orgueil empêche l'ouverture à la vraie sagesse, celle qui vient de Dieu.

Proverbes 16:18 nous avertit : "L'orgueil précède la ruine, et l'esprit hautain, la chute." C'est une illustration parfaite de la manière dont l'orgueil aveugle les individus, les amenant à croire qu'ils sont invulnérables, alors qu'en réalité ils s'approchent de leur propre chute. Se reconnaître humble, faible, et dépendant permet de rester aligné avec la vérité divine et la vraie sagesse, plutôt que de suivre un chemin trompeur de fausse suffisance.

L'orgueil des pharisiens est un exemple frappant de ce danger spirituel. Ils se croyaient supérieurs, non seulement par rapport au peuple juif qu'ils étaient censés guider, mais aussi par rapport à Jésus lui-même, ce qui révèle l'une des formes les plus destructrices de l'orgueil spirituel. Les pharisiens, à cette époque, étaient des leaders religieux respectés, mais leur orgueil était ancré dans leur position sociale et leur respect scrupuleux des lois religieuses. Ils pensaient être moralement supérieurs, mieux éclairés et plus justes que ceux qu'ils dirigeaient. Cependant, cet orgueil spirituel les rendait aveugles à la vérité et à leur propre besoin de repentance. Cela les empêchait de reconnaître Jésus comme le Messie et de comprendre la profondeur de la grâce de Dieu, car ils croyaient que leur observance extérieure des lois suffisait pour leur justice. Jésus a averti ses disciples de "se méfier du levain des pharisiens" (Luc 12:1), qui représente leur hypocrisie et leur orgueil. Il dénonçait cette fausse piété qui masque une âme orgueilleuse, gonflée d'une haute estime de soi et aveuglée par une façade de sainteté. En réalité, leur cœur était loin de Dieu, malgré leurs apparences de religiosité.

Le problème de l'orgueil spirituel des pharisiens était qu'ils utilisaient la religion pour se glorifier eux-mêmes au lieu de glorifier Dieu. Ils mettaient un voile de sainteté sur leur comportement, mais leur cœur était rempli de déloyauté et de mépris pour les autres, y compris pour le Christ. Leur fierté dans leur connaissance des Écritures et leur position sociale les a enfermés dans un aveuglement spirituel, leur empêchant de recevoir la véritable sagesse de Dieu. l'orgueil peut mener à penser qu'on est meilleur que les autres, même en matière de foi et de moralité. Cet orgueil conduit à juger les autres sévèrement tout en se donnant une fausse sécurité dans ses propres œuvres. C'est un péché dangereux car il éloigne de Dieu et ferme le cœur à la vérité.

L'humilité, par contre, nous permet de voir notre propre fragilité et de reconnaître que toute justice et toute grâce viennent de Dieu, et non de nos propres œuvres. Jésus a constamment prêché contre cette attitude orgueilleuse, en appelant au repentir et à la reconnaissance de notre dépendance totale à Dieu pour notre salut.

Luc 18:14 résume bien cela : "Car quiconque s'élève sera abaissé, et celui qui s'abaisse sera élevé." Les pharisiens, par leur orgueil, s'étaient élevés eux-mêmes, mais Jésus nous enseigne que c'est par l'humilité que nous accédons à la vraie justice et à la communion avec Dieu.

Fiche de la Leçon #1 : Le Danger de l'Orgueil Spirituel

Texte d'Or: Luc 18:14 – "Car quiconque s'élève sera abaissé, et celui qui s'abaisse sera élevé."

Versets d'Appui: Luc 12:1 – Proverbes 16:18 – Matthieu 23:12 Proverbes 11:2, Jacques 4:6, Matthieu 23:12, Philippiens 2:3, Ésaïe 57:15.

Points de Discussion
1- Types d'Orgueil :
Orgueil de Connaissance : Se vanter de ses compétences, souvent au détriment des autres.
Orgueil Moral : Se croire moralement supérieur, jugeant sévèrement les autres.
Orgueil de Position : Se sentir supérieur grâce à son statut ou à son autorité.
Orgueil Spirituel : Se considérer plus proche de Dieu en raison de ses pratiques religieuses.
Orgueil de Réussite : Se glorifier de ses accomplissements sans reconnaître l'aide des autres.
Orgueil de Beauté : Se concentrer sur l'apparence physique, conduisant à un jugement hâtif.
Orgueil d'Indépendance : Croire pouvoir tout faire seul, négligeant l'aide des autres et de Dieu.

2- L'Orgueil des Pharisiens et Conséquences : Les pharisiens étaient des leaders religieux qui se croyaient supérieurs par leur observance des lois. Leur orgueil spirituel les a conduits à rejeter Jésus et à ignorer leur propre besoin de repentance. Cet orgueil a engendré une hypocrisie qui a obscurci leur cœur, les éloignant de la véritable communion avec Dieu. Ils utilisaient la religion pour se glorifier, ce qui a finalement conduit à leur chute spirituelle.

3- L'Appel à l'Humilité : Jésus enseigne que l'humilité est essentielle pour une relation authentique avec Dieu. En reconnaissant notre dépendance à Son égard, nous nous ouvrons à Sa grâce et à Sa vérité. L'humilité nous aide à voir nos faiblesses, à traiter les autres avec respect et à éviter les jugements. C'est par l'humilité que nous accédons à la véritable justice et à la communion avec Dieu.

SERVIR DIEU OU MAMMON

Mammon, représentant l'avidité et l'attachement excessif aux richesses, est un obstacle majeur à une vie spirituelle équilibrée. En effet, l'amour de l'argent pousse souvent à l'idolâtrie, comme Jésus l'indique dans Matthieu 6:24 : « Vous ne pouvez servir Dieu et Mammon. » Cet attachement mène à des comportements égoïstes, encourageant des péchés tels que la tromperie, l'injustice, et l'exploitation des autres. Pour éviter de tomber sous l'emprise de Mammon, il est essentiel de cultiver le détachement des biens matériels, en plaçant Dieu au centre de nos priorités. Voici une liste de vérification personnelle : :

Les Attitudes Qui Montrent Qu'on Sert Mammon

Servir Mammon consiste à laisser l'argent et les biens matériels dominer nos priorités et comportements. Voici quelques exemples révélateurs de cet attachement :

<u>Obsession pour l'accumulation des richesses</u> : Se concentrer uniquement sur l'enrichissement, au détriment des relations et de la spiritualité, montre une dépendance à l'argent. Par exemple, une personne qui travaille sans relâche pour accumuler des biens sans se soucier des autres.

<u>Sécurité dans les possessions</u> : Trouver sa sécurité dans ses biens, comme investir massivement dans des propriétés ou des objets de luxe, reflète une foi excessive dans les choses matérielles.

<u>Sacrifice des valeurs pour des gains</u> : Mentir, tricher ou exploiter les autres pour de l'argent, comme dans la corruption ou l'évasion fiscale, démontre que l'argent est devenu prioritaire.

<u>Jeu et paris</u> : Le gambling illustre une dépendance à Mammon, en cherchant à s'enrichir rapidement, souvent avec des conséquences destructrices.

<u>Prêt non remboursé et non-paiement de salaires</u> : Refuser de rembourser une dette ou retenir injustement le salaire des employés témoigne d'une exploitation et d'un attachement à l'argent au détriment de la justice.

<u>Endettement et consommation compulsive</u> : Vivre au-dessus de ses moyens et s'endetter pour obtenir un statut social reflète une subordination à Mammon.

Ces comportements montrent comment le service à Mammon peut infiltrer nos vies, nous éloignant des priorités spirituelles et des principes de justice, d'amour et de compassion. L'appel biblique à « ne pas amasser des trésors sur la terre » (Matthieu 6:19) nous rappelle que la véritable richesse se trouve dans notre relation avec Dieu et non dans les biens éphémères de ce monde. Pour contrer cette influence, il est essentiel de recentrer nos valeurs sur ce qui est juste et honorable, en faisant passer la générosité et l'éthique avant le profit.

Auto-Évaluation : Réfléchir à Votre Relation avec la Richesse et la Spiritualité

Suis-je plus préoccupé par l'accumulation de richesses que par ma relation avec Dieu ?

Est-ce que je prends des décisions qui compromettent mes valeurs morales pour obtenir des gains matériels ?
Suis-je généreux et prompt à aider ceux dans le besoin ?
Est-ce que je trouve ma sécurité principalement dans mes possessions matérielles ou dans ma foi en Dieu ?
Est-ce que je ressens de l'envie ou de la jalousie envers ceux qui ont plus de richesses que moi ?
Est-ce que je perds la paix intérieure lorsque je manque d'argent ou que mes finances sont instables ?
Comment je réagis lorsque Dieu me demande de donner ou de partager une partie de mes ressources avec les autres ?
Mes ambitions financières m'éloignent-elles des priorités spirituelles, comme la prière, la lecture de la Bible ou le service envers les autres ?
Est-ce que je compare constamment mes possessions à celles des autres ?
Ai-je tendance à voir les personnes à travers le prisme de leur richesse ou de leur statut social ?
Est-ce que je consacre plus de temps à planifier des moyens d'accroître mes biens qu'à prier ou méditer sur la Parole de Dieu ?
Est-ce que j'utilise mes ressources pour promouvoir la justice, la charité, et l'expansion du royaume de Dieu, ou simplement pour mon propre confort et ma sécurité ?

LA DOCTRINE DU PÉCHÉ

Fiche de la Leçon 2
Titre : Le Danger de l'Argent et le Service à Mammon
Texte d'Or : 1 Timothée 6:10 Et Matthieu 6:24 : « *Nul ne peut servir deux maîtres... Vous ne pouvez servir Dieu et Mammon.* » *Car l'amour de l'argent est la racine de tous les maux...* »

Versets d'Appui : Proverbes 11:28 : « Celui qui se confie dans ses richesses tombera ; mais les justes verdiront comme le feuillage. » Ecclésiaste 5:10 : « Jacques 5:4

Points de Discussion :
1- L'Amour de l'Argent : Racine de Tous les Maux :
L'obsession pour l'argent est une tentation qui peut conduire à la destruction spirituelle et morale. L'amour de l'argent est présenté dans la Bible comme la source de nombreux péchés, détournant les cœurs de Dieu vers Mammon.
2-Servir Mammon Plutôt que Dieu :
Lorsque l'argent devient une priorité, il peut facilement prendre la place de Dieu dans nos vies. Cela se manifeste par des comportements contraires aux enseignements bibliques, comme l'avidité, la fraude, le refus de payer des dettes ou des salaires dus.
3-Les Conséquences Spirituelles :
La recherche excessive de l'argent conduit à des pratiques immorales comme l'exploitation des autres, la tricherie, et le jeu. Ces actions révèlent une dévotion à Mammon plutôt qu'à Dieu, et entraînent des conséquences spirituelles graves.

Application:
Cultiver la Générosité et l'Intégrité : La Bible nous encourage à être généreux et justes dans l'usage de nos biens. Plutôt que d'accumuler pour soi-même, il est essentiel d'utiliser nos ressources pour bénir les autres et contribuer au bien commun. Cela reflète le cœur de Dieu.

Prière : « Seigneur, garde nos cœurs loin de l'amour de l'argent. Aide-nous à utiliser nos ressources avec sagesse et générosité, en Te servant fidèlement. Renforce notre foi et notre contentement en Toi. Au nom de Jésus, Amen. »

VIII. PORNEIA - UN CONCEPT DE SEXUALITÉ IMMORALE

Définitions et Origines
Le terme "porneia," provenant du grec, se traduit généralement par "prostitution" et englobe une variété d'activités sexuelles jugées immorales dans le contexte biblique. À l'origine, "porne" signifie "prostituée," et le mot est utilisé dans le Nouveau Testament pour désigner <u>des comportements</u> tels que l'adultère, la fornication, et d'autres relations sexuelles hors du mariage.

<u>Contextes Bibliques:</u> Bien que "porneia" ne figure pas explicitement dans l'Ancien Testament, des concepts similaires sont présents. Des termes hébreux comme "zanah" (fornication) et "na'af" (adultère) soulignent les comportements inacceptables selon la loi mosaïque. Des passages clés incluent : Lévitique 20:10 : "Si un homme commet un adultère avec la femme d'un autre, l'adultère et la femme adultère seront punis de mort." Deutéronome 22:22 : "Si un homme est trouvé couché avec une femme mariée, ils mourront tous deux."
Dans le Nouveau Testament, "porneia" est souvent mentionné. Par exemple, dans Matthieu 5:32, Jésus souligne que quiconque divorce pour des raisons autres que l'infidélité commet un péché, en utilisant le terme pour insister sur la gravité de l'adultère.

<u>Dimensions de la Porneia:</u> Sexualité hors du Mariage.
Au cœur de "porneia" se trouve l'idée de relations sexuelles en dehors des liens sacrés du mariage. Cela inclut des actes comme la fornication et l'adultère, qui sont vus comme contraires au plan divin.

<u>Idolâtrie Spirituelle:</u> Dans plusieurs passages, "porneia" est liée à l'idolâtrie. Par exemple, dans Apocalypse 2:14, Jésus reproche à certaines églises d'accepter des enseignements qui entraînent l'immoralité sexuelle, montrant que ces actes sont perçus comme une trahison envers Dieu.

<u>Conséquences Sociales et Communautaires:</u> Les comportements désignés par "porneia" peuvent provoquer des divisions et des souffrances au sein des communautés. L'immoralité sexuelle affaiblit les liens sociaux et nuit à la cohésion de la communauté.

FICHE DE LA LEÇON # 3

Titre : Porneia : Un Concept de Sexualité Immorale

Texte d'Or : 1 Corinthiens 6:18 : « *Fuyez l'impudicité. Quelque péché que commette un homme, c'est hors du corps qu'il le fait ; mais celui qui se livre à l'impudicité pèche contre son propre corps.* »

Versets d'Appui : Matthieu 5:32_Lévitique 20:10__Deutéronome 22:22__ Apocalypse 2:14

Points de Discussion

1- Définitions et Origines et
<u>Contextes Bibliques</u> :
Ancien Testament : hébreux comme "zanah" (fornication) et "na'af" (adultère).
<u>Exemples</u> : Lévitique 20:10_ Deutéronome 22:22 _Matthieu 5:32,

2- <u>Dimensions de la Porneia</u> :
Sexualité hors du Mariage : fornication et l'adultère.
Idolâtrie Spirituelle : Dans Apocalypse 2:14, "porneia" est liée à l'idolâtrie, où les comportements immoraux sont vus comme une trahison envers Dieu.

Implications de "Porneia"
<u>L'Indécence Vestimentaire</u>
Indécence : Se réfère à des vêtements ou à une présentation qui sont jugés inappropriés selon des normes culturelles ou religieuses. Cela peut inclure des tenues révélatrices ou provocantes qui attirent l'attention de manière inappropriée.

Prière:
« Seigneur, aide-nous à comprendre la gravité du péché de porneia. Donne-nous la force de vivre dans la pureté et l'engagement selon Tes préceptes. Que notre vie soit un témoignage de Ta lumière dans ce monde. Au nom de Jésus, Amen. »

La doctrine du péché
IX. IMPUDICITÉ - UN MANQUE DE DÉCENCE ET DE MORALITÉ

<u>Définitions et Origines:</u> L'impudicité désigne un comportement immoral, souvent associé à un manque de modestie et à des actions jugées indécentes. Le terme est souvent utilisé dans des contextes qui dépassent les simples actes sexuels, englobant des attitudes générales envers la sexualité. Dans Galates 5:19, l'impudicité est mentionnée comme l'une des œuvres de la chair.

<u>Contextes Bibliques</u>
Des références clés à l'impudicité se trouvent dans le Nouveau Testament : Éphésiens 5:3 : "Que l'impudicité, ni aucune espèce d'impureté, ni la cupidité, ne soient même pas nommées parmi vous."
Colossiens 3:5 : "Faites mourir donc les membres qui sont sur la terre : l'impudicité, l'impureté, les passions, les mauvais désirs."
Ces passages soulignent l'importance de maintenir des comportements appropriés et dignes dans nos vies.

<u>Dimensions de l'Impudicité:</u> Comportements Sexuels Indécents
L'impudicité inclut des actes sexuels qui manquent de respect envers soi-même et envers les autres, comme des relations sans engagement.

<u>Attitudes et Apparences</u>
Au-delà des actes, l'impudicité englobe aussi la façon de s'habiller et de se comporter en public. Porter des vêtements provocants ou adopter des attitudes suggestives peut être considéré comme impudique.

<u>Répercussions Sociales</u>
Les comportements d'impudicité affectent non seulement l'individu, mais également la communauté. L'absence de respect des normes de décence peut entraîner des tensions et des malentendus.

Conclusion:
L'impudicité représente un défi moral qui va au-delà des actes sexuels, touchant à la façon dont nous percevons et vivons notre sexualité. Les Écritures nous appellent à la modestie et à la décence, tant dans nos comportements que dans notre présentation au monde. En ce sens, l'impudicité nous invite à réfléchir profondément sur notre façon de vivre et d'interagir avec autrui, en nous rappelant l'importance des valeurs morales dans nos relations.

Questions

1- <u>Définitions Claires</u>: Comment définiriez-vous "porneia" et "impudicité" ? Quelles nuances existe-t-il entre ces deux termes dans le contexte biblique ?

2- <u>Origines Culturelles</u>: Quelles sont les origines culturelles de ces deux concepts ? Comment leur compréhension a-t-elle évolué au fil du temps ?

3- <u>Contexte Scripturaire</u>: Dans quels passages spécifiques de la Bible les termes "porneia" et "impudicité" sont-ils utilisés ? Comment ces passages éclairent-ils la compréhension de chacun de ces termes ?

4- <u>Dimensions Éthiques</u>: Quelles implications éthiques découlent de la pratique de "porneia" par rapport à l'impudicité ? Comment ces comportements affectent-ils les relations interpersonnelles et la communauté ?

5- <u>Implications Spirituelles</u>: En quoi "porneia" est-elle considérée comme une offense contre Dieu par rapport à l'impudicité ? Quelle est la gravité de chacune de ces transgressions spirituelles ?

6- <u>Conséquences Sociales</u>: Quels impacts sociaux peuvent résulter de l'acceptation ou de la normalisation de comportements associés à "porneia" et à l'impudicité dans une communauté ?

7- <u>Résistance et Repentance</u>: Quelles stratégies peuvent être mises en place pour résister à ces comportements ? Comment la repentance est-elle abordée dans les Écritures en relation avec ces concepts ?

8- <u>Réflexion Personnelle</u>: Comment les croyants d'aujourd'hui peuvent-ils appliquer les enseignements bibliques sur "porneia" et "impudicité" dans leur vie quotidienne ? Quels changements pourraient-ils envisager ?

9- <u>Influence Culturelle</u>: Dans quelle mesure la culture contemporaine influence-t-elle notre compréhension de la moralité sexuelle, et comment cela se compare-t-il aux enseignements traditionnels sur "porneia" et "impudicité" ?

FICHE DE LA LEÇON #3

Titre : Impudicité : Un Manque de Décence et de Moralité

Texte d'Or : Galates 5:19 : « *Or, voici les œuvres de la chair : ce sont l'impudicité, l'impureté, la débauche.* »
Versets d'Appui : Éphésiens 5:3__1 Thessaloniciens 4:3
1 Corinthiens 6:9-10

Points de Discussion

1- <u>Définitions et Origines :</u>
Le terme évoque également un mépris des conventions morales et éthiques dans le domaine des relations intimes.
Contextes Bibliques : Éphésiens 5:3 : « Que l'impudicité, l'impureté ou la cupidité ne soient même pas nommées parmi vous, comme il convient à des saints. »
1 Thessaloniciens 4:3 : « Car ce que Dieu veut, c'est votre sanctification : c'est que vous vous absteniez de l'impudicité. »

2- <u>Dimensions de l'Impudicité :</u>
Manque de Décence : L'impudicité implique un comportement qui transgresse les limites de la décence personnelle et publique. Cela inclut des gestes ou des attitudes qui ne respectent pas les normes morales.

Implications de l'Impudicité

L'impudicité se réfère à un manque de décence, à des comportements sexuels jugés inappropriés ou indécents. Dans la Bible, cela peut inclure des relations sexuelles en dehors du mariage, y compris l'adultère et d'autres comportements jugés immoraux.

Prière:

Seigneur Dieu,
Je viens devant Toi, reconnaissant mes faiblesses. Pardonne-moi pour les moments où j'ai manqué à la pureté et à la moralité. Donne-moi la force de résister aux tentations et le discernement pour éviter les influences néfastes.

Aide-moi à restaurer ce qui a été brisé par mes choix et fais de moi un témoin de Ta grâce. Je Te confie mes luttes et Te demande de guider mes pas sur le chemin de la justice. Au nom de Jésus.

X. LE PÉCHÉ DU TRAVESTISSEMENT ET DIFFÉRENCES CULTURELLES

Introduction
Le travestissement, ou le fait de s'habiller de manière à se présenter comme appartenant à un genre différent de celui assigné à la naissance, soulève des questions complexes dans le cadre des enseignements bibliques et des normes culturelles. Alors que certaines traditions religieuses considèrent cela comme un péché, d'autres sociétés peuvent avoir des attitudes plus nuancées.

Perspectives Bibliques
Dans la Bible, le travestissement est souvent lié à des notions de décence et d'ordre divin. Par exemple, dans Deutéronome 22:5, il est écrit : "Une femme ne portera pas un habillement d'homme, et un homme ne portera pas un habillement de femme ; car quiconque fait cela est en abomination à l'Éternel, ton Dieu." Ce verset est souvent cité pour justifier l'opposition au travestissement.

Interprétations
Contexte Historique
Ce passage reflète des normes culturelles spécifiques de l'époque où les rôles de genre étaient clairement définis. Le travestissement était souvent associé à des pratiques idolâtres et à des comportements immoraux.

Symbolisme Spirituel
Le travestissement peut être perçu comme une transgression de l'ordre créé par Dieu, touchant non seulement à l'identité personnelle, mais aussi à la compréhension de la masculinité et de la féminité dans le cadre de la foi chrétienne.

Écrits de l'Apôtre Paul
L'apôtre Paul aborde également des questions similaires dans ses épîtres. Dans 1 Corinthiens 11:5-6, il stipule que toute femme qui prie ou prophétise les cheveux découverts déshonore sa tête, suggérant que l'habillement est un reflet de l'ordre moral et spirituel. Paul souligne l'importance de respecter les distinctions de genre, les considérant comme essentielles à la moralité chrétienne.

Différences Culturelles
Attitudes Variées
Dans certaines cultures, le travestissement est accepté voire célébré, comme dans les traditions du carnaval ou dans les arts de la scène, où les rôles de genre sont souvent inversés pour des raisons esthétiques ou comiques. Dans d'autres sociétés, cela peut entraîner des stigmates sociaux importants.

Identité et Expression
Dans des contextes modernes, des mouvements tels que ceux pour les droits LGBTQ+ défendent le droit à l'expression de genre. Les personnes qui s'identifient comme transgenres ou non binaires revendiquent souvent leur droit à s'habiller selon leur identité de genre, ce qui peut être en contradiction avec des interprétations traditionnelles des textes sacrés.

Réponses Religieuses
Les réactions à l'égard du travestissement varient au sein des communautés religieuses. Certaines églises adoptent une approche d'accueil et de compréhension, tandis que d'autres maintiennent des positions fermes contre toute forme de travestissement, la considérant comme un péché moral.

Conclusion:
Le péché du travestissement et ses implications culturelles sont des sujets complexes qui nécessitent une approche nuancée. Alors que les Écritures condamnent le travestissement dans un contexte historique précis, les attitudes contemporaines varient considérablement en fonction des cultures et des croyances. Les discussions autour de ce sujet peuvent enrichir notre compréhension des rôles de genre et de l'identité, ainsi que des valeurs morales et spirituelles que nous choisissons d'adopter.

XI. LA NATURE DU PÉCHÉ ET LE BESOIN DE RÉDEMPTION

Dans le récit biblique, la notion de péché est fondamentale pour comprendre la relation entre Dieu et l'humanité. Le péché, en tant que désobéissance à la volonté divine, a créé un fossé entre Dieu et les hommes, nécessitant un moyen de réconciliation. Ce besoin de rédemption est au cœur des sacrifices de l'Ancien Testament, qui visent à restaurer cette relation brisée.

Le Péché : Une Réalité Universelle
Le péché est décrit dans la Bible comme une condition humaine universelle. Romains 3:23 affirme : « Tous ont péché et sont privés de la gloire de Dieu. » Cette déclaration souligne que chaque individu, sans exception, est sujet au péché, entraînant une séparation de la présence divine. Cette séparation a des conséquences profondes, tant spirituelles que relationnelles, conduisant à la nécessité d'un moyen de rédemption.

Les Conséquences du Péché: Le péché engendre non seulement une rupture de communion avec Dieu, mais aussi une série de conséquences dans la vie quotidienne des individus et des communautés. La souffrance, la douleur et la mort sont des réalités résultant du péché. Ainsi, l'humanité cherche désespérément un moyen de retrouver la paix avec Dieu et d'expier ses fautes.

La Révélation du Plan de Dieu: Dans ce contexte de besoin, Dieu, dans sa miséricorde, a révélé un plan de rédemption à travers l'Ancien Testament. Les sacrifices et les rituels, tels que ceux prescrits dans Lévitique, deviennent alors des moyens pour le peuple d'Israël d'approcher Dieu, de confesser leurs péchés et de rechercher le pardon. Ces rituels sont ancrés dans une compréhension de la gravité du péché et de l'importance de la purification.

La Fonction des Sacrifices
Les sacrifices de l'Ancien Testament étaient conçus pour établir une connexion entre le peuple et Dieu. Ils permettent de reconnaître le péché, d'exprimer le repentir et de manifester la foi en la miséricorde divine. Cependant, ces sacrifices ne peuvent qu'offrir une purification temporaire et symbolique, préfigurant ainsi la nécessité d'un sacrifice ultime.

XII. LA RÉDEMPTION À TRAVERS LES SACRIFICES

Description
Les sacrifices de l'Ancien Testament, comme décrits dans Lévitique, jouent un rôle crucial dans le processus de rédemption temporaire. Ces sacrifices sont offerts pour couvrir les péchés du peuple d'Israël et restaurer la relation entre Dieu et l'humanité. Cependant, ces sacrifices, bien que nécessaires, ne sont pas suffisants pour offrir une rédemption complète et permanente. Ils permettent une purification symbolique, mais ne peuvent pas éliminer totalement le péché.
Verset Clé Hébreux 10:4 – « Il est impossible que le sang des taureaux et des boucs ôte les péchés. »

Fonction
Les sacrifices de l'Ancien Testament préfigurent le sacrifice ultime de Jésus-Christ. Ils étaient des symboles et des préfigurations de la rédemption nécessaire, soulignant la gravité du péché et le besoin d'un moyen de purification. Cependant, ces sacrifices ne pouvaient pas accomplir pleinement la purification des péchés et étaient donc temporaires et insuffisants pour offrir une rédemption complète et éternelle.

Le Pardon et la Réconciliation
Le système des sacrifices permettait aux Israélites de rechercher le pardon et de restaurer leur relation avec Dieu. Les sacrifices étaient un moyen de démontrer la foi et l'obéissance, conduisant à la réconciliation avec Dieu.

Signification Spirituelle
Les sacrifices n'étaient pas seulement des rites externes ; ils avaient une signification profonde. Ils exprimaient la reconnaissance des péchés, la foi en la miséricorde de Dieu et le désir de purification. Cependant, ils n'étaient pas une solution permanente. Comme le souligne Hébreux 10:4, « Il est impossible que le sang des taureaux et des boucs ôte les péchés. » Ils préfiguraient le sacrifice ultime de Jésus-Christ pour l'expiation définitive des péchés.

Conclusion Le système des sacrifices dans l'Ancien Testament représente une approche importante de la réconciliation avec Dieu. Il établit un modèle de repentance, de foi et de pardon, tout en préfigurant la rédemption ultime par le sacrifice de Christ.

XIII. LE PROPITIATOIRE : LE TRÔNE DE LA MISÉRICORDE

Description: Le propitiatoire, également connu sous le nom de "siège de miséricorde", est le couvercle de l'Arche de l'Alliance. Fabriqué en or pur et orné de deux chérubins sculptés, il est situé dans le Saint des Saints, le lieu le plus sacré du Tabernacle (et plus tard du Temple). Le propitiatoire est l'endroit où Dieu se manifeste pour rencontrer le grand prêtre, et où les sacrifices étaient offerts pour obtenir le pardon des péchés du peuple.

Verset Clé: Exode 25:22 – « C'est là que je te rencontrerai, et c'est là que je te parlerai de tout ce que je t'ordonnerai pour les enfants d'Israël. »

Fonction
Le propitiatoire est un symbole puissant de la miséricorde divine. Il représente le lieu de rencontre entre Dieu et l'humanité, facilitant la réconciliation par le sacrifice expiatoire. Ce couvercle doré, avec les chérubins, est considéré comme le lieu où la présence de Dieu réside et où la grâce divine est manifestée.

Yom Kippour : Le Jour des Expiations
Description
Yom Kippour est le jour le plus sacré du calendrier juif, observé le 10e jour du mois hébreu de Tichri. Ce jour est entièrement consacré à la repentance, au jeûne et à la prière. Les Juifs passent la journée à jeûner, se livrer à des prières intensives, et confesser leurs péchés. Les rituels incluent des prières spécifiques pour demander pardon et chercher la purification spirituelle.

Pratiques Modernes
Aujourd'hui, Yom Kippour est marqué par un jeûne de 25 heures, durant lequel les fidèles s'abstiennent de nourriture et de boisson, ainsi que par des prières continues dans les synagogues. Les Juifs utilisent ce temps pour réfléchir sur leurs actions passées, demander pardon pour les péchés commis, et chercher à être inscrits dans le "Livre de la Vie" pour l'année à venir.

6. La Rédemption Accomplie en Christ

Dans le Nouveau Testament, Jésus-Christ est présenté comme le Rédempteur ultime, dont le sacrifice sur la croix accomplit et remplace les sacrifices de l'Ancien Testament. Par sa mort et sa résurrection, Jésus offre une rédemption complète et parfaite à tous ceux qui croient en lui. Cette rédemption est fondée sur la foi en Jésus-Christ et la grâce de Dieu, et elle est disponible à tous les croyants.

Verset Clé Jean 3:16 – « Car Dieu a tant aimé le monde qu'il a donné son Fils unique, afin que quiconque croit en lui ne périsse point, mais qu'il ait la vie éternelle. »

Fonction:
La rédemption en Christ est totale et éternelle. Par son sacrifice, Jésus a payé le prix ultime pour les péchés de l'humanité, offrant ainsi le pardon complet et une nouvelle relation restaurée avec Dieu. Cette rédemption est accessible à tous et ne nécessite aucun autre sacrifice, car le sacrifice de Jésus est suffisant et parfait, accomplissant entièrement la rédemption promise par les sacrifices de l'Ancien Testament.

7. La Rédemption dans la Vie du Croyant
Description
Les croyants sont appelés à vivre en lumière de la rédemption acquise en Christ. Cela implique une transformation de vie, une liberté du péché, et une marche nouvelle en Christ.
Verset Clé
Colossiens 1:13-14 – « Il nous a délivrés de la puissance des ténèbres, et nous a transportés dans le royaume de son Fils bien-aimé, en qui nous avons la rédemption, la rémission des péchés.

Fonction
La rédemption en Christ a des implications pratiques pour la vie chrétienne. Les croyants sont appelés à vivre une vie de sanctification et à témoigner de la grâce reçue, manifestant le changement produit par la rédemption dans leur vie quotidienne.

La Doctrine du Péché

Question : Est-ce que si Satan revenait à Dieu, le pardonnerait-Il ?

Réponse :

La question du pardon pour Satan soulève des considérations théologiques profondes. Satan a choisi de se rebeller contre Dieu, agissant par orgueil et rejetant la majesté divine. Sa révolte délibérée, ou Pescha, témoigne de son refus de reconnaître Dieu comme le seul Chef Suprême En raison de son orgueil, il est impossible pour lui de se repentir. Son orgueil est consommé, atteignant son apogée au détriment de la majesté, de l'honneur et de la sainteté de Dieu. Il a eu l'audace d'insinuer que Dieu pourrait mentir pour tromper les premiers parents, se révélant ainsi comme le menteur qui tord la vérité. Satan a choisi de s'opposer à la vérité et n'a aucune vérité en lui.

Par conséquent, affirmer que Satan pourrait vouloir se repentir est impossible, tout comme penser que Dieu désirerait lui pardonner. Cela serait insensé, car Dieu est la vérité absolue, et Satan demeure en opposition à cette vérité. En péchant contre la prééminence, la majesté, l'honneur et la sainteté de Dieu (Pescha), il a commis un péché éternel et est sanctionné par une condamnation éternell et est donc voué à la destruction.

Bien que Dieu pardonne toujours à ceux qui ont la capacité de se repentir, la question du pardon et de la miséricorde est intrinsèquement liée à la volonté et à la souveraineté de Dieu

Prière de Réflexion et de Soumission :

Seigneur Dieu, Je viens devant Toi avec un cœur humble et reconnaissant. Je Te loue pour Ta majesté, Ta prééminence et Ta sainteté. Je reconnais que Tu es le Créateur de tout et que rien ne peut rivaliser avec Ta grandeur.
Je Te demande pardon pour mes propres faiblesses et mes moments d'orgueil. Aide-moi à rester conscient de Ta vérité et à m'en éloigner, comme Satan l'a fait. Donne-moi la force de m'opposer à toute tentation qui pourrait m'éloigner de Toi.
Permets-moi de vivre dans l'humilité, de reconnaître Ta souveraineté, et d'adorer en esprit et en vérité. Que ma vie soit un reflet de Ta gloire et un témoignage de Ta bonté._Amen.

XIV - LE CONCEPT DE L'IMPUTATION

L'imputation, en bref, signifie qu'une faute ou une justice est attribuée à quelqu'un, qu'elle lui soit propre ou non. Concernant le péché, cette doctrine stipule que la culpabilité du péché d'Adam a été imputée à toute l'humanité. Adam, en tant que premier homme, a désobéi à Dieu dans le Jardin d'Éden (Genèse 3), et cette désobéissance a entraîné la chute de l'humanité. À partir de ce moment, tous les hommes naissent avec une nature pécheresse, car le péché d'Adam a été imputé à tous ses descendants (Romains 5:12-19).

Cette imputation n'est pas uniquement une transmission de la nature pécheresse, mais une déclaration légale de culpabilité. En d'autres termes, l'humanité tout entière est considérée comme coupable du péché d'Adam, et en conséquence, elle est sujette à la mort et à la séparation d'avec Dieu.

1 - La Condition des Hommes face au Péché : De Adam à Malachie

Du début de l'humanité jusqu'à l'époque des prophètes, la Bible présente un tableau clair de la condition des hommes face au péché. La notion d'imputation du péché – c'est-à-dire la manière dont la culpabilité ou l'innocence est attribuée – varie d'individu en individu selon leur relation avec Dieu et la loi. Adam, en tant que premier homme, a été directement tenu responsable de la désobéissance dans le Jardin d'Éden (Genèse 3). Dieu lui avait donné une loi simple : ne pas manger du fruit de l'arbre de la connaissance du bien et du mal. Lorsqu'il a transgressé ce commandement, le péché a été imputé à lui et à toute sa descendance (Romains 5:12). Ainsi, à travers Adam, toute l'humanité a hérité d'une nature pécheresse et de la culpabilité du péché originel, marquant le début d'un besoin désespéré de rédemption.

Malgré son statut de père des croyants, Abraham n'était pas exempt de faiblesses. À deux reprises, il a menti sur l'identité de sa femme Sara, disant qu'elle était sa sœur (Genèse 12:13, 20:2). Bien que ce mensonge ait montré un manque de foi, Dieu n'a pas imputé ce péché à Abraham de manière à annuler Ses promesses. Au lieu de cela, Abraham est considéré juste à cause de sa foi (Genèse 15:6), préfigurant ainsi la justice imputée par la foi, qui sera pleinement révélée en Jésus-Christ. Lorsque Josué envoya des espions à Jéricho, ceux-ci furent aidés par Rahab, une prostituée qui mentit pour les protéger (Josué 2). Bien que le mensonge soit en soi un péché, Dieu a regardé la foi de Rahab. À travers cet acte, elle et sa famille ont été épargnées lors de la destruction de la ville (Josué 6:25). Cela montre que la foi de Rahab a été imputée à justice, malgré ses actions peccamineuses.

La Doctrine du Péché

David, le roi d'Israël, commet deux péchés majeurs : l'adultère avec Bath-Shéba et le meurtre de son mari Urie (2 Samuel 11). Ces péchés lui ont été imputés, car il a transgressé directement les commandements de Dieu. Cependant, lorsqu'il a été confronté par le prophète Nathan, David s'est repenti avec un cœur sincère (Psaume 51). Bien que Dieu ait pardonné David, les conséquences de ses péchés, telles que la mort de son fils, ont été sévères (2 Samuel 12:14). Tout au long de l'histoire d'Israël, de nombreux juges, prophètes et rois ont péché, mais Dieu a imputé ces péchés différemment selon leur repentir ou leur manque de foi. Par exemple, Saul, le premier roi d'Israël, a désobéi à Dieu en épargnant le roi Agag et les meilleurs troupeaux (1 Samuel 15). Son péché lui a été imputé, entraînant sa destitution en tant que roi. En revanche, des hommes comme Samuel, Élie et Élisée, bien qu'imparfaits, sont restés fidèles à Dieu et n'ont pas vu leurs péchés imputés de manière à les disqualifier de leur mission.

Ainsi, la condition des hommes face au péché, de Adam à Malachie, révèle à la fois la gravité du péché et la richesse de la grâce divine, illustrant comment Dieu traite chaque individu en fonction de sa foi, de son repentir et de sa relation avec Lui.Imputation du péché
Adam Adam, le premier homme, est au centre de la doctrine du péché originel. Sa désobéissance à Dieu en mangeant le fruit défendu a entraîné la chute de l'humanité. Le péché a été imputé à Adam, et, par conséquent, toute l'humanité a hérité de cette nature pécheresse, marquant le début d'un besoin désespéré de rédemption (Genèse 3).

1 - Péchés Imputés

<u>Adam</u>, le premier homme, est au centre de la doctrine du péché originel. Sa désobéissance à Dieu en mangeant le fruit défendu a entraîné la chute de l'humanité. Le péché a été imputé à Adam, et, par conséquent, toute l'humanité a hérité de cette nature pécheresse, marquant le début d'un besoin désespéré de rédemption (Genèse 3).

<u>Caïn</u>, le fils d'Adam et Ève, est célèbre pour le premier meurtre dans l'histoire humaine. En tuant son frère Abel par jalousie, Caïn a non seulement désobéi à Dieu, mais il a également fait preuve d'hostilité envers son propre frère. Son péché a été lourdement imputé, entraînant sa séparation d'avec Dieu et sa vie errante sur la terre (Genèse 4).

<u>Le peuple d'Israël et de Juda :</u> Le peuple d'Israël, sous la conduite de Moïse, a sombré dans l'idolâtrie avec le veau d'or. Ce péché collectif a été imputé à toute la nation, entraînant la colère de Dieu et des conséquences sévères. Malgré leur désobéissance, Dieu a toujours fait preuve de grâce et a fourni des moyens de réconciliation (Exode 32).

La doctrine du péché

Les prophètes Ésaïe, Jérémie et Malachie ont dénoncé les péchés d'idolâtrie et d'injustice du peuple d'Israël et de Juda. Leurs transgressions ont été imputées, mettant en lumière les conséquences du rejet de la loi de Dieu et la nécessité de revenir à Lui pour la rédemption (Ésaïe, Jérémie, Malachie).

Saul
Le roi Saul, premier roi d'Israël, a désobéi à l'ordre de Dieu de détruire les Amalécites. Sa désobéissance lui a coûté son règne et a entraîné le rejet de Dieu. Le péché de Saul a été clairement imputé, montrant les conséquences de l'infidélité et du manque de soumission à la volonté divine (1 Samuel 15).

David, un homme selon le cœur de Dieu, a commis des péchés graves, notamment l'adultère avec Bath-Shéba et le meurtre d'Urie. Bien qu'il ait été sincèrement repentant, ses péchés lui ont été imputés et ont eu des conséquences durables sur sa vie et sa famille. Son histoire illustre le fait que même les hommes de foi peuvent tomber, mais la repentance peut conduire à la restauration (2 Samuel 11).

Salomon, connu pour sa sagesse, a également péché en se tournant vers l'idolâtrie en raison de ses mariages avec des femmes étrangères. Ses choix ont conduit à une séparation entre lui et Dieu, et son péché a été imputé à lui, entraînant la division du royaume après sa mort. Son histoire souligne la nécessité de rester vigilant dans la foi et l'obéissance (1 Rois 11).

Ananias et Saphira ont menti sur l'argent qu'ils avaient conservé, trompant ainsi l'Esprit Saint. Leur mensonge a été immédiatement imputé, entraînant leur mort subite. Leur histoire rappelle l'importance de l'intégrité et de l'honnêteté dans la vie chrétienne (Actes 5).

Judas Iscariot, l'apôtre qui a trahi Jésus, a vu son péché de trahison lui être imputé. Sa décision de trahir le Christ pour de l'argent a eu des conséquences éternelles, symbolisant le danger de l'avidité et du manque de fidélité envers Dieu. Son nom est désormais associé à la trahison (Matthieu 26).

2 - Péché Non-imputés (par grâce ou foi)

Abraham, le père de la foi, a menti sur l'identité de sa femme Sara, mais sa foi en Dieu lui a été comptée comme justice. Dieu a choisi de ne pas imputer ses péchés, soulignant que la foi sincère peut l'emporter sur les échecs humains (Genèse 15:6).

Énoch a marché avec Dieu et fut enlevé sans connaître la mort. Son parcours spirituel exemplaire lui a valu de ne pas avoir de péché imputé, démontrant qu'une vie en communion avec Dieu peut aboutir à une relation unique avec Lui (Genèse 5:24).

Noé a trouvé grâce aux yeux de Dieu à cause de sa justice et de son obéissance. Bien que l'humanité fût jugée pour son péché, Noé n'a pas vu de péché lui être imputé, car il était un exemple de foi et de fidélité envers Dieu (Genèse 6:8).

Abraham, le père de la foi, a menti sur l'identité de sa femme Sara, mais sa foi en Dieu lui a été comptée comme justice. Dieu a choisi de ne pas imputer ses péchés, soulignant que la foi sincère peut l'emporter sur les échecs humains (Genèse 15:6).

Joseph, à travers ses nombreuses épreuves, a maintenu son intégrité et sa fidélité à Dieu. Malgré les tentations, aucun péché ne lui a été imputé, illustrant que la fidélité en temps de difficulté peut conduire à la faveur divine (Genèse 39-50).

Moïse, bien qu'il ait parfois manqué de confiance en Dieu, a été un intercesseur fidèle pour son peuple. Son obéissance générale et son cœur tourné vers Dieu l'ont préservé de l'imputation directe du péché, montrant que la relation personnelle avec Dieu peut couvrir nos faiblesses (Exode 32:30-32).

Rahab, une païenne de naissance, est un exemple de grâce divine. Malgré sa profession et son mensonge, sa foi en Dieu et son aide aux espions lui ont valu la miséricorde divine. Le péché ne lui a pas été imputé en raison de sa foi, et elle est même devenue une ancêtre de David et, plus tard, de Jésus-Christ (Matthieu 1:5). Son histoire montre que Dieu, dans Sa souveraineté, choisit de ne pas imputer le péché à ceux qui démontrent une foi sincère en Lui.

Daniel est resté fidèle à Dieu malgré les complots contre lui. Sa fidélité et son intégrité ont été reconnues par Dieu, et aucun péché ne lui a été imputé, faisant de lui un modèle de foi au milieu de l'opposition (Daniel 6).

Le Bon Larron, , crucifié aux côtés de Jésus, a exprimé sa foi et sa repentance au moment de sa mort. En raison de sa sincérité, Jésus lui a promis le paradis, lui ôtant ainsi l'imputation de ses péchés. Son histoire souligne la puissance du pardon de Dieu même dans les derniers instants de la vie

Conclusion

L'histoire biblique des personnages ayant connu l'imputation ou la non-imputation du péché montre la profondeur de la miséricorde et de la grâce de Dieu. Alors que le péché a de lourdes conséquences, la foi sincère et la repentance peuvent conduire au pardon et à la rédemption. Ces récits illustrent l'amour inconditionnel de Dieu et Son désir de restaurer l'humanité, quel que soit son passé. Voici quelques questions pour l'école du dimanche sur le concept de l'imputation :

Voici quelques questions pour l'école du dimanche sur le concept de l'imputation

Partie I : Compréhension de l'imputation
1- Qu'est-ce que l'imputation dans le contexte biblique ?
2- Comment le péché d'Adam a-t-il été imputé à toute l'humanité ? (Romains 5:12-19)
3- Quelle est la différence entre la transmission de la nature pécheresse et la déclaration légale de culpabilité ?
4- Pourquoi l'humanité est-elle considérée comme coupable du péché d'Adam ?

Partie 2 : Personnages bibliques et l'imputation
1- Comment le péché d'Adam a-t-il affecté sa relation avec Dieu et l'humanité entière ?
2 - En quoi le péché de Caïn a-t-il été imputé après avoir tué son frère Abel ? (Genèse 4)
3 - Que signifie le fait que Dieu n'ait pas imputé le péché à Abraham malgré ses faiblesses ? (Genèse 15:6)
4 - Pourquoi les péchés de David, malgré son repentir, ont-ils eu des conséquences durables ? (2 Samuel 12:14)
5 - Comment Rahab, une prostituée, a-t-elle échappé à l'imputation de ses péchés grâce à sa foi ? (Josué 2, Matthieu 1:5)

Partie 3 : Cas pratiques d'imputation et de non-imputation
1 - Pourquoi le péché de Saul lui a-t-il été imputé au point de perdre son règne ? (1 Samuel 15)
2 - Qu'est-ce qui a permis à Énoch d'éviter l'imputation du péché ? (Genèse 5:24)
3 - Comment Noé a-t-il échappé à l'imputation du péché malgré les jugements sur l'humanité ? (Genèse 6:8)
4 - Quelle leçon pouvons-nous tirer du Bon Larron qui a échappé à l'imputation de ses péchés à la dernière minute ? (Luc 23:42-43)

Partie 4 : Application personnelle
1 - En quoi le concept de l'imputation du péché influence-t-il notre relation avec Dieu aujourd'hui ?
2 - Comment pouvons-nous nous assurer que nos péchés ne nous sont pas imputés mais couverts par la grâce divine ?
3 - Comment la foi en Jésus-Christ nous libère-t-elle de l'imputation du péché originel ?
4 - Ces questions encourageront la réflexion et aideront à approfondir la compréhension du concept

La misericorde

Le Miséricordieux

Dans l'ombre de nos fautes, Il se tient,
Le cœur ouvert, prêt à pardonner nos chemins.
Sa miséricorde comme une mer sans fin,
Couvre nos erreurs, apaise nos chagrins.

Le Miséricordieux, tendre et patient,
Voit nos chutes, pourtant Il attend,
Les bras étendus, remplis de pardon,
Pour ceux qui reviennent avec contrition.

Lorsque nos cœurs sont lourds de culpabilité,
Il offre l'amour, la grâce, la clarté.
Le fardeau tombe, la paix se dévoile,
Sous Sa lumière, le pardon s'installe.

Il ne compte pas nos fautes passées,
Mais nous relève, nous aide à marcher.
Sa bonté se renouvelle chaque matin,
Pour ceux qui cherchent Sa main.

Le Miséricordieux, source d'espoir,
Illumine nos nuits, efface le noir.
Dans Sa grâce, l'âme est libérée,
Et trouve en Lui la paix, l'éternité.

Louez le Seigneur, Roi de bonté,
Car Sa miséricorde à jamais subsistera.
Louez Dieu, dont l'amour jamais ne faillit,
Éternel est Son règne, Ses merveilles nous éblouissent.

Dieu Tout-Puissant, juste et glorieux,
Nous élevons Ton nom au-dessus des cieux,
Toi qui fais grâce à chaque pécheur repentant,
Ton amour, ô Seigneur, est éblouissant !

Job Francois__

LE MINISTÈRE DE LA MISÉRICORDE

Matthieu 5:7 : "Heureux les miséricordieux, car ils obtiendront miséricorde."

Introduction

Le ministère de la miséricorde est au cœur de la vocation chrétienne, représentant une manifestation concrète de l'amour et de la compassion de Dieu pour l'humanité. En tant que disciples de Christ, nous sommes appelés à traduire cette miséricorde divine en actions tangibles, apportant soulagement et réconfort à ceux qui en ont besoin. Cette mission transcende les simples actes de charité ; elle engage les croyants à vivre une vie marquée par la compassion, le pardon et la générosité.

Le ministère de la miséricorde consiste à suivre l'exemple de Jésus-Christ, dont la vie a été un modèle parfait de miséricorde et d'amour envers les affligés, les opprimés et les marginalisés. Par nos actions, nous reflétons non seulement la bonté de Dieu mais aussi la manière dont il a appelé chacun de nous à être des instruments de guérison et de réconciliation dans un monde en détresse. En intégrant la miséricorde dans chaque aspect de notre vie, nous manifestons l'essence de l'amour divin et contribuons à édifier une communauté fondée sur le pardon et la solidarité.

Principes Clés :

Compassion : Être sensible aux besoins et aux souffrances des autres et offrir un soutien émotionnel et pratique.

Pardon : Accorder le pardon aux autres, même lorsqu'ils ont commis des offenses ou des blessures, reflétant ainsi le pardon que Dieu accorde aux pécheurs.

Générosité : Donner de son temps, de ses ressources, et de son énergie pour aider ceux qui sont dans le besoin, qu'il s'agisse d'aide matérielle ou spirituelle.

Réconciliation : Travailler à réparer les relations brisées et à restaurer l'harmonie entre les individus et les communautés.

A- 1. La Nature de la Miséricorde

1.1 Définition de la Miséricorde :
Miséricorde : La miséricorde est la compassion et la bienveillance manifestées envers ceux qui sont dans le besoin ou qui souffrent.

C'est une réponse divine qui ne tient pas compte des mérites mais qui est motivée par l'amour.
Luc 6:36 – « Soyez donc miséricordieux, comme votre Père est miséricordieux. »

1.2 Exemples Bibliques de Miséricorde :
Le Bon Samaritain (Luc 10:25-37) : Cette parabole illustre la miséricorde en action. Le Samaritain, contrairement aux autres passants, s'arrête pour aider un homme blessé, montrant ainsi la véritable compassion.
Jésus et la femme adultère (Jean 8:1-11) : Jésus montre la miséricorde en pardonnant la femme prise en flagrant délit d'adultère, en lui offrant une nouvelle chance de vivre une vie transformée.

2. Le Rôle du Ministère de la Miséricorde dans l'Église

2.1 Appel à la Miséricorde :
L'appel de Jésus : Jésus appelle Ses disciples à vivre une vie de miséricorde, reflétant ainsi la compassion de Dieu.
Matthieu 9:13 – « Allez, et apprenez ce que signifie : Je veux la miséricorde, et non le sacrifice. Car je ne suis pas venu appeler des justes, mais des pécheurs. »

2.2 Oeuvres de Miséricorde dans l'Église :
Soins des Pauvres : L'église est appelée à prendre soin des pauvres et des nécessiteux, en leur fournissant ce dont ils ont besoin physiquement et spirituellement.
Jacques 1:27 – « La religion pure et sans tache devant Dieu notre Père, consiste à visiter les orphelins et les veuves dans leurs afflictions, et à se préserver des souillures du monde. »

Conclusion : Le ministère de la miséricorde est un aspect essentiel de la vie chrétienne. En manifestant la miséricorde de Dieu envers les autres, nous montrons l'amour de Dieu d'une manière tangible et transformons nos communautés en lieux de réconfort et de guérison. Soyons des témoins fidèles de la miséricorde divine, accomplissant ainsi notre appel en tant que disciples de Christ.

Prière :
Seigneur, merci pour Ta miséricorde infinie envers moi. Aide-moi à refléter cette miséricorde envers les autres, à être un canal de Ta compassion et de Ton amour. Donne-moi la force de servir ceux qui sont dans le besoin avec un cœur rempli de grâce et de bienveillance. Amen.

Application Pratique
Pratique de la Miséricorde dans la Vie Quotidienne :
Compassion Active : Cherchez des moyens pratiques pour manifester la miséricorde, que ce soit en aidant les pauvres, en visitant les malades, ou en soutenant ceux qui sont dans le besoin.
Intercession : Priez pour ceux qui sont dans le besoin, demandant à Dieu de les bénir et de pourvoir à leurs besoins.

Questions de Réflexion :

Comment pouvez-vous manifester la miséricorde de Dieu dans votre communauté ?

Y a-t-il des domaines dans votre vie où vous devez davantage exprimer la miséricorde ?

Comment l'Église peut-elle mieux refléter la miséricorde de Dieu envers les nécessiteux ?

Comment pouvez-vous manifester la miséricorde de Dieu dans votre vie quotidienne ?

En quoi l'exercice de la miséricorde peut-il transformer vos relations avec les autres ?

Quelle est l'importance de la miséricorde dans le témoignage chrétien ?

Fiche de Leçon #1

Titre : Le Ministère de la Miséricorde

Texte d'or : *Luc 6:36 – « Soyez donc miséricordieux, comme votre Père est miséricordieux. »*

Versets d'appui : Matthieu 9:13 – « Allez, et apprenez ce que signifie : Je veux la miséricorde, et non le sacrifice. »
Jacques 1:27 – « La religion pure et sans tache devant Dieu notre Père, consiste à visiter les orphelins et les veuves dans leurs afflictions, et à se préserver des souillures du monde. »
Hébreux 13:2 – « N'oubliez pas l'hospitalité; car, en l'exerçant, quelques-uns ont logé des anges, sans le savoir. »

Point de discussions:

1 - "Pratiquer la Miséricorde : Une Manifestation de l'Amour de Dieu"
2 - Façons de Pratiquer la Miséricorde:

Offrir le Pardon
Action : Pardonnez aux autres pour leurs erreurs et offenses, libérant ainsi le ressentiment.
Faire Preuve de Compassion
Action : Écoutez les personnes en difficulté, apportez soutien émotionnel et aide concrète si possible.

Prendre des Initiatives pour Aider
Action : Répondez aux besoins dans votre communauté en organisant des actions concrètes.

Exprimer Gentillesse et Patience
Action : Traitez les autres avec gentillesse, même dans les moments difficiles.

Encourager et Soutenir les Autres
Action : Offrez des mots d'encouragement et soyez présent pour soutenir ceux qui luttent.

I - L'ENGAGEMENT CHRÉTIEN AU CŒUR DE LA MISSION DES SERVICES DE SECOURS

Introduction

Le ministère de la miséricorde est au cœur de la vocation chrétienne, représentant une manifestation concrète de l'amour et de la compassion de Dieu pour l'humanité. En tant que disciples de Christ, nous sommes appelés à traduire cette miséricorde divine en actions tangibles, apportant soulagement et réconfort à ceux qui en ont besoin. Cette mission transcende les simples actes de charité ; elle engage les croyants à vivre une vie marquée par la compassion, le pardon et la générosité, et à être un témoignage vivant du royaume de Dieu sur terre.

L'Esprit du Service : Un Engagement Transformateur

L'apôtre Jacques a écrit : « La foi sans les œuvres est morte » (Jacques 2:17). Les chrétiens sont appelés à mettre en pratique leur foi à travers des actions concrètes. Travailler aux côtés de la Croix-Rouge, des sapeurs-pompiers et d'autres structures visant à fournir secours et soins aux personnes est essentiel et offre une occasion unique d'incarner cet engagement dans le service. En offrant des soins médicaux, en apportant de l'aide aux populations démunies, ou en participant à des missions de secours, les croyants peuvent véritablement transformer des vies, reflétant ainsi la bonté de Dieu.

Une Mission de Réconciliation et de Guérison

Le ministère chrétien va au-delà de la simple intervention physique ; il englobe aussi une dimension spirituelle. Là où les hommes sont blessés, non seulement physiquement, mais aussi émotionnellement et spirituellement, la présence chrétienne peut apporter un réconfort qui va au-delà du visible. C'est un ministère de réconciliation avec Dieu et avec les autres. En étant des ambassadeurs de la miséricorde au sein de la Croix-Rouge, les chrétiens peuvent offrir non seulement des soins immédiats, mais aussi une espérance éternelle, reliant les souffrances humaines à la rédemption divine.

L'Appel Chrétien : Être au Sommet des Œuvres de Miséricorde

Les chrétiens ont un rôle unique à jouer dans des organisations humanitaires comme la Croix-Rouge, car ils portent une vocation spirituelle qui les pousse à exercer la miséricorde de manière plus profonde et significative. Suivre l'exemple de Jésus-Christ, c'est aller au-delà du simple devoir humanitaire : c'est apporter une guérison holistique, qui touche non seulement le corps, mais aussi l'âme et l'esprit. Les chrétiens devraient être au premier rang de ce travail, faisant de la Croix-Rouge non seulement une organisation humanitaire, mais une véritable extension de l'amour divin.

La Compassion en Action : Suivre l'Exemple de Jésus

Jésus a dit : « Heureux les miséricordieux, car ils obtiendront miséricorde » (Matthieu 5:7). Cette béatitude révèle l'importance de la miséricorde dans la vie chrétienne. Travailler avec la Croix-Rouge, c'est répondre à cet appel. Chaque acte de soin, chaque verre d'eau offert à l'affamé ou chaque secours apporté à une victime de catastrophe est une manière de refléter l'amour de Christ. Les chrétiens, en étant engagés dans ces actions, démontrent que la miséricorde va au-delà des limites humaines, touchant les cœurs et transformant les vies.

Conclusion :

Lorsque les chrétiens s'engagent dans des œuvres de miséricorde à travers la Croix-Rouge ou d'autres structures organisées, ils louent Dieu par leurs actions. Chaque acte de miséricorde, chaque geste d'amour, chaque moment de compassion devient un acte de louange à Dieu. En étant au sommet du travail de miséricorde, ils transforment l'humanité en étant les mains et les pieds du Christ sur terre. Ainsi, les chrétiens sont appelés à se tenir au premier rang des efforts de soins communautaires, car ce travail est non seulement un service humanitaire, mais une occasion de refléter le cœur de Dieu, plein de miséricorde et de compassion. Que toute la gloire revienne à Dieu, le Miséricordieux, dont l'amour infini se manifeste à travers chaque acte de soin et de secours apporté à ceux dans le besoin.

Prière:

Seigneur, nous Te remercions pour Ta miséricorde infinie et pour l'exemple de Jésus-Christ. Aide-nous à être des instruments fidèles de Ta compassion à travers notre service auprès des affligés. Guide-nous pour que chaque action de soin et chaque geste d'amour reflètent Ton amour divin. Que notre engagement dans les œuvres de miséricorde soit une véritable louange à Toi et un témoignage de Ta bonté. Au nom de Jésus, Amen.

La Croix-Rouge et les Initiatives Chrétiennes de Soins Communautaires

Introduction
Fondée en 1863 par Henry Dunant après la bataille de Solférino la Croix-Rouge est largement reconnue pour ses efforts humanitaires et son engagement à venir en aide aux personnes dans le besoin, indépendamment de leur origine ou de leur croyance. En parallèle, les chrétiens sont appelés à être des instruments de miséricorde et de compassion, non seulement par des actions individuelles, mais aussi à travers des structures organisées qui mettent en pratique les principes bibliques. Explorons comment les initiatives chrétiennes, au-delà de la Croix-Rouge, jouent un rôle vital dans le soin communautaire et comment elles s'alignent avec les enseignements bibliques.

1. Initiatives Chrétiennes de Soins Communautaires

Fondement Biblique :
Actes 2:44-45 : « Tous ceux qui croyaient étaient ensemble, et ils avaient tout en commun ; ils vendaient leurs propriétés et leurs biens, et en répartissaient le produit entre tous, selon les besoins de chacun. »

Les premières églises chrétiennes ont mis en pratique le soin communautaire en partageant leurs ressources pour répondre aux besoins des membres les plus démunis. Aujourd'hui, cette tradition se poursuit à travers diverses initiatives chrétiennes organisées qui répondent aux besoins des communautés locales et globales.

2. Les Églises et les Ministères Locaux

Exemples :
Banques alimentaires chrétiennes : Beaucoup d'églises organisent des distributions alimentaires pour les personnes en difficulté. Ces initiatives sont souvent soutenues par des dons de membres de la congrégation et visent à soulager les famines locales.

Centres d'accueil et de réhabilitation : Certains ministères chrétiennes fournissent des centres de réhabilitation pour les sans-abri, les personnes en addiction ou les victimes de violence domestique, offrant un soutien spirituel et pratique.

Fondement Biblique : Matthieu 25:40 : « Et le Roi leur répondra : En vérité, je vous le dis, chaque fois que vous l'avez fait à l'un de ces plus petits de mes frères, c'est à moi que vous l'avez fait. »
Ces actions reflètent l'appel de Jésus à servir les moins privilégiés et à apporter du réconfort à ceux qui sont dans le besoin.

3. Les Organisations Chrétiennes Internationales

Exemples : World Vision : Une organisation chrétienne qui travaille à améliorer les conditions de vie dans les communautés défavorisées à travers le monde, en se concentrant sur l'éducation, la santé et le développement économique.
Civitas International Inc : Fournit un soutien éducatif et alimentaire aux enfants dans des pays en pauvres, tout en les intégrant dans des programmes de parrainage qui leur offrent des opportunités pour un avenir meilleur.

Fondement Biblique : Proverbes 31:8-9 : « Ouvre ta bouche pour le muet, pour la cause de tous les délaissés. Ouvre ta bouche, juge avec justice, et défends la cause du pauvre et de l'indigent. »
Ces organisations s'efforcent de faire la volonté de Dieu en apportant une aide tangible et durable aux populations vulnérables dans le monde entier.

4. Initiatives de Santé Communautaire

Exemples : Hôpitaux chrétiens : Des établissements comme l'Hôpital de la Croix-Rouge et des hôpitaux fondés par des missions chrétiennes fournissent des soins médicaux dans des régions où les services de santé sont insuffisants.

Programmes de santé publique : Des initiatives chrétiennes mettent en place des campagnes de vaccination, des formations en hygiène et des cliniques mobiles pour atteindre les communautés rurales.

Fondement Biblique :
Marc 1:34 : « Il guérit beaucoup de gens de diverses maladies, il chassa aussi beaucoup de démons ; il ne permettait pas aux démons de parler, parce qu'ils le connaissaient. »
En offrant des soins médicaux, les chrétiens poursuivent l'œuvre de guérison de Jésus, aidant à promouvoir la santé et le bien-être dans des contextes souvent négligés.

5. Les Programmes de Réconciliation et de Justice Sociale
<u>Exemples :</u>
Ministères de réconciliation : Certains groupes chrétiens travaillent à promouvoir la paix et la réconciliation dans des zones de conflit, en utilisant le dialogue et la médiation pour résoudre les tensions.

<u>Programmes d'inclusion sociale :</u>
Des initiatives pour les personnes handicapées, les minorités ethniques et les réfugiés sont mises en place pour favoriser l'égalité et la justice.

<u>Fondement Biblique :</u>
Ésaïe 1:17 : « Apprenez à faire le bien ; recherchez la justice, arrêtez l'oppression, faites droit à l'orphelin, plaidez pour la veuve. »
Ces programmes reflètent la mission chrétienne de promouvoir la justice et de réparer les injustices dans la société.

Conclusion
Il existe une conception erronée très influente parmi les croyants : la peur de s'engager dans de grandes initiatives de changement, par crainte de prendre part aux péchés du monde, et la pensée que nous pouvons mener une vie exclusivement spirituelle, freinent l'envie de s'engager activement dans la vie en communauté. Beaucoup voient dans le retour de Jésus la seule issue à nos maux, pourtant la vie même nous enseigne que les initiatives collectives sont réputées pour leurs résultats face à de nombreux problèmes. À l'époque préhistorique, pour survivre face aux attaques des bêtes sauvages, les hommes ont compris que le besoin de se constituer en communauté était indispensable. Au lieu de mener des actions isolées lorsque les bêtes attaquaient, c'était la communauté qui répondait ensemble, et grâce à cette solidarité, ils pouvaient repousser les attaques des prédateurs. Ils ont développé tout un système de défense, maîtrisant le feu, le fer et le bois, ce qui a progressivement donné naissance à la structure de nos communautés d'aujourd'hui. Pourtant, nous prenons souvent cette avancée pour acquise.

Nous devons comprendre que les initiatives chrétiennes communautaires, à travers des structures organisées, peuvent continuellement apporter des réponses concrète aux besoins de la société, en alignant leur mission avec les principes bibliques de miséricorde, de compassion et de justice. En soutenant ces efforts, les chrétiens témoignent de l'amour de Dieu et apportent des changements positifs à la fois au niveau local et mondial. Par ces actions, ils honorent l'appel de Jésus à servir les autres et à manifester la bonté divine dans toutes les sphères de la vie.

B - HOSPITALITÉ :

Offrir l'hospitalité est un acte de miséricorde qui démontre l'amour de Dieu à travers l'accueil et l'aide aux étrangers.
Hébreux 13:2 – « N'oubliez pas l'hospitalité; car, en l'exerçant, quelques-uns ont logé des anges, sans le savoir. »

1.2 Exemples Bibliques d'Hospitalité :
<u>Abraham et les Trois Visiteurs</u> (Genèse 18:1-8) : Abraham accueille trois visiteurs étrangers avec générosité, sans savoir qu'il accueillait des messagers divins. Cet acte d'hospitalité est récompensé par une bénédiction divine.

<u>L'Hospitalité de Marthe et Marie</u> (Luc 10:38-42) : Jésus est reçu dans la maison de Marthe et Marie. Bien que Marthe soit préoccupée par les préparatifs, Marie choisit de s'asseoir aux pieds de Jésus, montrant que l'hospitalité inclut aussi l'écoute et la communion.

2. Le Rôle de l'Hospitalité dans la Vie Chrétienne

2.1 L'Hospitalité comme Commandement Biblique :
<u>Commandement d'aimer</u> : Jésus a enseigné que l'amour envers le prochain est l'un des plus grands commandements. L'hospitalité est une manière tangible de vivre cet amour.
Matthieu 25:35 – « Car j'avais faim, et vous m'avez donné à manger; j'avais soif, et vous m'avez donné à boire; j'étais étranger, et vous m'avez recueilli. »

2.2 L'Hospitalité comme Témoignage Chrétien :
<u>Un témoignage puissant</u> : L'hospitalité témoigne de la bonté et de la générosité de Dieu. En ouvrant nos maisons et nos cœurs, nous reflétons l'amour de Dieu pour l'humanité.
Hébreux 13:2 – « N'oubliez pas l'hospitalité; car, en l'exerçant, quelques-uns ont logé des anges, sans le savoir. »

3. Application Pratique

3.1 Pratiquer l'Hospitalité au Quotidien :
<u>Accueillir les étrangers</u> : Faites un effort conscient pour accueillir les nouveaux venus dans votre communauté ou votre église.
Partager des ressources : Partagez vos bénédictions matérielles avec ceux qui sont dans le besoin, qu'il s'agisse de nourriture, d'hébergement, ou de temps.

La miséricorde

Fiche de Leçon #2

Titre : L'Hospitalité : Accueillir Comme Christ Accueille

Texte d'or : Hébreux 13:2 – *« N'oubliez pas l'hospitalité, car c'est ainsi que quelques-uns, sans le savoir, ont logé des anges. »*
Texte d'or : Romains 12:13 – *« Pourvoyez aux besoins des saints. Exercez l'hospitalité. »*

Points de Discussion
1- Ce Que Nous Devons Savoir sur l'Hospitalité
Comprenez que l'hospitalité chrétienne est un acte d'amour et de service qui reflète la grâce de Dieu. C'est plus qu'un simple accueil ; c'est une manifestation de notre foi en action.

2- Comment Pratiquer l'Hospitalité
Étudiez les Exemples Bibliques : Examinez comment Abraham, la veuve de Sarepta, et Marie et Marthe ont pratiqué l'hospitalité (Genèse 18:1-8, 1 Rois 17:8-16, Luc 10:38-42). Observez leurs attitudes et actions pour apprendre à mieux accueillir les autres.
Mettez en Pratique l'Hospitalité :
Accueillez Chaleureusement : Soyez ouvert et bienveillant envers les autres.

a) Offrir son Soutien : Apportez aide et réconfort à ceux dans le besoin.
b) Écoutez avec Compassion : Prenez le temps de comprendre les besoins et les histoires des personnes autour de vous.

La justice

Poème

Jean 16:8
« Et quand il sera venu, il convaincra le monde en ce qui concerne le péché, la justice, et le jugement. »

La Justice Éternelle

La justice éternelle, pure et majestueuse,
Se dresse dans l'éclat d'une lumière radieuse.
Noble en son essence, reflet de l'infini,
Elle guide nos âmes vers une vérité infinie.

Aucune autre influence ne l'altère,
Que la quête inflexible de ce qui est clair.
Chaque jugement est un éclat d'éternité,
Honorant la vérité avec dignité sacrée.

Vivre la justice, c'est défendre le droit,
Accorder à chaque voix son juste poids.
Elle s'élève comme un phare lumineux et sacré,
Dans l'obscurité des mensonges, elle est vérité.

La justice éternelle, miroir du divin,
Inspire des actes empreints de pure sagesse.
Célébrez sa grandeur, sa lumière sublime,
Elle est la divine essence, l'éclat ultime.

Adorez la justice, source d'éternelle clarté,
Louons sa quête divine, sa pureté.
Vivre la justice est un don majestueux,
Un reflet de vérité, éternel et glorieux.

Son chemin est pavé d'intégrité et de foi,
Ses principes forgés dans l'éternité des lois.
Elle transcende le temps, imprégnant chaque jour,
D'une sagesse infinie, d'un amour toujours.

Job Francois__

Daniel 12:3 (LSG) : "Ceux qui auront été intelligents brilleront comme la splendeur du ciel, et ceux qui auront enseigné la justice à la multitude brilleront comme des étoiles, à toujours et à perpétuité."

Introduction :

Étymologie Le terme "justice" dérive du latin justitia, qui signifie "droiture" ou "équité", et est associé à jus, signifiant "droit" ou "loi". Dans un contexte biblique, le mot hébreu tsedeq et le mot grec dikaiosynē sont souvent traduits par "justice", se référant à la droiture, l'équité et l'obéissance aux commandements divins.

Définition
La justice est un concept fondamental dans la Bible et dans la société. Elle est souvent liée à l'équité, à la loi et à la droiture. Dieu, décrit comme un Dieu de justice, invite les croyants à poursuivre cette justice dans leur vie quotidienne.
Dans un sens biblique, la justice est l'application équitable des lois divines. Elle représente le fondement du règne de Dieu et doit guider les actions et les relations humaines.
En tant qu'attribut divin, la justice reflète le caractère parfait de Dieu et Sa manière d'exercer Son autorité pour rétablir l'équité et corriger les injustices. Pour les chrétiens, elle est plus qu'un simple concept théologique.
Elle constitue un appel à incarner des valeurs d'équité, d'honnêteté et de compassion dans toutes les sphères de la vie.

Types de Justice :
Justice Distributive : Concernée par la manière dont les biens et les ressources sont distribués.
Justice Retributive : Concernée par les sanctions des actes fautifs.
Justice Réparatrice : Met l'accent sur la réparation des torts et la réconciliation entre les victimes et les délinquants.
La justice sociale: vise à promouvoir l'égalité et l'équité en garantissant que tous aient accès aux mêmes droits et opportunités, en éliminant les inégalités et en assurant la redistribution équitable des ressources dans la société.

Concepts Clés :
Équité : La volonté de comprendre et de répondre aux besoins individuels pour favoriser l'épanouissement.

Égalité : Offrir les mêmes ressources ou opportunités à tous, indépendamment des besoins spécifiques.

Harmonie : La justice contribue à l'équilibre et à la stabilité dans les relations humaines et sociales.

Questions de discussions
Comment la définition biblique de la justice diffère-t-elle de celle que l'on trouve dans la société moderne ?
dans notre société.
Quelle est la différence principale entre équité et égalité ?
Application Personnelle
Comment pouvez-vous appliquer les principes de justice dans vos relations personnelles et professionnelles ?
Comment pouvez-vous contribuer à promouvoir la justice dans votre communauté ?

Prière Seigneur Tout-Puissant,
Nous Te rendons grâce pour Ta justice parfaite et pour le modèle que Tu nous as donné à suivre. Nous Te remercions de nous avoir révélé les principes de justice dans Ta Parole et de nous avoir appelés à vivre selon ces principes. Aide-nous à rechercher Ta justice dans tous les aspects de notre vie, à être équitables et à traiter les autres avec intégrité.

Donne-nous la sagesse pour comprendre la différence entre équité et égalité, et guide-nous dans l'application de ces concepts pour promouvoir la paix et l'harmonie dans notre société. Que Ta justice soit le fondement de nos actions et de nos relations, et que nous puissions refléter Ta droiture dans tout ce que nous faisons.

Nous prions pour que Tu nous aides à être des agents de justice dans notre communauté, en apportant des solutions équitables aux conflits et en réparant les torts. Que Ta justice soit manifeste dans notre vie quotidienne, et que nous puissions Te glorifier à travers nos actions. Au nom de Jésus, nous prions.   Amen.

Conclusion :
La justice est essentielle dans le royaume de Dieu. Elle doit être recherchée activement dans notre vie quotidienne pour refléter le caractère de Dieu et promouvoir l'équité et l'harmonie

Questions de Réflexion

1- Quel est le rôle de la justice dans le royaume de Dieu, selon les Écritures ?

2- En quoi la justice de Dieu est-elle différente de celle des hommes ?

FICHE DE LA LEÇON #1

Titre : Introduction à la Notion de Justice

Texte d'Or :
Michée 6:8 – « On t'a fait connaître, ô homme, ce qui est bien ; Et ce que l'Éternel demande de toi : c'est que tu pratiques la justice, que tu aimes la miséricorde, et que tu marches humblement avec ton Dieu.
Versets d'Appui : Psaume 89:14 – « La justice et l'équité sont la base de ton trône. La bonté et la fidélité sont devant ta face. »
Matthieu 6:33 – « Cherchez premièrement le royaume et la justice de Dieu; et toutes ces choses vous seront données par-dessus. »
Points Principaux : Vivre la Justice

1- <u>Vivre la justice, c'est marcher droit,</u>
2- <u>Dans l'éclat de la vérité, loin des faux pas.</u>
**Noble en son essence, elle se consacre entièrement,
À la quête de la vérité, avec engagement.**

Prière :
Seigneur, nous Te remercions pour la liberté et la restauration que Tu nous offres. Aide-nous à vivre cette liberté pleinement et à restaurer les relations et les situations dans nos vies qui ont besoin de Ta touche divine. Amen.

LA JUSTICE ET LE DROIT

Définition du Droit

Le droit est l'ensemble des règles juridiques établies par une autorité pour régir les comportements au sein de la société. Il définit ce qui est légalement acceptable, protège les droits individuels, et assure l'équité.

Le Rôle du Droit dans la Justice

<u>Garantir les droits</u> : Le droit protège les libertés et les droits fondamentaux des individus.
<u>Réglementer les Relations</u> : Il organise les interactions entre les personnes et les organisations.
<u>Rendre la Justice</u> : Les tribunaux appliquent les lois pour résoudre les conflits et sanctionner les infractions.
<u>Promouvoir la Réparation</u> : Il offre des recours pour corriger les injustices et réparer les torts.
<u>Encourager la Prévention</u> : Le droit établit des normes pour éviter les comportements nuisibles.

Déclaration Universelle des Droits de l'Homme et du Citoyen

Introduction :
La Déclaration universelle des Droits de l'Homme et du Citoyen, adoptée en 1948, proclame des droits universels pour tous les êtres humains. Ces droits sont fondés sur des principes de liberté, d'égalité et de dignité. Les Écritures bibliques contiennent également des principes de justice qui résonnent avec ces droits, soulignant l'importance de la dignité humaine et des droits égaux pour tous.

Fondements Bibliques des Droits de l'Homme :

<u>Dignité Humaine :</u>
Genèse 1:27 enseigne que chaque être humain est créé à l'image de Dieu, ce qui confère à chaque personne une dignité intrinsèque et une valeur inestimable.
<u>Égalité et Justice :</u>
Ésaïe 1:17 appelle à la recherche de la justice et à la protection des opprimés, des orphelins et des veuves, reflétant l'engagement envers l'égalité et les droits des vulnérables.

La Justice

<u>Règle d'Or :</u>
Matthieu 7:12 formule la règle d'or, qui est un principe fondamental de respect mutuel et de traitement équitable, aligné avec les idéaux de la Déclaration des Droits de l'Homme et du Citoyen.

Article 1 : Déclaration : "Les hommes naissent et demeurent libres et égaux en droits
<u>Fondement Biblique :</u> Genèse 1:27 - Chaque personne est créée à l'image de Dieu, ce qui confère une égalité fondamentale à tous les êtres humains.

Article 2 :
Déclaration : "Le but de toute association politique est la conservation des droits naturels et imprescriptibles de l'homme."
<u>Fondement Biblique :</u> <u>Ésaïe 1:17</u> - La justice et la protection des droits des vulnérables sont au cœur des principes bibliques, reflétant la mission de préserver les droits naturels.

Article 3 :
Déclaration : "Le principe de toute souveraineté réside essentiellement dans la nation."
Fondement Biblique : <u>Matthieu 7:12</u> - La règle d'or appelle à traiter les autres comme nous aimerions être traités, ce qui soutient la responsabilité de chaque individu dans la société.

Article 6 :
Déclaration : "La loi est l'expression de la volonté générale."
Fondement Biblique : <u>Proverbes 8:20</u> - La justice divine guide les actions selon des principes de droiture et d'équité, reflétant l'idée que la loi doit servir le bien commun.

Article 16 :
Déclaration : "Toute société dans laquelle la garantie des droits n'est pas assurée, ni la séparation des pouvoirs déterminée, n'a point de Constitution."
Fondement Biblique : <u>Ésaïe 1:17</u> - La séparation des pouvoirs et la garantie des droits sont essentielles pour maintenir une société juste et équitable, comme enseigné dans les Écritures.

Conclusion :
Les principes bibliques de justice et de dignité humaine sont profondément en harmonie avec les droits énoncés dans la Déclaration des Droits de l'Homme et du Citoyen. En comprenant ces connexions, nous pouvons mieux promouvoir les valeurs de justice, d'égalité et de respect dans notre société moderne.

La justice

Prière
Seigneur Tout-Puissant,
Nous te remercions pour Ta Parole, qui nous guide dans la compréhension de la justice et de la dignité humaine. Nous Te prions pour que nous puissions vivre selon Tes principes de justice, en respectant la dignité de chaque personne créée à Ton image.

Aide-nous à appliquer les valeurs de liberté, d'égalité et de fraternité dans notre vie quotidienne, en honorant les droits de chacun comme Tu nous l'as enseigné. Donne-nous la sagesse pour défendre les opprimés et les vulnérables, et pour promouvoir une société juste et équitable.

Que Ta justice soit notre guide dans toutes nos actions et nos décisions, et que nous puissions refléter Ton amour et Ta vérité à travers notre engagement envers les droits humains.
Au nom de Jésus, nous prions. Amen

Application
En tant que chrétien, appliquer les principes de la Déclaration des Droits de l'Homme et du Citoyen est fondamental. La Règle d'Or de Matthieu 7:12 nous rappelle de traiter les autres avec respect et compassion, affirmant notre responsabilité d'agir avec justice. En reconnaissant que chaque personne est créée à l'image de Dieu (Genèse 1:27), nous devons défendre l'égalité et la dignité de tous, surtout des plus vulnérables (Ésaïe 1:17). Nos actions doivent refléter l'équité et le bien commun (Proverbes 8:20), et nous devons promouvoir une société juste où les droits sont garantis. Ainsi, nous honorons notre vocation chrétienne en œuvrant pour le royaume de Dieu sur terre.

Questions de Réflexion et devoirs de maison

<u>Dignité Humaine</u>
Comment le fait que chaque personne soit créée à l'image de Dieu influence-t-il notre compréhension des droits humains énoncés dans l'Article 1 ?

En quoi la dignité humaine, selon la Bible, se reflète-t-elle dans les droits proclamés par la Déclaration des Droits de l'Homme et du Citoyen ?

<u>Égalité et Justice</u>
Comment les principes de justice dans Ésaïe 1:17 sont-ils liés à l'égalité des droits pour tous les individus comme mentionné dans l'Article 2 ?

Quel rôle la justice biblique joue-t-elle dans la protection des groupes vulnérables comme les orphelins et les veuves en relation avec l'Article 2 ?

<u>Règle d'Or</u>
En quoi la règle d'or de Matthieu 7:12 est-elle un guide pour appliquer les droits humains dans nos interactions quotidiennes comme suggéré dans l'Article 3 ?

Comment pouvons-nous intégrer ce principe biblique dans les politiques de justice sociale et les pratiques de droits humains ?

Application Personnelle
Comment pouvez-vous promouvoir la dignité et l'égalité dans vos interactions avec les autres conformément aux principes des Articles 1 et 2 ?

Quels sont les défis que vous rencontrez pour appliquer les principes bibliques de justice dans votre vie quotidienne en lien avec les Articles 6 et 16 ?

FICHE DE LA LEÇON #2

Titre : La Dignité Humaine et la Justice selon les Droits de l'Homme

Texte d'Or : Ésaïe 1:17 – « *Apprenez à faire le bien, recherchez la justice, protégez l'opprimé, faites droit à l'orphelin, plaidez la cause de la veuve.* »

Versets d'Appui : Michée 6:8 – « Lévitique 19:18 –

Points Principaux
1. <u>Reconnaître la Dignité Humaine et ses Droits Inaliénables</u>
Chaque individu, créé à l'image de Dieu, mérite respect et dignité. (Fondements biliques.)

2. <u>Diference entre l'Égalité et l'Équité</u>
Tous doivent avoir accès aux mêmes droits, sans discrimination. La justice biblique appelle à protéger les vulnérables.

Questions de Réflexion

Comment la création à l'image de Dieu influence-t-elle notre compréhension des droits humains ?

Comment la dignité humaine se reflète-t-elle dans la Déclaration des Droits de l'Homme ?

Comment Ésaïe 1:17 se lie-t-il à l'égalité des droits ?
Quel rôle joue la justice biblique dans la protection des groupes vulnérables ?

En quoi la règle d'or de Matthieu 7:12 guide-t-elle l'application des droits humains ?

Comment promouvoir dignité et égalité dans vos interactions ?

LA JUSTICE DIVINE ET LA JUSTICE HUMAINE : UNE RÉFLEXION SUR L'ÉQUITÉ ET LA MISÉRICORDE

La justice est un concept central tant dans les Écritures que dans notre expérience quotidienne. En comparant la justice divine à la justice humaine, nous explorons non seulement des différences fondamentales mais aussi les défis et aspirations associés à chaque forme de justice.

La Justice Divine

Dans les Écritures, la justice divine est décrite comme une perfection absolue. Dieu est présenté comme le juge suprême dont les décisions sont entièrement justes et irréprochables. Deutéronome 32:4 affirme que « toutes ses voies sont justice », soulignant que la justice de Dieu est à la fois parfaite et immuable. Cette forme de justice est marquée par une impartialité absolue et une intégrité totale. Elle combine équité, miséricorde et vérité, orientée vers le bien ultime de l'humanité. Dieu, dans Sa justice, veille à établir un équilibre parfait et à corriger les injustices selon Ses normes divines.

La Justice Humaine

À l'opposé, la justice humaine, bien qu'aspirant à l'équité, est souvent faillible et limitée. Ésaïe 59:4 critique la justice humaine en soulignant ses lacunes : « Il n'y a personne qui appelle avec vérité, personne qui cherche la justice ; ils se confient en des choses vaines et parlent de mensonge. » Les systèmes judiciaires humains peuvent être influencés par des biais, des erreurs et des corruptions. Les imperfections humaines rendent difficile la réalisation d'une justice parfaite, et les institutions humaines, malgré leurs bonnes intentions, ne parviennent pas toujours à résoudre les conflits de manière juste et équitable.

Comparaison et Application

La justice divine sert de modèle ultime pour la justice humaine. Michée 6:8 nous rappelle que Dieu nous demande de pratiquer la justice et d'aimer la miséricorde, tout en marchant humblement avec Lui. Alors que nous reconnaissons les limites de la justice humaine, nous sommes appelés à aspirer à une justice qui reflète les principes divins. Cela signifie traiter les autres avec équité, rechercher la vérité et appliquer les valeurs de miséricorde et d'intégrité dans nos interactions quotidiennes.

Questions et Réponses :

1- En quoi la justice de Dieu diffère-t-elle de la justice humaine selon Deutéronome 32:4 ?
La justice de Dieu est parfaite et sans iniquité. Contrairement à la justice humaine, qui est parfois biaisée et imparfaite, la justice divine est fondée sur l'intégrité totale et la fidélité de Dieu.

Comment pouvons-nous imiter Dieu dans notre pratique de la justice au quotidien ?
Nous pouvons imiter Dieu en cherchant à être justes dans nos décisions et relations avec les autres. Cela implique de faire preuve d'équité, d'honnêteté et de compassion, comme Dieu le fait avec nous.

Pourquoi est-il important d'allier justice et miséricorde dans nos relations avec les autres ?
Il est important d'allier justice et miséricorde car Dieu lui-même fait preuve de ces deux qualités. La justice seule peut sembler dure, mais la miséricorde tempère nos jugements en nous rappelant l'amour et la grâce de Dieu.

Quels sont les défis que nous rencontrons en essayant d'appliquer la justice divine dans un monde imparfait ?
Les défis incluent la tentation de juger selon nos propres biais, les injustices systémiques et le manque de ressources. Mais avec la foi en Dieu, nous pouvons trouver la force de surmonter ces obstacles et agir avec droiture.

Comment la justice, telle qu'elle est définie dans Michée 6:8, peut-elle influencer nos relations sociales et communautaires ?
En pratiquant la justice, l'amour de la miséricorde, et en marchant humblement avec Dieu, nous favorisons des relations fondées sur le respect, l'équité, et la bienveillance, contribuant à une société plus harmonieuse et juste.

FICHE DE LEÇON #3

Titre : La Justice Divine et la Justice Humaine : Contraste et Appel à l'Imitation

Texte d'Or : Deutéronome 32:4 – « *Il est le Rocher ; ses œuvres sont parfaites, car toutes ses voies sont justice. Dieu de fidélité et sans iniquité, juste et droit est-il !* »

Versets d'appui : Psaume 9:8 – « Il jugera le monde avec justice, il exercera le jugement sur les peuples avec droiture. »
Proverbes 14:34 – « La justice élève une nation, mais le péché est une honte pour les peuples. »

Points principaux :
1. <u>Justice Humaine vs. Justice de Dieu</u>
Référence Biblique : Psaume 9:8 – « Il jugera le monde avec justice, il exercera le jugement sur les peuples avec droiture. »
Description : La justice humaine est limitée et souvent influencée par des biais et des erreurs, alors que la justice divine est parfaite et sans faille. Dieu est le seul véritable juge dont les jugements sont basés sur la vérité absolue et la droiture. La justice humaine, bien qu'imparfaite, doit aspirer à refléter celle de Dieu, en cherchant l'équité et la vérité dans toute situation.

2. <u>Le Besoin d'Imiter Dieu dans la Justice</u>
Référence Biblique : Michée 6:8 – « On t'a fait connaître, ô homme, ce qui est bien ; Et ce que l'Éternel demande de toi : c'est que tu pratiques la justice, que tu aimes la miséricorde, et que tu marches humblement avec ton Dieu. »
Description : Dieu appelle les croyants à imiter Sa justice dans leurs vies quotidiennes. En pratiquant la justice avec miséricorde et humilité, nous suivons l'exemple divin et contribuons à l'avènement de l'équité dans le monde. La justice humaine doit être fondée sur les principes de la justice de Dieu, avec un souci de droiture et d'impartialité.

Justice et discernement

Le Discernement

Introduction :
Le discernement est crucial pour rendre des jugements justes et équilibrés dans tous les aspects de la vie. L'histoire du roi Salomon, particulièrement son jugement concernant les deux femmes revendiquant le même bébé, nous offre un modèle puissant de discernement sage. Cette leçon examine comment le discernement de Salomon peut nous guider dans nos propres décisions et jugements.

Points Principaux :

L'Importance du Discernement :

Référence Biblique : 1 Rois 3:5 – « En Gabaon, l'Éternel apparut à Salomon pendant la nuit dans un rêve ; et Dieu lui dit : Que veux-tu que je te donne ? »
Description : Le discernement est la capacité de comprendre et de juger les situations avec sagesse, en séparant le bien du mal et en prenant des décisions éclairées. Pour Salomon, demander le discernement plutôt que la richesse ou la longévité montre la valeur qu'il accordait à cette qualité essentielle.

Salomon Sagement Guidé : L'Exemple de Salomon
Référence Biblique : 1 Rois 3:16-28 – Le jugement de Salomon sur les deux femmes qui prétendaient être la mère d'un même bébé est une démonstration frappante de son discernement. En proposant de couper le bébé en deux, Salomon révéla la véritable mère par sa réaction de protection et d'amour.
Description : Ce jugement montre non seulement la sagesse de Salomon mais aussi comment le discernement peut être utilisé pour identifier la vérité et résoudre des conflits complexes. En offrant une solution radicale, Salomon a exposé les véritables intentions des parties impliquées, prouvant ainsi que le discernement sage va au-delà des apparences pour révéler la véritable nature des situations.

Questions de Réflexion :

Comment la sagesse de Salomon dans son jugement vous inspire-t-elle à chercher le discernement dans vos propres décisions ?

Quelles sont les situations dans votre vie actuelle où vous avez besoin de discernement pour juger avec justice ?

Comment pouvez-vous développer davantage votre discernement spirituel pour mieux comprendre et agir selon la volonté de Dieu ?

Prière : Seigneur, comme Salomon, je Te demande un cœur sage et un esprit discernant pour juger les situations avec justice et sagesse. Aide-moi à comprendre et à appliquer Ta volonté dans mes décisions et interactions, et à développer un discernement qui reflète Ta vérité et Ton amour. Amen.

Application Pratique :
Réflexion Personnelle :
Analysez vos propres décisions et jugements à la lumière de l'exemple de Salomon. Comment pouvez-vous appliquer le discernement pour résoudre des conflits ou faire des choix plus éclairés dans votre vie ?

Pratique du Discernement : Cherchez à développer votre capacité de discernement en priant pour la sagesse, en consultant les Écritures, et en demandant conseil à des personnes sages et expérimentées.

Résolution de Conflits : Lorsque vous faites face à des conflits ou à des dilemmes, appliquez le discernement en évaluant les motivations et les véritables intentions des parties impliquées. Cherchez des solutions qui non seulement résolvent le problème mais aussi reflètent l'amour et la justice. En intégrant ces principes dans votre vie quotidienne, vous pouvez cultiver une approche de discernement qui honore la sagesse divine et conduit à des jugements plus justes et équilibrés.

Le Discernement

FICHE DE LEÇON 4

Titre : La Demande de Salomon

Texte d'or : 1 Rois 3:9 – « Donne à ton serviteur un cœur intelligent pour juger ton peuple, pour discerner le bien du mal. Car qui pourrait juger ce peuple-ci, qui est si grand ? »

Versets d'appui : 1 Rois 3:12 – « Voici, je fais selon ta parole ; voici, je t'ai donné un cœur sage et intelligent, au point qu'il n'y a eu personne comme toi avant toi, et qu'après toi il ne s'élèvera personne comme toi. »
Proverbes 2:6 – « Car l'Éternel donne la sagesse ; de sa bouche viennent la connaissance et l'intelligence. »

Points de Discussion :

1 - Salomon demande à Dieu un cœur intelligent pour juger son peuple. « Cœur intelligent pour juger » dans 1 Rois 3:9 Signifie Discernement et Compréhension | Capacité à Juger Équitablement | Sagesse Divine | Sensibilité Spirituelle. Cela montre l'importance d'un coeur droit, pour diriger et prendre des décisions justes.

2 - Dieu répond en accordant à Salomon une sagesse unique.
Pourquoi : Cela illustre que Dieu valorise la sagesse et récompense les demandes alignées avec sa volonté.

Prière : Seigneur Tout-Puissant,
Nous venons devant Toi avec humilité, reconnaissant notre besoin de sagesse pour guider nos vies et prendre des décisions justes. Comme Tu as accordé à Salomon un cœur intelligent pour juger Son peuple, nous Te demandons de nous remplir de Ta sagesse divine. Aide-nous à discerner le bien du mal et à diriger avec équité et compassion. Que chaque décision que nous prenons soit imprégnée de Ta sagesse et de Ta justice. Merci de nous
guider et de nous éclairer à chaque étape. Amen.

Justice et Jugement

Poème

Psaume 11:7 (LSG)
"Car le Seigneur est juste, Il aime la justice ; l'homme droit contemplera sa face."

Jugement Impartial

Le jugement divin, dans sa grandeur infinie,
N'est jamais hâtif, mais empreint de clarté.
Chaque cœur, chaque acte, est scruté avec soin,
Sous le regard sage du Créateur serein.

Le discernement guide chaque décision,
Éclairant la voie avec juste précision.
Là où l'ombre des doutes peut obscurcir le chemin,
La lumière divine révèle le vrai dessein.

Aucune erreur n'échappe à Son examen,
Chaque pensée, chaque geste est pris en main.
La justice céleste ne se laisse influencer,
Elle juge avec équité, pleine de sincérité.

Le jugement divin est une douce révélation,
D'un amour infini, d'une profonde compassion.
Dans le discernement divin, nous trouvons la vérité,
Une voie de lumière pour l'éternité.

Ainsi, en toute chose, la sagesse est notre guide,
Nous menant avec grâce, dans l'éclat de la vérité.
En chaque jugement, la justice est parfaite,
Sous le regard vigilant de l'Amour éternel.

Job Francois__

JUGEMENT

Le concept de jugement est central dans de nombreux domaines, allant de la philosophie et de la psychologie à la théologie et au droit. Voici une introduction aux principales perspectives sur le jugement :

Philosophie : L'Éthique :
En philosophie éthique, le jugement est souvent lié à la prise de décision morale. Il s'agit d'évaluer les actions et les comportements en fonction de normes morales ou de principes éthiques. Les philosophes comme Aristote et Kant ont proposé différentes théories sur la manière dont nous devrions juger les actions humaines. Épistémologie : En épistémologie, le jugement se réfère à la capacité de former des croyances ou des opinions fondées sur la connaissance. Cela inclut la manière dont nous évaluons la vérité ou la fausseté des propositions.

Psychologie : Le Jugement Cognitif :
En psychologie, le jugement est souvent étudié sous l'angle des processus cognitifs impliqués dans la prise de décision. Les recherches se concentrent sur les biais cognitifs, les heuristiques et les processus mentaux qui influencent notre façon de juger et de prendre des décisions.
Développement du Jugement : Les psychologues examinent également comment les capacités de jugement se développent au cours de la vie, en particulier chez les enfants et les adolescents.

Théologie : Le Jugement Divin :
Dans de nombreuses traditions religieuses, le jugement est lié à la justice divine. Il s'agit souvent de l'évaluation des actions humaines par une divinité, et il est associé à des concepts de récompense et de punition après la mort.
Jugement Moral : Le jugement moral, du point de vue religieux, concerne la manière dont les croyants évaluent leurs propres actions et celles des autres à la lumière des enseignements religieux.

Droit : Le Jugement Juridique :
En droit, le jugement est la décision prise par un tribunal ou un juge dans une affaire juridique. Cela implique l'application de la loi aux faits de l'affaire pour déterminer la responsabilité ou le droit des parties en cause. Le jugement, dans ses diverses formes, est une fonction essentielle qui influence nos actions, nos croyances et nos interactions avec les autres. Que ce soit dans un contexte moral, cognitif, religieux ou juridique, il joue un rôle crucial dans la structuration de notre compréhension du monde et de notre comportement.

LE JUGEMENT DANS LA BIBLE : PERSPECTIVES DIVINES, MORALES ET FINALES

Le concept de jugement dans la Bible est vaste et complexe, couvrant plusieurs aspects différents. Voici quelques perspectives clés :

Jugement Divin :
Ancien Testament : Dans l'Ancien Testament, le jugement est souvent associé à la justice de Dieu et à la manière dont Il rend des décisions concernant les nations et les individus. Par exemple, dans le livre de Genèse, Dieu juge le monde avant le déluge et décide de détruire l'humanité à cause de sa méchanceté, sauf Noé et sa famille (Genèse 6:5-7). Le jugement divin est également apparent dans la destruction de Sodome et Gomorrhe (Genèse 19).

Quelques scénarios de jugements divins

1 - Les Néphilims et le Plaidoyer d'Énoch

L'histoire des Néphilims, mentionnée dans le Livre d'Hénoch, offre une perspective fascinante sur les événements qui ont conduit au déluge et au jugement de Dieu. Bien que le Livre d'Hénoch ne fasse pas partie du canon biblique, la Bible fait référence à ce livre dans Jude 1:14-15, où il est cité pour illustrer un point sur le jugement divin.

Contexte des Néphilims
Les Néphilims, décrits comme des géants et des héros de l'ancien temps, sont nés de l'union entre les "fils de Dieu" et les "filles des hommes" (Genèse 6:1-4). Leur présence est associée à une période de grande corruption et de violence sur la terre, ce qui a conduit à la décision divine de juger l'humanité par le déluge.

Demande de Plaidoyer
Dans le Livre d'Hénoch, les Néphilims prennent conscience de leur péché et du jugement imminent qui les attend. Ils demandent alors à Énoch, le patriarche et prophète, de plaider auprès de Dieu en leur faveur. Cette demande souligne leur prise de conscience de la gravité de leur situation et leur désir d'échapper au jugement divin.
Énoch, agissant en tant qu'intermédiaire, se rend auprès de Dieu pour plaider pour les Néphilims. Cependant, il est révélé que le jugement est inévitable, car Dieu a déjà décidé d'éliminer la méchanceté qui a envahi la terre. Ce plaidoyer montre à la fois la compassion d'Énoch et la justice de Dieu, qui ne peut tolérer le péché.

Conséquences du Péché : L'histoire des Néphilims et leur demande de plaidoyer illustrent les conséquences du péché et la rébellion contre Dieu. Leur union avec les filles des hommes a conduit à une corruption généralisée, qui a finalement entraîné le déluge.

Intercession : Le rôle d'Énoch en tant qu'intercesseur montre l'importance de la prière et du plaidoyer pour ceux qui sont perdus. Cela rappelle aux croyants la nécessité d'intercéder pour les autres, même pour ceux qui semblent au-delà de la rédemption.

Justice et Miséricorde : L'interaction entre Énoch et Dieu révèle la tension entre la justice divine et la miséricorde. Bien que Dieu soit juste dans Son jugement, Il est également sensible à la demande de miséricorde d'Énoch.

L'Issue de l'Histoire des Néphilims et du Plaidoyer d'Énoch

L'issue de l'histoire des Néphilims est marquée par un jugement divin irrévocable. Malgré la demande des Néphilims à Énoch de plaider pour leur épargner, la réponse de Dieu révèle la gravité de leur péché et l'imminence de leur condamnation.

Jugement Inévitable : La réponse de Dieu à Énoch montre que le jugement est inéluctable. Les Néphilims, malgré leur demande de miséricorde, n'échapperont pas à la conséquence de leurs actions. Le déluge est envoyé pour purger la terre de la corruption, et seuls Noé et sa famille, considérés comme justes, sont épargnés.

Conséquences Spirituelles : Cette issue illustre une vérité spirituelle fondamentale : la justice de Dieu ne peut être compromise. L'histoire des Néphilims nous rappelle que le péché, même s'il est accompagné de remords, entraîne des conséquences graves. Le jugement de Dieu est un acte de justice, visant à restaurer l'ordre divin et à éliminer le mal moral.

Rappel de l'Intercession : L'issue tragique de l'histoire souligne également l'importance de l'intercession. Bien qu'Énoch ait plaidé, le verdict de Dieu montre que la repentance véritable est nécessaire. Cela souligne la responsabilité individuelle de se détourner du péché et de chercher la rédemption avant qu'il ne soit trop tard.

Espoir dans la Rédemption : Enfin, même dans cette issue sombre, il y a un espoir. L'histoire des Néphilims et d'Énoch nous rappelle que, bien que la justice de Dieu soit sévère, sa miséricorde est également disponible pour ceux qui se tournent vers lui. Cela souligne le besoin continu d'intercession, de repentance et d'une vie conforme aux principes divins.

En somme, l'histoire des Néphilims et du plaidoyer d'Énoch nous invite à réfléchir sur la nature du péché, de la justice et de la miséricorde divine. Elle nous rappelle que, même dans les situations les plus désespérées, il y a toujours une place pour l'intercession et la grâce. Bien que le Livre d'Hénoch ne soit pas reconnu comme canonique, son message sur la dépravation humaine et la nécessité de repentance reste pertinent pour les croyants d'aujourd'hui.

2 - Noé et les Néphilims

L'histoire de Noé et des Néphilims est évoquée dans le livre de la Genèse, en particulier dans Genèse 6:1-4. Ce récit soulève des questions sur l'interaction entre l'humanité, les anges déchus et les conséquences du péché. Voici un aperçu de l'histoire et de ses implications spirituelles.

Récit

Contexte : Avant le déluge, la terre était remplie de violence et de corruption. Les fils de Dieu (souvent interprétés comme des anges) ont vu que les filles des hommes étaient belles et ont pris des épouses parmi elles.

Néphilims : Le passage mentionne les Néphilims, décrits comme des géants et des héros de l'ancien temps, nés de l'union entre les fils de Dieu et les filles des hommes. Leur présence semble contribuer à la corruption et à la méchanceté sur terre.

Décision de Dieu : Face à la méchanceté grandissante de l'humanité, Dieu décide de détruire la terre par le déluge, sauf Noé, qui a trouvé grâce aux yeux de Dieu. Noé et sa famille sont sauvés dans l'arche, représentant une nouvelle génération d'humanité.

Leçons spirituelles

Conséquences du péché : L'histoire des Néphilims illustre comment la désobéissance et le péché peuvent mener à des conséquences désastreuses. La corruption de la terre a abouti au jugement divin.

Nature des relations : Le récit met en lumière les dangers de s'engager dans des relations qui ne sont pas en accord avec la volonté de Dieu. L'union des fils de Dieu et des filles des hommes peut être vue comme une métaphore des conséquences de l'influence des valeurs du monde sur les croyants.

Rappel de la grâce : Noé est un symbole de la grâce de Dieu. Malgré la corruption environnante, Dieu a choisi de préserver Noé et sa famille, montrant que même au milieu de l'injustice, il existe une possibilité de rédemption.

Sérieux du jugement : Le déluge rappelle que Dieu est juste et qu'Il juge le péché. Cela nous encourage à vivre avec crainte et respect pour la sainteté de Dieu.

Espoir de renouveau : Après le déluge, Noé est chargé de repeupler la terre, symbolisant un nouveau départ pour l'humanité. Cela souligne que même après le jugement, Dieu offre toujours une opportunité de renouveau et de réconciliation.

Conclusion
L'histoire de Noé et des Néphilims nous met en garde contre les conséquences du péché et nous rappelle l'importance de vivre selon les principes divins. Elle souligne la grâce de Dieu envers ceux qui cherchent à lui plaire, tout en avertissant que le jugement de Dieu est sérieux. Ce récit nous encourage à demeurer fidèles et à rechercher la volonté de Dieu dans un monde souvent en désordre.

3 - Le Jugement de Sodome et Gomorrhe

Le jugement de Sodome et Gomorrhe, rapporté dans Genèse 19, est souvent cité comme un avertissement contre l'immoralité et la rébellion contre Dieu. Voici deux aspects : les leçons spirituelles et les éventuelles preuves scientifiques.

1. Leçons spirituelles

Justice de Dieu : L'histoire illustre que Dieu est juste et qu'Il juge le péché. Les villes ont été détruites à cause de leur immoralisme flagrant et de leur rejet des voies divines.

Importance de la fidélité : L'exemple de Lot, qui a été sauvé, montre que même dans des environnements corrompus, ceux qui sont fidèles à Dieu peuvent être protégés.

Appel à la repentance : Le jugement sert d'avertissement, rappelant l'importance de se détourner du péché et de chercher la réconciliation avec Dieu.

Conséquences des actions : La destruction des villes souligne que les actions ont des conséquences, et que la corruption morale peut mener à la destruction.

2. Évidences scientifiques

Bien que le récit biblique soit principalement théologique, certaines recherches archéologiques et géologiques ont été menées concernant les sites présumés de Sodome et Gomorrhe.

Sites archéologiques : Des fouilles près de la mer Morte, notamment à Bab edh-Dhra et Numeira, ont révélé des preuves de villes anciennes qui ont subi des destructions catastrophiques, correspondant à des récits de feu et de soufre.

Activités géologiques : Certains chercheurs suggèrent que des événements naturels, comme des tremblements de terre ou des éruptions volcaniques, pourraient expliquer la destruction des villes. Les zones autour de la mer Morte montrent des signes de séismes et de phénomènes géothermiques.

JUGEMENT

Composition chimique : Des analyses de sédiments près de la mer Morte ont trouvé des niveaux élevés de soufre et de bitume, qui pourraient être interprétés comme des éléments contribuant à une destruction par le feu.

Conclusion: L'histoire de Sodome et Gomorrhe nous enseigne sur la justice et la miséricorde de Dieu, tout en mettant en garde contre les conséquences du péché. Bien que des éléments scientifiques aient été explorés, le récit reste avant tout un message spirituel sur la moralité et la responsabilité individuelle.

4 - **La Femme de Lot**

L'histoire de la femme de Lot, mentionnée dans Genèse 19:15-26, illustre des leçons profondes sur la désobéissance, l'attachement au péché et les conséquences des choix que nous faisons. Voici un aperçu de son récit et des leçons spirituelles que nous pouvons en tirer.

Récit
Contexte : Lot, le neveu d'Abraham, vivait à Sodome, une ville remplie de péchés. Lorsque Dieu a décidé de détruire Sodome et Gomorrhe à cause de leur immoralité, deux anges sont venus avertir Lot et sa famille de fuir.
Fuite : Les anges ont ordonné à Lot et à sa famille de quitter la ville sans se retourner. Cependant, la femme de Lot, malgré l'avertissement, a regardé en arrière alors qu'ils fuyaient.
Conséquence : En se retournant, elle est devenue une statue de sel, symbolisant les conséquences de sa désobéissance et de son attachement à la ville pécheresse.

Leçons spirituelles
Désobéissance : L'histoire de la femme de Lot souligne que la désobéissance aux commandements de Dieu peut entraîner des conséquences graves. Son regard en arrière symbolise le manque de foi et d'obéissance.
Attachement au péché : La décision de se retourner montre qu'elle avait encore un lien émotionnel et spirituel avec Sodome, représentant une attache aux plaisirs et aux valeurs du monde, même face à la destruction imminente.

Importance de la vigilance : Le récit nous rappelle de rester vigilants et de ne pas laisser le passé ou les anciennes habitudes nous détourner de notre marche avec Dieu. Cela invite à se concentrer sur l'avenir et à rechercher les choses d'en haut.

Réflexion sur nos choix : La femme de Lot nous in cite à réfléchir à nos propres choix et à nos attachements. Sommes-nous prêts à laisser derrière nous ce qui ne glorifie pas Dieu pour avancer vers un avenir meilleur?

Conséquences des choix : La transformation de la femme de Lot en statue de sel est un avertissement sur les conséquences de nos décisions. Nos choix, qu'ils soient bons ou mauvais, ont des répercussions non seulement sur nous-mêmes mais aussi sur ceux qui nous entourent.

Conclusion :
L'histoire de la femme de Lot est un puissant rappel des dangers de l'attachement au péché et des conséquences de la désobéissance. Elle nous encourage à avancer avec foi, à lâcher prise sur le passé et à chercher la volonté de Dieu dans nos vies.

5 - Le Jugement des dieux Egyptiens par Yahweh

Le jugement des dieux égyptiens par Yahweh est un thème central dans l'histoire de la sortie d'Égypte, notamment à travers les dix plaies. Chacune de ces plaies, infligées à l'Égypte par Dieu à travers Moïse, constitue non seulement un acte de justice divine contre Pharaon et les Égyptiens, mais aussi un jugement symbolique sur les dieux égyptiens.

Le livre de l'Exode montre que les plaies ont été envoyées par Yahweh pour démontrer sa puissance et juger les faux dieux de l'Égypte. Dans Exode 12:12, il est écrit : "Cette nuit-là, je passerai dans le pays d'Égypte et je frapperai tous les premiers-nés dans le pays d'Égypte, tant les hommes que les animaux ; et j'exercerai des jugements contre tous les dieux de l'Égypte. Je suis Yahweh."

Les grenouilles (Exode 8:1-15) : La déesse Héqet, à tête de grenouille, était liée à la fertilité et à la vie. La surabondance des grenouilles renversait son autorité.

Plaies et leurs liens avec les dieux égyptiens
L'eau changée en sang (Exode 7:14-25) : Cette plaie attaque les divinités du Nil, telles que Hâpy, dieu du fleuve, et Osiris, dont le Nil représentait le sang.

Les mouches et les moustiques (Exode 8:16-32) : Ces plaies attaquent les divinités liées à la nature et à la création, comme Geb, dieu de la terre.

Le bétail frappé (Exode 9:1-7) : Yahweh s'attaque aux dieux associés au bétail, tels que Hathor, déesse vache de la fertilité.

Les ténèbres (Exode 10:21-29) : Cette plaie défie directement Râ, le dieu-soleil, une des plus importantes divinités égyptiennes.

Le message divin
Le jugement des dieux égyptiens montre que Yahweh est le Seul Dieu véritable, et que même les puissances spirituelles et politiques de l'Égypte sont soumises à Son autorité. Par ces actes, Yahweh a non seulement libéré les Israélites, mais il a aussi révélé que les dieux égyptiens étaient impuissants face à sa souveraineté.

Ce jugement divine était une démonstration de la puissance de Yahweh face aux idoles, illustrant que la foi en d'autres divinités était vaine, et que seul le Dieu d'Israël détenait l'autorité sur toute la création.
Dieu.

Conclusion:
Le jugement des dieux égyptiens par Yahweh à travers les dix plaies est un récit puissant qui illustre non seulement la libération des Israélites, mais aussi la démonstration claire de la souveraineté de Dieu. En s'attaquant aux divinités égyptiennes, Yahweh prouve qu'Il est le Seul Dieu véritable, capable de renverser les fausses croyances et de s'opposer à toute forme d'idolâtrie. Chaque plaie, symboliquement dirigée contre une divinité spécifique, démontre l'impuissance des dieux égyptiens face à l'autorité divine.

Ce jugement divin est à la fois une manifestation de la justice et un appel à reconnaître la suprématie de Yahweh. Il rappelle aux croyants que toute autre forme de dévotion en dehors de Dieu est vaine. L'histoire de la sortie d'Égypte et du jugement des dieux égyptiens sert d'avertissement puissant et d'inspiration, encourageant les fidèles à placer leur confiance uniquement en Yahweh, le Dieu qui délivre et qui est au-dessus de toute autorité terrestre ou spirituelle.

Shifut Nebuchadnezzar

Le Jugement de Dieu sur Nebukadnetsar : Une Leçon d'Orgueil et de Souveraineté

Introduction :
Dans le livre de Daniel, le chapitre 4 présente une histoire puissante du jugement divin contre Nebukadnetsar, roi de Babylone. Cette histoire illustre comment Dieu peut abaisser même les souverains les plus puissants pour leur arrogance et leur manque de reconnaissance de Sa souveraineté. Elle enseigne une leçon précieuse sur l'humilité et la suprématie de Dieu.

Le Rêve de l'Arbre :

Contexte Biblique : Daniel 4:10-14
Description : Nebukadnetsar rêve d'un grand arbre au sommet des cieux, dont les branches s'étendent jusqu'à l'extrémité de la terre, fournissant ombre et nourriture à toutes les créatures. Mais l'arbre est abattu, laissant seulement une souche liée par des chaînes de fer et de bronze. Daniel, en interprétant ce rêve, explique que l'arbre représente Nebukadnetsar lui-même. L'abattage de l'arbre symbolise la chute du roi en raison de son orgueil. Ce rêve est un avertissement de la part de Dieu : Nebukadnetsar doit reconnaître que Dieu règne sur tous les royaumes et que l'autorité divine est supérieure à tout pouvoir humain.

Le Jugement Divin :
Contexte Biblique : Daniel 4:28-33
Description : Un an après le rêve, Nebukadnetsar se vante de la grandeur de Babylone, attribuant le succès à sa propre puissance. Dieu exécute alors le décret divin : Nebukadnetsar perd sa raison et vit comme une bête des champs, mangeant de l'herbe et errant dans la nature pendant sept années. Ce jugement est une démonstration de la souveraineté de Dieu sur les royaumes des hommes et une correction sévère pour l'orgueil du roi.

JUGEMENT

"Mene, Mene, Tekel, Parsin"

Le jugement de Belshazzar

Le Festin Sacrilège :
Context : Belshazzar, en organisant un grand banquet et en utilisant les vases sacrés du temple de Jérusalem pour honorer des idoles, manifeste un mépris flagrant pour les objets saints et pour Dieu lui-même. Ce geste est une transgression grave aux yeux de la Bible, car il représente une profanation des choses sacrées et un défi direct à la souveraineté divine.

L'Écriture sur le Mur :
Interprétation : Les mots mystérieux écrits sur le mur, « *Mene, Mene, Tekel, Parsin* », sont interprétés par Daniel comme un jugement divin sur Belshazzar et son royaume. Chacun des termes a une signification spécifique :

Mene : « Compter » – Compté (Mene) : Dieu a compté les jours du règne de Belshatzar et les a limités. Cela montre que Belshatzar n'était pas à l'abri du jugement de Dieu, et son règne avait atteint sa fin.

Tekel : « Peser » – Pesé (Tekel) : Belshatzar a été pesé sur la balance divine et trouvé insuffisant par rapport aux standards divins. Cela montre que sa conduite a été évaluée et jugée inappropriée selon les critères de justice et de moralité établis par Dieu.

Parsin : « Diviser » – Divisé (Peres) : Le royaume de Belshatzar allait être divisé et donné aux Mèdes et aux Perses. Cela représente la rétribution : la conséquence finale du jugement de Dieu qui prend la forme d'une perte de pouvoir et de territoire.

Le Jugement S'accomplit :
Réalisation : Comme prédit, la chute de Babylone est immédiate et catastrophique. Cette nuit-là, la ville est prise, et Belshazzar est tué. Le royaume est effectivement divisé entre les Mèdes et les Perses, mettant fin à l'empire babylonien.

COMPARAISON AVEC NÉBUCHADNEZZAR :

Nebuchadnezzar : Contrairement à Belshazzar, Nebuchadnezzar reçoit un avertissement dans son rêve (Daniel 4). Après avoir été humilié et avoir vécu une période de folie, il reconnaît la souveraineté de Dieu et est restauré dans son royaume. Ce jugement est ainsi plus gradué et offre une opportunité de repentance.

Belshazzar : Le jugement de Belshazzar est immédiat et sans appel. Il ne reçoit aucun avertissement préalable et son jugement est exécuté dans la même nuit. Son manque de respect pour les objets sacrés et son orgueil conduisent directement à sa chute.
Cette comparaison met en lumière la patience et la miséricorde de Dieu envers ceux qui sont prêts à se repentir, tout en soulignant la gravité du jugement pour ceux qui persistent dans leur arrogance et leur mépris des choses sacrées.

Jugement impartial

Le jugement impartial est essentiel pour maintenir l'intégrité et la justice dans nos interactions et décisions. Dans les Écritures, nous sommes appelés à juger avec équité, sans favoritisme ni préjugés. Cette leçon explore la notion de jugement impartial en s'appuyant sur les principes bibliques et les exemples des Écritures, afin de mieux comprendre comment appliquer ces valeurs dans nos vies quotidiennes.

Points principaux :
La Nature du Jugement Impartial
<u>Référence Biblique</u> : Deutéronome 16:19 – « Tu ne pervertiras point le jugement ; tu n'auras point égard à la personne ; tu ne prendras point de présent, car le présent aveugle les yeux des sages et fausse les paroles des justes. »

<u>Description</u> : Le jugement impartial est fondamental pour garantir que chaque personne soit traitée avec dignité et justice. Selon Deutéronome 16:19, il est crucial d'évaluer chaque situation de manière juste et équitable, sans se laisser influencer par des critères externes comme la richesse, le statut social ou les relations personnelles. Ce principe reflète l'équité de Dieu dans nos décisions et actions.

EXEMPLES BIBLIQUES DE JUGEMENT IMPARTIAL

L'Injonction de Dieu à Moïse :

Référence : Exode 23:3 – « Tu ne te rangeras pas du côté du pauvre dans son procès. »
Application : Ce verset souligne que la justice ne doit pas être biaisée en faveur des plus démunis. Le jugement impartial exige que les décisions soient basées sur la vérité et la justice, et non sur les circonstances sociales ou économiques des parties impliquées.

Le Jugement de Salomon :

Référence : 1 Rois 3:16-28 – Dans ce récit, le roi Salomon propose une solution juste pour départager deux femmes qui se disputent la maternité d'un enfant. Son jugement impartial et sage se manifeste par l'évaluation des preuves et la découverte de la véritable mère par son amour pour l'enfant.

Le Respect de la Loi Divine :
Référence : Lévitique 19:15 – « Vous jugerez avec justice entre un homme et son compatriote, et entre un homme et son étranger. »
Application : Lévitique enseigne que le jugement doit être juste, que l'on soit compatriote ou étranger. La justice de Dieu ne fait pas de distinction entre les personnes, et nous devons suivre cet exemple dans nos propres décisions.

L' exemple de Naboth
Naboth possédait une vigne que le roi Achab désirait pour son jardin. Lorsque Naboth refuse de vendre sa vigne, Jézabel, l'épouse d'Achab, orchestre sa mort injuste par calomnie. Achab obtient la vigne, mais Dieu juge ce meurtre et annonce la destruction de la maison d'Achab.

Conclusion :
Le jugement impartial est non seulement une exigence morale mais aussi un reflet de la justice divine. En suivant les principes bibliques et en appliquant ces enseignements dans nos vies, nous pouvons garantir que nos interactions et décisions sont empreintes de justice et d'équité. Nous sommes appelés à juger non pas en fonction de nos préjugés ou intérêts personnels, mais selon les normes de justice et d'équité établies par Dieu.

Le jugement impartial est essentiel pour maintenir l'intégrité et la justice. Les Écritures nous enseignent à juger sans favoritisme ni préjugés, reflétant ainsi l'équité divine.

Pierre et l'Implication de Dieu :
Référence : Actes 10:34-35 – « Dieu ne fait point acception de personnes ; mais en toute nation, celui qui le craint et pratique la justice lui est agréable. »

Description : Pierre découvre que Dieu traite tous les individus avec égalité. Cette impartialité divine doit guider notre propre jugement.

Les Dangers de la Partialité
Mise en Garde de Jacques :
Référence : Jacques 2:1-4 – « N'ayez pas la foi avec partialité. Ne faites-vous pas une distinction et devenez-vous des juges aux pensées perverses ? »

Description : La partialité, basée sur l'apparence ou le statut social, mène à des injustices et divisions. Il est important d'éliminer les biais personnels pour un jugement juste.

Questions de Réflexion

Comment le jugement de Salomon dans l'affaire des deux femmes qui prétendaient être la mère du même bébé (1 Rois 3:16-28) illustre-t-il le concept d'impartialité ?

Quelle est la leçon tirée du jugement de Dieu contre Naboth et le roi Achab (1 Rois 21) concernant l'injustice et l'impartialité ?

En quoi la façon dont Jésus traite la femme adultère (Jean 8:1-11) révèle-t-elle l'importance de l'impartialité dans le jugement ?

Comment le traitement des frères de Joseph par lui-même (Genèse 45) illustre-t-il la manière dont le jugement peut être impartial tout en offrant le pardon ?

En quoi la pratique du jugement impartial peut-elle transformer vos relations personnelles et communautaires ?

FICHE DE LA LEÇON #5

Titre : Le Jugement Impartial
Texte d'or: Deutéronome 16:19 – « *Tu ne pervertiras point le jugement ; tu ne feras point acception de personnes, et tu ne prendras point de pots-de-vin ; car le pots-de-vin aveugle les yeux des sages, et pervertit les paroles des justes.* »

Versets d'appui; Jacques 2:1 __Actes 10:34 –

Points Clés
1- Agir avec Équité et Justice
Le jugement impartial exige d'évaluer chaque situation avec équité, sans laisser les critères externes comme le statut ou les relations personnelles influencer notre décision. (Deutéronome 16:19) L'Exemple de Pierre:
Pierre découvre que Dieu traite tous les individus de manière égale. Nous devons imiter cette impartialité divine dans notre propre jugement. (Actes 10:34)

2- Refleter la Sagesse et la justice Divine
La partialité entraîne toujours des injustices et des divisions. Il est crucial de reconnaître et d'éliminer nos biais pour garantir des jugements justes. (Jacques 2:1-4)
 transformer vos relations personnelles et communautaires ?

Prière :
Seigneur, Dieu de justice et de vérité, accorde-nous un cœur sage et impartial. Aide-nous à discerner le bien du mal et à agir avec équité, sans être influencés par les apparences ou les préférences personnelles. Que nous puissions, à l'exemple de Pierre, refléter Ta justice divine et traiter chacun avec égalité.

Libère-nous de tout préjugé et fais de nous des instruments de Ta vérité, transformant nos relations par Ta justice. Nous Te prions au nom de Jésus-Christ, notre modèle parfait de justice. Amen.

La Sagesse dans le Jugement

Introduction
Le jugement est une question délicate dans la vie chrétienne. D'un côté, la Bible nous appelle à évaluer les œuvres des autres pour discerner leur caractère et leurs intentions. De l'autre, elle nous avertit contre le jugement hâtif ou hypocrite. Cette leçon explore les nuances entre juger les œuvres et l'interdiction de juger, afin de comprendre comment appliquer ces principes avec sagesse.

Points Principaux
Juger par les Œuvres
Référence Biblique : Matthieu 7:16-20 – « Vous les reconnaîtrez à leurs fruits. »
Description : Juger par les œuvres signifie évaluer les actions et les comportements d'une personne pour comprendre leur caractère et leurs intentions. Ce jugement doit être fait avec prudence et amour, en visant le discernement et la correction.

L'Interdiction de Juger
Référence Biblique : Matthieu 7:1-2 – « *Ne jugez point, afin que vous ne soyez point jugés.* »

Description : Jésus met en garde contre le jugement hâtif et hypocrite. L'interdiction de juger concerne la tendance à condamner les autres sans connaissance complète et de manière injuste. Nous devons éviter les critiques non réfléchies et injustes.

Trouver l'Équilibre
Référence Biblique : Galates 6:1 – « Si un homme vient à être surpris en quelque faute, vous qui êtes spirituels, redressez-le avec un esprit de douceur. »

Description : Il est crucial de distinguer entre juger les œuvres pour correction et juger les personnes de manière injuste. Le discernement doit être exercé avec humilité et compassion, en cherchant le bien de l'autre et la gloire de Dieu.

Nathan et David

Introduction

L'histoire de Nathan et David est un puissant exemple de jugement juste et de repentance. Nathan, le prophète, a courageusement confronté David, le roi, sur son péché avec Bath-Schéba et le meurtre d'Urie. Cette leçon explore comment Nathan a exercé un jugement équitable, comment David a répondu avec repentance, et ce que nous pouvons apprendre de cette interaction.

Points Principaux

<u>Le Jugement Juste de Nathan</u>
Référence Biblique : 2 Samuel 12:1-4 – « Alors l'Éternel envoya Nathan vers David. Il arriva chez lui et lui dit : Il y avait deux hommes dans une ville, l'un riche et l'autre pauvre. Le riche avait très nombreux troupeaux et herbages ; mais le pauvre n'avait qu'une seule petite brebis qu'il avait achetée et élevée, et qui avait grandi auprès de lui, avec ses enfants, mangeant de ses morceaux, buvant de sa coupe, et couchant dans son sein ; elle était pour lui comme une fille. Un voyageur arriva chez le riche ; et le riche, ne voulant pas prendre de ses propres troupeaux ni de ses herbages pour préparer un repas au voyageur qui était venu chez lui, prit la brebis du pauvre et la prépara pour l'homme qui était venu chez lui. »
Description : Nathan a utilisé une parabole pour exposer le péché de David. Cette approche a permis à David de comprendre la gravité de ses actions sans se sentir directement accablé par une accusation. En utilisant une histoire, Nathan a facilité une prise de conscience plus objective chez David.

<u>La Réaction de David</u>
Référence Biblique : 2 Samuel 12:13 – « David dit à Nathan : J'ai péché contre l'Éternel. Nathan répondit à David : L'Éternel a aussi mis ton péché loin de toi ; tu ne mourras point. »
Description : David, reconnaissant son péché grâce à la parabole de Nathan, se repent sincèrement. Il accepte la responsabilité de ses actions sans chercher à se justifier. Sa réponse est un modèle de
repentance authentique et de réception du pardon divin.

Questions de Réflexion

1 - Comment Nathan a-t-il utilisé la parabole pour juger équitablement David ?
Nathan a raconté une parabole qui reflétait le péché de David sans l'accuser directement. Cela a permis à David de juger objectivement l'injustice et de reconnaître son propre péché, facilitant sa prise de conscience.

2 - En quoi la réponse de David montre-t-elle l'importance de la repentance sincère ?
David a immédiatement confessé son péché sans se justifier. Cela montre que la repentance sincère, l'admission humble de la faute, est essentielle pour recevoir le pardon divin.

3 - Comment appliquer ce modèle dans nos vies ?
Nous devons, comme Nathan, confronter avec sagesse et compassion, favorisant la prise de conscience. Nous devons aussi reconnaître nos propres fautes et nous repentir sincèrement pour restaurer nos relations et notre lien avec Dieu.

4 - Quelles leçons peut-on tirer de la manière dont Nathan a exercé un jugement juste ? La leçon principale est l'importance de la sagesse et de la compassion dans la confrontation. Nathan n'a pas accusé David directement mais l'a amené à voir ses propres fautes à travers une histoire, ce qui a encouragé la repentance plutôt que la défense ou le déni.

5 - Qu'est-ce que l'histoire de Nathan et David nous enseigne sur le processus de repentance ? L'histoire montre que la repentance commence par une prise de conscience honnête du péché, suivie d'une confession sincère. David n'a pas cherché à se justifier, et en retour, il a reçu la miséricorde de Dieu.

Prière
Seigneur, donne-moi la sagesse pour juger avec justice et équité, comme Nathan l'a fait. Aide-moi à reconnaître mes propres péchés avec humilité et à répondre avec une repentance sincère. Que mon cœur soit ouvert à Ta correction et que je cherche toujours à vivre selon Tes préceptes. Amen.

JUGER AVEC JUSTICE ET HUMILITÉ : L'EXEMPLE DE NATHAN ET DAVID

Le Jugement Juste de Nathan

Référence Biblique : 2 Samuel 12:1-4 – Nathan utilise une parabole pour exposer le péché de David. Il raconte l'histoire d'un riche homme qui prend la brebis unique d'un pauvre pour préparer un repas, ce qui incite David à condamner le riche, avant que Nathan ne révèle que David est le coupable dans cette histoire.

Description : Nathan a agi avec discernement en utilisant une parabole pour confronter David. Cette méthode lui a permis de voir la gravité de son péché sans se sentir directement accusé, facilitant ainsi une prise de conscience plus profonde.
La Réaction de David

Référence Biblique : 2 Samuel 12:13 – « David dit à Nathan : J'ai péché contre l'Éternel. Nathan répondit à David : L'Éternel a aussi mis ton péché loin de toi ; tu ne mourras point. »

Description : David accepte la vérité révélée par Nathan avec humilité et se repent sincèrement. Il ne cherche pas à se justifier mais accepte la responsabilité de ses actes, illustrant une repentance authentique et un modèle de réponse à la correction.
Le Jugement et la Miséricorde

Référence Biblique : 2 Samuel 12:13-14 – « David dit à Nathan : J'ai péché contre l'Éternel. Nathan répondit à David : L'Éternel a aussi mis ton péché loin de toi ; tu ne mourras point. Mais parce que tu as fait mépriser par ces actions l'Éternel, le fils qui t'est né mourra. »

Description : Bien que David soit pardonné, il fait face à des conséquences pour ses actions. Cette situation démontre l'équilibre entre justice et miséricorde dans le jugement de Dieu, soulignant que le pardon divine ne supprime pas nécessairement les conséquences naturelles de nos actes.

FICHE DE LA LEÇON #6

Titre : Une Correction Bienveillante dans l'humilite

Texte d'Or : Proverbes 27:5 – « *Mieux vaut une réprimande franche qu'un amour caché.* »

Versets d'Appui : Galates 6:1 – « Frères, si un homme vient à être surpris dans une faute, vous qui êtes spirituels, redressez-le avec un esprit de douceur. »

1. L'Humilité dans le Jugement

L'humilité est essentielle lorsque nous portons un jugement sur les actions d'autrui. Elle nous rappelle que nous ne sommes pas au-dessus des autres et que chacun peut tomber dans le péché.

<u>Exemple</u> : David et Nathan Lorsque le prophète Nathan confronte le roi David à son adultère avec Bath-Shéba, il le fait avec sagesse et humilité. Nathan commence par raconter une parabole sur un homme riche qui vole la seule brebis d'un homme pauvre. Cela permet à David de reconnaître l'injustice de son propre acte avant de recevoir la réprimande directe.

2. Le Rôle de la Correction dans le Jugement

La correction, lorsqu'elle est bienveillante et appropriée, est un acte d'amour et de préoccupation pour le bien-être de l'autre. Elle vise à restaurer plutôt qu'à condamner.

<u>Application</u> : La correction ne doit pas être un acte de jugement hâtif, mais un moyen de guider et d'enseigner. Dans le cas de David, Nathan ne condamne pas David, mais l'aide à comprendre la gravité de son péché et la nécessité de la repentance.

Prière : « Seigneur, aide-nous à juger avec humilité et à corriger avec amour. Que notre volonté de redresser soit toujours accompagnée de douceur et de respect. Guide-nous à être des instruments de Ta vérité et de Ta grâce. Amen. »

Questions

1. Pourquoi est-il important de faire preuve d'humilité lors de la correction d'autrui ?
L'humilité nous rappelle que nous ne sommes pas parfaits et que nous avons tous besoin de grâce. Cela nous aide à aborder les autres avec respect et compréhension, favorisant un dialogue ouvert.

2. Comment pouvons-nous appliquer l'exemple de Nathan à nos propres interactions ?
Nous pouvons utiliser des histoires ou des métaphores pour aider les autres à reconnaître leurs erreurs sans se sentir attaqués. Cela crée un espace sûr pour la réflexion et le changement.

3. Quelle est la différence entre la correction et la condamnation ?
La correction vise à restaurer et à guider, tandis que la condamnation cherche à blâmer et à rabaisser. La correction est motivée par l'amour, tandis que la condamnation peut provenir de la colère ou du jugement.

4. Comment réagir lorsque nous sommes confrontés à une correction ?
Il est essentiel d'écouter avec ouverture, de réfléchir à la critique et de considérer comment nous pouvons grandir à travers cette expérience. La repentance et l'humilité sont des réponses positives.

5. En quoi la correction bienveillante peut-elle renforcer les relations ?
Une correction bienveillante favorise la confiance et la compréhension mutuelle. Elle montre que nous nous soucions du bien-être des autres et que nous voulons les aider à s'améliorer.

6. Pourquoi est-il important de faire preuve d'humilité lors de la correction d'autrui ?
L'humilité favorise un dialogue respectueux et ouvert, permettant à l'autre de se sentir en sécurité.

7. Quelle est l'importance de la correction dans notre vie spirituelle ?
La correction est essentielle pour notre croissance spirituelle. Elle nous aide à identifier nos erreurs et à nous aligner sur les principes bibliques, favorisant ainsi notre sanctification.

JUGEMENT

8. Comment pouvons-nous distinguer entre un jugement justifié et un jugement hâtif ?
Un jugement justifié est fondé sur des faits et est motivé par l'amour et le désir de restaurer, tandis qu'un jugement hâtif repose sur des préjugés ou des impressions sans fondement.

9. Quelles sont les étapes clés pour exercer une correction efficace et bienveillante ?
Les étapes incluent :
1- Prendre du temps pour prier et réfléchir.
2- Aborder la personne avec respect.
3- Utiliser des exemples concrets.
4- Encourager la discussion ouverte.
5- Proposer des solutions constructives.

10. Comment la correction peut-elle mener à une plus grande maturité spirituelle ? La correction, lorsqu'elle est reçue avec humilité, nous pousse à reconnaître nos faiblesses et à chercher à nous améliorer, favorisant ainsi une plus grande maturité et compréhension de notre foi.

11. En quoi l'humilité joue-t-elle un rôle crucial dans le processus de correction ? L'humilité permet d'établir un climat de confiance, où la personne corrigée se sent respectée et ouverte à la réflexion, plutôt que sur la défensive.

12. Comment réagir positivement à la correction que nous recevons ? Il est important d'écouter attentivement, de réfléchir à ce qui est dit et d'être prêt à apporter des changements. Une attitude de gratitude envers la personne qui corrige est également bénéfique.

13. Quelle est la relation entre correction et amour ?
La véritable correction est toujours motivée par l'amour. Elle vise le bien de l'autre, cherchant à restaurer et à encourager, plutôt qu'à rabaisser ou à blâmer.

Prière :
« Seigneur, accorde-nous la sagesse d'aborder la correction avec amour et humilité. Que nous puissions être des sources de réconfort et d'encouragement pour ceux qui en ont besoin. Amen. »

D - JUGEMENT DANS LE NOUVEAU TESTAMENT :

Enseignements de Jésus : Jésus aborde le jugement sous un angle différent dans le Nouveau Testament. Il enseigne que le jugement final appartient à Dieu seul, et il met l'accent sur l'amour et la miséricorde. Par exemple, dans le Sermon sur la Montagne, Jésus exhorte ses disciples à ne pas juger les autres, mais plutôt à pratiquer la miséricorde et le pardon (Matthieu 7:1-5).

Jugement Personnel et Communautaire :

Pauline Épîtres : Les lettres de Paul aux différentes églises abordent le jugement dans le contexte des comportements chrétiens et de la vie en communauté. Paul encourage les croyants à examiner leurs propres vies et à s'assurer qu'ils vivent en conformité avec les enseignements du Christ (1 Corinthiens 11:31-32).

Le jugement dans la Bible reflète une dimension spirituelle et éthique importante, soulignant l'importance de vivre selon les principes divins, tout en mettant en avant la miséricorde et le pardon comme des aspects centraux de la foi chrétienne.

Ananias et Saphira

L'histoire d'Ananias et Saphira, rapportée dans Actes 5:1-11, illustre le sérieux du jugement de Dieu dans le Nouveau Testament. Ananias ment sur le montant qu'il a donné à la communauté, prétendant avoir remis la totalité du prix de la vente de son bien. Ce mensonge entraîne sa mort immédiate, tout comme celle de sa femme Saphira, qui confirme son mensonge. Cet événement souligne l'importance de l'honnêteté et de la transparence au sein de la communauté chrétienne, rappelant que le péché ne peut être toléré et que la sainteté de Dieu exige la vérité. Les conséquences de leur action provoquent une grande crainte parmi les croyants, renforçant ainsi la nécessité de vivre dans l'intégrité et la sincérité.

Jugement Final :

Le Nouveau Testament décrit également un jugement final à la fin des temps, lorsque Jésus reviendra pour juger les vivants et les morts. Le livre de l'Apocalypse parle de ce jugement final où les actes des individus seront examinés et où ceux qui ont suivi la voie de Dieu seront récompensés, tandis que les autres seront condamnés (Apocalypse 20:11-15). Ce jugement ne sera pas seulement une évaluation des actions, mais aussi une révélation des cœurs et des intentions, soulignant la nature profonde de la justice divine. notre existence.

LES SEPT ÉGLISES D'ASIE

Les jugements des sept églises d'Asie, rapportés dans le livre de l'Apocalypse (chapitres 2 et 3), sont des lettres adressées par Jésus-Christ aux différentes communautés chrétiennes. Chaque lettre contient des éloges, des reproches, des exhortations et des promesses spécifiques. Voici un aperçu des sept églises :

1. Église d'Éphèse (Apocalypse 2:1-7)
Éloge : Travail acharné et discernement.
Reproche : A abandonné son premier amour.
Exhortation : Se repentir et revenir aux œuvres d'autrefois.
Promesse : Accéder à l'arbre de vie.

2. Église de Smyrne (Apocalypse 2:8-11)
Éloge : Foi et endurance face aux persécutions.
Reproche : Aucun reproche spécifique.
Exhortation : Ne pas craindre la souffrance à venir.
Promesse : Couronne de vie pour ceux qui restent fidèles.

3. Église de Pergame (Apocalypse 2:12-17)
Éloge : Foi en Christ malgré des défis.
Reproche : Tolérance envers les enseignements fausse de Balaam.
Exhortation : Se repentir.
Promesse : Manna caché et pierre blanche.

4. Église de Thyatire (Apocalypse 2:18-29)
Éloge : Amour, foi, service et persévérance.
Reproche : Tolérance envers Jezabel, qui incite à l'immoralité.
Exhortation : Se détourner de cette doctrine.
Promesse : Autorité sur les nations et étoile du matin.

5. Église de Sardes (Apocalypse 3:1-6)
Éloge : Quelques membres demeurent fidèles.
Reproche : Apparence de vie, mais en réalité morte.
Exhortation : Réveiller ce qui reste et se repentir.
Promesse : Être vêtu de vêtements blancs.

6. Église de Philadelphie (Apocalypse 3:7-13)
Éloge : Foi et persévérance.

<u>Reproche</u> : Aucun reproche spécifique.
<u>Exhortation</u> : Garder la parole et ne pas renier le nom de Christ.
Promesse : Une colonne dans le temple de Dieu.

7. Église de Laodicée (Apocalypse 3:14-22)
Éloge : Aucun éloge spécifique.
Reproche : Tiédeur et suffisance matérielle.
Exhortation : Se repentir et être fervent.
Promesse : Récompense pour ceux qui ouvrent la porte à Christ.

Conclusion
Ces jugements sont non seulement des évaluations des églises de l'époque, mais ils offrent également des leçons spirituelles pour les croyants d'aujourd'hui. Chaque église représente des défis et des comportements que l'Église universelle peut rencontrer, encourageant à la fois la fidélité et la repentance.

LE JUGEMENT DE L'APOCALYPSE : VICTOIRE DIVINE

Le livre de l'Apocalypse, souvent appelé la Révélation, offre une vision profonde et symbolique du jugement ultime de l'humanité et du monde. À travers des images saisissantes, il décrit une bataille cosmique entre le bien et le mal, se terminant par le triomphe de Dieu et l'établissement de Son règne éternel. Au cœur de ce livre se trouve un message d'espérance, mettant en avant la justice divine, la restauration de toutes choses, et la victoire de la droiture.

Jugement Final
Le concept de jugement dans l'Apocalypse est à la fois un moment de justice et une manifestation de la sainteté de Dieu. Les scènes d'ouverture des sept sceaux, le son des sept trompettes et le déversement des sept coupes de la colère révèlent le déroulement des jugements justes de Dieu sur la terre. Ces jugements montrent les conséquences de la rébellion de l'humanité et la défaite ultime des puissances du mal. Le Christ, souvent représenté comme l'Agneau immolé, est au centre de ce processus, symbolisant à la fois le sacrifice et la victoire.
Dans Apocalypse 20, le Jugement du Grand Trône Blanc est un moment crucial où les morts sont jugés selon leurs œuvres. Les livres sont ouverts, et ceux dont le nom ne figure pas dans le Livre de Vie subissent une séparation éternelle de Dieu. Ce jugement marque la fin de l'histoire telle que nous la connaissons et la défaite finale de la mort, de Satan, et de toutes les forces du mal.

Le Triomphe du Bien sur le Mal

L'Apocalypse dépeint une bataille intense entre les forces de la lumière et des ténèbres, mais l'issue n'est jamais incertaine. Le livre souligne que le plan de Dieu pour le salut et le jugement a été établi avant la fondation du monde. L'image du Cavalier sur un cheval blanc (Apocalypse 19:11-16), représentant le Christ, incarne l'essence de cette victoire divine. Il vient juger et faire la guerre avec justice, conduisant les armées célestes contre les forces du mal.

La Bête, le Faux Prophète et Satan lui-même sont tous jetés dans l'étang de feu, symbolisant leur défaite complète et irréversible. Cet acte final de jugement montre que le mal, peu importe sa puissance apparente, est finalement soumis à la volonté souveraine de Dieu.

Les Nouveaux Cieux et la Nouvelle Terre

Après le jugement final, l'Apocalypse se termine par une vision des nouveaux cieux et de la nouvelle terre (Apocalypse 21-22). Ce renouvellement représente l'accomplissement de la promesse de Dieu de restaurer la création à sa gloire originelle, libre de la malédiction du péché et de la mort. La ville sainte, la Nouvelle Jérusalem, descend du ciel, et Dieu demeure avec Son peuple pour toujours. Cette victoire divine inaugure une réalité où il n'y a plus de douleur, de tristesse, ni de souffrance.

La victoire décrite dans l'Apocalypse n'est pas seulement une victoire sur le mal, mais aussi une victoire pour la vie, l'amour et la justice. Elle constitue l'aboutissement du plan rédempteur de Dieu, apportant la réconciliation ultime de toutes choses en Christ.

Victoire Divine : Un Message d'Espoir

Le message de l'Apocalypse, bien qu'empli d'images de jugement et de destruction, est en fin de compte un message d'espérance pour les croyants. Il les rassure que, peu importe l'obscurité du présent, la victoire de Dieu est assurée. Le retour du Christ annonce le triomphe définitif du bien sur le mal, de la justice sur l'injustice, et de la vie sur la mort.

Pour les chrétiens, cette victoire divine est plus qu'un simple événement eschatologique ; elle est l'accomplissement du travail de Dieu tout au long de l'histoire. L'Apocalypse révèle qu'en fin de compte, la justice de Dieu prévaudra, Son amour triomphera, et Son royaume régnera à jamais.

Le jugement de l'Apocalypse est un puissant rappel de la souveraineté et de la justice de Dieu. Ce n'est pas seulement une histoire de destruction, mais une célébration de la justice divine, de la miséricorde, et de la victoire ultime du bien. En attendant l'accomplissement de ces prophéties, nous sommes appelés à vivre des vies reflétant les valeurs du royaume à venir :

l'amour, la justice et la fidélité. L'Apocalypse nous assure que, à la fin, c'est Dieu qui triomphe.

Prière pour la Victoire Divine

Seigneur Tout-Puissant, Dieu de justice et de miséricorde,
Nous venons devant Toi, reconnaissant Ta grandeur et Ta sainteté.
Tu es le Dieu qui triomphe du mal,
Celui qui promet le salut et la restauration pour tous ceux qui mettent leur confiance en Toi.
Dans les moments de doute et de tempête,
Donne-nous la force de rester fidèles à Ton appel.
Que Ton Esprit Saint nous guide, afin que nous puissions marcher avec foi et persévérance, Sachant que la victoire est déjà acquise par Ton Fils, Jésus-Christ.

Seigneur, nous Te demandons de nous accorder Ta paix, cette paix qui dépasse toute compréhension humaine, et de nous remplir de Ton amour, pour que nous soyons des témoins vivants de Ta lumière dans ce monde.
Lorsque nous faisons face aux épreuves et aux combats,
Rappelle-nous que Tu es le Dieu du triomphe, que dans l'Apocalypse, Tu révèles la fin de toute souffrance, et l'accomplissement de Ta promesse de justice.

Nous Te louons pour Ta fidélité éternelle, et nous attendons avec espérance la manifestation complète de Ton règne. Que Ton nom soit glorifié à jamais, Car à Toi seul appartiennent la gloire, la puissance, et l'honneur,Pour les siècles des siècles.   Amen.

La Paix

Poème

La Paix de Dieu en Christ

Dans le silence profond de l'âme,
Où l'ombre et la peur tissent leur trame,
Vient une lumière douce et sereine,
La paix de Dieu, une force pleine.

Elle descend comme une pluie de grâce,
Effaçant l'angoisse, tout s'efface.
En Christ, le cœur trouve son repos,
Une paix divine, sans égal, sans écho.

Ce n'est pas la paix que le monde promet,
Éphémère et fragile, elle se dissipe.
Mais celle de Dieu, enracinée en Christ,
Dans l'épreuve, elle demeure et persiste.

Cette paix qui calme les tempêtes,
Règne en celui qui se soumet.
Elle apaise l'esprit troublé,
Rend stable et fort, dans la fidélité.

Dans les relations, elle se déploie,
Enseignant l'amour, dissipant l'effroi.
Elle guide vers l'unité, la réconciliation,
Portant en elle l'écho de la création.

Et au-delà de nos vies terrestres,
Un jour, elle couvrira l'univers.
Car la paix de Dieu, en son final dessein,
S'étendra sur terre, touchera les mains.

Un jour viendra, où tout sera en paix,
Les hommes, la nature, dans une danse parfaite.
En Christ, cette paix universelle,
Sera le chant d'un amour éternel.

Job Francois

PAIX ET TRANQUILLITÉ

Introduction :
La paix est souvent perçue simplement comme l'absence de conflit ou de violence, mais elle englobe une réalité beaucoup plus profonde et complexe. En tant que fruit de la justice, la paix engendre la sérénité et la sécurité. Cette vision multidimensionnelle de la paix est explorée dans les Écritures, où elle est liée à des aspects personnels, sociaux et internationaux.

Paix Intérieure Confiance et Sérénité :
La paix intérieure est une tranquillité profonde de l'esprit et du cœur que les croyants trouvent en Dieu. Cette paix transcende les circonstances extérieures et est liée à la confiance en la providence divine. Même face aux épreuves, elle procure une sérénité qui repose sur la foi en Dieu.
Exemple Biblique : Philippiens 4:7 – « Et la paix de Dieu, qui surpasse toute intelligence, gardera vos cœurs et vos pensées en Jésus-Christ. »

Explication : Ce verset souligne que la paix de Dieu dépasse la compréhension humaine et garde nos cœurs et pensées. Cette paix intérieure est le résultat d'une relation vivante avec Jésus-Christ, offrant un calme durable qui n'est pas perturbé par les défis de la vie

1- La Paix Comme Périmètre de Sécurité: Illustration
Dans une garderie, des enfants jouaient joyeusement dans la cour, remplis de sérénité et de liberté. La cour était entourée d'une clôture qui délimitait l'espace sécurisé où ils pouvaient s'amuser sans inquiétude.

Un jour, quelqu'un, curieux de tester une idée, décida d'enlever la clôture. Dès que celle-ci disparut, un phénomène inattendu se produisit : les enfants cessèrent immédiatement de jouer. Ils se regroupèrent, serrés les uns contre les autres, au centre de la cour.

Lorsqu'on leur demanda pourquoi ils avaient arrêté de s'amuser pour se rassembler ainsi, ils répondirent qu'ils avaient eu peur. La disparition de la clôture avait enlevé leur sentiment de sécurité, et sans ce périmètre protecteur, ils ne se sentaient plus libres.

De même, Dieu établit des "clôtures" spirituelles pour protéger Ses enfants, non pour les restreindre, mais pour leur offrir un espace de paix où ils peuvent prospérer. Cette paix divine est un périmètre de sécurité qui garantit sérénité et confiance, même dans les moments les plus éprouvants.

2- La Paix Divine dans la Fournaise : Illustration 2

L'histoire de Schadrak, Méchak et Abed-Nego (Daniel 3) illustre magnifiquement la paix divine comme un périmètre de sécurité. Jetés dans une fournaise ardente pour avoir refusé d'adorer la statue du roi Nebucadnetsar, ces trois hommes ont montré une foi inébranlable.

Alors que la chaleur de la fournaise aurait dû les consumer instantanément, Dieu envoya un ange au milieu des flammes. Cet ange créa un espace frais, un périmètre de protection où ils marchaient librement, en paix et sans être touchés par le feu. Même leurs vêtements ne furent pas brûlés, et aucune odeur de fumée ne les atteignit.

Cette intervention divine démontre que, même au cœur des circonstances les plus terrifiantes, la paix de Dieu garde ceux qui Lui font confiance. "Et voici, je vois quatre hommes sans liens, qui marchent au milieu du feu, et ils n'ont point de mal; et la figure du quatrième ressemble à celle d'un fils des dieux."
Daniel 3:25

3. Le Rôle de la Paix comme Périmètre de Sécurité

<u>Protection contre l'Anxiété</u> : La paix de Dieu garde nos cœurs et nos pensées en Christ (Philippiens 4:6-7).
<u>Base pour la Vie Relationnelle</u> : Elle favorise la paix avec les autres, établissant un climat d'amour et de compréhension (Hébreux 12:14).
<u>Force dans l'Adversité</u> : Comme Schadrak, Méchak et Abed-Nego, la paix permet de rester stable face aux tempêtes et persécutions (Jean 16:33).

4. Comment Habiter dans ce Périmètre ?

<u>La Foi</u> : Croire que Dieu est souverain et puissant pour protéger et délivrer.
<u>La Prière</u> : Confier à Dieu nos craintes et recevoir Sa paix en retour (1 Pierre 5:7).
<u>La Parole de Dieu</u> : Méditer Ses promesses nourrit notre foi et nous garde dans Sa paix (Psaume 119:165).
Verset d'Or : "Je vous laisse la paix, je vous donne ma paix. Je ne vous donne pas comme le monde donne. Que votre cœur ne se trouble point et ne s'alarme point." Jean 14:27

Réflexion et Application

Quelle est la différence entre la paix que le monde offre et celle que Dieu donne ?
Dans quels domaines de votre vie ressentez-vous le besoin d'un périmètre de sécurité spirituel ?

Comment pouvez-vous, comme Schadrak, Méchak et Abed-Nego, vivre avec confiance dans la paix divine, même au milieu des flammes ?

Conclusion
La paix divine est un périmètre de sécurité, tout comme la clôture autour de la cour ou l'espace frais créé dans la fournaise pour Schadrak, Méchak et Abed-Nego. Elle garde nos cœurs, nos pensées et même nos corps dans les moments les plus difficiles.
"Garde ton cœur plus que toute autre chose, car de lui viennent les sources de la vie." Proverbes 4:23
Vivre dans cette paix, c'est demeurer sous la protection et l'amour de Dieu, même lorsque tout semble s'effondrer autour de nous.

Prière
Seigneur, apprends-moi à rechercher et habiter dans Ta paix, ce périmètre de sécurité que Tu as établi pour Tes enfants. Aide-moi à traverser les épreuves avec confiance, comme Schadrak, Méchak et Abed-Nego, sachant que Tu es toujours présent. Fais de moi un témoignage vivant de Ta paix dans ce monde troublé. Amen.

PAIX ET JUSTICE SOCIALE

Concept : La paix dans la Bible est souvent liée à la justice sociale. Une société juste est celle où les droits sont respectés, les injustices sont corrigées, et les institutions travaillent ensemble pour le bien commun. La paix ne se limite pas à l'absence de conflit, mais implique une juste répartition des ressources et un traitement équitable pour tous.

Exemple Biblique : Ésaïe 32:17 – « Le fruit de la justice sera la paix ; le produit de la justice, le calme et la sécurité pour toujours. »

Explication : Ce verset souligne que la paix véritable est le fruit de la justice. Lorsque la justice est pratiquée, elle engendre une société où règnent le calme et la sécurité. La paix durable ne peut être atteinte que lorsque les principes de justice sont intégrés dans les institutions et les politiques.

PAIX ET HARMONISATION DES INSTITUTIONS

Introduction : Le concept de paix dans le cadre des institutions, systèmes ou gouvernements est fondamental dans la Bible et la tradition chrétienne. Il s'agit non seulement de maintenir une coexistence harmonieuse entre différentes structures sociales et politiques, mais aussi de favoriser une interaction qui contribue au bien-être général. Cette exploration se concentre sur la paix en tant que justice sociale, relations gouvernementales, et autorité divine.

1. Paix dans les Relations Gouvernementales

Concept : Pour maintenir la paix, les relations harmonieuses entre les différents niveaux de gouvernement et les institutions sont essentielles. L'ordre et l'harmonie dans les structures de gouvernance sont encouragés dans la Bible, car ils contribuent au bien-être général de la société.

Exemple Biblique :
Romains 13:1 – « Que toute âme soit soumise aux autorités supérieures ; car il n'y a point d'autorité qui ne vienne de Dieu, et celles qui existent ont été instituées par Dieu. »

Explication :
Ce verset rappelle que les autorités en place sont instituées par Dieu et que la soumission à ces autorités est une manière de maintenir l'ordre et la paix. Une gouvernance juste et harmonieuse, respectant les principes divins, est cruciale pour une société stable et paisible.

2. Paix et Autorité Divine

Concept : La paix dans les systèmes politiques et sociaux est perçue comme une réflexion de l'ordre divin. Dieu est souvent vu comme l'autorité ultime qui guide et établit les principes de justice et de paix dans les sociétés humaines. La paix véritable est donc une manifestation de l'ordre divin établi par Dieu.

Exemple Biblique : Psaume 29:11 – « L'Éternel donnera la force à son peuple ; l'Éternel bénira son peuple en lui accordant la paix. »

Explication : Ce verset démontre que la paix véritable vient de Dieu et est une bénédiction divine. Elle reflète l'ordre et la justice que Dieu établit dans les sociétés humaines. La reconnaissance de l'autorité divine dans les affaires humaines est essentielle pour la paix durable.

TYPES DE PAIX

La paix, dans la vision biblique, est un concept riche qui va bien au-delà de l'absence de conflit. Elle se manifeste à différents niveaux : intérieur, entre individus et universel. Chacun de ces aspects reflète une dimension unique de la paix que Dieu désire pour ses croyants, et chacun est profondément ancré dans la relation avec Dieu.

1. Paix entre les Individus
1 - Relation Harmonique : La paix entre les individus reflète un désir d'harmonie et de réconciliation dans nos relations. Elle est le fruit de l'Esprit et implique un engagement à vivre en paix avec les autres, en cherchant à résoudre les conflits et à promouvoir la compréhension mutuelle ..Exemple Biblique : Matthieu 5:9 – « Heureux ceux qui procurent la paix, car ils seront appelés fils de Dieu. »

2 - La Paix avec Soi-même :
La réconciliation avec Dieu permet également de vivre en paix avec soi-même. En étant libérés du poids de la culpabilité et du péché, nous pouvons accepter le pardon divin et vivre avec une conscience renouvelée. Romains 8:1 affirme qu'« il n'y a donc maintenant aucune condamnation pour ceux qui sont en Christ Jésus ». Cette vérité nous libère des remords passés et nous permet d'embrasser une nouvelle identité en Christ. Ainsi, nous pouvons avancer avec assurance, sachant que nous sommes pleinement réconciliés avec Dieu et que notre valeur repose en Lui, non dans nos erreurs passées. Cette paix intérieure favorise un esprit stable et équilibré, permettant une croissance spirituelle et émotionnelle.

6 - La Paix dans la Communauté :
Au-delà de la paix individuelle, la réconciliation en Christ encourage également à établir la paix dans nos communautés. Romains 12:18 nous exhorte à « rechercher la paix avec tous, autant que cela dépend de vous ». En tant que chrétiens réconciliés avec Dieu, nous sommes appelés à être des agents de paix, à promouvoir la justice, l'entraide et la solidarité au sein de nos cercles sociaux et des communautés plus larges. Cette paix communautaire exige des efforts actifs pour écouter, comprendre et pardonner, afin de bâtir des relations fondées sur le respect et l'amour mutuel.

7. Paix et Leadership Éthique
Un leadership éthique et juste est crucial pour la paix durable. Les dirigeants sont appelés à gouverner avec sagesse, justice et intégrité pour promouvoir l'harmonie et le bien-être commun.

Exemple Biblique : Proverbes 29:2 – « Quand les justes sont nombreux, le peuple se réjouit ; mais lorsque le méchant domine, le peuple gémit. » _1 Timothée 2:1-2 – « J'exhorte donc, avant toutes choses, à faire des prières, des supplications, des intercessions et des actions de grâces pour tous les hommes, pour les rois et pour tous ceux qui sont en autorité, afin que nous menions une vie paisible et tranquille, en toute piété et honnêteté. »

8. Paix et Responsabilité Sociale

Les institutions doivent également assumer leur responsabilité sociale en contribuant au bien-être de la communauté. Cela inclut la promotion de l'équité, la protection des vulnérables, et la création d'un environnement propice à la prospérité collective.

Exemple Biblique : Le Prophète Amos (Amos 5:24) appelle à la justice sociale en proclamant : « Mais que la droiture coule comme de l'eau, et la justice comme un torrent intarissable. » Cette exhortation montre que la paix véritable découle d'une société juste, où les institutions veillent à ce que chacun reçoive ce qui lui est dû et que personne ne soit laissé pour compte.

9. Paix et Collaboration Interinstitutionnelle

La paix en tant qu'harmonie entre institutions, systèmes ou gouvernements dans la Bible est donc un concept profond qui intègre la justice sociale, la réconciliation, l'éthique, et la responsabilité collective. C'est une vision d'ordre et de bien-être qui reflète les principes divins d'équité, de paix, et de prospérité pour tous. La collaboration entre différentes institutions est essentielle pour atteindre une paix durable. Cela inclut la coopération entre les secteurs public et privé, les organisations communautaires et les institutions gouvernementales pour résoudre les problèmes sociaux et promouvoir le développement.

La Paix dans le Monde : Réconciliation entre Nations

Description : Sur la scène mondiale, la paix internationale est souvent associée à l'absence de guerre entre nations. Cependant, elle nécessite également une coopération pour le développement durable, le respect des droits internationaux, et une justice globale qui promeut l'équité. La paix internationale est le résultat de la collaboration entre pays pour atteindre des objectifs communs de prospérité et de sécurité mondiale.

Paix Internationale :

La paix entre nations et peuples est une vision biblique d'harmonie mondiale. La réconciliation entre les peuples et la résolution pacifique des conflits sont des objectifs importants dans la tradition chrétienne.

Exemple Biblique :
Michée 4:3 – « Il jugera parmi de nombreux peuples et imposera sa sentence à des nations puissantes, très éloignées. Elles forgeront de leurs épées des socs de charrue et de leurs lances des faux ; nation ne lèvera plus l'épée contre nation, et l'on n'apprendra plus la guerre. »

La réconciliation universelle promise par Jésus-Christ englobe également une vision de paix globale. Isaïe 2:4 prophétise un temps où « nation ne tirera plus l'épée contre nation », symbolisant un monde où la justice divine régnera et où les conflits seront résolus par la paix. En tant qu'ambassadeurs du Christ, nous devons œuvrer pour la paix internationale, en soutenant la justice et la vérité dans les relations entre les nations et en plaidant pour la fin des guerres, des violences et des injustices qui affligent le monde.

NÉCESSITÉ D'UNE PAIX UNIVERSELLE

Colossiens 1:20 : « *Il a voulu par lui [Jésus-Christ] réconcilier tout avec lui-même, tant ce qui est sur la terre que ce qui est dans les cieux, en faisant la paix par lui, par le sang de sa croix.* »

Le Conflit Initial :
La Réconciliation et Ses Bénéfices
Avant la réconciliation, le péché créait une barrière entre l'humanité et Dieu. Ésaïe 59:2 nous montre que nos péchés engendrent une séparation qui nous éloigne de la présence divine, empêchant ainsi Dieu de nous écouter. Cette distance spirituelle était inévitable en raison de la nature humaine pécheresse, ce qui rendait la relation avec Dieu impossible. Toutefois, cette séparation a été surmontée par le sacrifice de Christ, comme le décrit Colossiens 1:20. Par son sacrifice sur la croix, Jésus a rétabli la paix entre l'humanité et Dieu, offrant ainsi une voie pour surmonter cette barrière et restaurer la relation perdue.

LA PAIX AVEC DIEU : UNE INTRODUCTION À LA RÉCONCILIATION DIVINE

La paix avec Dieu est le résultat de la réconciliation obtenue par la foi en Jésus-Christ. Selon Romains 5:1, « Étant donc justifiés par la foi, nous avons la paix avec Dieu par notre Seigneur Jésus-Christ. » Cette paix n'est pas simplement l'absence de conflits ou de difficultés, mais une transformation spirituelle profonde qui rétablit notre relation avec Dieu.

La réconciliation avec Dieu est rendue possible grâce au sacrifice de Jésus, qui a payé le prix de nos péchés et a ouvert la voie à une nouvelle relation avec le Père céleste. Lorsque nous plaçons notre foi en Jésus-Christ, nous acceptons son sacrifice comme expiation pour nos péchés. Cette acceptation nous justifie aux yeux de Dieu, ce qui signifie que nous sommes considérés comme justes et en harmonie avec Lui. En retour, cette foi nous accorde une paix intérieure durable, indépendante des circonstances extérieures.

Ce processus de réconciliation n'est pas le résultat de nos propres efforts ou de nos bonnes œuvres, mais de la grâce divine. C'est une paix qui surpasse la compréhension humaine, car elle est fondée sur la promesse de Dieu et la confiance en Son plan de salut. En vivant cette paix, nous expérimentons une tranquillité et une assurance spirituelle qui nous permettent de naviguer à travers les défis de la vie avec une confiance inébranlable. Ainsi, la paix avec Dieu est à la fois un état de réconciliation et une source continue de tranquillité intérieure, assurant que nous vivons en accord avec la volonté divine, même dans les moments les plus difficiles.

La Paix avec Dieu : Fondation de la Paix Divine
La paix de Dieu est le résultat direct de la paix avec Dieu. La paix avec Dieu, comme l'indique Romains 5:1, est obtenue par la foi en Jésus-Christ, qui rétablit notre relation avec le Père. Cette réconciliation transforme notre état spirituel, nous plaçant en harmonie avec Dieu.
Une fois que nous avons cette paix avec Dieu, nous expérimentons la paix de Dieu, qui est une tranquillité intérieure indépendante des circonstances extérieures. La paix divine découle ainsi de la réconciliation avec Dieu, offrant une sérénité et une assurance durables, même en temps de difficultés. La paix de Dieu est donc la manifestation intérieure de la paix que nous avons avec Lui.

Les Bénéfices de la Réconciliation
La réconciliation avec Dieu ne se limite pas à la résolution d'un conflit ; elle engendre des bénéfices profonds, dont la paix intérieure est l'un des plus précieux. Philippiens 4:7 parle d'une paix qui transcende la compréhension humaine, une tranquillité d'esprit inébranlable malgré les circonstances adverses. Cette paix intérieure, issue de la relation rétablie avec Dieu, offre une assurance et une sérénité que rien dans le monde ne peut ébranler. Elle garde nos cœurs et nos pensées en Christ, nous permettant de faire face aux épreuves avec calme et confiance.

LA PAIX DANS L'ÉTERNITÉ : UNE VISION BIBLIQUE

La paix que Christ apporte ne se limite pas à ce monde; elle est la promesse d'une paix éternelle dans la présence de Dieu. Cette paix, bien qu'éternelle et parfaite, commence ici-bas pour ceux qui acceptent l'offre de réconciliation en Jésus-Christ. Elle est la culmination de la restauration divine, un état où toute souffrance, division, et conflit cèdent la place à l'harmonie et à la plénitude de la présence de Dieu. L'Ancien Testament évoque cette paix dans des passages puissants. Ésaïe 2:4 décrit un temps où "nation ne tirera plus l'épée contre nation, et l'on n'apprendra plus la guerre," illustrant une paix universelle et durable. De même, Ésaïe 11:6-9 présente une vision d'un règne messianique où "le loup habitera avec l'agneau," symbolisant la réconciliation parfaite, non seulement entre les hommes, mais aussi entre toutes les créatures de Dieu. Cette vision est l'ombre du règne à venir, dans lequel la paix sera complète et éternelle.

Cette paix, promise par les prophètes, trouve son accomplissement en Jésus-Christ, le "Prince de la Paix" (Ésaïe 9:6). Par sa vie, sa mort, et sa résurrection, Jésus a rétabli la paix entre Dieu et l'humanité, offrant ainsi un chemin vers la réconciliation et la restauration de l'harmonie originelle. Comme le dit Paul dans Romains 5:1, "nous avons la paix avec Dieu par notre Seigneur Jésus-Christ." La réconciliation rendue possible par le sacrifice de Christ ouvre la voie à cette paix éternelle, qui sera pleinement réalisée à la fin des temps. En Apocalypse 21:4, il est écrit : "la mort ne sera plus, il n'y aura plus ni deuil, ni cri, ni douleur," une promesse de rédemption totale où toutes les souffrances humaines seront effacées, et où la paix régnera sans fin.

Bien que cette paix parfaite appartienne à l'éternité, elle est déjà une réalité pour les croyants aujourd'hui. En attendant le jour où tout sera renouvelé, cette paix transforme les vies des chrétiens, leur offrant une espérance inébranlable face aux épreuves de ce monde. La paix éternelle leur permet de vivre dans la confiance, sachant que tout ce qu'ils subissent ici-bas n'est rien comparé à la gloire à venir (Romains 8:18). Cette espérance les pousse aussi à devenir des artisans de réconciliation dans un monde brisé, à partager la bonne nouvelle de cette paix avec ceux qui ne la connaissent pas encore. Comme Paul l'enseigne dans 2 Corinthiens 5:18, "Dieu nous a réconciliés avec lui-même par Jésus-Christ, et il nous a confié le ministère de la réconciliation."

Ainsi, la paix dans l'éternité, bien qu'elle soit une promesse future, est une réalité présente pour ceux qui sont en Christ. Elle nous fortifie dans notre marche quotidienne, nous aide à persévérer dans la foi, et nous rappelle que l'avenir de l'humanité, réconciliée avec Dieu, est certain. C'est une paix qui éclaire notre présent et donne un sens à nos luttes, nous rappelant que, finalement, tout sera restauré et que la paix divine régnera éternellement dans le royaume de Dieu.

Un Appel à Vivre en Paix avec Tous

La réconciliation avec Dieu, obtenue par la foi en Jésus-Christ, est une transformation profonde qui impacte non seulement notre relation avec le divin, mais aussi notre manière d'interagir avec le monde autour de nous. Cette paix avec Dieu ne se limite pas à un sentiment personnel ou à une tranquillité intérieure ; elle appelle à une manifestation concrète dans nos relations humaines.

<u>Hébreux 12:14</u> nous exhorte à « rechercher la paix avec tous et la sanctification, sans laquelle personne ne verra le Seigneur. » Cette directive nous rappelle que la paix avec Dieu doit être le fondement sur lequel nous construisons nos interactions avec les autres. Lorsque nous vivons en harmonie avec Dieu, cette paix intérieure devrait se traduire par des actes de réconciliation, de pardon, et d'amour envers ceux qui nous entourent.

Vivre en paix avec tous implique de faire des efforts conscients pour résoudre les conflits, pour offrir le pardon, et pour maintenir des relations empreintes de respect et de compréhension. Cela signifie que notre expérience de la paix divine ne reste pas confinée à notre cœur, mais s'étend à chaque aspect de notre vie quotidienne, influençant positivement nos relations personnelles et communautaires.

En intégrant cette paix dans notre quotidien, nous devenons des instruments de paix dans un monde souvent déchiré par les conflits et les tensions. Nous reflétons l'amour et la grâce de Dieu à travers nos actions et nos attitudes, montrant ainsi l'impact profond de la réconciliation que nous avons vécue avec Lui.

Prenons ce message à cœur et engageons-nous à vivre en paix avec tous. Cherchons à manifester cette paix dans chaque interaction, en étant des exemples vivants de l'amour et de la grâce que Dieu nous a accordés. Que notre vie soit un témoignage de la paix que nous avons reçue, et qu'elle inspire ceux qui nous entourent à rechercher également cette paix divin

FICHE DE LA LEÇON #1

La Paix avec Dieu : Réconciliation et Assurance

Texte d'or : Romains 5:1 – « Étant donc justifiés par la foi, nous avons la paix avec Dieu par notre Seigneur Jésus-Christ. »

Versets d'appui: Ésaïe 59:2 – Colossiens 1:20 – « Et par lui, à réconcilier tout avec lui, ayant fait la paix par le sang de sa croix, par lui, soit ce qui est sur la terre, soit ce qui est dans les cieux. »

Introduction : La paix avec Dieu est un cadeau essentiel de la foi chrétienne, obtenue par le sacrifice de Jésus-Christ. Cette paix restaure la relation entre l'humanité et Dieu, apportant une tranquillité intérieure et une assurance du salut.

Points Principaux :

1- La Signification de la Paix avec Dieu – Restauration de la relation avec Dieu grâce à Jésus-Christ (Romains 5:1).

Le Conflit Initial – La séparation causée par le péché (Ésaïe 59:2).

2- La Réconciliation par le Sacrifice de Jésus – Le rôle du sacrifice de Jésus dans la réconciliation (Colossiens 1:20).

3- Les Bénéfices de la Paix avec Dieu – Assurance et paix intérieure (Philippiens 4:7).

PrièreL: Seigneur,
Merci pour le cadeau de la paix que nous avons en Jésus-Christ. Par Son sacrifice, notre relation avec Toi est restaurée. Aide-nous à saisir pleinement cette paix et à la vivre dans notre quotidien.
Nous prions pour ceux qui ne connaissent pas encore cette réconciliation. Que Ton Esprit les touche et leur révèle Ta paix.
Merci pour l'œuvre de la croix. Que nous soyons des témoins de cette paix dans notre monde. Dans le nom de Jésus, Amen.

Questions et Réponses

1. Qu'est-ce que signifie pour vous la paix avec Dieu, et comment cela affecte-t-il votre relation avec Lui ?

La paix avec Dieu signifie être réconcilié avec Lui, ne plus être en conflit en raison du péché. Cela affecte ma relation avec Dieu en me permettant d'approcher Sa présence sans culpabilité, d'expérimenter Sa grâce et Son amour de manière plus profonde. Cette paix me donne la confiance que ma relation avec Dieu est restaurée et stable, ce qui renforce ma foi et ma tranquillité intérieure.

2. Comment la réconciliation avec Dieu, obtenue par Jésus, transforme-t-elle votre compréhension de la paix intérieure ?

La réconciliation avec Dieu, obtenue par le sacrifice de Jésus, transforme ma compréhension de la paix intérieure en me montrant que la paix véritable ne dépend pas des circonstances extérieures mais de la relation restaurée avec Dieu. Je comprends que cette paix est un don spirituel qui transcende les difficultés de la vie, apportant une sérénité durable et une assurance que je suis en harmonie avec le divin.

3. Comment pouvez-vous refléter la paix de Dieu dans vos relations avec ceux qui vous entourent ?

Je peux refléter la paix de Dieu dans mes relations en faisant preuve de patience, en cherchant à comprendre les autres et en résolvant les conflits avec une attitude de pardon et de réconciliation. En étant un exemple de calme et de respect, je montre comment la paix intérieure que Dieu m'a donnée peut influencer positivement les relations avec les autres.

4. Que faites-vous pour maintenir la paix avec Dieu et avec les autres dans votre vie ?

Pour maintenir la paix avec Dieu, je m'engage dans une vie de prière régulière, d'étude des Écritures et de confession, ce qui me permet de rester connecté avec Lui et de me garder en accord avec Sa volonté. Pour maintenir la paix avec les autres, je pratique l'écoute active, le pardon et la résolution proactive des conflits, cherchant toujours à cultiver des relations harmonieuses et respectueuses.

LA PAIX DIVINE : UNE TRANQUILLITÉ AU-DELÀ DES CIRCUMSTANCES

La Nature de la Paix Divine

La paix de Dieu est une bénédiction inestimable qui transcende les défis et les perturbations de la vie quotidienne. Elle offre aux croyants une tranquillité d'esprit profonde et une assurance inébranlable, quelle que soit la nature des circonstances extérieures. Cette paix n'est pas simplement une absence de conflits ou de troubles, mais une sérénité durable qui émerge de la relation intime avec Dieu.

La Présence de Dieu en Temps de Crise
Il est essentiel de comprendre que la paix de Dieu n'est pas l'absence du danger, mais la présence de Dieu dans les moments de crise. En Ésaïe 26:3, il est écrit : « Celui dont l'esprit est ferme, tu le garderas dans une paix parfaite, parce qu'il se confie en toi. » Cela souligne que la paix divine repose sur la confiance en la présence constante de Dieu, même en présence de difficultés.

Un Refuge dans les Épreuves
Contrairement aux solutions temporaires que le monde peut offrir, la paix divine est une source constante de réconfort. Elle agit comme un refuge dans les moments de détresse, permettant aux croyants de rester calmes et centrés même face à des épreuves majeures. En effet, Philippiens 4:7 nous rappelle que « la paix de Dieu, qui surpasse toute compréhension, gardera vos cœurs et vos pensées en Jésus-Christ. » Cette paix intérieure est le fruit d'une confiance totale en la providence de Dieu, qui assure aux individus une stabilité et une sécurité qui ne dépendent pas des circonstances changeantes.

La Paix de Dieu et le Contexte du Monde :
Dans un monde souvent marqué par les conflits, les incertitudes et les perturbations, la paix de Dieu se distingue par sa constance et sa profondeur. Tandis que le monde offre des solutions temporaires et superficielles à la paix, la paix divine transcende ces solutions limitées et propose une perspective éternelle. Elle contraste fortement avec les tumultes et les agitations qui peuvent prévaloir dans la vie quotidienne, offrant une perspective durable qui invite à la sérénité et à la confiance en Dieu.

LA PAIX EN CHRIST : UNE HARMONIE INTÉRIEURE ET EXTÉRIEURE

Une Sérénité Intérieure
La paix en Christ représente une dimension essentielle de la vie chrétienne, offrant une harmonie qui englobe à la fois l'intérieur du croyant et ses relations avec les autres. Cette paix, née de la relation personnelle avec Jésus-Christ, transforme la manière dont les croyants vivent et interagissent dans leur quotidien. Jean 14:27 nous enseigne que Jésus a dit : « Je vous laisse la paix, je vous donne ma paix ; je ne vous donne pas comme le monde donne. Que votre cœur ne se trouble point et ne s'alarme point. » Cette paix n'est pas affectée par les turbulences externes, mais elle émerge d'une confiance en la souveraineté et en la promesse de Christ. Elle offre un refuge contre l'anxiété et l'inquiétude, permettant aux croyants de maintenir une stabilité intérieure même dans les moments de trouble.

L'Harmonie dans les Relations
Sur le plan des relations humaines, la paix en Christ joue un rôle crucial dans la promotion de l'harmonie et de la réconciliation. Colossiens 3:15 nous exhorte : « Que la paix de Christ, à laquelle vous avez été appelés pour former un seul corps, règne dans vos cœurs. » Elle encourage les croyants à rechercher l'unité, à pratiquer le pardon et à résoudre les conflits avec compassion et compréhension. Cette paix divine influence les interactions, créant un climat de respect et de soutien mutuel. Elle reflète l'impact transformateur de la relation avec Christ, enrichissant les relations interpersonnelles et renforçant les liens communautaires.

Un Fruit de l'Esprit
En résumé, la paix en Christ est un fruit de la transformation spirituelle, apportant équilibre et harmonie dans la vie personnelle et sociale des croyants. Elle est le signe de la présence vivante de Christ et de l'impact profond de Sa paix sur tous les aspects de la vie chrétienne. Comme nous le rappelle Galates 5:22-23 : « Mais le fruit de l'Esprit est : amour, joie, paix, patience, bonté, bienveillance, foi, douceur, tempérance. » Cette paix est un aspect essentiel de la transformation intérieure opérée par l'Esprit Saint, apportant sérénité et équilibre à la vie chrétienne.

FICHE DE LA LEÇON #2

Titre : La Paix en Christ : Une Harmonie Intérieure et Extérieure

Texte d'or : *"Je vous laisse la paix, je vous donne ma paix ; je ne vous donne pas comme le monde donne. Que votre cœur ne se trouble point et ne s'alarme point."*
(Jean 14:27)

Versets d'appui : Philippiens 4:7 : __Colossiens 3:15__Galates 5:22-23 : " __Ésaïe 26:3

Lisez Hébreux 12:14 et discutez de l'importance de rechercher la paix avec tous.

Points de discussion :

1-a) Une sérénité intérieure :
Demandez aux participants de réfléchir à la nature de la paix en Christ qui transcende les circonstances extérieures. Comment cette paix se manifeste-t-elle dans leur vie quotidienne ?
Discutez de la différence entre la paix offerte par le monde (éphémère, conditionnelle) et celle que Christ donne (durable, inébranlable).

b) L'harmonie dans les relations humaines :
Invitez les participants à parler de situations où la paix en Christ a aidé à résoudre des conflits ou à renforcer les relations avec d'autres. Comment la paix de Christ inspire-t-elle la réconciliation et l'unité parmi les croyants ?

2- La paix comme fruit de l'Esprit :
Encouragez les participants à partager des témoignages où la paix de Dieu a été une source de réconfort et de stabilité dans des moments de crise ou d'épreuves.
Discutez du rôle du Saint-Esprit dans la transformation intérieure du croyant qui produit cette paix.

PAIX DÉFINITIVE ET RÈGNE DE CHRIST SUR LA TERRE

La paix universelle est étroitement liée à la vision eschatologique du règne de Christ, où la paix et la justice régneront sur toute la terre. Cette paix représente l'accomplissement ultime du royaume de Dieu, marqué par une souveraineté divine établissant un ordre parfait et juste. Sous le règne de Christ, la réconciliation totale entre Dieu, l'humanité et la création sera réalisée, mettant fin à toute violence et injustice.

Vision Prophétique

Ésaïe 9:6 annonce cette réalité : « Car un enfant nous est né, un fils nous est donné, et la domination reposera sur son épaule ; on l'appellera Admirable, Conseiller, Dieu puissant, Père éternel, Prince de la paix. » Ce verset prophétique révèle que Jésus-Christ, le Prince de la paix, instaurera une paix universelle. Son règne est la promesse d'un avenir où la justice divine et la paix absolue domineront, éradiquant les conflits et établissant un ordre harmonieux pour l'éternité.

Réconciliation et Justice

En complément, Ésaïe 32:17 déclare : « L'œuvre de la justice sera la paix, et le fruit de la justice, le repos et la sécurité pour toujours. » De plus, Ésaïe 11:6-9 décrit un monde transformé sous le règne de Christ : « Le loup habitera avec l'agneau, et le léopard se couchera avec le chevreau ; le veau, le lionceau et le gros bétail seront ensemble, et un petit enfant les conduira. [...] Ils ne feront ni mal ni dommage sur toute ma montagne sainte, car la terre sera pleine de la connaissance de l'Éternel comme les eaux couvrent le fond de la mer. » Ces versets montrent que la paix durable découlera directement de la justice divine. Lorsque le règne de Christ sera pleinement instauré, la justice parfaite de Dieu mettra fin aux oppressions, violences et inégalités. Elle apportera non seulement l'ordre, mais aussi un repos profond et une sécurité éternelle pour tous. Sous ce règne, les relations seront réconciliées, les nations vivront en harmonie, et le monde sera gouverné par la vérité, la paix et la droiture. Cette vision décrit un avenir où l'ordre divin restaure la paix authentique et éternelle.

Questions:

1- Comment la vision eschatologique du règne de Christ redéfinit-elle notre compréhension de la paix et de la justice dans le monde actuel ?

2- En quoi la prophétie d'Ésaïe 9:6 et les descriptions d'Ésaïe 11:6-9 influencent-elles notre perspective sur la paix dans nos vies quotidiennes et dans notre société ?

3- Comment pouvons-nous préparer nos cœurs et nos actions pour aligner nos vies avec la vision de la paix et de la justice que Christ promet d'établir ?

4- Quel est le rôle des chrétiens dans la promotion de la paix et de la justice avant l'établissement complet du règne de Christ ?

5- Comment la réconciliation et la justice promise sous le règne de Christ devraient-elles influencer notre comportement envers ceux qui sont en conflit ou en souffrance aujourd'hui ?

6- De quelles manières la compréhension de la paix universelle et du règne de Christ nous appelle-t-elle à agir pour résoudre les injustices et les conflits dans notre propre communauté ?

7- En réfléchissant à Ésaïe 32:17, comment pouvons-nous vivre de manière à incarner la paix qui découle de la justice divine dans nos interactions avec les autres ?

8- Quels aspects de la paix universelle et du règne de Christ vous semblent les plus difficiles à imaginer ou à appliquer dans le contexte actuel, et pourquoi ?

Prière: Seigneur,
Nous Te remercions pour Ta promesse de paix et de justice à travers le règne de Jésus-Christ. Aide-nous à vivre selon cette paix dans notre vie quotidienne et à être des artisans de réconciliation et de justice autour de nous. Donne-nous la sagesse et la force pour incarner Ta paix, même dans les moments difficiles, et pour refléter la lumière de Christ dans nos interactions.

Nous attendons avec espoir l'accomplissement de Ta promesse. Que Ta volonté soit faite, ici sur terre comme au ciel.

> **FICHE DE LA LEÇON #3**
>
> **La Promesse de la Paix Éternelle**
>
> **Texte d'Or** : Ésaïe 32:17 – « *L'œuvre de la justice sera la paix, et le fruit de la justice, le repos et la sécurité pour toujours.* »
>
> **Versets d'Appui :**
> Ésaïe 32:17 – « L'œuvre de la justice sera la paix, et le fruit de la justice, le repos et la sécurité pour toujours. »
>
> Ésaïe 11:6-9 – « Le loup habitera avec l'agneau, et le léopard se couchera avec le chevreau ; le veau, le lionceau et le gros bétail seront ensemble, et un petit enfant les conduira. [...] Ils ne feront ni mal ni dommage sur toute ma montagne sainte, car la terre sera pleine de la connaissance de l'Éternel comme les eaux couvrent le fond de la mer. »
>
> **Points de discussion**
> 1. Vision Prophétique du Règne Éternel de la Paix
> 2. Rôle des Chrétiens dans la Promotion de la Paix

Questions de Réflexion et Réponses

Quelle est la signification de la paix éternelle dans le contexte de la justice divine ? La paix éternelle est le résultat de la justice de Dieu, où l'humanité est réconciliée avec Lui, établissant une harmonie durable.

Comment les versets d'Ésaïe 11:6-9 décrivent-ils le règne de la paix ? Ces versets illustrent une vision prophétique d'un monde transformé, où les prédateurs et les proies cohabitent en paix, symbolisant l'harmonie universelle sous la gouvernance de Dieu.

Quel rôle les chrétiens doivent-ils jouer pour promouvoir cette paix ? Les chrétiens sont appelés à être des agents de paix, à vivre selon les principes de justice et à œuvrer pour la réconciliation dans leurs communautés.

PAIX ET TRANQUILITE

Comment la connaissance de l'Éternel contribue-t-elle à la paix sur terre ?

La connaissance de Dieu apporte une compréhension de Sa volonté, incitant les individus à vivre en accord avec Ses préceptes, ce qui favorise la paix et la justice.

En quoi la justice divine est-elle essentielle pour expérimenter la paix éternelle ?

La justice divine est la fondation sur laquelle repose la paix éternelle. Sans justice, il ne peut y avoir de véritable réconciliation ni de paix durable.

La Joie

Poème

Une Joie Parfaite

La joie surgit dans un cœur apaisé,
Un bonheur discret, mais bien enraciné.
Elle vit dans l'âme, douce et fidèle,
Et grandit chaque jour, essentielle.

Joie profonde, parfois inattendue,
Même dans l'épreuve, elle reste tenue.
Le Saint-Esprit, en secret, la fait exprimer,
Transformant la douleur en paix assurée.

Dans les tempêtes, elle résiste,
Elle ne faiblit pas, elle persiste.
Une joie inaltérable, au-delà des maux,
Car en Christ, elle trouve ses mots.

Le bonheur en Lui n'est jamais fragile,
Il fleurit même quand tout vacille.
Un bonheur stable, pur et certain,
Qui remplit le cœur, apaise le chemin.

La joie parfaite est plus qu'une émotion,
Elle transcende tout, donne direction.
Dans la sérénité, elle devient force,
Elle unit nos vies, jamais en divorce.

Quand les défis montent, elle ne disparaît pas,
Elle devient encore plus forte dans la foi.
Un chant de paix, un bonheur durable,
En Christ, elle demeure inaltérable.

Ainsi, la joie et le bonheur s'entrelacent,
Une paix céleste, qui jamais ne se lasse.
Ils portent nos cœurs, dans la vérité,
Un don précieux, pour l'éternité.

Job Francois__

LA JOIE EN TANT QU'ÉMOTION : UNE EXPLORATION PROFONDE

La joie est l'une des émotions humaines les plus fondamentales et universelles, souvent associée à des moments de bonheur, de satisfaction et de plénitude. Cette émotion joue un rôle central dans notre vie quotidienne, influençant nos comportements, nos décisions et notre bien-être général. Cet article explore la nature de la joie, ses déclencheurs, ses effets sur le corps et l'esprit, et sa place dans l'expérience humaine.

1. Définition et Nature de la Joie
La joie se distingue comme une émotion positive et agréable, caractérisée par un sentiment intense de contentement et de bonheur. Contrairement à l'excitation ou à l'euphorie, qui peuvent être plus temporaires et réactives, la joie est souvent plus profonde et durable. Elle est le reflet d'un état de satisfaction intérieure stable, qui transcende les hauts et les bas des expériences quotidiennes.

Exemple : Une personne qui retrouve un vieil ami après plusieurs années peut ressentir une profonde joie. Cette joie ne provient pas uniquement de l'événement en lui-même, mais aussi de la valeur émotionnelle et de la satisfaction intérieure associée à la réunion.

2. Les Déclencheurs de la Joie
La joie peut être provoquée par divers facteurs, qui varient d'une personne à l'autre et d'une culture à l'autre. Ces déclencheurs peuvent être classés en plusieurs catégories :

Expériences Sensorielles :
Les stimuli sensoriels tels que la beauté d'un paysage naturel, le plaisir d'une mélodie musicale, ou la saveur d'un plat délicieux peuvent éveiller un sentiment de joie.
Exemple : Le simple fait de se promener dans un parc pendant une journée ensoleillée peut susciter une joie immédiate en raison des vues, des sons et de l'air frais.
Réussites Personnelles :
Atteindre un objectif personnel ou professionnel, obtenir une reconnaissance, ou accomplir un projet important peut générer une joie durable. Ces réussites sont souvent le fruit de l'effort et de la persévérance, renforçant le sentiment de satisfaction et de réalisation personnelle.

Relations Sociales :
Les interactions avec les autres jouent un rôle crucial dans la génération de la joie. Les moments passés avec des amis proches, les retrouvailles familiales, ou même les actes de gentillesse de la part d'inconnus peuvent tous être des sources de joie. Les connexions sociales renforcent notre sentiment d'appartenance et de soutien, contribuant ainsi à notre bonheur général.

Réflexion et Gratitude :
Parfois, la joie émerge simplement de la pratique de la réflexion et de la gratitude. Prendre le temps de réfléchir sur les aspects positifs de sa vie, d'apprécier les petites choses, et de ressentir de la gratitude peut engendrer un profond sentiment de joie. La pleine conscience et l'attention aux moments de la vie quotidienne renforcent la capacité à éprouver de la joie même dans les circonstances ordinaires. la joie est une émotion complexe et multifacette, influencée par des facteurs internes et externes. Elle enrichit notre expérience humaine, nous apportant une profonde satisfaction et un sens de plénitude qui transcende les défis de la vie quotidienne.

Sens de l'Accomplissement :
Participer à des activités significatives ou créatives, telles que l'art, la musique, ou la méditation, peut engendrer un profond sentiment de joie. Ces activités offrent un espace pour l'expression personnelle et la contemplation, permettant aux individus de se connecter à quelque chose de plus grand qu'eux-mêmes. L'accomplissement personnel atteint par ces activités peut renforcer un sentiment de satisfaction durable, offrant un épanouissement qui va au-delà des plaisirs superficiels.

3. Les Effets de la Joie sur le Corps et l'Esprit

La joie a des effets notables sur notre physiologie et notre psychologie. Physiquement, la joie stimule la libération de neurotransmetteurs tels que la dopamine et la sérotonine, essentiels au bien-être et au bonheur. Ces neurotransmetteurs jouent un rôle crucial dans la régulation de l'humeur, de la motivation, et du sentiment général de bien-être. La joie contribue également à réduire les niveaux de cortisol, l'hormone du stress, ce qui peut aider à abaisser la pression artérielle et à renforcer le système immunitaire, augmentant ainsi notre capacité à résister aux maladies. Psychologiquement, la joie nourrit un état d'esprit positif, favorisant une attitude plus résiliente face aux adversités.

Les personnes joyeuses ont tendance à percevoir les défis comme des opportunités de croissance, ce qui améliore leur capacité à gérer le stress et à maintenir des relations sociales saines. Une humeur joyeuse peut également favoriser la créativité et la productivité, enrichissant ainsi notre expérience quotidienne et notre satisfaction globale.

4. La Joie et l'Expérience Humaine

La joie est profondément ancrée dans l'expérience humaine et joue un rôle central dans notre quête de sens et de satisfaction. Elle est souvent perçue comme un objectif en soi, influençant les choix de vie, les relations, et les aspirations personnelles. Pour beaucoup, la recherche de la joie guide les décisions importantes, les aspirations professionnelles et les relations interpersonnelles. Cependant, la quête de la joie peut être complexe, surtout dans un monde marqué par des défis et des incertitudes. Les traditions philosophiques et religieuses ont souvent exploré des moyens de cultiver la joie non seulement à travers des plaisirs temporaires mais aussi par la construction d'une vie intérieure riche et une résilience émotionnelle. Cette perspective plus profonde permet de maintenir la joie même face à des difficultés majeures, en transformant les épreuves en occasions de croissance personnelle.

Points de Discussion

Les Sources de Joie Naturelle : Les aspects quotidiens de la vie, comme les relations affectueuses, les succès personnels, la beauté de la nature, et les plaisirs simples, constituent des sources précieuses de joie. Ces éléments apportent du bonheur immédiat et enrichissent notre existence quotidienne. Les moments de joie issus de ces sources naturelles sont essentiels pour notre bien-être, offrant une satisfaction tangible qui renforce notre qualité de vie.

Nous Devons Désirer les Joies Naturelles :

Bien que les joies naturelles soient significatives, elles restent éphémères et sujettes aux fluctuations. La véritable joie, profonde et durable, provient de Dieu. La Bible enseigne que la joie divine transcende les joies terrestres et offre une satisfaction complète et permanente. Désirer la joie de Dieu signifie chercher Sa présence, obéir à Ses commandements, et vivre selon Sa volonté. Cette quête transforme les joies naturelles en expériences spirituelles plus profondes, offrant une paix et une plénitude durables.

FICHE DE LA LEÇON #1

Titre: Vivre les Joies Naturelles Selon les Perspectives Divines.

Texte d'Or : Psaume 16:11 : « Tu me fais connaître le chemin de la vie ; Il y a d'abondantes joies devant ta face, des délices éternels à ta droite. »

Versets d'Appui :
Proverbes 17:22 : « Un cœur joyeux est un bon remède, mais un esprit abattu dessèche les os. »

1 Timothée 6:17 : « Recommande aux riches du présent siècle de ne pas être orgueilleux, ni de mettre leur espérance dans les richesses incertaines, mais en <u>Dieu, qui nous donne abondamment toutes choses pour en jouir.</u> »
Dieu. »

Points de Discussion :

1- Les Bienfaits des Joies Naturelles
Apprécier les joies simples de la vie quotidienne comme des cadeaux de Dieu nous aide à cultiver gratitude et paix.

2- La Joie, Réflexion de la Bonté Divine
Les joies naturelles proviennent de l'abondance de Dieu et sont des reflets de Sa bonté et de Sa grâce.

3- Aligner les Joies Naturelles avec la Volonté de Dieu
Harmoniser les plaisirs quotidiens avec la volonté divine permet de vivre une vie équilibrée et centrée sur Dieu.

Description : Il est crucial de vivre les joies naturelles en gardant un équilibre, en glorifiant Dieu à travers ces joies et en cherchant la plénitude spirituelle même dans les moments difficiles.

La Joie de l'Éternel : Une Source Inépuisable de Plénitude

La joie de l'Éternel, telle qu'enseignée dans la Bible, est une source profonde et inépuisable de plénitude qui transcende les joies passagères de la vie terrestre. Cette joie n'est pas simplement un sentiment éphémère, mais une dimension spirituelle qui trouve ses racines dans la relation intime avec Dieu.

1. Nature de la Joie de l'Éternel

La joie de l'Éternel est caractérisée par sa constance et son indépendance des circonstances extérieures. Elle est le fruit d'une communion authentique avec Dieu et repose sur la certitude de Sa présence, de Sa fidélité, et de Ses promesses. Contrairement aux plaisirs temporaires, cette joie reste inaltérable, offrant une satisfaction durable et profonde.

Dans Néhémie 8:10, il est écrit : « La joie de l'Éternel est votre force. » Cette déclaration souligne que la joie que procure Dieu fortifie les croyants, les rendant résilients face aux épreuves et aux défis. Cette force vient de la certitude que, même dans les moments difficiles, Dieu est présent et actif, et que Sa joie est une ancre qui stabilise notre âme.

2. Les Bienfaits de la Joie de l'Éternel

La joie de l'Éternel apporte une paix intérieure qui va au-delà des circonstances extérieures. Elle est une source de réconfort, de force, et de courage. En nous enracinant dans l'amour et la fidélité de Dieu, cette joie nous aide à traverser les moments d'incertitude avec confiance et sérénité.

Sur le plan spirituel, la joie de l'Éternel favorise une perspective éternelle. Elle nous aide à voir au-delà des défis temporaires et à comprendre que notre véritable satisfaction vient de Dieu et non des possessions ou des succès éphémères. En cultivant cette joie, nous développons une vie de foi et de dévotion qui enrichit notre relation avec Dieu et nous prépare à vivre selon Sa volonté.

3. Cultiver la Joie de l'Éternel
Pour vivre dans la joie de l'Éternel, il est essentiel de rechercher activement Sa présence et de s'engager dans une vie de foi authentique. Cela implique :
<u>La Prière et la Méditation :</u>
Consacrer du temps à la prière et à la méditation de la Parole de Dieu pour nourrir notre relation avec Lui et recevoir Sa paix.

L'Obéissance aux Commandements : Vivre selon les principes bibliques et chercher à obéir à Dieu pour aligner notre vie sur Sa volonté.
La Gratitude : Cultiver un esprit de gratitude envers Dieu pour Ses bénédictions et Sa fidélité, ce qui renforce notre expérience de Sa joie.

4. La Joie de l'Éternel et les Relations

La joie de l'Éternel a également un impact positif sur nos relations avec les autres. En étant remplis de cette joie divine, nous sommes mieux équipés pour montrer de l'amour, de la compassion, et du soutien aux autres. Cette joie influence nos interactions et nous aide à établir des relations basées sur la compréhension et le respect mutuels.

La Joie en Temps d'Épreuve

La joie chrétienne, bien que souvent mise à l'épreuve par les difficultés de la vie, peut persister et même grandir dans les moments les plus sombres. Jacques 1:2-3 nous encourage à considérer les épreuves comme un sujet de joie complète, car elles sont des occasions de renforcer notre foi et de développer notre persévérance. Cette perspective chrétienne unique sur la souffrance découle de l'espérance en Dieu et de la certitude que chaque épreuve a un but divin. Ainsi, au lieu de laisser les difficultés éroder notre joie, nous pouvons y voir une opportunité de fortifier notre relation avec Dieu et d'affiner notre caractère.
Les Promesses de Dieu : La source de cette joie en temps d'épreuve réside dans les promesses de Dieu. Romains 5:3-4 et 1 Pierre 1:6-7 nous rappellent que les épreuves produisent la persévérance, qui elle-même renforce notre espérance. En s'appuyant sur les promesses divines, nous pouvons garder confiance en sachant que Dieu ne nous abandonne jamais, même dans les moments difficiles. Ces promesses nous assurent que chaque défi auquel nous sommes confrontés contribue à notre bien spirituel, nous rapprochant de Dieu et de Son plan parfait pour nous. C'est cette confiance qui permet à la joie de résister aux tempêtes de la vie.

La Joie en Tant que Fruit de l'Esprit

La joie, en tant que fruit de l'Esprit, est bien plus qu'un simple sentiment de bonheur ou de satisfaction éphémère. Elle découle directement de la présence de l'Esprit Saint dans la vie du croyant et reflète une transformation intérieure profonde. Contrairement aux joies temporaires qui dépendent des circonstances ou des possessions matérielles, la joie spirituelle est constante et inébranlable. Elle reste ferme même au milieu des épreuves, car elle est enracinée dans la communion avec Dieu. Cette joie est un signe visible que l'Esprit agit dans la vie du chrétien, apportant paix, contentement et espérance dans toutes les situations.

Vivre selon l'Esprit implique de permettre à cette joie de grandir en nous. Lorsque nous renonçons aux œuvres de la chair, comme mentionné dans Galates 5:19-21, et que nous marchons selon l'Esprit, nous donnons à cette joie la liberté de s'épanouir. Cette joie devient alors un guide et un soutien dans notre marche quotidienne, nous aidant à affronter les défis avec résilience et confiance. C'est cette joie qui nous permet de surmonter les moments difficiles avec l'assurance que Dieu est à l'œuvre en nous, nous transformant de l'intérieur.

En tant que fruit de l'Esprit, la joie est aussi un témoignage puissant pour le monde. Dans une société souvent marquée par l'angoisse, la peur et l'incertitude, la joie spirituelle que nous affichons attire l'attention sur la source de notre paix intérieure : Dieu lui-même. Cette joie inaltérable montre que nous sommes ancrés dans une réalité spirituelle plus profonde, et elle peut inciter ceux qui nous entourent à vouloir découvrir cette même joie. Ainsi, en laissant l'Esprit Saint produire cette joie en nous, nous devenons des témoins vivants de la grâce et de la puissance de Dieu.

SOYEZ TOUJOURS JOYEUX : LA VALEUR D'UNE DISPOSITION À LA JOIE EN TOUT TEMPS

La joie en tout temps est un puissant témoignage de notre adoration et de notre communion intime avec le Saint-Esprit. Elle dépasse les circonstances extérieures et reflète une paix intérieure profonde, enracinée dans notre relation avec Dieu. Cette joie, fruit de l'Esprit, nous rappelle que même au cœur des épreuves, nous sommes soutenus par une présence divine qui illumine notre chemin et nous remplit d'espoir. Être joyeux en toute circonstance est donc non seulement une expression de foi, mais aussi un signe de notre engagement à vivre en accord avec la volonté divine, célébrant ainsi chaque instant comme une occasion d'adorer.

Enfin, cultiver cette joie demande un effort conscient de notre part. Cela signifie prendre le temps de prier, de méditer sur la Parole de Dieu, et de développer une relation plus intime avec Lui. Plus nous permettons à l'Esprit d'agir en nous, plus cette joie grandira et deviendra une source de force et de réconfort, tant pour nous que pour ceux qui nous entourent. La joie, en tant que fruit de l'Esprit, n'est pas seulement pour notre bien-être personnel, mais aussi pour que nous puissions refléter la lumière de Dieu dans un monde en quête de sens et de plénitude.

La Joie

FICHE DE LA LEÇON #3

Titre: La Joie du Saint-Esprit : Signe Distinctif de l'Identité Chrétienne

Texte d'Or : Galates 5:22 : « Mais le fruit de l'Esprit est… la joie. »

Versets d'Appui : Jean 15:11 __ Romains 15:13
Points de Discussion :

1- La Joie comme Fruit de l'Esprit :

Description : La joie est l'un des aspects les plus profonds du fruit de l'Esprit. Contrairement aux émotions passagères, elle provient de la présence de l'Esprit Saint et reflète une transformation intérieure. Elle n'est pas affectée par les circonstances extérieures, mais est le signe d'une communion authentique avec Dieu.

Pratique : Développer cette joie demande de marcher selon l'Esprit, en renonçant aux œuvres de la chair (Galates 5:19-21) et en laissant l'Esprit Saint diriger nos pensées et nos actions.

2- La Joie comme Témoignage :

Description : La joie spirituelle est un témoignage puissant dans un monde marqué par l'inquiétude et le désespoir. Elle montre que le croyant est ancré en Dieu et que sa vie est soutenue par la puissance du Saint-Esprit. En cultivant cette joie, le croyant montre que la paix et la satisfaction véritables viennent de Dieu.

Pratique : Témoigner de cette joie autour de nous en restant positif et plein d'espoir même dans l'adversité. Cela invite les autres à découvrir la source de cette joie surnaturelle.

Priere : Seigneur, Merci pour la joie profonde que nous trouvons en Toi par l'Esprit Saint. Aide-nous à marcher selon l'Esprit, à refléter Ta joie dans toutes nos actions, et à témoigner de Ta paix dans un monde troublé.

Que cette joie devienne un puissant moyen d'évangélisation, attirant les autres vers Ta paix et Ta satisfaction. Dans le nom de Jésus-Christ, Amen.

LA JOIE COMME ARME SPIRITUELLE : DÉFENSE ET MANIFESTATION DU ROYAUME DES CIEUX

1 Thessaloniciens 5:16-18 : « Soyez toujours joyeux. Priez sans cesse. Rendez grâce en toutes choses, car c'est à votre égard la volonté de Dieu en Jésus-Christ. »

La joie, comme le souligne Philippiens 4:4, est bien plus qu'une simple émotion ; elle est une arme spirituelle puissante dans la vie chrétienne. En nous réjouissant toujours dans le Seigneur, nous affirmons notre confiance en Dieu et cultivons une attitude de victoire sur les défis spirituels. La joie agit comme un rempart contre les attaques de l'ennemi, en renforçant notre foi et en nous aidant à maintenir une perspective divine même dans les moments les plus sombres. Elle nous permet de rester ancrés dans notre relation avec Dieu, malgré les tentations et les épreuves, en nous fournissant une source de force intérieure.

En cultivant la joie, nous provoquons une réaction puissante dans le monde spirituel. Lorsque le diable voit que nous restons heureux malgré ses efforts pour compliquer notre vie, il est déconcerté et désemparé. Sa stratégie de semer la discorde et la tristesse échoue face à notre joie persistante, ce qui le fait "dérailler" et se détourner de ses manœuvres. Cette joie continue à nourrir notre résilience et à témoigner de notre victoire en Christ, renforçant ainsi notre position spirituelle et réduisant l'efficacité des attaques adverses.

Cultiver la joie est donc un aspect crucial de la vie chrétienne. Lorsque nous choisissons de nous réjouir en toutes circonstances, nous manifestons notre foi en la souveraineté et la bonté de Dieu. Cette décision consciente de rester joyeux, même face aux difficultés, nous aide à repousser les tentatives de doute et de peur qui cherchent à ébranler notre confiance. La joie devient ainsi une expression de notre résilience spirituelle et de notre engagement envers Dieu. En cultivant la joie, nous alignons notre esprit avec les promesses divines, créant un espace pour la paix intérieure et la sérénité, nous permettant de naviguer les défis spirituels avec une assurance renouvelée et une force spirituelle accrue.

FICHE DE LA LEÇON #4

Titre : Ne laisse personne te dépouiller de ta joie
Texte d'Or : *Philippiens 4:4 : « Réjouissez-vous toujours dans le Seigneur ; je le répète, réjouissez-vous ! »*

Versets d'Appui : Néhémie 8:10 : « … car la joie de l'Éternel est votre force. » 1 Pierre 1:8 :

Points de Discussion :

1- La Joie comme Défense Spirituelle :

La joie est une arme puissante contre les attaques spirituelles. En nous réjouissant dans le Seigneur, nous affirmons notre confiance en Dieu et renforçons notre foi, ce qui nous aide à repousser les tentations et les influences négatives. Une joie authentique, enracinée dans notre relation avec Dieu, agit comme une barrière protectrice, nous permettant de maintenir notre paix intérieure même face aux épreuves et aux défis spirituels.

2- Évitez les rabat-joie :

Dans notre cheminement spirituel, il est crucial de protéger notre joie intérieure. Les rabat-joie, qu'il s'agisse de personnes ou de situations, cherchent à éteindre notre enthousiasme et notre lumière. Pour préserver votre joie :

<u>Identifiez les rabat-joie</u> : Soyez attentif aux sources de négativité ou aux individus qui affectent votre bonheur et votre paix intérieure.
<u>Évitez les influences négatives</u> : Réduisez les interactions avec ceux qui dévalorisent vos aspirations ou sapent votre joie. Privilégiez les relations qui vous encouragent et vous soutiennent.
<u>Renforcez votre résilience spirituelle</u> : Ancrez-vous dans les promesses divines et adoptez une attitude de foi et de gratitude. Cela vous aidera à rester serein et protégé contre les perturbations émotionnelles.

Liberté Divine

INTRODUCTION : LA LIBERTÉ ET LA SOUVERAINETÉ DE DIEU

La liberté est souvent célébrée comme l'un des droits humains fondamentaux, un idéal qui transcende les cultures et les époques. Cependant, la compréhension de ce concept a évolué au fil du temps, et il est essentiel d'explorer cette évolution pour apprécier pleinement la valeur de la liberté aujourd'hui. Dans la tradition chrétienne, la notion de liberté est étroitement liée à la souveraineté de Dieu, qui offre cette liberté à travers Son Fils, Jésus-Christ. La déclaration de Jésus, « Si donc le Fils vous affranchit, vous serez réellement libres » (Jean 8:36), souligne une vérité spirituelle profonde : la libération véritable est le résultat d'une relation avec Dieu et d'une compréhension de notre identité en tant qu'enfants de Dieu. Ce verset résonne profondément dans le cœur des croyants, rappelant que la véritable libération ne réside pas seulement dans l'émancipation physique, mais dans la rédemption spirituelle et la connaissance de notre identité. À travers cette étude, nous examinerons comment la compréhension de la liberté a évolué, comment elle a été influencée par des figures clés de l'histoire, et comment la foi chrétienne continue d'inspirer les luttes pour la dignité humaine. En analysant l'héritage spirituel et les contributions des penseurs, ainsi que des événements historiques majeurs, nous nous efforcerons de montrer que la quête de liberté est à la fois un droit humain et une aspiration divine, qui doit être protégée et promue.

1.1 La Signification de la Liberté dans le Monde Ancien

Dans le monde ancien, la notion de liberté était souvent synonyme de privilège réservé à une élite. Dans des sociétés telles que l'Égypte (environ 3100 av. J.-C.), Babylone (environ 1894 av. J.-C.), et Rome (de 753 av. J.-C. à 476 apr. J.-C.), les droits étaient principalement accordés aux pharaons, aux nobles et aux citoyens romains, tandis que la majorité de la population vivait en servitude ou en esclavage. Cette structure sociale rigide a façonné la perception de la liberté comme un luxe réservé à ceux qui occupaient des positions de pouvoir. La plupart des gens, y compris les esclaves, étaient privés de leurs droits fondamentaux et de leur dignité humaine. Dans ce contexte, l'esclavage était une institution acceptée, souvent justifiée par des doctrines culturelles et religieuses. Par exemple, dans l'Égypte ancienne, les esclaves n'avaient pas de droits légaux, et leurs maîtres avaient le pouvoir absolu sur leur vie et leur mort Cette déshumanisation était un reflet de l'absence de reconnaissance des droits individuels. Ainsi, la question de la liberté était cruciale dans un monde où la plupart des gens vivaient sans espoir d'émancipation. Les récits historiques montrent également que les esclaves étaient souvent traités de manière brutale, et leur souffrance était peu considérée par la société. Ce manque de compassion et de justice a renforcé l'idée que la liberté était un concept étranger à la réalité de la vie quotidienne pour la majorité des gens.

1.2 L'Évolution de la Notion de Liberté Avant et Après Christ

L'arrivée de Jésus, vers 4 av. J.-C., a marqué un tournant décisif dans la compréhension de la liberté. Jésus ne proposait pas simplement une libération physique ; il introduisait une liberté spirituelle qui transcende les contraintes sociales et politiques de son époque. Son message de salut et de rédemption offre une alternative à la condition de servitude. Dans ses enseignements, Jésus a révélé que la liberté véritable est une condition de l'âme, un état d'être qui découle d'une relation authentique avec Dieu. En effet, Jésus a mis l'accent sur la transformation intérieure comme étant la clé de la liberté. Sa déclaration que « vous connaîtrez la vérité, et la vérité vous affranchira » (Jean 8:32) illustre ce point. Cette promesse de liberté spirituelle est d'une importance capitale, car elle offre aux individus la possibilité de transcender les limitations de leur situation sociale et d'expérimenter une libération qui ne dépend pas des circonstances extérieures. En offrant cette liberté, Jésus a introduit une dimension spirituelle qui invite tous les individus, quel que soit leur statut, à se libérer des chaînes du péché et à vivre en accord avec la volonté divine. Cette vision de la liberté radicale a révolutionné la pensée de l'époque et a ouvert la voie à une compréhension plus large et plus profonde de la dignité humaine.

2.1 L'Esclavage du Peuple de Dieu : Israël en Servitude

Dans le contexte du peuple d'Israël, l'esclavage a été une réalité historique et spirituelle significative. Le peuple d'Israël a vécu des périodes de servitude, notamment en Égypte, où ils ont été réduits en esclavage pendant environ 400 ans, comme le rapporte l'Exode (vers 1446 av. J.-C.). Cette oppression a été vécue comme une injustice criante, conduisant à des supplications pour la délivrance. L'histoire de l'Exode, où Dieu, par l'intermédiaire de Moïse, a libéré son peuple de l'esclavage, est centrale dans
la mémoire collective juive. Elle symbolise non seulement la libération physique, mais aussi la rédemption spirituelle. Ce récit fondamental
est un puissant témoignage de la manière dont Dieu intervient dans l'histoire pour libérer ceux qui sont opprimés. L'Exode n'est pas simplement un événement historique, mais une métaphore puissante de la délivrance spirituelle offerte par Christ. Dans ce contexte, la libération du peuple d'Israël représente un modèle de la liberté que Dieu désire pour toute l'humanité. En tant que tel, ce récit biblique souligne que la liberté n'est pas seulement une condition politique, mais aussi un état d'être spirituel. Il évoque également la promesse de Dieu d'être toujours présent avec Son peuple dans les moments de souffrance, renforçant ainsi leur espoir et leur foi en une délivrance future.

2.2 Le Décret de Cyrus : Un Avant-Goût de la Liberté

Le décret de Cyrus, en 538 av. J.-C., qui a permis aux Juifs de retourner à Jérusalem, est un exemple puissant de la manière dont Dieu peut utiliser des figures politiques pour réaliser Son dessein. Le roi Cyrus, un païen, a été choisi par Dieu pour jouer un rôle crucial dans la restauration de Son peuple. En permettant aux Israélites de retourner chez eux et de reconstruire leur temple, Cyrus a incarné l'idée que la souveraineté de Dieu peut s'exprimer à travers des actions apparemment séculières. Ce décret n'était pas simplement un acte politique, mais une intervention divine qui répondait aux prières du peuple de Dieu. Cela renforce l'idée que la liberté et la rédemption sont des thèmes centraux dans le plan de Dieu pour l'humanité. Les promesses de Dieu se réalisent souvent de manière inattendue, montrant que même les dirigeants du monde peuvent être des instruments de Sa volonté. Le rôle de Cyrus souligne également que la liberté ne se limite pas à un groupe particulier, mais qu'elle est accessible à tous ceux qui sont ouverts à la volonté divine. En effet, cet événement démontre que Dieu peut utiliser n'importe quel instrument, même ceux qui ne connaissent pas encore pleinement Son plan, pour accomplir Ses desseins.

2.3 Explication de l'Expression de Paul sur l'Obéissance des Esclaves à Leurs Maîtres

L'apôtre Paul, dans ses lettres écrites entre 50 et 67 apr. J.-C., aborde la question de l'obéissance des esclaves à leurs maîtres. Son enseignement doit être compris dans le contexte de la réalité sociale de son époque. Paul ne soutient pas l'institution de l'esclavage, mais il reconnaît la condition dans laquelle se trouvent de nombreux croyants. En exhortant les esclaves à obéir à leurs maîtres, Paul cherche à préserver la dignité humaine et à encourager un comportement respectueux, même dans des circonstances injustes. Il est important de noter que Paul a écrit dans un contexte où l'esclavage était une norme sociale bien établie. Par conséquent, ses exhortations peuvent être interprétées comme une façon d'encourager les croyants à vivre leur foi authentiquement, même dans des situations où ils sont opprimés. Dans ce sens, Paul insiste sur le fait que la liberté en Christ doit se manifester par des actions qui favorisent la justice et la dignité humaine. Il appelle les maîtres à traiter leurs esclaves avec respect, affirmant que Dieu

est le juge ultime de toutes les relations humaines. Paul insiste sur le fait que la liberté en Christ doit se manifester par des actions qui favorisent la justice et la dignité humaine. Il appelle les maîtres à traiter leurs esclaves avec respect, affirmant que Dieu est le juge ultime de toutes les relations humaines.

2.3.1 Une Protection des Esclaves et Non un Appui de l'Esclavage

Loin d'être un appui à l'institution de l'esclavage, les exhortations de Paul à l'obéissance doivent être interprétées comme une manière de protéger les esclaves dans un système oppressif. En effet, Paul appelle les maîtres à traiter leurs esclaves avec dignité, soulignant que, en Christ, il n'y a ni homme ni femme, ni esclave ni libre (Galates 3:28). Cette affirmation radicale met en lumière l'égalité intrinsèque de tous les croyants devant Dieu. Paul ne cherche pas à renverser le système d'esclavage par la force, mais il aspire à un changement des cœurs et des esprits. En encourageant les croyants à vivre selon les principes de l'amour et de la justice, Paul s'oppose à l'esprit d'oppression qui caractérisait le système esclavagiste. Sa vision de la liberté s'étend au-delà des conditions physiques pour toucher la dignité humaine et l'égalité spirituelle. Ce faisant, Paul jette les bases d'une compréhension plus large de la liberté, qui embrasse la dignité et la valeur de chaque individu.

2.3.2 Attendre le Renversement du Système par l'Œuvre de Christ

Paul évoque également un espoir de transformation et de renversement des structures d'oppression par l'œuvre de Christ. Il annonce un changement intérieur qui doit se traduire par des actions sociales. La liberté en Christ ne se limite pas à la sphère spirituelle; elle doit également avoir un impact sur les réalités sociales. Paul encourage les croyants à être des agents de changement, à plaider pour la justice et à défendre les opprimés. Cet appel à l'engagement social est une reconnaissance que le message de l'Évangile a des implications concrètes dans le monde. En vivant leur foi avec intégrité, les croyants peuvent devenir des catalyseurs de changement dans leurs communautés. Paul, en tant que témoin de la grâce de Dieu, invite les chrétiens à agir avec compassion et à soutenir ceux qui sont injustement traités. Cette dynamique de transformation ne se limite pas à une simple rébellion contre l'ordre établi, mais elle incarne un processus de renouvellement spirituel qui influence tous les aspects de la vie.

3.1 Christ, L'initiateur de la Libération Spirituelle et Sociale

Christ est le modèle ultime de la libération. En tant qu'initiateur de la libération spirituelle et sociale, il appelle les croyants à embrasser leur rôle dans la lutte contre l'oppression. Jésus, en se levant contre les injustices de son temps, a montré que la liberté spirituelle doit se traduire par des actions concrètes. Il a non seulement proclamé la bonne nouvelle de la liberté, mais a également démontré comment vivre cette liberté en servant les autres. Jésus a défié les normes sociétales en touchant les lépreux, en parlant aux femmes et en accueillant les marginaux. Ces actes de compassion et d'inclusion incarnent le cœur de son message. En se présentant comme le serviteur souffrant, il a ouvert la voie à une compréhension radicale de la dignité humaine. Son sacrifice ultime sur la croix, où il a porté les péchés de l'humanité, est l'expression suprême de l'amour et du service. En offrant sa vie, il a établi un modèle pour ses disciples, les appelant à imiter son exemple en vivant pour le bien des autres et en cherchant la justice.

3.2 Comment l'Œuvre de Christ Continue à Renverser les Systèmes d'Oppression

L'œuvre de Christ a eu des répercussions durables sur la façon dont les croyants perçoivent et combattent l'oppression. Son message d'amour et de justice continue d'inspirer des mouvements pour les droits de l'homme dans le monde entier. Des figures telles que Martin Luther King Jr. (1929-1968) ont intégré les principes chrétiens dans leurs luttes pour l'égalité, rappelant que la foi peut être un puissant moteur de changement social. King a utilisé la prédication et la théologie chrétienne pour justifier la lutte pacifique contre la discrimination raciale. Ses discours, imprégnés de références bibliques, ont mobilisé des millions de personnes autour de la quête d'égalité et de justice. La lutte pour les droits civiques aux États-Unis, qui a culminé dans les années 1960, a été profondément influencée par les enseignements de Jésus, montrant comment la liberté spirituelle peut se traduire par des actions sociales concrètes. De nombreux autres mouvements de libération dans le monde entier ont trouvé leur inspiration dans l'exemple de Christ, soulignant que le message de la liberté transcende les frontières culturelles et géographiques.

4.1 Le Contexte Historique Avant la Déclaration des Droits de l'Homme

Avant la Déclaration des Droits de l'Homme, adoptée en 1789 pendant la Révolution française, la notion de liberté était encore en pleine évolution. Les droits individuels étaient souvent subordonnés aux intérêts des gouvernements ou des classes dirigeantes. Des révolutions intellectuelles et politiques, inspirées par des idées chrétiennes et des philosophes, ont commencé à remettre en question cette hiérarchie. Des penseurs comme John Locke (1632-1704) ont plaidé pour des droits naturels et la liberté individuelle, influençant ainsi les mouvements qui ont mené à la reconnaissance des droits de l'homme. Ces idées, enracinées dans la philosophie chrétienne, ont servi de fondement aux revendications pour la liberté et la dignité humaine.

4.2 La Déclaration des Droits de l'Homme : Contexte et Influence

La Déclaration des Droits de l'Homme, adoptée en 1789, a marqué un tournant décisif dans la reconnaissance des libertés individuelles. Elle a affirmé que tous les hommes naissent libres et égaux en droits, établissant ainsi une nouvelle norme pour les sociétés occidentales. Ce document a été influencé par des penseurs chrétiens, ainsi que par des philosophes des Lumières, qui ont plaidé pour la dignité humaine et l'égalité. Les principes énoncés dans cette déclaration ont jeté les bases de nombreux mouvements de droits civiques qui ont suivi, en inspirant des générations à revendiquer leurs droits et à lutter contre l'oppression.

Ce document a été influencé par des penseurs chrétiens, ainsi que par des philosophes des Lumières, qui ont plaidé pour la dignité humaine et l'égalité. Les principes énoncés dans cette déclaration ont jeté les bases de nombreux mouvements de droits civiques qui ont suivi, en inspirant des générations à revendiquer leurs droits et à lutter contre l'oppression.

4.2.1 Le Rôle d'Eleanor Roosevelt dans la Promotion des Droits Humains

Eleanor Roosevelt a joué un rôle clé dans la formulation de la Déclaration Universelle des Droits de l'Homme, adoptée par l'Assemblée générale des Nations Unies en 1948. Son engagement envers les droits humains est né de ses convictions profondes, souvent enracinées dans sa foi chrétienne. Roosevelt a affirmé que la dignité humaine est fondamentale et que la lutte pour les droits de l'homme est un impératif moral. Elle a utilisé sa position pour plaider en faveur des droits des plus vulnérables, affirmant que les droits de l'homme doivent être universels et inaliénables. En tant que première dame des États-Unis, elle a œuvré pour la justice sociale et les droits des femmes, contribuant ainsi à élargir le cadre de la protection des droits individuels au niveau mondial.

4.2.2 Les Répercussions Mondiales de la Déclaration

La Déclaration Universelle des Droits de l'Homme a eu des répercussions mondiales, influençant des mouvements pour les droits civiques et l'égalité dans de nombreux pays. Elle a servi de référence pour des luttes pour la liberté, en inspirant des générations à revendiquer leur dignité et leurs droits fondamentaux. Les principes énoncés dans cette déclaration continuent d'informer les efforts pour combattre l'injustice et promouvoir la paix dans le monde. Ce cadre juridique a permis aux organisations et aux gouvernements de défendre les droits de chaque individu, renforçant ainsi l'idée que la dignité humaine est un droit universel.

5.1 Contexte Historique de la Révolution Haïtienne

La révolution haïtienne, qui a débuté en 1791, est un exemple puissant de la lutte pour la liberté, enracinée dans une foi profonde et une quête de dignité humaine. Ce soulèvement a été initié par des esclaves qui ont cherché à renverser le système colonial brutal qui les opprimait.

Ce soulèvement a été initié par des esclaves qui ont cherché à renverser le système colonial brutal qui les opprimait. Leur lutte a non seulement conduit à l'indépendance d'Haïti en 1804, mais a également inspiré d'autres mouvements de libération à travers le monde. La révolution haïtienne représente un moment charnière dans l'histoire de l'humanité, démontrant que le désir de liberté peut transcender les barrières et unir des personnes de différentes origines pour une cause commune.

5.2 L'Impact Spirituel de la Révolution sur les Autres Nations

L'impact spirituel de la révolution haïtienne a été immense. Elle a servi de symbole de résistance pour les opprimés partout dans le monde, démontrant que la lutte pour la liberté est souvent guidée par une conviction spirituelle. Les leaders de la révolution, comme Toussaint Louverture, étaient animés par une foi profonde qui les poussait à revendiquer leur dignité et leur droit à la liberté. Leur succès a ouvert la voie à d'autres mouvements de libération dans le monde entier, inspirant des générations à lutter pour leurs droits. Haïti, en tant que première nation noire à avoir obtenu son indépendance, est devenu un modèle pour d'autres pays colonisés, incitant à la lutte contre l'injustice.

5.3 La Bataille de la Liberté selon les Standards Divins

La bataille pour la liberté en Haïti a été menée selon des standards qui transcendaient la simple émancipation physique. Les leaders révolutionnaires ont compris que leur lutte était aussi spirituelle. En s'appuyant sur leur foi, ils ont affirmé que la liberté était un don divin, et que leur combat était justifié aux yeux de Dieu. Cette compréhension a donné à leur lutte une profondeur spirituelle qui a permis aux Haïtiens de puiser de la force dans leur foi. Ils ont vu leur combat non seulement comme une quête de liberté physique, mais comme une mission divine qui devait être accomplie pour honorer Dieu et la dignité humaine.

Dans l'histoire des luttes pour la liberté, de nombreux leaders ont vu leur combat non seulement comme une quête politique, mais aussi comme une mission sacrée. Par exemple, Toussaint Louverture, leader de la Révolution haïtienne, illustre comment les leaders révolutionnaires ont perçu leur lutte comme une réalisation de la volonté de Dieu sur terre. Louverture a également insisté sur l'importance de la justice et de l'égalité, des valeurs qui sont au cœur de la foi chrétienne. Son leadership, imprégné de convictions spirituelles, a encouragé les combattants à rester fermes dans leur engagement pour la liberté et à s'unir sous une même cause.

5.3.2 Citation de Toussaint Louverture : « *La providence est enfin venue à notre secours* »

Cette citation emblématique de Louverture résonne profondément dans le contexte de la lutte pour la liberté. Elle rappelle que la quête de liberté ne doit pas seulement être une aspiration humaine, mais aussi une réalisation de la volonté divine. Cette perspective a permis à de nombreux Haïtiens de puiser de la force dans leur foi et de s'engager dans une lutte qui visait non seulement leur émancipation, mais aussi leur dignité et leur humanité. En considérant leur combat comme étant soutenu par Dieu, les révolutionnaires haïtiens ont pu surmonter des obstacles apparemment insurmontables, renforçant ainsi leur détermination à atteindre la liberté.

6.1 Christ et la Libération Continue des Opprimés
L'œuvre de Christ reste essentielle dans la lutte pour la liberté. En tant que libérateur, il appelle les croyants à s'engager activement pour défendre les droits des opprimés et à vivre des vies qui reflètent la liberté qu'Il offre. Cette responsabilité s'accompagne d'une compréhension que la liberté divine a des implications pratiques dans la lutte contre l'injustice. En suivant l'exemple de Jésus, les croyants sont incités à prendre position contre l'oppression et à s'engager dans des actions qui favorisent la justice sociale. Cette dynamique de libération est un appel à tous les chrétiens à vivre leur foi de manière à contribuer à un monde meilleur, où chacun peut jouir de ses droits fondamentaux. La mission de Christ de sauver et de libérer l'humanité s'étend à toutes les dimensions de la vie, et les croyants sont appelés à poursuivre cet héritage à travers des actions concrètes.

6.2 La Liberté Divine et ses Répercussions Sociales
La liberté spirituelle, telle que révélée par Christ, devient une force motrice pour les actions sociales. Les croyants sont appelés à incarner cette liberté en servant les autres, en luttant contre l'oppression, et en plaidant pour la justice. En partageant l'Évangile, ils annoncent la bonne nouvelle de la liberté et invitent les autres à entrer dans cette relation libératrice avec Dieu. L'impact de cette liberté divine se manifeste dans les relations interpersonnelles, où l'amour et la compassion deviennent des valeurs centrales. Les actions des croyants, motivées par leur foi, peuvent avoir des répercussions profondes sur leur communauté, en encourageant des changements positifs et en favorisant une culture de respect et de dignité. De cette manière, la liberté spirituelle devient un moteur pour la justice sociale, renforçant le lien entre la foi et l'engagement dans la vie quotidienne.

6.3 Comment la Révolution Haïtienne a Contribué à l'Œuvre Pratique de la Liberté en Christ

La révolution haïtienne a illustré comment la foi et la lutte pour la liberté peuvent se rejoindre. Les valeurs spirituelles qui ont animé les leaders de cette révolution continuent d'influencer les mouvements contemporains pour la justice et les droits de l'homme. La compréhension de la liberté comme un don divin et un impératif moral reste pertinente aujourd'hui, incitant les croyants à s'engager dans des actions qui promeuvent la dignité humaine. Les luttes pour les droits de l'homme et la justice sociale trouvent leurs racines dans cette dynamique spirituelle, démontrant que la foi en Christ est un catalyseur pour le changement. Les chrétiens sont appelés à s'inspirer de cet héritage et à travailler pour un monde où la liberté est accessible à tous. En intégrant les leçons du passé, les croyants peuvent contribuer à un avenir où chaque individu jouit de sa dignité et de ses droits.

7.1 La Liberté, un Idéal Divin

En somme, la liberté est un idéal divin ancré dans la création même de l'humanité. Dieu a conçu chaque individu avec une valeur et une dignité intrinsèques, et la liberté est le moyen par lequel nous pouvons pleinement réaliser notre potentiel en tant qu'êtres créés à Son image. La quête de liberté est donc une quête spirituelle qui trouve son accomplissement en Christ. Cette perspective spirituelle rappelle aux croyants que leur lutte pour la liberté ne doit pas seulement être un effort humain, mais doit également être ancrée dans une relation vivante avec Dieu. Cette conception de la liberté nous pousse à reconnaître que la dignité humaine est un reflet de notre relation avec le Créateur, et que chaque acte de libération doit être motivé par l'amour et la justice divine.

7.2 La Contribution de Christ à la Libération Humaine

La contribution de Christ à la libération humaine est inestimable. En offrant un modèle de service, d'amour, et de sacrifice, Jésus a montré que la véritable liberté est liée à la responsabilité envers les autres. Son message continue d'inspirer les croyants à œuvrer pour un monde où la dignité humaine est respectée et où chaque individu peut jouir des droits fondamentaux. En incarnant ces valeurs, les chrétiens sont appelés à se lever contre les injustices, à défendre les opprimés, et à travailler à la construction d'une société plus juste. L'héritage de Jésus en tant que libérateur demeure une source d'inspiration pour tous ceux qui cherchent à apporter des changements significatifs dans leur monde. En suivant son exemple, nous pouvons construire un avenir où la liberté et la justice prévalent, faisant ainsi honneur à la dignité de chaque être humain.

En conclusion, le christianisme authentique n'est pas responsable de l'esclavage, mais au contraire, il appelle à la libération et à la dignité humaine. Les enseignements de Jésus et de Paul révèlent une vision de la liberté qui transcende les contraintes sociales et politiques. Le message de Christ invite à une quête continue pour la liberté, non seulement au niveau personnel, mais aussi social. En intégrant l'héritage des droits de l'homme et en reconnaissant le rôle de figures influentes comme Eleanor Roosevelt et William Wilberforce, ainsi que l'impact des philosophes chrétiens comme Locke et Aquinas, nous constatons que la lutte pour la dignité humaine est profondément ancrée dans une tradition spirituelle qui continue d'inspirer et de guider les générations à venir. Cette tradition nous rappelle que la liberté, en tant que don divin, doit être protégée et promue, non seulement pour nous-mêmes, mais aussi pour les générations futures. La quête de liberté, tout en étant ancrée dans notre héritage spirituel, doit également être un engagement actif pour défendre les droits et la dignité de tous.

« JE VOUS AI ACHETÉS À UN GRAND PRIX, NE REDEVENEZ PAS ESCLAVES »

SIGNIFICATION DE : La phrase « Je vous ai achetés à un grand prix, ne redevenez pas esclaves » évoque plusieurs dimensions de la notion d'esclavage dans le contexte chrétien, chacune ayant des implications profondes pour les croyants. Voici une exploration des différents aspects de l'esclavage, notamment spirituel, social et éthique, ainsi que des rôles associés.

1. Esclavage Spirituel
L'esclavage spirituel fait référence à la condition de péché et de séparation d'avec Dieu. Avant leur rédemption, les croyants étaient « esclaves » du péché, incapables de se libérer par leurs propres efforts. La rédemption par le sacrifice de Christ a pour but de les libérer de cette servitude spirituelle. En disant qu'ils ont été « achetés à un grand prix », cela souligne le coût élevé du sacrifice de Jésus, qui a payé pour la libération des âmes. Les croyants sont ainsi appelés à ne pas retourner à cette condition d'esclavage, mais à vivre dans la liberté et la lumière que leur offre la foi en Christ.

2. Esclavage Éthique
Sur le plan éthique, « ne redevenez pas esclaves » signifie que les croyants doivent refuser de se soumettre à des comportements ou à des influences qui les éloignent de leur nouvelle identité en Christ. Cela implique une lutte contre des pratiques comme l'égoïsme, la haine et la débauche, qui peuvent entraîner une forme d'esclavage moral. Le véritable disciple est

appelé à mener une vie qui reflète les valeurs du royaume de Dieu, servant les autres avec amour et compassion plutôt qu'en étant assujetti à ses désirs égoïstes.

3. Esclavage Social

Historiquement, l'esclavage social a pris de nombreuses formes, allant des systèmes de servitude dans les sociétés anciennes à des injustices contemporaines telles que la traite des êtres humains. Dans le contexte biblique, l'apôtre Paul aborde la question de l'esclavage dans la société romaine, où les croyants, même s'ils étaient esclaves, étaient encouragés à vivre avec dignité et à rechercher leur liberté. Cela soulève des questions sur la manière dont les chrétiens doivent agir en tant qu'agents de changement dans leur société, plaidant pour la justice et la dignité des opprimés.

Conclusion

En somme, la phrase « Je vous ai achetés à un grand prix, ne redevenez pas esclaves » nous rappelle que la liberté est un don précieux et inestimable accordé par Dieu à ses enfants. Les croyants sont appelés à vivre cette liberté dans tous les aspects de leur vie, en s'engageant à ne pas revenir à des comportements, des influences ou des systèmes qui les asservissent. Cette exhortation est particulièrement pertinente dans un monde où les défis liés à l'oppression, à l'injustice et à la désespérance demeurent omniprésents.

La liberté que nous offre Christ ne se limite pas seulement à une dimension spirituelle ; elle est également pratique, éthique et morale. En effet, vivre cette liberté implique une transformation personnelle qui se manifeste dans nos actions quotidiennes. Les croyants sont appelés à incarner les valeurs de l'Évangile, à servir les autres et à promouvoir la justice, la dignité et le respect dans leurs interactions. Cela signifie s'engager activement dans des œuvres de charité, lutter contre l'oppression et défendre les droits de ceux qui sont marginalisés ou opprimés.

Un concept biblique puissant qui illustre cette notion de liberté est celui du Jubilé. Dans le livre du Lévitique (Lévitique 25:8-55), le Jubilé est décrit comme un moment de libération et de rétablissement qui se produit tous les cinquante ans. À ce moment-là, les terres étaient restituées à leurs propriétaires d'origine, les esclaves étaient libérés, et les dettes étaient annulées. Cela représente une profonde manifestation de la justice et de la grâce de Dieu, qui cherche à restaurer la dignité humaine et à rétablir l'équilibre dans la société.

Le Jubilé illustre comment la liberté en Christ se traduit par une réalité pratique et sociale. Il nous rappelle que Dieu désire que nous vivions dans la plénitude de la liberté, non seulement sur le plan spirituel, mais aussi sur le plan matériel et social. En observant le Jubilé, la communauté est encouragée à prendre soin des opprimés, à restaurer les relations brisées et à veiller à ce que chacun ait l'occasion de prospérer. C'est un appel à la responsabilité collective des croyants, en tant que communauté unie, à promouvoir la justice et à lutter contre les systèmes d'oppression.

En intégrant le concept du Jubilé, nous comprenons que la liberté est également un impératif moral envers autrui. En tant que chrétiens, nous sommes appelés à créer des espaces de libération dans notre société, à défendre les droits des opprimés et à travailler à la restauration de ceux qui souffrent. Le Jubilé est un symbole de l'espoir et de la restauration, nous rappelant que Dieu est toujours à l'œuvre pour ramener la liberté et la dignité dans la vie des gens.

Ainsi, le maintien de la liberté, en tant que don divin, est à la fois un impératif spirituel et un appel à l'action concrète, non seulement personnelle, mais aussi collective et systématique. En intégrant ce principe dans notre vie quotidienne, nous répondons à l'appel de Christ et contribuons à l'établissement de Son royaume sur terre, un royaume où la véritable liberté n'est pas seulement un état spirituel, mais également une réalité vécue, se traduisant par des actions éthiques et morales.

C'est dans cette quête de liberté, éclairée par le modèle du Jubilé, que nous pouvons véritablement vivre en tant que personnes rachetées, appelées à faire une différence tangible dans le monde. Nous sommes invités à travailler ensemble pour un avenir où la liberté et la dignité de chaque être humain sont honorées et célébrées. Ce processus implique un engagement actif à promouvoir la justice, à défendre les opprimés et à restaurer ceux qui souffrent. En adoptant cette vision, nous devenons des agents de changement dans nos communautés et au-delà, reflétant l'amour et la grâce de Dieu à travers nos actions.

Questions

1. Dans quelle mesure la liberté est-elle une responsabilité autant qu'un droit dans la perspective chrétienne ?
La liberté en Christ est à la fois un droit et une responsabilité. Elle doit être exercée selon les valeurs divines, en servant les autres, en promouvant la justice et en respectant les limites morales imposées par Dieu

2. En quoi la liberté en Christ influence-t-elle nos choix éthiques et moraux au quotidien ?

La liberté en Christ guide nos choix éthiques en nous incitant à suivre des principes moraux basés sur l'amour, la justice, l'intégrité et le service, tout en rejetant le péché et l'injustice.

4. En quoi la liberté divine est-elle liée à la rédemption et au pardon des péchés ?

La liberté divine est intrinsèquement liée à la rédemption, car par le sacrifice de Jésus, les croyants sont libérés du poids du péché et de la condamnation, leur permettant de vivre une vie nouvelle en harmonie avec Dieu.

5. Pourquoi est-il crucial de comprendre que la liberté en Christ n'est pas une liberté sans limites ou sans engagement moral ?

La liberté en Christ est encadrée par la responsabilité morale de suivre les commandements divins et de servir les autres. Sans engagement moral, la liberté se transforme en égoïsme et en anarchie, contredisant les valeurs du Royaume de Dieu.

6. Quelle est l'importance du lien entre la liberté spirituelle et la justice sociale dans la vie d'un croyant ?

La liberté spirituelle incite le croyant à promouvoir la justice sociale, car être libre en Christ signifie aussi se soucier de la libération des autres, en combattant l'injustice, l'oppression et l'inégalité.

7. Comment la liberté spirituelle contribue-t-elle à la paix intérieure et à la sérénité ?

Rep : La liberté spirituelle libère l'âme des poids du péché, de la culpabilité et de l'inquiétude, permettant ainsi une paix intérieure durable et une sérénité que les circonstances extérieures ne peuvent perturber.

8. Dans quelle mesure la "liberté divine" exige-t-elle une libération de soi-même, des passions ou des désirs égoïstes ?

La liberté divine implique une libération de l'égoïsme et des désirs matériels qui nous asservissent. Cette liberté en Christ nous appelle à mourir à soi-même pour vivre pleinement selon les valeurs de Dieu.

10. Dans quelles circonstances la "liberté divine" peut-elle être perçue comme un défi à relever dans un monde matérialiste ?

Dans un monde matérialiste où le succès est souvent mesuré par les possessions et le pouvoir, "liberté divine" remet en question ces valeurs et exige de placer l'accent sur la spiritualité, le service et la justice plutôt que sur l'acquisition de biens.

Poème

"Si donc le Fils vous affranchit, vous serez réellement libres." (Jean 8:36)

Hymne à la Liberté Divine
Ô Liberté, éclat d'un jour radieux,
Dans l'ombre épaisse, tu brilles, lumineuse et audacieuse,
Tu délie les cœurs, tu brises les chaînes,
Rendant vie à l'âme, dissipant la peine.

Parmi les opprimés, tu es l'espoir flamboyant,
Un souffle sacré, vibrant à chaque instant,
Tu es le cri puissant de ceux qui n'ont pas de voix,
À travers les luttes, tu es leur choix, leur foi.

Sur la croix de Golgotha, ta lumière s'élève,
Rachetant nos vies, offrant une trêve,
Dans l'amour infini, nos cœurs sont restaurés,
Éveillant en nous le courage d'avancer.

Dans les cœurs en quête de paix et de clarté,
Tu es la flamme vive qui jamais ne peut s'éteindre,
Liberté divine, rayonnant de ta majesté,
Dans chaque prière, nous célébrons ton jubilé.

Ensemble nous avançons, main dans la main,
Unis par ta lumière, éclairant notre chemin,
Où chaque être humain, dans sa dignité,
Trouve en toi, ô Liberté, la sérénité.

Que ton hymne résonne, dans les vallées profondes,
Que chaque génération te célèbre dans ce monde,
Car en toi, nous vivons, en toi, nous espérons,
Liberté divine, notre passion, notre raison.

Job Francois__

LE JUBILÉ : UNE DOCTRINE DE RÉDEMPTION À LA LUMIÈRE DU PÉCHÉ

Dans la Bible, le concept de Jubilé est étroitement lié à la rédemption, au pardon et à la restauration, des thèmes fondamentaux qui trouvent leur source dans la doctrine du péché. En effet, le Jubilé, tel qu'il est décrit dans le Lévitique (Lévitique 25), est un temps particulier consacré à la libération, à la restitution et à la remise des dettes, symbolisant la grâce divine pour un peuple marqué par l'esclavage du péché.

1. Le Péché : Source de L'esclavage Spirituel

Selon la doctrine chrétienne, le péché est la source de la séparation entre l'homme et Dieu. Il place l'humanité sous un joug d'esclavage spirituel. Dès la chute d'Adam et Ève, le péché a rendu l'homme captif, aliéné de la volonté divine et enchaîné par la mort spirituelle. Cette aliénation est la racine du besoin de rédemption, et Dieu a établi des moyens de restaurer l'homme, notamment à travers des lois comme celle du Jubilé.

2. Le Jubilé : Une Image de la Rédemption Divine

Le Jubilé, qui avait lieu tous les cinquante ans dans la tradition israélite, était un temps de libération générale : les terres devaient être restituées à leurs propriétaires originels, les esclaves devaient être libérés, et les dettes effacées. Ce concept est profondément spirituel : il reflète la volonté de Dieu de ramener son peuple à une relation de justice et de paix, après avoir subi les conséquences du péché, comme la pauvreté, l'esclavage ou la perte de possessions.

Le Jubilé est donc une image de la rédemption divine, où Dieu, dans sa miséricorde, restaure ce qui a été perdu à cause du péché. Il montre que, malgré les conséquences du péché, Dieu a toujours un plan pour libérer et restaurer son peuple, en les délivrant des conséquences néfastes de leurs fautes et en les rétablissant dans leur dignité originelle
L'importance du Jubilé se manifeste pleinement avec la venue de Jésus-Christ, qui est l'accomplissement ultime de cette doctrine de rédemption. Lorsqu'il lit le passage d'Ésaïe 61 dans la synagogue (Luc 4:18-19), Jésus déclare : « L'Esprit du Seigneur est sur moi, parce qu'il m'a oint pour annoncer une bonne nouvelle aux pauvres. Il m'a envoyé pour guérir ceux qui ont le cœur brisé, pour proclamer aux captifs la délivrance et aux aveugles le recouvrement de la vue, pour renvoyer libres les opprimés, pour publier une année de grâce du Seigneur. »

Cette « année de grâce » est en fait une allusion directe au Jubilé. Jésus proclame la libération, non plus seulement économique ou sociale, mais spirituelle. Par son sacrifice, il efface les dettes du péché, libère ceux qui étaient captifs des ténèbres et restitue à l'humanité son droit d'être en communion avec Dieu.

4. Le Jubilé comme Réponse au Péché
Le Jubilé était un temps de réparation des injustices et de restauration des droits perdus, une réponse directe aux conséquences sociales et économiques du péché. Spirituellement, ce concept s'étend bien au-delà de la simple remise des dettes matérielles. À travers Christ, le Jubilé devient une métaphore du salut : la liberté accordée aux croyants, libérés des chaînes du péché, n'est plus limitée à une seule année, mais devient une réalité permanente en Jésus.

Les chrétiens, comme bénéficiaires de ce Jubilé spirituel, sont invités à vivre dans cette liberté offerte par Christ, sachant que leurs dettes ont été annulées et qu'ils ont été restaurés à leur état originel de justice devant Dieu.

Conclusion :
Le Jubilé, un Rappel de la Grâce Rédemptrice
Ainsi, le Jubilé est une manifestation de la grâce rédemptrice de Dieu, qui non seulement pardonne mais restaure pleinement. C'est un rappel que, malgré les effets du péché, Dieu offre toujours une voie de rédemption. En Christ, le Jubilé prend une nouvelle dimension, où la libération spirituelle est offerte à tous ceux qui croient en Lui, établissant une liberté éternelle loin de l'esclavage du péché.

Évangélisation

Poème

Ésaïe 52:7
"Qu'ils sont beaux sur les montagnes, les pieds de celui qui apporte de bonnes nouvelles, qui publie la paix !"

Sous les cieux ouverts, nous portons le flambeau,
L'évangile en nos cœurs, comme un chant nouveau.
Partout où l'on va, des âmes assoiffées,
Cherchent un espoir, un souffle de vérité.

Dans les rues animées ou les sentiers cachés,
Nous plantons la semence d'un amour inébranlé.
Car l'évangélisation n'est pas qu'un discours,
C'est vivre la foi, chaque jour, chaque détour.

Par nos gestes simples, nos paroles sincères,
Nous révélons un royaume, bien au-delà de la terre.
Le Christ en nous brille, éclatant et clair,
Témoin de sa grâce, de sa paix salutaire.

Et même quand l'écoute semble se détourner,
Quand les cœurs sont fermés, refusant d'accepter,
Nous semons avec patience, sans jamais faiblir,
Car l'Esprit travaille, même dans le silence à venir.

L'évangélisation, c'est la moisson divine,
Chaque âme touchée est une perle qui brille.
Que nos voix s'élèvent, que nos vies soient lumière,
Pour que partout résonne l'amour du Père.

Dans les tempêtes du doute, nous restons ancrés,
Sachant que l'évangile peut tout transformer.
Les cœurs de pierre, par la Parole brisée,
Se changent en temples où la foi peut germer.

Et quand vient l'heure où nos voix s'éteindront,
Le message du Christ, dans les cœurs, résonnera.
Car chaque semence, arrosée par l'amour,
Porte le fruit de la vie pour l'éternel retour.

Job Francois__

I - ÉVANGÉLISATION

Le mot "évangélisation" provient du grec ancien εὐαγγέλιον (euangelion), qui signifie "bonne nouvelle". Cette mission sacrée consiste à annoncer le message de Jésus-Christ, un message d'espoir, de rédemption et de salut pour toute l'humanité. À travers l'histoire, l'évangélisation a été l'instrument par lequel le cœur des hommes a été touché par la grâce divine, les amenant à reconnaître la souveraineté de Dieu et à marcher dans sa lumière. es Généralités de l'Évangélisation : Une Exploration Culturelle

L'évangélisation, terme dérivé du grec ancien εὐαγγέλιον (euangelion), signifiant "bonne nouvelle", est une pratique qui transcende les frontières culturelles et géographiques. Historiquement et culturellement, elle a joué un rôle clé dans l'échange et le dialogue interculturel, offrant une perspective unique sur la manière dont les idées et les valeurs sont partagées à travers les sociétés.

1. Définition et Contexte Historique

L'évangélisation, dans son sens le plus large, peut être définie comme le processus de diffusion d'un message, souvent empreint d'espoir et de transformation personnelle. Ce message peut être d'ordre moral, éthique, ou spirituel, et vise à toucher les individus et les communautés à un niveau profond. Historiquement, l'évangélisation a été associée à des missions religieuses, mais son essence réside dans la transmission de valeurs et de messages qui visent à améliorer la condition humaine.

2. Évangélisation et Culture : Un Dialogue en Continu

Dans le contexte culturel, l'évangélisation représente un processus d'échange qui va au-delà des simples interactions de surface. Elle engage un dialogue entre différentes traditions, croyances et pratiques, permettant une intégration des idées nouvelles tout en respectant les spécificités locales. Ce dialogue interculturel est fondamental pour une évangélisation efficace, car il permet de contextualiser le message de manière à ce qu'il résonne avec les réalités locales tout en restant fidèle à ses principes fondamentaux.

3. L'Impact de l'Évangélisation sur les Cultures

L'impact de l'évangélisation sur les cultures peut être observé à plusieurs niveaux. D'une part, elle peut introduire des idées et des valeurs nouvelles qui enrichissent les cultures locales. Par exemple, les concepts de compassion, de justice sociale, et de solidarité, souvent au cœur des messages évangéliques, peuvent influencer positivement les pratiques sociales et les structures communautaires.

D'autre part, l'évangélisation doit également naviguer avec prudence pour éviter les tensions culturelles et les résistances potentielles. Un message qui est perçu comme imposé ou inadapté peut générer des conflits ou des réticences. Ainsi, l'évangélisation efficace nécessite une sensibilité culturelle, une compréhension profonde des contextes locaux et un respect des traditions et valeurs existantes.

4. L'Évangélisation comme Échange Culturel

L'évangélisation peut être envisagée comme un processus d'échange culturel réciproque. Lorsque les messages sont partagés, ils ne sont pas simplement diffusés de manière unidirectionnelle ; ils sont également reçus, interprétés et intégrés dans les contextes locaux. Ce processus d'échange enrichit les deux parties : les communautés d'accueil adapt ent les messages à leur propre cadre culturel, tandis que les évangélisateurs apprennent et s'enrichissent des diverses perspectives culturelles qu'ils rencontrent.

5. Vers une Pratique d'Évangélisation Respectueuse et Inclusive

Pour être efficace et respectueuse, l'évangélisation doit adopter une approche inclusive. Cela implique non seulement d'adapter les messages aux réalités culturelles des communautés cibles, mais aussi de favoriser un dialogue ouvert et réciproque. L'objectif est de construire des ponts entre les cultures, en mettant en avant les valeurs universelles tout en espectant les spécificités locales.

En fin de compte, l'évangélisation, lorsqu'elle est pratiquée avec sensibilité et respect, peut être un puissant catalyseur pour la compréhension interculturelle et le développement communautaire. Elle offre une plateforme pour des échanges enrichissants et des collaborations mutuelles, contribuant à un monde plus intégré et solidaire.

II - L'Annonce de la Victoire

Imaginez une époque où la communication se faisait principalement par messagers à pied ou à cheval. Lorsqu'une armée grecque remportait une victoire sur le champ de bataille, un messager était envoyé en toute hâte vers la cité pour porter l'euangelion, la nouvelle de la victoire. Cette annonce revêtait une importance capitale pour la ville, plongée dans l'attente et l'incertitude. La population, anxieuse de connaître le sort de ses soldats et l'issue de la bataille, attendait avec impatience ces nouvelles.

Le messager, souvent un soldat rapide et courageux, était accueilli avec une grande anticipation. Ses "pieds", dans un sens figuré, étaient considérés comme "beaux" car ils apportaient des nouvelles qui soulageaient la cité de son angoisse. La proclamation de la victoire était suivie de célébrations publiques : des sacrifices étaient offerts aux dieux, des banquets étaient organisés, et la ville résonnait de chants et d'acclamations. Cette annonce marquait non seulement la fin de l'attente et de l'incertitude, mais aussi le début d'une période de joie collective et de reconnaissance.

III - Les Bonnes Nouvelles Royales

Le terme euangelion ne se limitait pas aux victoires militaires ; il était également utilisé pour annoncer des événements d'importance publique tels que la naissance d'un héritier royal, l'ascension d'un nouveau roi sur le trône, ou la signature d'une paix après des années de guerre. Ces événements, ayant un impact significatif sur la cité ou le royaume, étaient proclamés en public, devant des foules rassemblées.

Les "hérauts", messagers publics chargés d'annoncer ces nouvelles, parcouraient les rues en criant ces bonnes nouvelles pour que tout le monde puisse les entendre. Les citoyens, attentifs et impatients, écoutaient ces annonces avec une grande concentration. Elles pouvaient signifier des changements profonds dans leur vie quotidienne, tels que la fin des hostilités, le début d'une nouvelle ère de paix, ou l'assurance de la stabilité politique. Ces annonces étaient souvent suivies de fêtes et de célébrations qui renforçaient le sentiment de communauté et d'unité.

IV- Les Bonnes Nouvelles à Travers les Cultures

Le terme euangelion ne se limitait pas aux victoires militaires ; il s'appliquait également à des événements d'importance publique tels que la naissance d'un héritier royal, l'ascension d'un nouveau roi sur le trône, ou la signature d'une paix après des années de guerre. Ces annonces étaient proclamées en public, devant des foules rassemblées.

Empire Romain : Les Triomphes et la Célébration des Victoires
Les triomphes étaient des célébrations publiques organisées pour honorer les victoires militaires. Les généraux victorieux étaient acclamés lors de somptueuses processions à travers les rues de Rome, renforçant ainsi la confiance dans le pouvoir impérial.

Civilisations Africaines : Les Griots et l'Art de la Proclamation
Les griots, véritables messagers de la communauté, annonçaient les victoires et autres événements importants au rythme des tambours, suivis de danses et de célébrations symbolisant l'unité communautaire.

Europe Médiévale : Les Hérauts et les Annonces Royales
Les annonces royales étaient proclamées par des hérauts qui parcouraient les villes et villages pour informer les sujets des décisions royales. Ces annonces étaient souvent précédées de fanfares pour capter l'attention des foules.

Chine Impériale : Les Décrets Impériaux et les Cérémonies Publiques
Les décrets impériaux étaient lus publiquement sur les places de marché, souvent accompagnés de cérémonies qui soulignaient l'importance de l'événement et renforçaient l'autorité de l'empereur.

V - L'Annonce de la Paix

La fin des guerres et le retour à la paix étaient également marqués par des célébrations publiques. Ces événements symbolisaient la réconciliation et la restauration de l'ordre social.
Sociétés Occidentales : La fin des hostilités était célébrée par des rassemblements publics, des feux d'artifice, et les cloches des églises. Ces célébrations marquaient la fin des conflits et le retour à la
paix.

ÉVANGÉLISATION

Moyen-Orient : L'annonce de la paix était marquée par des festins, des prières communes, et des partages communautaires. Ces événements symbolisaient la réconciliation et le renouveau des relations

V - Rites et Cérémonies Religieuses

Les rites et cérémonies religieuses jouaient également un rôle important dans l'annonce des bonnes nouvelles.

Cultures Amérindiennes : Les chamans, en tant que leaders spirituels, annonçaient les réussites ou les bénédictions spirituelles lors de cérémonies religieuses. Ces annonces étaient accompagnées de rites pour remercier les esprits protecteurs et célébrer leur bienveillance, renforçant ainsi la connexion spirituelle de la communauté.

Inde Ancienne : Les annonces religieuses, telles que les victoires royales ou les événements sacrés, étaient proclamées par des prêtres et accompagnées de chants sacrés et de rituels. Ces cérémonies soulignaient la solennité de l'événement et l'importance de la bénédiction divine dans la vie publique et religieuse.

VI - L'Impact Culturel

Dans la culture grecque, ces euangelia (pluriel d'euangelion) étaient bien plus que de simples nouvelles ; elles symbolisaient la victoire de l'ordre sur le chaos, la paix sur la guerre, et la continuité de la prospérité dans la cité. Les bonnes nouvelles apportées par ces messagers étaient des moments d'unité collective, où la communauté se réunissait pour célébrer les moments cruciaux qui façonnaient son histoire. C'est ce concept d'euangelion que les premiers chrétiens ont adopté et transformé pour désigner l'annonce de la venue de Jésus-Christ et du Royaume de Dieu. Pour eux, ce message surpassait toutes les autres "bonnes nouvelles" par son importance universelle et éternelle. Le message chrétien de salut et de rédemption offrait une dimension spirituelle et éternelle aux concepts de victoire et de célébration, réaffirmant l'importance de l'annonce divine dans le contexte de l'histoire humaine.

VII - Ésaïe 52:7 : Contexte et Interprétation

Qu'ils sont beaux sur les montagnes, les pieds de celui qui apporte de bonnes nouvelles, qui publie la paix ! De celui qui apporte de bonnes nouvelles, qui publie le salut ! De celui qui dit à Sion : Ton Dieu règne !

Contexte Historique : Ésaïe 52:7 se situe dans une période de désespoir pour le peuple d'Israël, exilé à Babylone. Ce verset annonce la fin de l'exil et la restauration de Jérusalem, offrant un message de réconfort et de rédemption. Il est un symbole d'espoir et de renouvellement pour une communauté en attente de la délivrance et de la restauration de son territoire sacré.

Interprétation Messianique : Les rabbins ont interprété ce verset comme une annonce de la venue du Messie, celui qui apportera paix et justice universelle. Cette lecture messianique souligne l'attente d'un sauveur qui restaurera l'ordre et la justice, non seulement pour Israël mais pour l'humanité entière.

Contexte Grec

<u>Annonce de Victoire</u> : Dans la culture grecque, le terme euangelion ("bonne nouvelle") était utilisé pour annoncer des victoires militaires, souvent suivies de célébrations publiques. Cette pratique soulignait l'importance des événements victorieux et leur impact sur la cohésion sociale et la fierté collective des cités.

<u>Événements Royaux</u> : Les nouvelles concernant la royauté, telles que la naissance d'un héritier ou l'ascension d'un roi, étaient proclamées dans les places publiques, soulignant leur importance pour la société. Ces annonces avaient pour but de renforcer l'autorité et la légitimité des dirigeants, tout en célébrant les moments marquants de la vie politique.

Synthèse

Dans toutes les cultures, les "bonnes nouvelles" sont plus qu'une simple communication d'information ; elles sont des moments de cohésion sociale, de célébration collective, et de renforcement des liens communautaires. Que ce soit par le biais de victoires militaires, de changements politiques, ou de moments religieux, l'annonce de bonnes nouvelles a toujours été un vecteur de paix, d'unité, et d'espoir pour les communautés humaines.

B-1. BREF HISTORIQUE DES ROYAUMES TERRESTRES ET LA NÉCESSITÉ DE LA VENUE DE CHRIST

Les Royaumes Anciens

Mésopotamie et Égypte Ancienne :
Les premières civilisations, telles que celles de Sumer, Akkad et Babylone en Mésopotamie, ainsi que l'Égypte ancienne, se caractérisent par des structures politiques et religieuses fortement centralisées. Les rois, souvent considérés comme des figures divines ou des représentants des dieux sur terre, exerçaient un pouvoir absolu. Ces sociétés étaient fondées sur des systèmes de croyance qui conféraient aux souverains une légitimité divine, leur permettant de maintenir l'ordre et de justifier leurs décisions politiques.

Cependant, ces royaumes étaient fréquemment marqués par des conflits internes, des luttes de pouvoir entre nobles et dynasties rivales, et des guerres incessantes, souvent motivées par des ambitions d'expansion territoriale ou de domination économique. Malgré leur richesse et leur organisation avancée, ils faisaient face à la fragilité des ambitions humaines et à l'instabilité des régimes. Les invasions extérieures, comme celles des Hittites ou des Assyriens, et les révoltes internes témoignent de la vulnérabilité inhérente de ces royaumes.

Israël et Juda :
Dans l'histoire biblique, les royaumes d'Israël et de Juda jouent un rôle central. Sous la direction de rois charismatiques comme David et Salomon, Israël connaît une période de prospérité, de paix, et d'unité sans précédent. David, en consolidant le royaume, établit Jérusalem comme la capitale et symbole de l'identité nationale, tandis que Salomon, par ses projets architecturaux majestueux, y compris la construction du Temple, renforce la dimension spirituelle du royaume.

Cependant, après la mort de Salomon, le royaume se divise en Israël au nord et Juda au sud, entraînant des conflits internes, des rivalités politiques, et des invasions étrangères. Cette division affaiblit la capacité des deux royaumes à résister aux menaces extérieures, comme celles des Assyriens et des Babyloniens, qui finissent par détruire Jérusalem et exiler les habitants. Ces événements mettent en évidence les limites des royaumes terrestres à maintenir la paix et la justice à long terme, malgré la bénédiction divine initiale.

La chute de ces royaumes témoigne de l'inefficacité des systèmes humains pour instaurer une justice durable. Les conflits internes, l'idolâtrie, et la corruption parmi les dirigeants démontrent la nécessité d'une intervention divine plus profonde pour établir une paix durable et une justice parfaite. Ces échecs historiques préfigurent ainsi la venue d'un Messie, capable d'apporter une rédemption et une restauration non seulement sur le plan spirituel, mais aussi social et politique.

2. L'Empire Romain

Ascension et Expansion : L'Empire romain, à son apogée, était l'une des entités politiques les plus puissantes que le monde ait jamais connues. Son territoire s'étendait des plaines britanniques aux déserts égyptiens, englobant une diversité de cultures et de peuples sous une seule autorité. L'empereur romain, considéré comme une figure divine, exerçait un pouvoir quasi-absolu, symbolisant à la fois la grandeur politique et l'autorité spirituelle. Cependant, malgré sa magnificence et son étendue, l'Empire était profondément marqué par des tensions internes, des luttes pour le pouvoir, et de vastes inégalités sociales qui ébranlaient la cohésion de l'État.

Crise et Déclin :
Vers la fin de l'Empire, Rome s'effondre sous le poids de plusieurs crises majeures. La corruption généralisée, les invasions barbares, et un effondrement économique profond contribuent à sa chute. Ces facteurs mettent en évidence la fragilité des royaumes terrestres, incapables d'offrir une stabilité et une justice durables. L'Empire romain, malgré sa grandeur passée, se révèle être une ombre éphémère comparée à la promesse d'un Royaume éternel.

3.1 La Prophétie de Daniel 2

La Vision de la Statue : Dans le chapitre 2 du livre de Daniel, le roi Nabuchodonosor a une vision prophétique d'une grande statue composée de différents matériaux : une tête en or, un torse en argent, des cuisses en bronze, des jambes en fer, et des pieds en fer mêlé d'argile. Chaque partie de la statue représente un empire terrestre distinct :
La tête en or symbolise l'empire de Babylone,

Le torse en argent représente les Mèdes et les Perses,
Les cuisses en bronze sont attribuées à l'Empire grec,
Les jambes en fer symbolisent l'Empire romain,
Les pieds en fer et argile mêlés indiquent une période de division et de fragilité dans les royaumes futurs.

3.2 La Pierre qui Écrase la Statue

Dans la vision de Daniel, la pierre "non taillée de main d'homme" représente le Royaume de Dieu. Elle frappe la statue, composée de divers matériaux symbolisant les royaumes terrestres, et les réduit en poussière. Cette pierre devient ensuite une grande montagne qui remplit toute la terre. Cette image puissante illustre la supériorité et la permanence du Royaume divin par rapport aux royaumes éphémères et fragiles des hommes. Contrairement à ces derniers, le Royaume de Dieu est éternel, immuable, et souverain, établissant un règne de justice et de paix universelle.

3.3 Interprétation de la Prophétie

Daniel révèle que malgré toute leur splendeur et leur puissance, les royaumes terrestres finiront par être supplantés par le Royaume de Dieu. Ce Royaume, inauguré par le Messie, Jésus-Christ, est destiné à durer éternellement et apportera une paix et une justice que les régimes humains ne peuvent atteindre par leurs propres moyens. La pierre symbolise non seulement la force du Royaume divin mais aussi son pouvoir de transformation totale, remplaçant les structures humaines par un règne parfait.

4. La Nécessité de la Venue de Christ

Dans toutes les cultures humaines, les "bonnes nouvelles" ont toujours été plus qu'un simple échange d'informations. Elles sont des moments clés qui marquent la cohésion sociale, suscitent la célébration collective et renforcent les liens communautaires. Qu'il s'agisse de victoires militaires, de révolutions politiques ou de moments de renouveau religieux, l'annonce de bonnes nouvelles est souvent porteuse de paix, d'unité, et d'espoir pour les peuples. Aujourd'hui plus que jamais, l'humanité a soif de nouvelles solutions, de justice authentique et de bonheur durable. Cette aspiration profonde se trouve au cœur de l'Évangile du Royaume, un message qui transcende toutes les barrières culturelles et apporte une véritable trans-

C-1 Un Nouveau Système pour Garantir la Justice

Le monde dans lequel nous vivons est marqué par l'injustice, les conflits et les inégalités. Les systèmes politiques, économiques et sociaux ont échoué à offrir une justice universelle et équitable. Les populations, confrontées à l'oppression, la corruption et la violence, ont perdu confiance dans ces structures humaines. C'est dans ce contexte que l'Évangile du Royaume apparaît comme une solution radicalement différente. Il annonce non pas une simple réforme des systèmes en place, mais l'instauration d'un nouveau règne, un règne divin, où la justice sera enfin garantie pour tous.

L'Évangile du Royaume n'est pas simplement une idée abstraite ou un rêve lointain. Il est une promesse concrète de transformation, rendue possible par la venue du Roi souverain, Jésus-Christ. Ce Royaume n'est pas fondé sur les œuvres humaines, mais sur la justice parfaite de Dieu, qui pardonne les péchés par le sublime sacrifice de son Fils. Ce message, en offrant une réconciliation avec Dieu, propose une véritable alternative à l'injustice du monde : une justice qui ne dépend pas des lois imparfaites des hommes, mais de la miséricorde divine.

Un Royaume Durable : L'histoire des royaumes terrestres est marquée par leurs limites inhérentes : corruption, injustice, guerres incessantes, et instabilité politique. La venue de Christ offre une solution divine à ces insuffisances. Jésus annonce l'établissement d'un Royaume qui transcende les ambitions humaines et est fondé sur l'amour, la justice, et la paix. Ce Royaume est éternel, offrant une stabilité et une justice que les régimes humains n'ont jamais pu garantir.

2- Le Royaume de Dieu :
Contrairement aux royaumes de ce monde, le Royaume de Dieu proclamé par Jésus est d'abord un règne spirituel, centré sur la réconciliation de l'humanité avec son Créateur. Ce Royaume est fondé sur la vérité, la miséricorde, et l'amour. Il répond de manière définitive aux problèmes que les royaumes humains n'ont jamais réussi à résoudre, tels que l'injustice, l'oppression, et la séparation de Dieu. Le Royaume de Dieu promet une transformation totale, apportant la paix et la justice véritables que l'humanité recherche depuis toujours.

ÉVANGÉLISATION

3- La Paix et la Joie : Le Fruit du Règne de Dieu

L'Évangile du Royaume ne se limite pas à la justice. Il proclame également l'avènement d'une paix durable et d'une joie parfaite. En effet, sous ce règne divin, les conflits qui déchirent l'humanité seront remplacés par une paix véritable, une paix qui surpasse toute compréhension humaine. Cette paix ne sera pas simplement l'absence de guerre, mais une plénitude de relations harmonieuses entre les individus, les nations, et surtout avec Dieu.

Cette paix découle directement de la réconciliation que Jésus-Christ offre à travers son sacrifice. En pardonnant les péchés, il restaure l'humanité dans sa relation avec Dieu, la source même de la paix. C'est cette réconciliation qui permet à chacun de vivre dans la paix, non seulement avec autrui, mais aussi avec soi-même.
La joie, quant à elle, est l'accomplissement de cette paix. Dans un monde où les plaisirs sont éphémères et souvent accompagnés de souffrances, le Royaume de Dieu offre une joie qui ne faiblit jamais. C'est une joie fondée sur la certitude du salut et l'espérance d'un avenir glorieux. Cette joie parfaite ne sera plus assombrie par la peur, l'incertitude ou la douleur, mais sera permanente, car elle repose sur l'œuvre parfaite de Jésus-Christ.

4 - La Réconciliation avec Dieu : Le Point de Départ

Cependant, l'accès à ce nouveau système de justice, de paix et de joie n'est possible que par une réconciliation avec Dieu. L'Évangile du Royaume appelle chacun à reconnaître son besoin de pardon et de rédemption. Jésus-Christ, par son sacrifice, offre cette réconciliation à quiconque se tourne vers lui. Il ne s'agit pas simplement d'un pardon ponctuel, mais d'un engagement à vivre selon les principes du Royaume, en se détournant du péché et en suivant la voie tracée par Christ.

Cette réconciliation transforme non seulement la relation de l'individu avec Dieu, mais aussi ses relations avec les autres. Le pardon divin devient la base de la justice sociale et de la paix communautaire. En se réconciliant avec Dieu, les hommes sont appelés à se réconcilier les uns avec les autres, et à vivre dans une unité qui reflète la volonté de Dieu pour son Royaume.

5- Un Message Pour Toutes les Cultures

L'Évangile du Royaume transcende les différences culturelles, ethniques et sociales. Ce message universel s'adresse à tous, quels que soient leur origine ou leur statut. Dans chaque culture, les "bonnes nouvelles" sont des événements marquants, des occasions de fête et de rassemblement. Mais l'Évangile du Royaume est plus qu'une simple annonce ; il est une promesse de transformation radicale, une solution divine aux maux de l'humanité. Il est l'annonce d'un nouveau règne, où la justice, la paix et la joie seront accessibles à tous, sans exception.

Ce règne divin apporte une nouvelle perspective sur la vie et sur la société. Il ne s'agit pas d'un simple retour à des valeurs morales ou religieuses, mais d'une invitation à participer activement à l'édification d'un nouveau système, fondé sur l'amour de Dieu et le sacrifice de Jésus-Christ. Ce Royaume, déjà en marche, appelle chaque être humain à choisir : continuer à vivre selon les systèmes défaillants du monde, ou embrasser la justice, la paix et la joie promises par l'Évangile du Royaume.

6 - Un Appel à la Transformation

L'Évangile du Royaume est plus qu'un message religieux ; c'est une réponse aux besoins profonds de l'humanité. En offrant une justice parfaite, une paix durable et une joie inaltérable, il propose un nouveau système qui dépasse les limites des structures humaines. Mais cette promesse ne peut être réalisée qu'à travers une réconciliation avec Dieu, rendue possible par Jésus-Christ. C'est cette réconciliation qui ouvre la voie à une transformation personnelle, communautaire et universelle. Ainsi, l'Évangile du Royaume nous invite tous à participer à l'avènement d'un règne nouveau, où la justice, la paix et la joie régneront pour l'éternité.

7- L'Œuvre de Rédemption

La mission de Jésus-Christ dépasse l'établissement d'un Royaume spirituel ; elle inclut l'œuvre de rédemption complète. Par Sa mort sur la croix et Sa résurrection, Jésus a accompli l'œuvre de rédemption pour l'humanité. Cette œuvre a ouvert la voie à une relation restaurée entre Dieu et l'homme, en offrant le pardon des péchés. Grâce à Sa sacrifice, la séparation due au péché a été surmontée, permettant ainsi une réconciliation totale entre Dieu et l'humanité. La venue de Christ pave donc la voie pour l'avènement final de Son Royaume éternel, un règne de justice et de paix qui sera pleinement réalisé à la fin des temps.

D -1. L'ÉVANGÉLISATION CHRÉTIENNE

L'évangélisation chrétienne est le fondement même de la mission confiée par Jésus-Christ à ses disciples. C'est l'acte de proclamer la bonne nouvelle du Royaume de Dieu et du salut offert à travers le sacrifice de Jésus-Christ. Elle répond à l'appel de la Grande Commission, où Jésus déclare : « Allez, faites de toutes les nations des disciples, les baptisant au nom du Père, du Fils et du Saint-Esprit, et enseignez-leur à observer tout ce que je vous ai prescrit » (Matthieu 28:19-20). Ce mandat est une invitation à partager l'Évangile non seulement avec ceux qui n'ont jamais entendu parler de Jésus, mais aussi avec ceux qui ont besoin de renouveler leur foi.

Le verset d'Ésaïe 52:7 illustre magnifiquement la mission de l'évangélisation : « Qu'ils sont beaux sur les montagnes, les pieds de celui qui apporte de bonnes nouvelles, qui publie la paix, de celui qui apporte de bonnes nouvelles, qui publie le salut, de celui qui dit à Sion : Ton Dieu règne ! » Ce verset encapsule l'essence du message chrétien : l'annonce du salut, de la paix et de la justice sous le règne de Dieu.

2- L'Essence de l'Évangélisation

L'évangélisation, dans sa forme la plus simple, est une démarche d'amour et de compassion. Elle naît du désir profond de voir tous les êtres humains réconciliés avec Dieu et transformés par Sa grâce. Le chrétien, témoin de cette grâce, devient porteur de la lumière du Christ dans un monde en proie aux ténèbres de l'injustice, du désespoir et du péché. La proclamation de l'Évangile est donc à la fois un acte de foi et un acte de justice : elle offre la vérité et le chemin vers la paix intérieure et extérieure.

Cette mission est fondamentale pour la foi chrétienne car elle répond à l'appel de Jésus pour faire des disciples de toutes les nations. Elle ne se limite pas à une simple communication d'informations religieuses, mais elle engage à une transformation personnelle et communautaire en Jésus-Christ. Par l'évangélisation, les chrétiens participent activement à la réalisation du Royaume de Dieu sur terre, en offrant à chacun la possibilité de connaître la rédemption et la vie nouvelle en Christ.

Dans l'évangélisation, le cœur du message est centré sur la personne de Jésus-Christ. Il est l'accomplissement des promesses de Dieu faites à travers les âges, le seul moyen par lequel l'humanité peut être réconciliée avec son

Créateur. C'est un appel à reconnaître que tous, sans exception, ont péché et sont séparés de Dieu, mais que par la foi en Christ, cette séparation peut être guérie. Le Christ a porté les péchés du monde sur la croix, offrant à chacun la possibilité d'une nouvelle vie.

3 - Le Message du Royaume et l'Évangélisation

L'évangélisation est indissociable de l'annonce du Royaume de Dieu. Lorsque Jésus prêchait, il proclamait que « le Royaume de Dieu s'est approché » (Marc 1:15). Ce Royaume est l'ordre nouveau que Dieu introduit dans l'histoire humaine. Ce n'est pas un royaume terrestre ou politique, mais un règne spirituel qui transforme les cœurs et les vies. Sous le règne de Dieu, les valeurs du monde sont renversées : les humbles sont élevés, les pécheurs sont pardonnés, et les pauvres en esprit héritent de la vie éternelle.

Le Royaume de Dieu offre une réponse aux injustices du monde. Là où les systèmes humains échouent à protéger les vulnérables ou à garantir la justice pour tous, le Royaume de Dieu promet un règne juste et équitable, dirigé par un Roi parfait et aimant. Dans ce Royaume, il n'y a pas de corruption, de violence ou de partialité. Chacun y trouve la paix, la joie et l'amour qui ne peuvent être pleinement réalisés dans les structures humaines.

4- L'Invitation à la Réconciliation

Un des aspects centraux de l'évangélisation est l'appel à la réconciliation avec Dieu. Comme l'apôtre Paul l'affirme dans 2 Corinthiens 5:20, « Nous faisons donc les fonctions d'ambassadeurs pour Christ, comme si Dieu exhortait par nous ; nous vous en supplions au nom de Christ Soyez réconciliés avec Dieu ! » Cet appel à la réconciliation est une invitation à laisser derrière soi le fardeau du péché et à recevoir le pardon divin offert par la mort et la résurrection de Jésus-Christ.

Cette réconciliation transforme toutes les sphères de la vie humaine. Elle ne se limite pas à un changement spirituel, mais affecte aussi les relations humaines, la justice sociale, et la manière dont les croyants interagissent avec le monde qui les entoure. En étant réconcilié avec Dieu, le chrétien est appelé à être un artisan de réconciliation dans son environnement, portant l'amour de Dieu dans les contextes de conflit et de division.

5 - L'Objectif Ultime de l'Évangélisation

L'objectif ultime de l'évangélisation est de faire connaître le nom de Jésus-Christ à toutes les nations et de préparer le terrain pour le retour de Christ. C'est un acte d'obéissance au commandement de Jésus et une réponse à l'amour que Dieu a manifesté pour l'humanité. Lorsque les croyants partagent l'Évangile, ils participent à l'accomplissement du plan de Dieu pour le monde et à la croissance de Son Royaume.

L'évangélisation chrétienne est donc bien plus qu'une simple proclamation de foi. Elle est un appel à la transformation du monde, à l'instauration de la justice, de la paix, et de la joie sous le règne de Dieu. En annonçant la bonne nouvelle du salut en Jésus-Christ, les chrétiens s'engagent dans un combat spirituel pour apporter la lumière là où règnent les ténèbres, et pour préparer l'avènement du Royaume de Dieu sur terre.

Conclusion

L'évangélisation est la mission première de l'Église et des croyants. Elle est à la fois un témoignage vivant de la foi en Jésus-Christ et un acte d'amour envers l'humanité. En proclamant l'Évangile, les chrétiens invitent chacun à découvrir la justice parfaite, la paix et la joie du Royaume de Dieu, accessible à travers la réconciliation avec le Créateur par le sacrifice de Jésus-Christ. C'est un appel à une vie nouvelle, sous un règne qui promet d'offrir ce que le monde ne peut pas donner : la justice pour tous, la paix durable et la joie éternelle.

:

FICHE DE LA LEÇON #1

Titre : La Nécessité de la Venue de Christ

Texte d'Or : Ésaïe 9:6 : « *Car un enfant nous est né, un fils nous est donné ; et la domination reposera sur son épaule. On l'appellera Admirable, Conseiller, Dieu puissant, Père éternel, Prince de la paix.* »

Versets d'Appui : Matthieu 4:17 : « Dès lors Jésus commença à prêcher : Repentez-vous, car le royaume des cieux est proche. »
Luc 17:20-21 : « Le royaume de Dieu est au milieu de vous. »

Points de Discussion
Incapacité des Royaumes Terrestres :
Instabilité et Conflits : Les régimes humains sont souvent marqués par des conflits et des instabilités.
Différences avec le Royaume de Dieu :

Autorité Divine et Stabilité :
Le Royaume de Dieu est éternel et parfait, contrairement aux systèmes humains.
Réflexion des « Bonnes Nouvelles » :
Recherche de Bonheur : Les différentes cultures montrent une quête universelle de bonheur et d'espoir.

Portée de l'Évangile du Royaume :
Transformation et Réconfort : L'Évangile offre des réponses spirituelles aux défis contemporains.
Questions pour Réflexion
Comment le Royaume de Dieu diffère-t-il des régimes terrestres en matière de paix et de justice ?
Comment les principes de l'Évangile sont-ils pertinents aujourd'hui ?

Prière: Seigneur, nous Te remercions pour la paix apportée par Jésus, notre Prince de la paix. Aide-nous à appliquer les principes de Ton Royaume dans notre vie quotidienne. Guide-nous pour vivre en accord avec Ta volonté. Au nom de Jésus, Amen. »

Poème

Romains 14:17, « *Le royaume de Dieu n'est pas le manger et le boire, mais la justice, la paix et la joie dans le Saint-Esprit.*

Dans les tempêtes du doute, nous restons ancrés,
Sachant que l'évangile peut tout transformer.
Les cœurs de pierre, par la Parole brisée,
Se changent en temples où la foi peut germer.

Et quand vient l'heure où nos voix s'éteindront,
Le message du Christ, dans les cœurs, résonnera.
Car chaque semence, arrosée par l'amour,
Porte le fruit de la vie pour l'éternel retour.

Sous les cieux ouverts, nous portons le flambeau,
L'évangile en nos cœurs, comme un chant nouveau.
Partout où l'on va, des âmes assoiffées,
Cherchent un espoir, un souffle de vérité.

Dans les rues animées ou les sentiers cachés,
Nous plantons la semence d'un amour inébranlé.
Car l'évangélisation n'est pas qu'un discours,
C'est vivre la foi, chaque jour, chaque détour.

Par nos gestes simples, nos paroles sincères,
Nous révélons un royaume, bien au-delà de la terre.
Le Christ en nous brille, éclatant et clair,
Témoin de sa grâce, de sa paix salutaire.

Et même quand l'écoute semble se détourner,
Quand les cœurs sont fermés, refusant d'accepter,
Nous semons avec patience, sans jamais faiblir,
Car l'Esprit travaille, même dans le silence à venir.

L'évangélisation, c'est la moisson divine,
Chaque âme touchée est une perle qui brille.
Que nos voix s'élèvent, que nos vies soient lumière,
Pour que partout résonne l'amour du Père.

Job Francois__

Pourquoi les royaumes terrestres sont-ils considérés comme incapables de maintenir une paix durable ?

Les royaumes terrestres sont souvent considérés comme incapables de maintenir une paix durable en raison de plusieurs facteurs inhérents à leur nature :

Instabilité Politique : Les régimes humains sont souvent marqués par des luttes de pouvoir internes, des révolutions, et des changements de leadership qui peuvent entraîner des périodes de chaos et de conflit.

Inégalités Sociales : Les sociétés humaines peuvent souffrir de grandes disparités économiques et sociales, ce qui engendre des tensions et des conflits parmi les différentes classes sociales ou groupes ethniques.

Corruption et Mauvaise Gouvernance : La corruption et l'inefficacité des gouvernements peuvent affaiblir les institutions et compromettre la capacité des régimes à maintenir l'ordre et la justice.

Conflits d'Intérêts : Les ambitions territoriales et économiques peuvent conduire à des guerres et des conflits prolongés, rendant difficile la réalisation d'une paix durable.

En quoi le Royaume de Dieu, inauguré par Jésus-Christ, diffère-t-il des régimes humains en termes de stabilité et de justice ?

Le Royaume de Dieu, inauguré par Jésus-Christ, diffère des régimes humains par plusieurs aspects fondamentaux :

Éternité et Inébranlabilité : Contrairement aux royaumes terrestres, le Royaume de Dieu est éternel et immuable. Il ne dépend pas des circonstances humaines ou des changements politiques, mais est fondé sur la souveraineté divine.

Justice Parfaite : Le Royaume de Dieu est caractérisé par une justice parfaite et impartiale, sans corruption ni favoritisme. La justice divine est absolue et non influencée par les biais humains.

Paix Durable : La paix du Royaume de Dieu est complète et durable, reposant sur la réconciliation totale entre Dieu et l'humanité, et entre les individus eux-mêmes. Elle transcende les conflits et les divisions terrestres.

Amour et Miséricorde : Le Royaume de Dieu est fondé sur l'amour et la miséricorde divins, offrant la rédemption et le pardon. Les relations au sein de ce Royaume sont basées sur la compassion et la compréhension mutuelle.

Synthèse et Application
Comment les « bonnes nouvelles » dans les diverses cultures reflètent-elles une quête universelle de bonheur ?

Les « bonnes nouvelles » dans diverses cultures reflètent une quête universelle de bonheur en ce sens qu'elles symbolisent des moments de transformation positive et d'amélioration des conditions de vie :

Unité et Cohésion Sociale : Les bonnes nouvelles, qu'elles soient politiques, militaires ou religieuses, ont souvent pour effet de renforcer les liens communautaires et de favoriser la solidarité entre les membres d'une société.

Espoir et Réconfort : Elles apportent de l'espoir et du réconfort en répondant aux attentes et aux besoins fondamentaux des gens, que ce soit en mettant fin à un conflit, en apportant la prospérité, ou en annonçant des changements bénéfiques.

Celebration Collective : Les annonces de bonnes nouvelles sont souvent accompagnées de célébrations et de réjouissances, soulignant la joie collective et le sentiment de bonheur partagé au sein de la communauté.

EVANGÉLISATION

Quelle est la portée de l'Évangile du Royaume dans le contexte actuel ?

L'Évangile du Royaume a une portée significative dans le contexte actuel en offrant une réponse aux défis contemporains et en répondant aux aspirations profondes de l'humanité :

Réponse aux Crises Globales : L'Évangile du Royaume propose une vision de justice et de paix qui répond aux crises actuelles, telles que les conflits géopolitiques, les inégalités sociales, et les tensions interreligieuses.

Transformation Personnelle : Il invite à une transformation personnelle et spirituelle qui peut avoir des répercussions positives sur les relations interpersonnelles et la société dans son ensemble, en promouvant l'amour, le pardon, et la réconciliation.

Espoir pour l'Avenir : En offrant une perspective sur un Royaume éternel et immuable, l'Évangile du Royaume apporte un espoir durable et une vision d'un futur meilleur, loin des instabilités et des incertitudes des régimes terrestres.

Cohésion Sociale et Communautaire : L'Évangile du Royaume encourage la formation de communautés basées sur des valeurs partagées de justice, de paix, et de compassion, contribuant ainsi à renforcer le tissu social et à promouvoir un bien-être collectif.

Ces réponses permettent de mieux comprendre la pertinence et l'impact de l'Évangile du Royaume dans un monde en quête de sens et de stabilité.

E - ÊTRE UNE LETTRE VIVANTE DE CHRIST : LE POUVOIR D'ÉVANGÉLISER SANS PARLER

L'idée que l'évangélisation peut se faire sans paroles repose sur la conviction que nos actions et comportements peuvent transmettre un message spirituel aussi puissamment que les mots. Voici comment cette approche peut se manifester concrètement :

1. L'Impact des Actions
La Vie comme Témoignage :
Matthieu 5:16 : « Que votre lumière brille ainsi devant les hommes, afin qu'ils voient vos bonnes œuvres, et qu'ils glorifient votre Père qui est dans les cieux. » Jésus enseigne que nos actions peuvent glorifier Dieu et servir de témoignage puissant.

Exemples Bibliques :
La Vie de Daniel : Daniel a vécu avec intégrité et sagesse dans un environnement païen, ce qui a conduit le roi Nebucadnetsar à reconnaître la grandeur de Dieu (Daniel 6).
L'Exemple de Joseph : Bien que vendu comme esclave et emprisonné, Joseph est resté fidèle à Dieu, et sa conduite irréprochable a conduit Pharaon à reconnaître l'action divine dans sa vie (Genèse 41).

2. Évangélisation par la Compassion et le Service
Actes de Compassion :
L'œuvre de la Charité : Nourrir les affamés, vêtir les déshérités et visiter les malades sont des actions puissantes pour manifester l'amour et la compassion de Dieu sans avoir besoin de parler directement.
Le Bon Samaritain (Luc 10:25-37) : Le Samaritain a montré sa compassion par ses actions envers un étranger en détresse, illustrant que l'amour du prochain peut être exprimé et perçu par des actes de bonté.

Initiatives Communautaires :
Les Actions des Premiers Chrétiens : Les premiers chrétiens ont partagé leur foi en établissant des communautés d'entraide et en prenant soin des pauvres, attirant ainsi les gens vers la foi sans paroles évangéliques explicites.

3. La Puissance de l'Exemple Personnel
Un Mode de Vie Exemplaire :
Intégrité et Vérité : En menant une vie empreinte d'honnêteté, de justice et de valeurs chrétiennes, les individus peuvent devenir des modèles vivants

qui interpellent et influencent ceux qui les entourent.
Transformation Personnelle :

Changements Visibles : Les transformations visibles telles que la paix intérieure, la joie et la résilience face aux difficultés peuvent éveiller la curiosité et inciter les autres à découvrir la source de cette transformation.

4. Témoignages d'Expériences

Histoires de Vie :

Personnes Converties par l'Exemple : De nombreux témoignages existent de personnes ayant embrassé la foi après avoir observé le comportement exemplaire d'un chrétien. Ces histoires montrent que les actions peuvent souvent parler plus fort que les mots.
Impact des Événements :

Influence des Situations : Les événements marquants vécus avec foi et intégrité peuvent également servir de puissants témoignages de la foi chrétienne, attirant l'attention et l'intérêt des autres.
Conclusion

Comme le dit Paul dans 2 Corinthiens 3:2-3 : "Vous êtes une lettre de Christ, écrite non avec de l'encre, mais avec l'Esprit du Dieu vivant." Vivre comme une lettre vivante de Christ permet à votre vie de refléter l'amour, la paix et la grâce de Dieu, évangélisant ainsi de manière silencieuse mais puissante.

Prière

« Seigneur, fais de ma vie un témoignage vivant de Ta grâce et de Ton amour. Que mes actions soient le reflet de Ton cœur et conduisent les autres à Te connaître. Amen. »

Cette approche démontre que l'évangélisation ne se limite pas aux mots, mais peut être profondément efficace lorsque nos vies reflètent l'amour et la grâce de Christ.

ÉVANGÉLISATION

FICHE DE LA LEÇON #2

Titre : La Grande Commission :

Texte d'Or : Matthieu 28:19-20 : « Allez, faites de toutes les nations des disciples, les baptisant au nom du Père, du Fils et du Saint-Esprit, et enseignez-leur à observer tout ce que je vous ai prescrit. Et voici, je suis avec vous tous les jours, jusqu'à la fin du monde. »

Points de Discussion :

1. Un Appel à la Proclamation du Salut
Comprendre l'importance du mandat de Jésus de proclamer l'Évangile à toutes les nations.

2. L'Élargissement du Royaume de Dieu
Le Prix de l'ame : L'évangélisation est cruciale parce qu'elle révèle le prix inestimable de chaque âme aux yeux de Dieu. Jésus a affirmé que chaque âme est précieuse (Matthieu 16:26). Le salut est un don gratuit offert par Dieu, et l'évangélisation est le moyen de faire connaître cette offre de rédemption.
Le Don Gratuit de Dieu : Le message de l'Évangile fait connaître le don gratuit de la grâce de Dieu. En Éphésiens 2:8-9, il est écrit : « Car c'est par la grâce que vous êtes sauvés, par le moyen de la foi. Cela ne vient pas de vous, c'est le don de Dieu. » Ce don inclut l'amour, la grâce, la joie, et la paix que Dieu offre à ceux qui acceptent Son salut.

Prière :
« Seigneur, nous Te remercions pour l'appel que Tu nous adresses à partager la Bonne Nouvelle. Aide-nous à comprendre l'importance de l'évangélisation et à répondre à ce mandat avec foi et obéissance. Fortifie-nous pour proclamer Ton amour et Ta grâce à toutes les nations, et donne-nous le courage et la sagesse pour toucher chaque âme précieuse à Tes yeux. Que Ton Esprit nous guide dans cette mission, afin que Ton Royaume s'étende et que Ta lumière brille à travers nos vies. Nous Te prions au nom de Jésus, Amen. »

F - MÉTHODES PRATIQUES POUR L'ÉVANGÉLISATION
Approches Pratiques et Contextuelles

1- Évangélisation Personnelle et de Groupe

Évangélisation Personnelle : Implique des interactions individuelles telles que les discussions en tête-à-tête, les témoignages personnels, et la prière. Cette méthode permet d'établir une connexion plus profonde et de répondre aux besoins spécifiques des individus.

Évangélisation de Groupe : Regroupe des personnes pour des études bibliques, des groupes de prière, ou des événements communautaires. Cela favorise le partage et l'encouragement mutuel dans la foi.

2 - Évangélisation de Masse et Médias

Campagnes de Grande Envergure : Utilisation de rassemblements publics, de crus, et d'événements spéciaux pour atteindre un large public.

Utilisation des Médias Modernes : Profiter des plateformes numériques telles que les réseaux sociaux, les blogs, et les émissions de télévision chrétiennes pour diffuser le message de l'Évangile à un public plus vaste.

3- Méthodes d'Approche Spécifiques

Méthodes de Proximité
Porte-à-Porte : Visites dans les foyers pour partager le message de l'Évangile.

Bon Voisinage : Créer des relations amicales avec les voisins pour partager la foi dans un cadre naturel et informel.

4 - **Méthodes Dynamiques**
Médias de Masse : Utiliser des publicités, des vidéos, et des articles pour atteindre un grand nombre de personnes.
Conférences et Activités Publiques : Organiser des conférences, des séminaires, et des événements communautaires pour attirer l'attention et susciter l'intérêt pour le message chrétien.

G - LES ÉTAPES ESSENTIELLES DE L'ÉVANGÉLISATION

1. Préparation Spirituelle
Prière : Commencez par prier pour la direction et la sagesse de Dieu. Demandez-lui de préparer le cœur des personnes à qui vous allez parler et d'ouvrir des opportunités pour partager l'Évangile.

Étude des Écritures : Familiarisez-vous avec les versets clés sur l'évangélisation, la nature du message, et les besoins spirituels des personnes. Cela renforce votre connaissance et votre confiance.

2. Compréhension du Contexte
Connaissance Culturelle : Informez-vous sur la culture, les croyances et les pratiques des personnes que vous allez rencontrer. Cela vous aidera à aborder les sujets sensibles avec respect et pertinence.

Écoute Active : Pratiquez l'écoute active pour comprendre les préoccupations, les questions et les besoins spirituels des personnes. Montrez un véritable intérêt pour leurs histoires et leurs perspectives.

3. Communication Claire et Respectueuse
Message Simple : Présentez l'Évangile de manière claire et simple. Utilisez un langage accessible et évitez les jargons religieux qui pourraient être déconcertants.

Utilisation de Témoignages : Partagez des témoignages personnels sur la manière dont Jésus-Christ a transformé votre vie. Les histoires personnelles peuvent être puissantes pour illustrer le message de l'Évangile.

4. Engagement Relational
Construire des Relations : Créez des relations authentiques en passant du temps avec les personnes et en montrant de la compassion. Les relations de confiance facilitent le partage de la foi.

Respect des Limites : Respectez les limites des individus concernant les discussions religieuses. Soyez sensible aux signes de désintérêt ou de malaise.

L' Amour

L'AMOUR : UNE FORCE UNIVERSELLE QUI NOUS LIE ET NOUS TRANSCENDE

L'amour est l'un des sentiments les plus universels et puissants que les êtres humains puissent ressentir. Au-delà des frontières culturelles, des différences individuelles et des contextes de vie, l'amour se manifeste comme une force profonde qui inspire, réconforte et transforme. Pourtant, malgré sa présence dans toutes les sphères de la vie, l'amour reste difficile à définir précisément. Il semble échapper à toute définition rigide, prenant des formes variées et se manifestant de mille façons.

Les Facettes de l'Amour : Une Expérience Plurielle
L'amour se décline sous de nombreuses formes. Il y a l'amour romantique qui lie deux partenaires de manière unique, créant une connexion émotionnelle intense et souvent exclusive. Cet amour romantique est source de passion et d'intimité, nourri par un désir de fusion et de partage. Mais l'amour se manifeste aussi dans les liens familiaux, entre parents et enfants, frères et sœurs. Cet amour familial est protecteur, inconditionnel et se traduit souvent par une volonté de sacrifice et de dévouement.

L'amitié, une autre forme d'amour, est basée sur la camaraderie, le respect et le soutien mutuel. C'est un amour qui repose sur la confiance, le partage de valeurs communes et un engagement volontaire envers l'autre. Enfin, l'amour peut aussi se manifester sous une forme plus universelle, un sentiment de bienveillance envers l'humanité, une compassion profonde qui motive des actes de générosité et d'entraide envers des inconnus.

L'Amour comme Source d'Altruisme et de Développement Personnel
Un aspect essentiel de l'amour est son caractère altruiste. Aimer implique souvent de se soucier du bien-être de l'autre, parfois même au-delà de son propre confort ou de ses propres intérêts. Dans un amour véritable, on est prêt à faire passer les besoins de l'autre en priorité, à lui apporter soutien et réconfort, même dans les moments les plus difficiles. C'est cette dimension de don de soi qui rend l'amour si spécial et si précieux.
En aimant, on est aussi souvent amené à se transformer soi-même. L'amour nous pousse à dépasser nos limites, à développer la patience,

la compréhension et la tolérance. Il favorise le développement personnel, car aimer véritablement exige de nous un travail sur notre propre ego, sur nos peurs et sur nos insécurités. À travers l'amour, nous devenons des personnes plus complètes, plus ouvertes et plus sensibles aux besoins d'autrui.

L'Intimité : Le Cœur de la Relation Amoureuse
L'une des caractéristiques centrales de l'amour est l'intimité, cette connexion profonde qui permet de se dévoiler tel que l'on est, sans masque ni artifice. Dans une relation amoureuse, l'intimité crée un espace privilégié où chacun peut être vulnérable, échanger ses pensées les plus secrètes, ses peurs, ses espoirs et ses rêves. Cette intimité nourrit un sentiment de sécurité et de confiance mutuelle, essentielle pour construire une relation durable.

L'Amour en Évolution : Une Danse de Complicité et d'Adaptation
L'amour n'est pas figé ; il est en constante évolution. Au fil du temps, les relations amoureuses passent par différentes phases : la passion des débuts, l'attachement profond, parfois des moments de doute ou de remise en question. Un amour mature est celui qui sait évoluer avec le temps, qui accepte les changements de chacun et qui apprend à s'adapter aux aléas de la vie. L'amour durable repose sur un engagement mutuel, une volonté de soutenir l'autre dans ses réussites comme dans ses épreuves.

Au-delà de la Relation : L'Amour Universel et la Bienveillance
L'amour ne se limite pas aux relations interpersonnelles ; il peut aussi s'exprimer de manière plus universelle. Cet amour élargi, ou amour inconditionnel, est souvent décrit comme une compassion profonde pour l'humanité, un désir de contribuer au bien-être des autres sans rien attendre en retour. Ce type d'amour se manifeste dans les actions de ceux qui se consacrent à aider les autres, à protéger la nature ou à défendre des causes humanitaires. C'est une forme d'amour qui élève l'esprit humain et témoigne d'une capacité à voir au-delà de soi-même.

DÉFINITION CLASSIQUE

Amour (nom masculin) : Sentiment intense d'affection et d'attachement envers quelqu'un ou quelque chose. Il peut se manifester sous diverses formes, comme l'amour romantique, l'amour familial, ou l'amour amical.

LA TYPOLOGIE DE L'AMOUR :

L'amour divin, ou agapé, représente l'amour inconditionnel, sacrificiel et désintéressé que Dieu manifeste envers l'humanité. Cet amour est la base de la relation entre Dieu et les êtres humains, et il sert de modèle pour tout amour véritable. L'agapé est central dans les enseignements bibliques et constitue le fondement de la manière dont les croyants sont appelés à aimer les autres.

I - Définition et Caractéristiques de l'Agapé :

Inconditionnel et Sacrificiel : L'amour agapé ne dépend pas des mérites ou des actions de l'autre personne. Il est une expression de la volonté de donner sans condition, souvent au prix de sacrifices personnels. Ce type d'amour est exemplifié par le sacrifice de Jésus-Christ, qui a donné sa vie pour le salut de l'humanité (Jean 3:16).

Désintéressé : L'amour agapé est donné sans attendre quelque chose en retour. Il se manifeste par un désir sincère de bien-être pour l'autre, indépendamment des bénéfices personnels.

Permanence : L'amour agapé est constant et immuable, même face aux épreuves. Il ne fluctue pas en fonction des circonstances ou des comportements des autres, comme le montre l'amour de Dieu pour Israël malgré ses infidélités (Lévitique 18:5).

Exemples Bibliques de l'Amour Agapé :

Le Sacrifice de Jésus-Christ : Jésus démontre l'amour agapé en donnant sa vie pour le salut de l'humanité, comme le souligne Jean 3:16 : "Car Dieu a tant aimé le monde qu'il a donné son Fils unique, afin que quiconque croit en lui ne périsse point, mais qu'il ait la vie éternelle."

L'Amour de Dieu pour Israël : Malgré les infidélités d'Israël, Dieu continue de les aimer et de les appeler à revenir à Lui, illustrant la constance et la fidélité de l'amour divin (Lévitique 18:5 : "Vous observerez mes statuts et mes ordonnances, par lesquels l'homme vivra ; je suis l'Éternel.").

2 - Manifestations de l'Agapé dans la Vie du Croyant :

<u>Pardon et Miséricorde</u> : Les croyants sont appelés à pardonner les offenses comme Dieu nous a pardonnés. Colossiens 3:13 nous rappelle : "Supportez-vous les uns les autres, et si l'un a un sujet de plainte contre l'autre, pardonnez-vous réciproquement ; comme Christ vous a pardonné, pardonnez-vous aussi."

<u>Service Sacrificiel</u> : Servir les autres sans attendre de récompense est une expression de l'amour agapé. Marc 10:45 déclare : "Car le Fils de l'homme est venu non pour être servi, mais pour servir et donner sa vie comme la rançon de plusieurs."

Application Pratique :
<u>Vivre l'Agapé au Quotidien</u> : Cherchez des opportunités pour exprimer un amour inconditionnel envers les autres, même lorsque cela semble difficile. La vie quotidienne offre de nombreuses occasions de mettre en pratique l'amour agapé, en faisant preuve de compassion et de compréhension envers ceux qui nous entourent.

<u>Imiter le Sacrifice de Christ</u> : Réfléchissez à des manières concrètes de sacrifier votre temps, vos ressources ou votre confort pour le bien des autres. En imitant le sacrifice de Christ, vous pouvez démontrer un amour agapé tangible et authentique dans vos interactions quotidiennes.

Prière
« Seigneur, nous Te remercions pour l'amour agapé que Tu as révélé à travers le sacrifice de Jésus-Christ. Aide-nous à comprendre la profondeur de cet amour et à le refléter dans nos vies. Que nous puissions exprimer ce même amour inconditionnel et sacrificiel envers ceux qui nous entourent. Guide-nous dans la pratique du pardon, du service désintéressé, et de la miséricorde. Nous Te confions notre désir de vivre selon cet amour divin et de faire briller Ta lumière dans notre monde. Au nom de Jésus, Amen. »

FICHE DE LA LEÇON #1

Titre : L'Amour Agapé - Fondement et Manifestation
Texte d'Or : Jean 3:16 :: « Car Dieu a tant aimé le monde qu'il a donné son Fils unique, afin que quiconque croit en lui ne périsse point, mais qu'il ait la vie éternelle. »
Versets d'Appui : Lévitique 18:5 - Colossiens 3:13 - Marc 10:45

Points de Discussion
Définition et Caractéristiques de l'Agapé : L'amour agapé est un amour inconditionnel, sacrificiel et désintéressé. Contrairement aux formes d'amour conditionnelles, agapé ne dépend pas des mérites ou des actions de l'autre personne. Il se manifeste par un désir sincère de donner et de sacrifier pour le bien de l'autre, comme l'illustre le sacrifice de Jésus-Christ pour l'humanité. Cet amour est constant et immuable, restant fidèle même dans les épreuves.
Exemples Bibliques de l'Amour Agapé : Le Sacrifice de Jésus-Christ : Jésus démontre l'amour agapé en donnant sa vie pour le salut des pécheurs (Jean 3:16). Ce sacrifice est la manifestation ultime de l'amour divin.
L'Amour de Dieu pour Israël : Malgré les infidélités d'Israël, Dieu continue de les aimer et de les appeler à revenir à Lui (Lévitique 18:5). Cela montre la constance de l'amour agapé même face à la rébellion.

Manifestations de l'Agapé dans la Vie du Croyant :
Pardon et Miséricorde : Les croyants sont appelés à pardonner les offenses comme Dieu nous a pardonnés, reflétant l'amour agapé (Colossiens 3:13). Cet acte de pardon est un témoignage de la grâce divine dans nos vies.
Service Sacrificiel : Servir les autres sans attendre de récompense, à l'exemple de Jésus, est une expression de l'amour agapé (Marc 10:45). Le service désintéressé illustre l'amour véritable et incarné. Service Sacrificiel : Servir les autres sans attendre de récompense, à l'exemple de Jésus, est une expression de l'amour agapé (Marc 10:45). Le service désintéressé illustre l'amour véritable et incarné.

Questions

1. Qu'est-ce que l'amour agapé ?
Réponse : L'amour agapé est un amour inconditionnel, sacrificiel et désintéressé, qui ne dépend pas des actions de l'autre personne. Il se manifeste par un désir sincère de donner et de sacrifier pour le bien de l'autre, comme le sacrifice de Jésus-Christ.

2. Quels sont des exemples bibliques de l'amour agapé ?
Réponse :Le Sacrifice de Jésus-Christ : Jésus donne sa vie pour le salut des pécheurs (Jean 3:16).
L'Amour de Dieu pour Israël : Dieu continue d'aimer Israël malgré ses infidélités (Lévitique 18:5).

3. Comment l'amour agapé se manifeste-t-il dans la vie du croyant ?
Réponse :Pardon et Miséricorde : Pardonner comme Dieu nous a pardonnés (Colossiens 3:13).
Service Sacrificiel : Servir les autres sans attendre de récompense, comme Jésus (Marc 10:45).

4. Quelle est la signification de Lévitique 18:5 dans le contexte de l'amour agapé ?
Réponse : Lévitique 18:5 montre que suivre les commandements de Dieu est essentiel pour démontrer l'amour agapé dans nos actions.

5. En quoi Marc 10:45 illustre-t-il l'amour agapé ?
Réponse : Marc 10:45 illustre l'amour agapé par le service désintéressé de Jésus et son sacrifice pour les autres.

6. Comment Colossiens 3:13 se rapporte-t-il à l'amour agapé ?
Réponse : Colossiens 3:13 se rapporte à l'amour agapé en appelant à pardonner comme Dieu nous a pardonnés, reflétant ainsi l'amour inconditionnel.

II - PHILIA

L'amour fraternel, ou philia, représente l'affection profonde et la camaraderie entre amis et membres de la communauté chrétienne. Cet amour est fondé sur des relations de confiance, de respect mutuel et de soutien réciproque, créant ainsi une atmosphère de solidarité et d'encouragement dans les relations interpersonnelles au sein de la foi chrétienne.

Définition et Caractéristiques de la Philia :

L'amour philia est basé sur l'amitié sincère, favorisant des relations où la confiance et le respect sont primordiaux. Cet amour se manifeste par un soutien mutuel dans les moments difficiles ainsi que dans les moments de joie partagée. La philia encourage un engagement profond entre les individus, caractérisé par une loyauté durable et une volonté de se soutenir les uns les autres.

Exemples Bibliques de l'Amour Philia :

L'amitié entre David et Jonathan est un exemple notable de philia, illustrant une loyauté et un soutien mutuel profonds (1 Samuel 18:1-4). Leur relation est marquée par un engagement sincère et un respect mutuel qui transcendent les défis personnels. De plus, la communauté chrétienne primitive, comme le décrit Actes 2:44-47, partageait tout en commun, démontrant un amour fraternel fort par le biais du partage des ressources et du soutien mutuel au sein de la communauté.

Manifestations de la Philia dans la Vie du Croyant :

Dans la vie du croyant, la philia se manifeste par l'encouragement mutuel entre membres de la communauté, renforçant la foi et soutenant les autres dans leurs défis personnels. De plus, cette forme d'amour se traduit par la générosité et le partage des ressources et du temps avec les autres, reflétant l'esprit de communauté et de solidarité enseigné dans les Écritures.

FICHE DE LA LEÇON #2

Titre : L'Amour Fraternel – Philia et Ses Manifestations

Texte d'Or : 1 Jean 4:7 : « Bien-aimés, aimons-nous les uns les autres, car l'amour vient de Dieu. Celui qui aime est né de Dieu et connaît Dieu. »

Versets d'Appui : Romains 13:10 : « L'amour ne fait point de mal au prochain : l'amour est donc l'accomplissement de la loi. » Romains 13:10 : « L'amour ne fait point de mal au prochain : l'amour est donc l'accomplissement de la loi. » Actes 2:44-47 : « »

Points de Discussion :

Définition et Caractéristiques de la Philia :
Philia est l'amour fraternel, une affection profonde et une camaraderie entre amis et membres de la communauté chrétienne.
Il repose sur des relations de confiance et de respect mutuel, incluant un soutien réciproque, un encouragement dans les moments difficiles, et une loyauté constante.

Exemples Bibliques de l'Amour Philia :
David et Jonathan : Leur amitié illustre la loyauté et le soutien mutuel malgré les défis personnels et les circonstances adverses (1 Samuel 18:1-4).

<u>Les Premiers Chrétiens</u> : La communauté chrétienne primitive démontre un amour fraternel en partageant tout en commun et en se soutenant mutuellement, comme le montre Actes 2:44-47.

Résumé : L'amour fraternel (philia) est un aspect fondamental des relations chrétiennes, caractérisé par une affection sincère, une loyauté et un soutien mutuel. Les exemples bibliques de David et Jonathan ainsi que la communauté chrétienne primitive illustrent comment cet amour se manifeste dans des actions concrètes et des relations profondes.

Application

Manifestations de la Philia dans la Vie du Croyant :
Encouragement Mutuel : Les croyants sont appelés à encourager et édifier les membres de leur communauté, créant ainsi un réseau de soutien et de solidarité.
Partage et Générosité : L'amour fraternel se manifeste également par le partage des ressources et du temps avec les autres, démontrant une véritable générosité et un engagement envers le bien-être des autres.

Questions :

Comment la philia se manifeste-t-elle dans les relations quotidiennes entre croyants ?

Quel rôle l'amour fraternel joue-t-il dans la construction d'une communauté chrétienne solidaire ?

En quoi les exemples bibliques de David et Jonathan et des premiers chrétiens nous inspirent-ils dans notre pratique de la philia aujourd'hui ?

Prière :
« Seigneur, nous Te remercions pour l'exemple de l'amour fraternel que Tu nous as donné à travers Tes Écritures. Aide-nous à vivre cet amour au quotidien, en encourageant et en soutenant les membres de notre communauté chrétienne. Que notre amour soit sincère et généreux, et qu'il reflète la profondeur de Ta grâce et de Ta bonté envers nous. Nous Te demandons de nous guider pour mettre en pratique cet amour fraternel dans toutes nos relations. Au nom de Jésus, Amen. »

III - EROS

L'amour romantique, ou éros, représente l'attraction et la passion entre deux personnes, souvent caractérisé par une connexion profonde et intense sur les plans physique et émotionnel. Ce type d'amour est marqué par la passion et le désir d'intimité, formant une base essentielle pour les relations amoureuses dans le cadre du mariage. Dans la Bible, éros est sanctifié et destiné à s'épanouir au sein du mariage, en reflétant l'union sacrée entre le Christ et l'Église.

Définition et Caractéristiques de l'Éros :

Éros implique une attirance physique et une connexion émotionnelle profonde. Cet amour est souvent caractérisé par la passion et le désir d'intimité. Dans le contexte biblique, l'éros est destiné à être exprimé dans le cadre du mariage, honorant les plans divins pour l'union entre un homme et une femme.

<u>Exemples Bibliques de l'Amour Éros</u> :

Le Cantique des Cantiques illustre l'amour romantique à travers des métaphores poétiques, exprimant la beauté et l'intensité de l'amour entre un homme et une femme, tout en symbolisant l'amour profond de Dieu pour Son peuple. Ce livre célèbre la relation amoureuse avec une passion divine, soulignant que l'amour romantique est non seulement une expression des désirs humains, mais aussi un reflet de la relation sacrée entre Dieu et Son Église.

<u>Éros et le Mariage</u> : Éphésiens 5:25 nous rappelle que l'amour romantique dans le mariage doit être empreint de sacrifice et de dévouement, à l'image de l'amour du Christ pour l'Église. De plus, Proverbes 5:18-19 met en avant la bénédiction d'une relation amoureuse fidèle et durable, soulignant l'importance de l'engagement et de la joie partagée dans le mariage. Les versets de 1 Corinthiens 13:4-7, qui décrivent les qualités de l'amour véritable, montrent que même l'amour romantique doit être empreint de patience, de bonté, et de persévérance, respectant ainsi les idéaux divins de l'amour.

IV - L'AMOUR ÉROS ET LE SEXE :

Dans le contexte de l'amour éros, le sexe joue un rôle important en tant qu'expression physique et émotionnelle de l'amour romantique. Éros, en tant que forme d'amour, englobe non seulement l'attraction physique mais aussi une connexion émotionnelle et spirituelle profonde entre deux personnes. Dans le cadre du mariage, le sexe est considéré comme un moyen sacré de renforcer l'union entre un homme et une femme, et il est intégré dans la vision biblique de l'amour éros.

Le Sexe comme Expression de l'Amour Éros :
Le sexe dans l'amour éros est perçu comme une expression naturelle et légitime de l'affection romantique. Il reflète la passion, le désir, et l'intimité qui caractérisent l'amour romantique. Dans la Bible, le sexe est sanctifié lorsqu'il est pratiqué dans le cadre du mariage, étant un symbole de l'unité profonde et de l'engagement mutuel entre les partenaires. Cette vision met en avant que le sexe n'est pas simplement un acte physique, mais une manifestation de l'amour et de l'engagement réciproques.

La Vision Biblique du Sexe :
Les Écritures encouragent une approche du sexe qui est à la fois respectueuse et joyeuse. Le Cantique des Cantiques, par exemple, utilise des métaphores poétiques pour décrire la beauté et la sensualité du sexe dans le contexte de l'amour romantique. Ce livre célèbre la relation amoureuse avec des descriptions vivantes et passionnées, soulignant que le sexe, lorsqu'il est vécu dans le cadre de l'amour véritable et du mariage, est un don divin destiné à renforcer les liens entre les partenaires.

Respect et Responsabilité :
Dans la vision biblique de l'amour éros, le sexe est également associé à la responsabilité et au respect mutuel. Éphésiens 5:25 nous rappelle que l'amour dans le mariage doit être empreint de sacrifice et de dévouement, et cela inclut une attitude respectueuse et attentive envers les besoins et les désirs de l'autre. Proverbes 5:18-19 met en avant la bénédiction d'une relation fidèle et joyeuse, où le sexe est une expression de l'amour et de l'engagement continus.

AMOUR AGAPE

V - EXEMPLES BIBLIQUES DE L'ÉROS :

Adam et Ève : Leur union dans le jardin d'Éden illustre la première expression de l'amour éros dans un cadre sacré. Genèse 2:24 déclare : « C'est pourquoi l'homme quittera son père et sa mère, et s'attachera à sa femme, et ils deviendront une seule chair. » Cet acte symbolise l'intimité et la passion qui doivent exister dans une relation maritale, créant un lien profond et durable.

Manifestations de l'Éros dans la Vie du Croyant :
Fidélité et Engagement : Dans le mariage, l'éros se manifeste par une fidélité constante et un engagement profond envers son partenaire. Cela implique de s'investir pleinement dans la relation, d'honorer les promesses faites et de rester loyal même lorsque les défis surgissent.

Respect et Communication : Une relation éros saine repose sur le respect mutuel et une communication ouverte. Il est crucial de comprendre les besoins et les désirs de l'autre, d'écouter activement et de traiter chaque partenaire avec dignité et compréhension.

Application Pratique :
Nourrir la Relation : Pour maintenir la passion et l'intimité dans le mariage, il est important de consacrer du temps à l'autre, de renouveler les gestes d'affection, et de chercher des moyens de raviver la flamme de l'amour au fil des années. Cela peut inclure des moments de qualité ensemble, des surprises ou des voyages, et des activités partagées.

Honorer les Engagements : Respecter les engagements pris lors du mariage signifie vivre selon les valeurs chrétiennes de dévotion et de sacrifice. Cela implique de mettre en pratique les principes bibliques d'amour et de dévouement, en veillant à ce que la relation reflète l'engagement profond que Dieu souhaite pour les couples mariés.

Conclusion :
Ainsi, dans le cadre de l'amour éros, le sexe est non seulement une expression naturelle de l'affection et de la passion, mais aussi un acte sacré qui renforce l'union et l'engagement entre les partenaires. Il est intégré dans une vision biblique de l'amour où il est honoré et sanctifié lorsqu'il est pratiqué dans le cadre du mariage, reflétant les idéaux divins de l'amour, du respect, et de la fidélité.

FICHE DE LA LEÇON 3

Titre : L'Amour Romantique (Éros)

Texte d'Or : *Cantique des Cantiques 1:2 : « Qu'il me baise des baisers de sa bouche ! Car ton amour vaut mieux que le vin. »*

Versets d'Appui : Éphésiens 5:25 : « Maris, aimez vos femmes, comme Christ a aimé l'Église et s'est livré lui-même pour elle. »
Proverbes 5:18-19 : « Que ta source soit bénie, et fais face à la femme de ta jeunesse ! Comme une vigne bien entretenue, qu'elle soit un rafraîchissement pour ton cœur. »

Points principaux :

<u>Définition et Caractéristiques de l'Éros</u> : L'amour éros combine attirance physique et connexion émotionnelle profonde. Il est marqué par la passion et le désir d'intimité, et se manifeste pleinement dans le mariage.

<u>Exemples Bibliques de l'Amour Éros</u> : Le Cantique des Cantiques célèbre l'amour romantique et le sexe comme expressions naturelles et légitimes dans le mariage. Éphésiens 5:25 et Proverbes 5:18-19 soulignent que le sexe dans le mariage est un symbole d'unité, de respect et d'engagement mutuel.

<u>L'Amour Éros et le Sexe</u> :
Le Sexe comme Expression de l'Amour Éros : Dans le mariage, le sexe est une manifestation naturelle de l'affection romantique, renforçant les liens entre les partenaires.

<u>La Vision Biblique du Sexe</u> : Les Écritures montrent que le sexe est un don divin destiné à l'unité et au plaisir dans le cadre du mariage, reflétant l'engagement et le respect mutuels.

L'AMOUR FAMILIAL (STORGÉ) :

L'amour familial, ou storgé, représente l'affection instinctive et naturelle qui lie les membres d'une famille. Cet amour est essentiel pour la stabilité émotionnelle et le bien-être des individus, car il crée un environnement de soutien et de sécurité. Dans la Bible, l'amour storgé est valorisé comme un reflet de l'amour divin, favorisant la cohésion et le respect au sein de la famille.

Définition et Caractéristiques de la Storgé :

L'amour storgé se manifeste par une affection innée et sincère entre les membres de la famille. Ce type d'amour est souvent observable dans les relations entre parents et enfants, frères et sœurs, et autres membres de la famille. Il inclut des aspects tels que la protection, le soutien, et le soin mutuel, garantissant que chaque membre de la famille se sente valorisé et pris en charge.

La storgé est également marquée par la patience et la compréhension. Les membres de la famille, en raison de leurs liens naturels, tendent à faire preuve d'une grande tolérance et d'un esprit de pardon envers les erreurs et les faiblesses des autres. Cette patience et cette compréhension aident à résoudre les conflits et à renforcer les relations familiales.

Exemples Bibliques de l'Amour Storgé :

Éphésiens 6:1-4 souligne l'importance de l'amour familial dans la dynamique parent-enfant, en encourageant les enfants à obéir à leurs parents et en exhortant les parents à ne pas irriter leurs enfants. Ce passage montre comment l'amour storgé se traduit par des responsabilités réciproques et un respect mutuel au sein de la famille.
Genèse 7:1 illustre la storgé à travers l'exemple de Noé, qui obéit à Dieu et protège sa famille en suivant les commandements divins. Cette obéissance et cette protection montrent la manière dont l'amour familial se traduit en actions concrètes de soin et de soutien.
Jean 19:25 présente l'amour storgé dans le contexte de la famille de Jésus, qui est présente au pied de la croix. Cet exemple montre l'engagement et la solidarité familiaux même dans les moments les plus difficiles, illustrant la profondeur et la fidélité de l'amour familial.

En Conclusion : L'Amour, une Expérience Fondamentale et Infiniment Riche

L'amour est donc une expérience fondamentale de la vie humaine, un sentiment qui nous lie les uns aux autres et qui nous aide à nous épanouir. Il transcende les différences, il adoucit les épreuves, et il donne du sens à notre existence. Que ce soit dans les relations personnelles, dans l'amitié ou dans l'engagement envers autrui, l'amour est un fil conducteur qui relie l'humanité tout entière. Sa complexité et sa profondeur sont ce qui le rend si unique et si précieux, car aimer et être aimé demeurent parmi les expériences les plus enrichissantes de la vie.

En fin de compte, l'amour ne se limite pas à un sentiment ; il est une véritable force qui nous pousse à devenir meilleurs, à offrir le meilleur de nous-mêmes et à contribuer au bonheur des autres.

Recommandations pour les Études Suivantes :

<u>Méditation Personnelle</u> : Réservez du temps pour méditer sur chacun des types d'amour abordés, et examinez comment ils se manifestent dans votre propre vie.

<u>Discussion en Groupe</u> : Partagez vos réflexions et expériences avec un groupe d'étude biblique ou une communauté chrétienne afin de promouvoir une compréhension collective enrichie.

<u>Application Active</u> : Identifiez et mettez en pratique des actions concrètes pour incarner chaque forme d'amour dans vos relations quotidiennes, en vous efforçant de vivre l'amour divin de manière tangible et significative.

Adoration

I - L'ADORATION : ÉTYMOLOGIE ET SIGNIFICATION HÉBRAÏQUE

1. L'Étymologie Hébraïque

En hébreu, plusieurs mots sont traduits par "adoration" en français, chacun portant une nuance particulière :

שָׁחָה (Shachah) :
Signification : Ce terme est souvent traduit par "se prosterner" ou "se courber". Il exprime un acte physique de soumission et de respect profond.
Verset Biblique : Genèse 24:26 – « Alors le serviteur se prosterna, et il adora l'Éternel. »

עָבַד (Avad) :
Signification : Ce mot signifie "servir" et est lié au concept de servitude. Dans le contexte de l'adoration, il implique une forme de service dévoué à Dieu.
Verset Biblique : Exode 3:12 – « Dieu dit : Je serai avec toi ; et voici pour toi le signe que c'est moi qui t'ai envoyé : quand tu auras fait sortir le peuple de l'Égypte, vous servirez Dieu sur cette montagne. »

פָּלַל (Palal) :
Signification : Ce terme est traduit par "prier" ou "intercéder", et bien qu'il ne soit pas exclusivement associé à l'adoration, il inclut la dimension de communication respectueuse avec Dieu.
Verset Biblique : 1 Samuel 12:23 – « Quant à moi, loin de moi de pécher contre l'Éternel en cessant de prier pour vous. »

2. Les Dimensions de l'Adoration

a) Adoration comme Soumission : L'adoration implique une soumission totale à la volonté de Dieu, manifestée par des gestes de révérence comme se prosterner (Shachah).

b) Adoration comme Service : Elle est également exprimée par le service dévoué à Dieu (Avad), où l'adorateur offre sa vie et ses actions en service à Dieu.

c) Adoration comme Prière : Enfin, l'adoration se manifeste par la prière et l'intercession, où le croyant communique avec Dieu (Palal).

3. Application dans la Vie Chrétienne

L'adoration n'est pas seulement un acte rituel ou une série de gestes externes ; elle doit être un reflet d'une attitude intérieure de dévotion, de respect et de service à Dieu.

II - AVODAH : ADORATION ET SERVICE DANS L'ÉTYMOLOGIE HÉBRAÏQUE

Avodah (הָעֲבוֹדָה) est un terme hébreu qui joue un rôle crucial dans la compréhension de la relation entre l'adoration et le service dans la tradition juive et chrétienne.

1. Étymologie et Signification
Avodah (הָעֲבוֹדָה) :
Signification : Le mot Avodah se traduit généralement par « service » ou « travail ». Dans la tradition hébraïque, il implique un engagement dévoué dans les tâches et les fonctions sacrées, que ce soit dans le contexte du service à Dieu ou du travail dans la vie quotidienne.
Verset Biblique : Exode 23:25 – « Vous servirez l'Éternel, votre Dieu, et il bénira votre pain et votre eau ; il éloignera la maladie du milieu de toi. »
Contexte : Dans le contexte du service au temple, Avodah se réfère aux activités sacrées effectuées par les prêtres et les lévites. C'est le service rituel qui comprend les sacrifices, les prières, et d'autres fonctions cultuelles.

2. Dimensions de l'Avodah
Service à Dieu : Avodah exprime l'idée que le service à Dieu est sacré et revêt une grande importance dans la vie spirituelle. Ce service est perçu comme un acte d'adoration, une manière de témoigner de son dévouement à Dieu.
Travail Quotidien : Avodah est également utilisé pour désigner le travail quotidien ou les tâches ordinaires. Dans ce sens, il souligne que tout travail fait dans une attitude de dévouement peut être considéré comme un service à Dieu.
Adoration en Action : Le concept de Avodah met en lumière que l'adoration n'est pas seulement une activité liturgique mais qu'elle inclut également le travail et le service dans le monde quotidien. Le travail accompli avec une intention pure est une forme d'adoration.

3. Application Pratique
Avodah nous enseigne que notre service quotidien peut être une forme d'adoration si nous le faisons avec un cœur dévoué à Dieu. Il nous rappelle que chaque acte de service, qu'il soit sacré ou profane, peut être un moyen de glorifier Dieu.

III - YAHDAH : ADORATION ET LOUSANGE DANS L'ÉTYMOLOGIE HÉBRAÏQUE

Yahdah (עדִי) est un terme hébreu qui, bien que moins directement associé à l'adoration que Avodah, joue un rôle important dans la compréhension de la relation entre Dieu et l'humanité. Le mot Yahdah est souvent traduit par « connaître » ou « reconnaître » et a des implications profondes dans la spiritualité hébraïque.

1. Étymologie et Signification - Yahdah (עדִי) :
Signification : Le terme Yahdah se traduit principalement par « **connaître** » **ou** « **reconnaître** ». Dans la Bible hébraïque, il exprime un niveau de connaissance profonde et intime, souvent utilisé pour décrire la relation entre Dieu et l'humanité.
Contexte : Le mot Yahdah est utilisé pour indiquer une connaissance experte ou une relation étroite. Par exemple, dans Genèse 4:1, il est écrit : « Adam connut sa femme Ève, et elle conçut. » Cela montre une relation personnelle et intime.

2. Dimensions de Yahdah
Connaissance Intime de Dieu :
Yahdah implique une connaissance profonde et personnelle de Dieu, au-delà d'une simple reconnaissance intellectuelle. C'est une relation basée sur l'expérience et la communion, non seulement sur la compréhension théorique.

Reconnaissance et Louange :
La reconnaissance de Dieu dans le contexte de Yahdah implique aussi la louange. Connaître Dieu véritablement mène à la louange et à l'adoration, car cette connaissance approfondie révèle la grandeur et la bonté de Dieu.

Relation et Communion :
Yahdah souligne l'importance d'une relation vivante avec Dieu. Cette relation est marquée par une communion régulière et une réponse active à la présence divine.

3. Application Pratique
Le concept de Yahdah nous invite à approfondir notre relation avec Dieu et à vivre cette connaissance dans notre adoration et notre louange. Il nous rappelle que la vraie adoration découle d'une relation personnelle et profonde avec Dieu.

Questions de Réflexion et dévotion personnelle
Comment comprenez-vous la différence entre une connaissance intellectuelle de Dieu et une connaissance intime décrite par Yahdah ?

Quels aspects de votre vie spirituelle pourraient bénéficier d'une connaissance plus profonde de Dieu ?

Prière :
Seigneur, nous te remercions pour la profondeur de la connaissance que Tu nous offres à travers Yahdah. Aide-nous à aller au-delà de la simple reconnaissance intellectuelle et à développer une relation intime et personnelle avec Toi. Que cette connaissance approfondie nous pousse à Te louer avec un cœur sincère et à vivre en communion constante avec Toi. Amen.

IV - LES FORMES D'ADORATION DANS LA TRADITION BIBLIQUE

L'adoration, dans le contexte biblique, prend de nombreuses formes, chacune reflétant une facette différente de notre relation avec Dieu. Ces formes sont variées et s'expriment à travers des actes de louange, de révérence, et de dévotion. Voici un aperçu des principales formes d'adoration telles que présentées dans les Écritures :

1. Prière en tant qu'adoration

Prière de Supplication :
Référence Biblique : Philippiens 4:6 – « Ne vous inquiétez de rien ; mais en toutes choses faites connaître vos besoins à Dieu par des prières et des supplications, avec des actions de grâce. » Description : La prière de supplication consiste à présenter nos demandes et besoins à Dieu avec confiance, en cherchant Son aide et Sa guidance.

Prière de Gratitude : Référence Biblique : 1 Thessaloniciens 5:18 – « Rendez grâce en toutes choses, car c'est la volonté de Dieu en Christ Jésus pour vous. » Description : L'expression de reconnaissance envers Dieu pour Ses bénédictions et Sa fidélité.

3. Adoration par l'Obéissance

Vivre Selon les Commandements de Dieu :
Référence Biblique : Jean 14:15 – « Si vous m'aimez, gardez mes commandements. »
Description : L'adoration se manifeste également par l'obéissance aux commandements de Dieu, démontrant ainsi notre amour et notre respect pour Sa volonté.
Service et Engagement :
Référence Biblique : Romains 12:1 – « Je vous exhorte donc, frères, par les compassions de Dieu, à offrir vos corps comme un sacrifice vivant, saint, agréable à Dieu, ce qui sera de votre part un culte raisonnable. »
Description : Le service actif et l'engagement dans les œuvres de charité et de justice en réponse à l'amour de Dieu.

4. La Méditation en tant qu' Adoration

Réflexion sur la Parole de Dieu :
Référence Biblique : Josué 1:8 – « Que ce livre de la loi ne s'éloigne point de ta bouche ; médite-le jour et nuit, afin de veiller à faire tout ce qui est écrit dedans ; car c'est alors que tu réussiras dans tes entreprises, c'est alors que tu prospères. »
Description : La méditation consiste à réfléchir profondément sur les Écritures et à intégrer les enseignements de Dieu dans notre vie quotidienne.
Contemplation Spirituelle :
Référence Biblique : Psaume 119:15 – « Je méditerai sur tes ordonnances, et j'examinerai tes voies. »
Description : La contemplation de la grandeur et de la majesté de Dieu, en laissant la vérité divine pénétrer profondément dans notre esprit et notre cœur.

5. Adoration par le Sacrifice

Sacrifices de Louange :
Référence Biblique : Hébreux 13:15 – « Par lui, offrons sans cesse à Dieu un sacrifice de louange, c'est-à-dire le fruit des lèvres qui confessent son nom. »
Description : Offrir à Dieu des sacrifices spirituels, tels que la louange et la reconnaissance, qui viennent du cœur.
Sacrifice de Soi :

Référence Biblique : Romains 12:1 – « Je vous exhorte donc, frères, par les compassions de Dieu, à offrir vos corps comme un sacrifice vivant, saint, agréable à Dieu. »
Description : Se consacrer entièrement à Dieu en vivant une vie de dévouement et d'amour, en mettant de côté nos propres désirs pour suivre Sa volonté.

2. Adoration par la Louange

Chant et Musique :
Référence Biblique : Psaume 150:3-5 – « Louez-le avec le son de la trompette ; louez-le avec le luth et la harpe ! Louez-le avec les tambourins et danses ; louez-le avec les instruments à cordes et la flûte ! »

Description : L'adoration par la louange implique l'utilisation de la musique et du chant pour exprimer notre admiration et notre gratitude envers Dieu. Cela inclut les hymnes, les cantiques, et les chants de louange qui glorifient Dieu.

Révélation et Proclamation :
Référence Biblique : Hébreux 13:15 – « Par lui, offrons sans cesse à Dieu un sacrifice de louange, c'est-à-dire le fruit des lèvres qui confessent son nom. »
Description : La proclamation de la vérité divine et la révélation de la grandeur de Dieu à travers des paroles de louange et des témoignages.

Voici une liste complète des termes hébreux associés à la louange, avec leurs descriptions, références bibliques, et instructions brèves sur la manière de les pratiquer :

1. הלל (Hallel)
Signification : Louer joyeusement
Référence : Psaumes 113 à 118 (Le Hallel)
Comment faire : Chantez ou exprimez votre louange avec joie, souvent en groupe, en célébrant les œuvres de Dieu.

2. תהילה (Tehillah)
Signification : Chant de louange
Référence : Psaume 22:3 – "Dieu siège au milieu des louanges (Tehillah) d'Israël."

Comment faire :
Chantez des louanges, préparées ou spontanées, exprimant gratitude et adoration envers Dieu.

3. הללויה (Halleluyah)
Signification : Louez Yahweh
Référence : Psaume 150:1 – "Hallelujah! Louez Dieu dans son sanctuaire."
Comment faire : Utilisez "Hallelujah" pour inviter à la louange, reconnaissant la puissance et la bonté de Dieu.

4. שבח (Sabach)
Signification : Proclamer ou exalter
Référence : Psaume 63:4 – "Ainsi je te bénirai toute ma vie, j'élèverai mes mains en ton nom."
Comment faire : Proclamez la louange de Dieu à voix haute et avec enthousiasme, affirmant Sa grandeur.

5. קדוש (Kadosh)
Signification : Saint
Référence : Isaïe 6:3 – "Saint, Saint, Saint est l'Éternel des armées."
Comment faire : Reconnaissez la sainteté de Dieu en priant ou en chantant Sa pureté. Agenouillez-vous ou levez les mains en signe de révérence.

6. אהבה (Ahavah)
Signification : Amour
Référence : Deutéronome 7:9 – "Il garde son alliance et sa bienveillance (Ahavah) jusqu'à mille générations."
Comment faire : Exprimez votre gratitude pour l'amour divin dans vos prières et montrez cet amour à travers des actions bienveillantes.

7. אמונה (Emunah)
Signification : Foi ou fidélité
Référence : Habakuk 2:4 – "Le juste vivra par sa foi (Emunah)."
Comment faire : Renforcez votre foi en Dieu en affirmant Sa fidélité dans vos prières et chants.

ADORATION

8. תקיעה (Tekiah)
Signification : Coup de shofar
Référence : Lévitique 23:24 – "Vous aurez un jour de repos, proclamé au son du shofar."
Comment faire : Faites retentir le shofar lors de moments d'adoration ou de repentance pour annoncer un temps de louange.

9. רננה (Rinah)
Signification : Cri de joie ou chant joyeux
Référence : Psaume 98:4 – "Poussez vers l'Éternel un cri de joie (Rinah), vous tous les habitants de la terre."
Comment faire : Exprimez la joie et la gratitude à travers des chants enthousiastes et des cris de réjouissance.

10. ברך (Barak)
Signification : Bénir ou adorer
Référence : Psaume 103:1 – "Bénis (Barak) l'Éternel, mon âme !"
Comment faire : Bénissez Dieu dans vos prières, en reconnaissant Sa grandeur et en Lui montrant votre respect et votre admiration.

11. מזמור (Mizmor)
Signification : Psaume ou chant
Référence : Psaume 92:1 – "Il est bon de louer (Mizmor) l'Éternel."
Comment faire : Chantez ou lisez les psaumes, qui sont des expressions poétiques de louange et d'adoration.

12. תשובה (Teshuvah)
Signification : Repentance ou retour
Référence : Joël 2:12 – "Même maintenant, dit l'Éternel, revenez (Teshuvah) à moi de tout votre cœur."
Comment faire : Intégrez la repentance dans vos moments de louange, en demandant pardon et en revenant à Dieu avec un cœur sincère.

Ces termes illustrent différentes façons d'exprimer la louange et l'adoration envers Dieu, chacune avec sa propre nuance et profondeur. Utilisez-les pour enrichir vos pratiques spirituelles et votre vie de foi.

13. שיר (Shir)
Signification : Chant
Référence : Psaume 98:1 – "Chantez au Seigneur un cantique nouveau (Shir)."

ADORATION

Comment faire : Chantez des hymnes ou des cantiques à Dieu, en exprimant votre louange à travers des mélodies et des paroles de joie.

14. יָשָׁר (Yashar)
Signification : Juste, droit, ou vrai
Référence : Psaume 37:37 – "Observe l'homme intègre (Yashar), et vois le juste."
Comment faire : Adorez Dieu en vous alignant avec Sa justice et en cherchant à vivre selon Ses commandements.

15. זמר (Zamar)
Signification : Louer par le chant ou la musique
Référence : Psaume 92:1 – "Il est bon de louer (Zamar) l'Éternel."
Comment faire : Utilisez des instruments de musique ou chantez des louanges pour exprimer votre adoration envers Dieu. La musique est un moyen puissant pour la louange.

16. יָדָה (Yadah)
Signification : Remercier ou louer avec les mains élevées
Référence : Psaume 138:1 – "Je te louerai (Yadah) de tout mon cœur."
Comment faire : Levez vos mains en signe de reconnaissance et de louange. Vous pouvez également exprimer votre gratitude par des paroles de louange.

17. שָׁלוֹם (Shalom)
Signification : Paix
Référence : Psaume 29:11 – "L'Éternel donnera la force à son peuple ; l'Éternel bénira son peuple de paix (Shalom)."
Comment faire : Recherchez et exprimez la paix intérieure en vous engageant dans la louange et la prière, en permettant à la paix de Dieu de régner dans votre cœur.

18. הואדהא (Hoda'ah)
Signification : Gratitude ou reconnaissance
Référence : Psaume 50:14 – "Offre à Dieu des actions de grâces (Hoda'ah).
Comment faire : Exprimez votre gratitude à Dieu à travers des prières de reconnaissance et des actions de grâce pour Ses bénédictions.

ADORATION

19. כָּבוֹד (Kavod)
Signification : Gloire ou honneur
Référence : Psaume 29:1 – "Rendez à l'Éternel, fils de Dieu, rendez à l'Éternel gloire (Kavod) et honneur."
Comment faire : Exprimez la gloire de Dieu dans vos prières et chants en Lui attribuant l'honneur qui Lui est dû.

20. עֹשֶׁר (Osher)
Signification : Bonheur ou richesse
Référence : Psaume 144:15 – "Heureux le peuple auquel il en est ainsi ! Heureux le peuple dont l'Éternel est le Dieu !"
Comment faire : Célébrez la bénédiction et le bonheur que Dieu apporte dans votre vie, et exprimez cela à travers des louanges joyeuses.

21. נַעֲלֶה (Na'aleh)
Signification : Élever ou monter
Référence : Psaume 24:7 – "Portes, élevez vos linteaux ; élevez-vous, portes éternelles !"
Comment faire : Élevez vos pensées et votre cœur en louant Dieu, en élevant des prières et en cherchant à approcher de Lui.

22. תְּרוּעָה (Teru'ah)
Signification : Cri de guerre ou d'acclamation
Référence : Psaume 47:5 – "Dieu monte parmi les cris de joie (Teru'ah)."
Comment faire : Utilisez des cris ou des acclamations de joie pour louer Dieu, en exprimant votre enthousiasme et votre adoration avec des voix élevées.

ADORATION

Questions de Réflexion et Dévotion Personnelle

Quelle forme d'adoration trouvez-vous la plus significative dans votre vie spirituelle actuelle ? Pourquoi ?

Comment pouvez-vous intégrer davantage ces différentes formes d'adoration dans votre routine quotidienne ?

En quoi les différentes formes d'adoration peuvent-elles enrichir votre relation avec Dieu ?

Comment l'adoration collective diffère-t-elle de l'adoration individuelle dans votre vie spirituelle ?

Quel rôle la méditation ou la réflexion joue-t-elle dans votre pratique de l'adoration ?

Comment les défis ou les difficultés personnelles influencent-ils votre manière d'adorer ?

En quoi l'étude des Écritures peut-elle approfondir votre expérience de l'adoration ?

1. Quelle forme d'adoration trouvez-vous la plus significative dans votre vie spirituelle actuelle ? Pourquoi ?
Réponse : Le chant de louange est le plus significatif pour moi. Il me permet d'exprimer ma joie et de me connecter profondément avec Dieu.

2. Comment pouvez-vous intégrer davantage ces différentes formes d'adoration dans votre routine quotidienne ?
Réponse : Je peux planifier des moments pour la prière et la méditation, écouter de la musique de louange pendant la journée, et participer à des groupes de prière.

3. En quoi les différentes formes d'adoration peuvent-elles enrichir votre relation avec Dieu ?
Réponse : Elles offrent des moyens divers d'exprimer ma foi, augmentent ma conscience des bénédictions et alignent mes actions avec les valeurs divines.

FICHE DE LA LEÇON #1

Titre: L'Adoration, un Ordre Divin

Texte d'Or : *Exode 20:3-5 : « Tu n'auras pas d'autres dieux devant moi. Tu ne te feras pas d'image taillée... car je suis un Dieu jaloux. »*
Versets d'Appui :

Matthieu 4:10 __ Psaume 29:2 :
1 Chroniques 16:29 : « Rendez à l'Éternel la gloire de son nom, apportez des offrandes et venez devant lui ! Prosternez-vous devant l'Éternel avec des ornements saints. »

Points de Discussion

1- L'Ordre de Dieu :
L'adoration est un commandement divin qui nous appelle à mettre Dieu au centre de notre vie, sans équivoque.

2 - Définition de l'Adoration :
L'adoration se définit comme un acte de respect et de révérence envers Dieu, impliquant une reconnaissance de Sa grandeur, de Sa majesté et de Sa sainteté.

Questions
Pourquoi est-il important de considérer l'adoration comme un ordre divin plutôt que comme une option ?
Comment la définition de l'adoration en tant que respect, révérence et reconnaissance de la majesté de Dieu influence-t-elle notre manière d'adorer ?

Prière
« Seigneur, aide-nous à comprendre l'importance de l'adoration dans notre relation avec Toi. Que nous puissions toujours Te mettre au premier plan de nos vies et obéir à Ton ordre d'adoration. Au nom de Jésus, Amen. »

V - L'ADORATION COMME RÉPONSE À LA GRÂCE ET À L'AMOUR DE DIEU

L'adoration est profondément enracinée dans la reconnaissance de la grâce et de l'amour de Dieu envers l'humanité. Elle est une réponse naturelle et spontanée à l'expérience de la bonté divine et à l'offre du salut. Voici une exploration de l'adoration comme réponse à la grâce et à l'amour de Dieu, ainsi que des fiches pour chaque aspect.

1. Adoration en Réponse à la Grâce de Dieu

La Grâce Infinie de Dieu :
Référence Biblique : Éphésiens 2:8-9 – « Car c'est par la grâce que vous êtes sauvés, par le moyen de la foi. Et cela ne vient pas de vous ; c'est le don de Dieu. Ce n'est point par les œuvres, afin que personne ne se glorifie. »
Description : La grâce de Dieu est le don immérité de Son amour et de Son salut. L'adoration est une réponse à cette grâce, un acte de reconnaissance pour ce que Dieu a fait pour nous, au-delà de ce que nous méritons.

Réponse d'Adoration à la Grâce :
Référence Biblique : Tite 2:11-12 – « Car la grâce de Dieu, source de salut pour tous les hommes, a été manifestée. Elle nous enseigne à renoncer à l'impiété et aux convoitises mondaines, et à vivre dans le siècle présent d'une manière sobre, juste et pieuse. »
Description : L'adoration est une manière de vivre en réponse à la grâce de Dieu, en cherchant à refléter Sa bonté à travers nos actions et notre comportement quotidien.

2. Adoration en Réponse à l'Amour de Dieu

L'adoration est la réponse naturelle à la reconnaissance de la grâce et de l'amour de Dieu. En comprenant la profondeur de la grâce divine et la richesse de Son amour, nous sommes appelés à adorer Dieu avec tout notre être, en Lui rendant grâce et en vivant selon Ses commandements.

L'Amour Inconditionnel de Dieu :
Référence Biblique : 1 Jean 4:10 – « Voici en quoi consiste l'amour : non que nous ayons aimé Dieu, mais qu'il nous a aimés le premier, et qu'il a envoyé son Fils comme propitiation pour nos péchés. »

ADORATION

FICHE DE LA LEÇON #2

Titre: L'Adoration ; Réponse à la Grâce et à l'Amour de Dieu

Texte d'Or : *Psaume 95:6-7 : « Venez, prosternons-nous et adorons, fléchissons le genou devant l'Éternel, notre Créateur ! Car c'est lui qui est notre Dieu, et nous sommes le peuple de son pâturage, le troupeau sous sa conduite. »*

Versets d'Appui : Éphésiens 2:8-9 : « Car c'est par la grâce que vous êtes sauvés, par le moyen de la foi. Et cela ne vient pas de vous ; c'est le don de Dieu. » Tite 2:11-12__1 Jean 4:10__Jean 14:15__Rom-ains 12:1__Hébreux 13:15

Points de Discussion

1- La Raison de l'Adoration :
L'adoration est une réponse naturelle à la reconnaissance de la grâce et de l'amour de Dieu. Elle découle de notre compréhension de Sa bonté et de Son salut.

2- Les Conditions de l'Adoration :
L'adoration authentique nécessite un cœur humble et repentant, capable de reconnaître la grandeur de Dieu.

Questions
Comment la compréhension de la grâce de Dieu influence-t-elle votre manière d'adorer ?
Quelles conditions trouvez-vous essentielles pour une adoration authentique dans votre vie quotidienne ?

Prière:
« Seigneur, nous Te remercions pour Ta grâce et Ton amour incommensurables. Aide-nous à répondre à Ta bonté par notre adoration authentique. Au nom de Jésus, Amen. »

VI - LE RÔLE DE LA MUSIQUE ET L'HARMONIE DANS NOTRE ADORATION

La musique joue un rôle central dans l'adoration chrétienne. Elle est un moyen puissant pour exprimer la louange, renforcer les messages spirituels, et créer une atmosphère propice à la rencontre avec Dieu. En explorant le rôle de la musique dans l'adoration, nous comprenons comment elle enrichit notre expérience spirituelle et nous aide à nous connecter plus profondément avec notre Créateur.

Points principaux :

La Musique et la Méditation
La musique peut également servir de fond pour la méditation et la prière. Elle aide à calmer nos esprits, à nous concentrer sur la présence de Dieu et à accueillir Son Esprit. En créant un environnement paisible, la musique favorise une connexion plus profonde avec le divin.

1. La Musique comme Expression de Louange
La musique permet d'exprimer notre adoration de manière créative. Elle nous aide à chanter des louanges, à partager des témoignages et à célébrer la bonté de Dieu. À travers les chants, nous pouvons glorifier Dieu et renforcer notre communion avec Lui.

2. L'Harmonie dans l'Adoration
L'harmonie, qu'elle soit vocale ou instrumentale, doit être véritablement harmonieuse, c'est-à-dire en accord. Par exemple, si les trompettes produisent un son confus, cela perturbera l'expérience d'adoration. Une harmonie bien orchestrée crée une atmosphère propice à l'adoration, unissant les croyants dans un même esprit et favorisant une expérience collective. La beauté de l'harmonie nous rappelle la grandeur de Dieu et nous invite à chanter ensemble avec sincérité.

3. Exprimer la Louange et la Gratitude :
Référence Biblique : Psaume 100:1-2 – « Poussez vers l'Éternel des cris de joie, Vous tous, habitants de la terre ! Servez l'Éternel avec joie ; Venez avec des chants de joie ! »

Description : La musique est un moyen d'exprimer notre louange et notre gratitude envers Dieu. Les chants et les mélodies reflètent notre adoration et nous permettent de célébrer Sa grandeur et Sa bonté.

4. <u>Enseigner et Avertir par la Musique</u> :
Référence Biblique : Éphésiens 5:19 – « Entretenez-vous par des psaumes, des hymnes et des cantiques spirituels, chantant et célébrant de tout votre cœur les louanges du Seigneur. »

Description : La musique a le pouvoir d'enseigner des vérités spirituelles et de renforcer la doctrine chrétienne. Les hymnes et les cantiques contiennent des enseignements bibliques et peuvent aider à rappeler et à méditer les principes de la foi chrétienne.

<u>Créer une Atmosphère Spirituelle</u> :
Référence Biblique : 1 Samuel 16:23 – « Dès que l'esprit mauvais envoyé par Dieu était sur Saül, David prenait la harpe et en jouait. Alors Saül éprouvait du soulagement et était bien ; l'esprit mauvais s'éloignait de lui. »
Description : La musique peut créer une atmosphère propice à l'adoration et à la prière. Elle aide à préparer les cœurs à recevoir la parole de Dieu et favorise une atmosphère de paix et de concentration spirituelle.

Conclusion
En somme, la musique et l'harmonie sont des éléments indispensables de notre adoration. Elles enrichissent notre expérience spirituelle, nous permettant de célébrer notre foi et de nous rapprocher de Dieu d'une manière unique et profonde. Avec respect et révérence, notre adoration doit refléter la majesté de Dieu. Il est impératif de s'efforcer de donner le meilleur de nous-mêmes dans nos ministères, car cela rend notre adoration encore plus significative et touchante, et surtout, acceptable à Dieu. Rappelons-nous l'offrande de Caïn, qui nous enseigne l'importance de présenter à Dieu ce qui est de qualité et en accord avec Sa volonté.

Il est facile d'être satisfait de nous-mêmes sans se poser la question de savoir si nous avons atteint les standards divins dans notre adoration. Une réflexion constante sur l'effort à placer est essentielle pour garantir que notre adoration honore réellement Dieu.

ADORATION

FICHE DE LA LEÇON #3

Titre: La Beauté et l'Harmonie dans l'Adoration

Texte d'Or : Psaume 96:6 - « *L'éclat et la magnificence sont devant lui, la force et la beauté sont dans son sanctuaire.* »

Versets d'Appui : Exode 28:2 : « Tu feras des vêtements saints pour Aaron, ton frère, pour sa gloire et pour sa beauté. »
1 Pierre 2:9 : ___

Points de Discussion :

1- La Beauté dans l'Adoration :
La beauté est essentielle pour refléter la magnificence de Dieu. L'adoration doit être faite avec soin, exprimant notre respect envers Sa grandeur.
Réflexion : Comment la beauté dans nos pratiques d'adoration peut-elle influencer notre expérience spirituelle et celle des autres ?

2- L'Harmonie dans l'Adoration :
L'harmonie crée un environnement d'unité dans le culte,
où chaque élément (musique, chants, prières) s'accorde pour glorifier Dieu.
Exemple Pratique : Un orchestre doit jouer en harmonie pour que la musique soit agréable. De même, nos vies doivent s'harmoniser avec la volonté de Dieu.

3- L'Effort à Placer :
Chaque participant, qu'il soit musicien, chantre ou leader, doit aspirer à donner le meilleur de lui-même, évitant la médiocrité.
Référence Biblique : Colossiens 3:23 nous rappelle de faire tout de tout notre cœur pour le Seigneur.

Conclusion : La beauté et l'harmonie enrichissent notre adoration, nous permettant de célébrer notre foi de manière significative et respectueuse. En nous efforçant de donner le meilleur de nous-mêmes, nous honorons la majesté de Dieu et rendons notre adoration encore plus touchante et acceptable à Ses yeux.

X - CONTRASTES ENTRE PÉCHÉS ET ADORATION

1- Péché de l'Orgueil vs. Adoration d'Humilité

<u>Orgueil</u> : L'orgueil est la conviction de supériorité et l'autosuffisance qui éloigne l'individu de la dépendance à Dieu, comme illustré dans Ésaïe 14:13-14. Ce péché est souvent associé à une attitude de supériorité qui mène à la chute, conformément à Proverbes 16:18. Jacques 4:6 nous rappelle que Dieu résiste aux orgueilleux mais donne sa grâce aux humbles.

<u>Adoration d'Humilité</u> : À l'inverse, l'adoration d'humilité reconnaît la grandeur de Dieu et la petitesse de soi-même, se manifestant par un cœur contrit et un esprit de service, comme enseigné dans Philippiens 2:3. Une attitude d'humilité favorise des relations harmonieuses et une adoration authentique, contrastant fortement avec l'orgueil. L'humilité est valorisée par Dieu et conduit à une élévation spirituelle, comme le promet Matthieu 23:12.

Pensée finale de l'Auteur

L'adoration dépasse les simples chants et prières. C'est une manière de vivre, une posture du cœur qui reconnaît la grandeur, la majesté et la sainteté de Dieu dans tous les aspects de notre existence. L'adoration intégrée transforme chaque jour en une offrande vivante, nous rappelant que nos actions, pensées et paroles peuvent honorer le Créateur de façon constante et authentique.

Je vous invite à découvrir davantage sur ce sujet dans mon livre "Avodah", où vous serez plongé dans la signification éblouissante, captivante et profonde de l'adoration. Vous y découvrirez ce qu'elle signifiait au commencement, ce qu'elle représente dans notre monde aujourd'hui, et son importance dans l'éternité. À travers ces pages, vous comprendrez comment l'adoration peut toucher toutes les dimensions de la vie, enrichissant notre relation avec Dieu et révélant sa grandeur infinie.

FICHE DE LA LEÇON #4

Titre : Vivre une Vie d'Adoration

Texte d'Or : *Romains 12:1 – « Je vous exhorte donc, frères, par les compassions de Dieu, à offrir vos corps comme un sacrifice vivant, saint, agréable à Dieu : ce sera là un culte raisonnable. »*

Points de discussion :

1. Une Vie d'Adoration : Un Engagement Quotidien
Verset d'Appui : Colossiens 3:23 – « Tout ce que vous faites, faites-le de bon cœur, comme pour le Seigneur et non pour des hommes. »

2. L'Adoration comme Mode de Vie
Verset d'Appui : 1 Corinthiens 10:31 – « Soit que vous mangiez, soit que vous buviez, soit que vous fassiez quoi que ce soit, faites tout pour la gloire de Dieu. »

Questions :
Comment pouvez-vous intégrer l'adoration dans vos activités quotidiennes ?
De quelle manière une attitude d'adoration influence-t-elle vos relations et interactions avec les autres ?

Prière : Seigneur Tout-Puissant, aide-nous à vivre une vie d'adoration en mettant Toi au centre de tout ce que nous faisons. Transforme chaque aspect de notre vie en un acte de louange et de reconnaissance. Que notre engagement sincère et notre mode de vie témoignent de Ta gloire et de Ta présence. Amen.

Application :
Réfléchissez à des moyens spécifiques pour inclure l'adoration dans vos activités quotidiennes, qu'il s'agisse de votre travail, de vos relations ou de vos loisirs. Engagez-vous à faire de chaque action un acte de louange, en cherchant à glorifier Dieu dans tout ce que vous entreprenez, conformément au principe de l'Avodah

La Prière

Poème

Philippiens 4:6-7 :
« Ne vous inquiétez de rien ; mais en toute chose, par la prière et la supplication avec des actions de grâce, faites connaître vos demandes à Dieu. Et la paix de Dieu, qui surpasse toute intelligence, gardera vos cœurs et vos pensées en Jésus-Christ. »

Un Pont vers l'Éternel

Dans le silence de l'aube naissante,
Quand le monde s'éveille doucement,
La prière s'élève comme une douce offrande,
Un pont sacré vers l'Éternel, éblouissant.

Elle est le murmure d'un cœur sincère,
Dans le tumulte des jours agités,
Un fil d'or tissé à travers l'univers,
Reliant l'âme à la divinité.

La prière est la clé des mystères,
Un dialogue entre le ciel et la terre,
Elle illumine les chemins obscurs,
Et calme les vagues des tempêtes impures.

À chaque requête, à chaque louange,
L'esprit s'élève, loin des ombres,
Et trouve en Dieu une force étrange,
Un refuge dans les heures sombres.

O prière, douce et précieuse amie,
À travers toi, nous trouvons la voie,
Nous tissons un lien infini,
Avec Celui qui entend chaque voix.

Job Francois__

Introduction à la Prière

La prière, dans la foi chrétienne, est une pratique riche et variée, et chaque type de prière répond à des besoins spirituels et personnels différents. Chacune de ces formes a son importance et son rôle spécifique dans la vie d'un croyant. Voici une vue d'ensemble des différents types de prières, abordées indépendamment pour mieux comprendre leur fonction unique.

1. Introduction à la Prière de Confession

La prière de confession est un moment de sincérité où nous reconnaissons nos péchés devant Dieu et demandons Son pardon. C'est une démarche essentielle pour maintenir une relation pure et honnête avec Dieu. Par la confession, nous cherchons la purification et la réconciliation, en nous engageant à changer nos comportements et à suivre les voies divines.

Verset clé : 1 Jean 1:9 - "Si nous confessons nos péchés, il est fidèle et juste pour nous les pardonner et pour nous purifier de toute iniquité."

Prière de Confession :
Description : La prière de confession consiste à admettre ses péchés devant Dieu, en demandant Son pardon et Sa purification. C'est une prière de repentir et de recherche de la miséricorde divine
Exemple : Psaume 51 est un exemple classique de prière de confession.

2. Introduction à la Prière de Supplication

Les prières de supplication sont des requêtes adressées à Dieu pour obtenir Son aide dans des situations spécifiques. Elles incluent des demandes pour des besoins personnels, familiaux, ou communautaires. Par cette forme de prière, nous exprimons notre dépendance à Dieu et notre confiance en Sa capacité à intervenir dans nos vies.

Verset clé : Philippiens 4:6 - "Ne vous inquiétez de rien; mais en toute chose faites connaître vos besoins à Dieu par des prières et des supplications avec des actions de grâces."
Prière de Supplication :
Description : Aussi appelée prière de demande, c'est une prière où l'on présente des requêtes spécifiques à Dieu, qu'il s'agisse de besoins personnels ou des besoins d'autrui.__ Exemple : Prière de Jésus dans le Jardin de Gethsémané (Matthieu 26:39).

3. Introduction à la Prière de Gratitude

La prière de gratitude est une expression de reconnaissance envers Dieu pour Ses bénédictions et Sa bienveillance. En pratiquant la gratitude, nous reconnaissons les bienfaits divins et cultivons une attitude de reconnaissance constante. Cette forme de prière renforce notre relation avec Dieu en nous rappelant les multiples façons dont Il intervient dans notre vie.

Verset clé : Colossiens 3:16-17 - "Que la parole de Christ habite parmi vous avec une grande richesse; instruisez-vous et exhortez-vous les uns les autres en toute sagesse; chantez à Dieu dans vos cœurs, sous l'inspiration de la grâce."

Prière de Gratitude :
Description : Cette prière exprime la gratitude envers Dieu pour Ses bénédictions, Ses interventions et Sa bonté. C'est une reconnaissance de Sa générosité.
Exemple : La prière de remerciement de Jésus pour les pains et les poissons (Jean 6:11).

4. Introduction à la Prière de Consécration

La prière de consécration est un acte de dévouement complet à Dieu, où nous Lui offrons notre vie, nos talents, et nos projets. En nous consacrant à Dieu, nous affirmons notre désir de vivre selon Sa volonté et de suivre Ses chemins. Cette prière est un engagement profond et une déclaration de notre désir de servir Dieu avec tout ce que nous sommes.

Verset clé : Romains 12:1 - "Je vous exhorte donc, frères, par les compassions de Dieu, à offrir vos corps comme un sacrifice vivant, saint, agréable à Dieu; ce qui sera de votre part un culte raisonnable."

Prière de Consécration :
Description : C'est une prière dans laquelle on se consacre à Dieu, Lui offrant sa vie, son service, et ses projets, cherchant à accomplir Sa volonté.
Exemple : Prière de Jésus « Que Ta volonté soit faite » (Luc 22:42).

5. Introduction à la Prière d'Adoration

La prière d'adoration est un acte de louange pure, où l'on célèbre la grandeur et la majesté de Dieu. Elle se concentre entièrement sur la reconnais sance de l'excellence divine, sans se limiter aux demandes personnelles ou aux besoins. Cette forme de prière est essentielle pour approfondir notre relation avec Dieu, car elle nous aide à mettre de côté nos préoccupations et à nous concentrer uniquement sur l'immensité de Sa présence.

Verset clé : Psaume 95:6 - "Venez, prosternons-nous, adorons, fléchissons le genou devant l'Éternel, notre Créateur!"

Prière d'Adoration :
Description : Ce type de prière se concentre sur l'adoration de Dieu pour qui Il est, Sa grandeur, Sa sainteté, et Sa gloire. C'est une prière qui célèbre les attributs de Dieu.

Exemple : Les Psaumes contiennent de nombreuses prières de louange, telles que Psaume 150.

6. Introduction à la Prière d'Intercession

La prière d'intercession est un acte de sollicitude où nous demandons à Dieu d'intervenir en faveur des autres. Cette forme de prière est un moyen puissant de montrer de l'amour et de la compassion envers les personnes qui ont besoin de l'aide divine. En intercédant, nous nous engageons à prier pour les besoins et les difficultés des autres, cherchant à apporter soutien et réconfort par le biais de notre intercession.

Verset clé : 1 Timothée 2:1 - "Je recommande avant toutes choses de faire des supplications, des prières, des intercessions, des actions de grâces pour tous les hommes."

Description : C'est une prière où l'on intercède pour les autres, demandant à Dieu d'agir dans leur vie, de les protéger, de les guérir, ou de les guider.
Exemple : La prière de Moïse pour le peuple d'Israël (Exode 32:11-14).

7. Introduction à la Prière de Délivrance
La prière de délivrance est une demande fervente adressée à Dieu pour obtenir une libération des situations difficiles, des tentations ou des influences spirituelles néfastes.
Ce type de prière reconnaît que certaines situations ou épreuves peuvent être au-delà de nos capacités humaines, et cherche l'intervention divine pour apporter une délivrance et une protection.
Verset clé : Psaume 34:7 - "L'ange de l'Éternel campe autour de ceux qui le craignent, et il les délivre."

Description : La prière de délivrance se concentre sur la demande de secours face à des défis importants, qu'ils soient physiques, émotionnels, ou spirituels. Elle est souvent utilisée pour chercher la protection contre les forces adverses, la libération d'addictions, ou la guérison de l'âme et du corps. En invoquant Dieu pour obtenir délivrance, nous affirmons notre confiance en Sa puissance et en Sa capacité à nous protéger et à nous libérer.

Questions et Réponses

Pourquoi est-il important de pratiquer différents types de prières dans notre vie spirituelle ?
Réponse attendue : Pratiquer différents types de prières (louange, confession, supplication, intercession) enrichit notre relation avec Dieu et répond à divers besoins spirituels. Chaque type de prière nous aide à exprimer nos émotions et nos intentions de manière appropriée.

Comment pouvons-nous incorporer la prière de louange et d'adoration dans notre routine quotidienne ?
Réponse attendue : Nous pouvons le faire en réservant un temps spécifique chaque jour pour prier, en chantant des hymnes, en lisant des psaumes ou en tenant un journal de gratitude pour rendre grâce à Dieu dans notre quotidien.

Quelles sont les situations spécifiques où vous avez senti le besoin de faire une prière de confession ou de supplication ?
Réponse attendue : Les participants peuvent partager des moments de lutte personnelle, de péché, ou des situations difficiles où ils ont cherché la guérison ou le soutien, illustrant ainsi leur expérience personnelle avec la prière.

Quel rôle la prière joue-t-elle dans le discernement de la volonté de Dieu dans notre vie ?
Réponse attendue : La prière nous aide à clarifier nos pensées, à chercher la sagesse divine et à trouver la paix intérieure concernant nos choix et décisions, favorisant ainsi un alignement avec la volonté de Dieu.

Comment la prière collective renforce-t-elle notre communauté de foi ?
Réponse attendue : La prière collective crée un sentiment d'unité et de solidarité parmi les membres de la communauté, favorise le soutien mutuel et aide à partager des expériences de foi, renforçant ainsi les liens spirituels.

La Prière

Quelles promesses de la Bible vous encouragent à persévérer dans la prière ?
Réponse attendue : Les participants peuvent citer des versets tels que Philippiens 4:6-7 ou 1 Thessaloniciens 5:16-18, soulignant que ces promesses nous rappellent que Dieu écoute nos prières et nous encourage à prier en toutes circonstances.

Prière :
« Seigneur, nous Te louons pour Ta grandeur et Ta bonté infinie. Nous confessons nos péchés devant Toi et demandons Ta miséricorde et Ton pardon. Écoute nos supplications, Seigneur, et accorde-nous selon Ta volonté. Nous intercédons pour nos frères et sœurs, demandant Ta grâce et Ta protection sur eux. Nous Te remercions pour toutes Tes bénédictions dans nos vies, et nous nous consacrons à Toi, cherchant à accomplir Ta volonté. Délivre-nous du mal, Seigneur, et guide-nous sur le chemin de la justice. Au nom de Jésus, Amen. »

Versets d'Appui :
1 Timothée 2:1 - "J'exhorte donc, avant toutes choses, à faire des prières, des supplications, des requêtes, des actions de grâces, pour tous les hommes."
Éphésiens 6:18 - "Faites en tout temps par l'Esprit toutes sortes de prières et de supplications. Veillez à cela avec une entière persévérance, et priez pour tous les saints."

Modèles parfaits de prière

1- Introduction à la Prière de Jabez

La prière de Jabez, rapportée dans 1 Chroniques 4:10, est un exemple puissant de supplication fervente et de foi profonde. Jabez invoqua le Dieu d'Israël avec une demande qui englobe plusieurs aspects de la bénédiction divine : l'élargissement de ses limites, la présence de la main de Dieu, et la préservation du malheur. Sa prière est remarquable non seulement pour son contenu mais aussi pour la réponse divine qui s'en est suivie. Dieu exauça la demande de Jabez, démontrant ainsi la puissance et la bienveillance de Sa réponse aux prières sincères et pleines de foi.

<u>Versets d'Appui</u> :
Matthieu 7:7 : « Demandez, et il vous sera donné ; cherchez, et vous trouverez ; frappez, et il vous sera ouvert. »
Éphésiens 3:20 : « Or, à celui qui peut faire infiniment au-delà de tout ce que nous demandons ou pensons, selon la puissance qui agit en nous. »
Jacques 4:2 : « Vous n'avez pas, parce que vous ne demandez pas. »

Points de Discussion :
1- <u>L'Attitude de Foi de Jabez</u>
Jabez montre une attitude de foi remarquable dans sa prière. Il adresse sa demande à Dieu avec une grande sincérité et une confiance profonde, reconnaissant Sa souveraineté et Sa capacité à agir dans sa vie. Jabez ne se contente pas de formuler une requête ; il exprime également un désir profond d'être sous la guidance divine et d'être protégé contre les difficultés.

2- <u>La Demande de Bénédiction</u> :
Description : Jabez commence sa prière en demandant la bénédiction de Dieu, reconnaissant que toute véritable bénédiction vient de Lui.
Implication : Cette demande souligne l'importance de chercher la faveur divine dans tous les aspects de la vie.

3- <u>L'Élargissement du Territoire</u> :
Description : Jabez demande à Dieu d'élargir son territoire, ce qui peut être interprété comme un désir d'augmentation de ses opportunités et responsabilités.
Implication : Cette demande montre un désir d'expansion et de croissance dans la vie, tout en reconnaissant la dépendance à Dieu pour cette expansion.

4- La Protection Divine :
Description : Jabez demande à Dieu que Sa main soit avec lui pour le protéger du malheur et de la douleur.
Implication : Cette partie de la prière exprime le besoin de la protection divine face aux défis et aux dangers, assurant que nous ne soyons pas accablés par les difficultés.

FICHE DE LA LEÇON 1
Titre : La Prière de Jabez
Texte d'Or: 1 Chroniques 4:10 : « Jabez invoqua le Dieu d'Israël.

Points de discussion
1 - Jabez Prie avec la Foi
2 - Les Requêtes de Jabez
a) La Demande de Bénédiction
b) L'Élargissement du Territoire
c) La Protection Divine

Questions :
Pourquoi est-il important de demander des bénédictions dans notre vie ?
De quelle manière possible-nous intégrer la demande de protection divine dans nos prières quotidiennes
Quels exemples modernes de prière comme celle de Jabez pouvez-vous partager ?
Que signifie, selon vous, élargir son territoire dans le contexte de votre vie personnelle ou spirituelle ?
Que révèle la demande de bénédiction de Jabez sur notre attitude envers les bénédictions divines dans notre propre vie ?
Comment pouvons-nous appliquer la demande d'élargissement du territoire de Jabez dans notre vie quotidienne et notre ministère ?
Quelle est l'importance de demander la protection divine et comment cela peut-il influencer notre vision des défis et des difficultés ?

Prière :
« Seigneur, comme Jabez, nous venons avec un cœur ouvert, demandant Ta bénédiction. Élargis notre territoire et accorde-nous les opportunités de croître et de servir selon Ta volonté. Protège-nous du malheur et guide-nous à travers les défis. Nous avons confiance en Ta capacité à faire au-delà de ce que nous demandons. Merci pour Ta fidélité. Au nom de Jésus, Amen. »

LA PRIÈRE DE DANIEL

Introduction à la Prière de Daniel
La prière de Daniel est autre un exemple puissant de dévotion et de foi dans des circonstances difficiles. Daniel, connu pour sa sagesse et son intégrité, se tourne vers Dieu avec une prière fervente en période de crise. Dans le livre de Daniel, en particulier dans Daniel 9:3-19, nous voyons Daniel confesser les péchés de son peuple, demander la miséricorde divine, et implorer la réalisation des promesses faites par Dieu.

Cette prière révèle non seulement le repentir et la supplication, mais aussi une profonde confiance en la fidélité de Dieu et en Ses promesses.
La prière de Daniel est un modèle de persévérance et de foi, montrant comment la prière peut être un instrument puissant pour chercher la grâce et la guidance divine.

Versets d'Appui : Néhémie 1:5-6 : « Seigneur, Dieu des cieux, Dieu grand et redoutable, qui gardes ton alliance et ta miséricorde envers ceux qui t'aiment et qui observent tes commandements ! Que ton oreille soit attentive et tes yeux ouverts pour écouter la prière de ton serviteur... »
Psaume 51:1-2 : « Ô Dieu, aie pitié de moi selon ta bienveillance ; selon ta grande miséricorde, efface mes transgressions. Lave-moi complètement de mon iniquité, et purifie-moi de mon péché. »
1 Jean 1:9 : « Si nous confessons nos péchés, il est fidèle et juste pour nous les pardonner, et pour nous purifier de toute iniquité. »

Points de Discussion :
L'Humilité de Daniel
Confession des Péchés :
<u>Description</u> : Dans sa prière, Daniel confesse les péchés de lui-même et de son peuple, reconnaissant la justice de Dieu et leur propre culpabilité.
<u>Implication</u> : La confession honnête et sincère est essentielle pour recevoir le pardon et la miséricorde divine.

<u>L'Intercession pour le Peuple</u> :
Description : Daniel intercède pour le peuple d'Israël, demandant à Dieu de se souvenir de ses promesses et de restaurer Jérusalem.
Implication : L'intercession est un acte de compassion et de fidélité, demandant à Dieu de répondre aux besoins et aux souffrances des autres.

<u>L'Insistance de Daniel</u>
La Prière pour la Miséricorde et la Délivrance :

Description : Daniel implore Dieu pour qu'Il agisse rapidement et montre Sa miséricorde, en raison de la réputation et de la gloire de Son nom.
Implication : La demande d'action divine est liée à la gloire de Dieu, montrant que les prières ne sont pas seulement pour des besoins personnels mais aussi pour glorifier Dieu.

FICHE DE LA LEÇON #2

Titre : **La Prière de Daniel** Verset de Lecture: Daniel 9:4-19
Texte d'Or : Daniel 9:19 :: « *Seigneur, écoute ! Seigneur, pardonne ! Seigneur, sois attentif et agis ! Ne tarde pas, pour l'amour de toi-même, mon Dieu, car ta ville et ton peuple sont appelés de ton nom.*
Versets d'Appui : Néhémie 1:5-6 - Psaume 51:1-2 1 Jean 1:9

Points de Discussion :
1 - L'Humilité de Daniel
2 - L'Insistance de Daniel

Pourquoi l'humilité est-elle importante dans la prière selon l'exemple de Daniel ?
Comment l'insistance de Daniel dans sa prière nous enseigne-t-elle sur la persévérance dans la foi ?
Quels éléments de la prière de Daniel montrent son souci pour son peuple et la ville de Jérusalem ?
Comment pouvons-nous appliquer l'attitude de Daniel dans notre propre vie de prière aujourd'hui ?
Quelles leçons tirez-vous de la confession et du repentir dans la prière de Daniel ?

Priere: Seigneur Dieu Tout-Puissant,
Nous prions avec insistance et foi, car nous savons que Tu es un Dieu de miséricorde et de grâce. Nous Te demandons d'agir puissamment dans nos vies, dans notre nation, et dans nos communautés. Pour l'amour de Ton Nom, Seigneur, étend Ta main protectrice sur nous. Accorde-nous, comme à Daniel, un cœur persévérant dans la prière, un esprit d'humilité, et la sagesse de discerner Ta volonté en toute chose. Que notre prière soit toujours marquée par la sincérité, l'amour pour Ton peuple, et un profond désir de voir Ta gloire se manifeste Seigneur, sois attentif à nos requêtes, et comme Tu l'as fait pour Daniel, réponds-nous dans Ta grande miséricorde. Nous mettons notre confiance en Toi, et nous Te louons. Au nom de Jésus,

LE MODÈLE DE PRIÈRE DE JÉSUS

Introduction

L'une des prières les plus universellement reconnues et récitées par les chrétiens à travers le monde est le Notre Père, également appelé Prière du Seigneur. Cette prière, enseignée par Jésus à Ses disciples (Matthieu 6:9-13), est un exemple unique de la filiation avec Dieu, mettant en lumière la relation privilégiée entre le croyant et Dieu en tant que Père. Le Notre Père dépasse la simple crainte d'un Dieu tout-puissant et distant, pour exprimer une relation de proximité et d'intimité avec Lui.

La notion de filiation est au cœur de cette prière. En tant que croyants, nous sommes appelés à reconnaître Dieu non seulement comme Créateur, mais comme Père céleste, un être bienveillant qui veille sur Ses enfants. L'invocation "Notre Père qui es aux cieux" souligne cette relation directe avec Dieu, permettant aux fidèles de s'adresser à Lui comme à un parent aimant. Cette filiation est fondamentale, car elle transforme notre perception de Dieu et la manière dont nous vivons notre foi.

La prière sacerdotale (Nombres 6:24-26) complète cette vision de Dieu comme Père en manifestant Sa bénédiction sur Ses enfants. Elle met l'accent sur la protection, la paix et la faveur divine, des attributs que l'on attend d'un Père aimant et bienveillant. Dans cette prière, Dieu est invoqué pour protéger, éclairer, et accorder Sa paix à Son peuple, comme un Père qui veille avec amour sur sa famille.

Ces deux prières révèlent la nature profonde de Dieu, pleine de grâce, de miséricorde et de compassion. Dieu est Celui qui répond aux besoins de Ses enfants, les guide, et les protège. En tant que Père, Il désire que Ses enfants vivent dans la paix et l'harmonie, et la prière devient ainsi le canal par lequel cette relation de filiation est renforcée et confirmée.

Le « Notre Père » est aussi appelé Prière du Seigneur ou Prière dominicale. C'est la prière que Jésus a enseignée à Ses disciples lorsqu'ils Lui ont demandé comment prier. On la trouve dans deux passages du Nouveau Testament : Matthieu 6:9-13 et Luc 11:2-4.

Lecture: Matthieu 6:9-13
"Voici donc comment vous devez prier :

Notre Père qui es aux cieux,
Que ton nom soit sanctifié,
Que ton règne vienne,
Que ta volonté soit faite sur la terre comme au ciel.
Donne-nous aujourd'hui notre pain quotidien.
Pardonne-nous nos offenses,
Comme nous aussi nous pardonnons à ceux qui nous ont offensés.
Ne nous induis pas en tentation,
Mais délivre-nous du mal.
Car c'est à toi qu'appartiennent, dans tous les siècles,
Le règne, la puissance et la gloire. Amen.

La nature de Dieu, tel que révélé dans la prière, est celle d'un Père aimant, plein de grâce, de miséricorde, et de compassion. Il est Celui qui répond aux besoins de Ses enfants, les guide et les protège. En tant que Père, Dieu désire que Ses enfants vivent dans la paix et l'harmonie, et la prière devient un canal par lequel cette relation de filiation est renforcée et confirmée. Ainsi, dans la prière, l'essence de Dieu en tant que Père est révélée, et le croyant est rappelé à sa véritable identité d'enfant de Dieu, héritier de Ses promesses et bénéficiaire de Sa protection et de Sa faveur divine.

La prière sacerdotale ou bénédiction sacerdotale

Nombres 6:24-26 (LSG) :
« Que l'Éternel te bénisse et te garde !
Que l'Éternel fasse briller Sa face sur toi et t'accorde Sa grâce !
Que l'Éternel tourne Sa face vers toi et te donne la paix ! »
Signification de la prière sacerdotale :
Bénédiction et protection : Cette prière demande à Dieu de bénir et de protéger Son peuple, symbolisant une promesse de soin et de sécurité.
Grâce et faveur : L'expression « fasse briller Sa face » évoque l'idée que Dieu regarde avec bienveillance ceux qui sont sous Sa protection, leur accordant Sa grâce.
Paix : La demande pour la paix (« donne la paix ») va au-delà de l'absence de conflit, englobant la plénitude et la prospérité que seul Dieu peut apporter.

Importance :
La prière sacerdotale est un exemple puissant de la façon dont Dieu désire bénir Son peuple et se manifeste comme un Père aimant et protecteur. Elle est souvent utilisée dans les cérémonies religieuses, lors des cultes ou des événements spéciaux pour invoquer la bénédiction divine sur les individus ou la communauté.

Points de Discussion

1. La Dimension de la Glorification Mutuelle
Description : Jésus prie pour que le Fils et le Père soient glorifiés mutuellement. La glorification de Jésus est intrinsèquement liée à celle de Dieu, soulignant l'interdépendance de leur gloire.
Implication : La prière sacerdotale met en avant que l'exaltation de Jésus et de Dieu est essentielle à la foi chrétienne. La gloire de Dieu se manifeste pleinement à travers Jésus, révélant ainsi la nature divine et le plan de salut.

2. L'Unité des Croyants
Description : Jésus demande que tous les croyants soient un, tout comme le Père et le Fils sont un. Cette unité est essentielle pour que le monde croie en Jésus.
Implication : L'unité des croyants sert de puissant témoignage de la vérité de l'Évangile. Elle reflète la nature de la relation divine, montrant que l'amour et la communion entre les croyants sont des manifestations de l'amour divin.

3. La Protection et la Sanctification
Description : Jésus prie pour la protection des croyants contre le mal et pour leur sanctification par la vérité.
Implication : La prière sacerdotale souligne l'importance de la protection divine et de la sanctification dans la vie des croyants. En restant ancrés dans la vérité de la parole de Dieu, les croyants peuvent être préservés des influences néfastes et grandir dans leur foi.

4. L'Intercession Permanente
Description : La prière sacerdotale de Jésus représente un acte d'intercession, affirmant sa fonction sacerdotale permanente pour les croyants.
Implication : Jésus continue d'intercéder pour les croyants, garantissant leur accès constant à Dieu et leur soutien spirituel. Cette intercession assure aux croyants qu'ils ne sont jamais seuls dans leur parcours de foi, renforçant leur confiance en la présence et l'aide divine.

Conclusion:
Ces points de discussion illustrent la profondeur de la prière sacerdotale de Jésus et son importance pour la vie des croyants. Ils mettent en lumière la glorification mutuelle de Dieu et de Jésus, l'unité des croyants, la protection et la sanctification, ainsi que l'intercession permanente du Christ, des éléments essentiels qui nourrissent et fortifient la foi chrétienne.

Questions et Réponses
Comment la prière du "Notre Père" et la prière sacerdotale se complètent-elles ? Réponses Attendues: Les deux prières révèlent Dieu comme Père, soulignant une relation intime avec Ses enfants. Le "Notre Père" exprime notre proximité, tandis que la prière sacerdotale évoque Sa bénédiction et protection.

Comment leur structure reflète-t-elle l'amour de Dieu pour Son peuple ? Réponses Attendues: Le "Notre Père" commence par reconnaître Dieu comme Père, montrant notre dépendance. La prière sacerdotale demande des bénédictions, démontrant la préoccupation divine pour notre bien-être. Cela témoigne de l'attention de Dieu envers nous.

Comment ces prières guident-elles notre vie spirituelle ?
Le "Notre Père" nous pousse à chercher la volonté de Dieu, tandis que la prière sacerdotale nous encourage à demander des bénédictions. Elles nous orientent vers une vie de foi active et une communion profonde avec Dieu.

Quels thèmes de protection et de sanctification sont présents ?
Le "Notre Père" demande protection contre le mal, tandis que la prière sacerdotale évoque paix et sanctification. Ces thèmes mettent en lumière la relation protectrice de Dieu et Son appel à une vie pure.

Comment appliquer la prière sacerdotale dans notre vie quotidienne ?
Nous pouvons appliquer la prière sacerdotale en la récitant régulièrement, en réfléchissant à ses significations. En priant pour nous-mêmes et pour les autres, nous cherchons à aligner nos vies avec la volonté de Dieu. Cela crée une atmosphère de bénédiction et de communion dans nos relations.

Comment l'unité des croyants renforce notre communauté spirituelle ?
L'unité des croyants favorise un environnement d'amour et de soutien, essentiel à la croissance spirituelle. En collaborant ensemble, nous pouvons mieux servir et témoigner de notre foi. Cela attire également d'autres personnes vers la communauté.

FICHE DE LA LEÇON #3

Titre : **Les Dimensions de la Prière du Notre Pere**

Texte d'Or : « *Voici l'assurance que nous avons en lui : si nous demandons quelque chose selon sa volonté, il nous écoute.* »

Verset d'appui : Hébreux 4:16 - « Approchons-nous donc avec assurance du trône de la grâce, afin d'obtenir miséricorde et de trouver grâce pour être secourus dans nos besoins. »

Points de Discussion

1 - <u>Nous devons toujours glorifier Dieu en premier dans notre prière.</u>
a) Reconnaître la majesté et la souveraineté de Dieu.
b) Exprimer le désir que le nom de Dieu soit honoré et respecté comme sacré.
c) Manifester l'aspiration à voir Son règne établi sur terre.
d) Soumettre toutes choses à Sa volonté.
Reconnaître l'autorité suprême de Dieu, Sa puissance et Sa gloire éternelle.

2 - <u>Nous devons Le prier en tant que Père de tous.</u>
Un Père qui pardonne.
Un Père qui protège.
Un Père qui délivre.
Un Père qui pourvoit.
Un Père qui guide.

Réflexion
Après vos temps de prière, prenez le temps de réfléchir et d'écrire sur ce que vous avez ressenti. Notez comment vous avez vu Dieu agir et répondre à vos prières. Cela renforcera votre foi et votre compréhension de Sa nature paternelle.

LES STRATÉGIES DE PRIÈRE POUR BRISER LES AUTELS GÉNÉRATIONNELS

Les autels générationnels représentent des structures spirituelles ou des influences héritées qui peuvent affecter la vie des individus et des familles à travers les générations. Souvent, ces autels sont associés à des chaînes spirituelles ou à des schémas de péché qui se transmettent de génération en génération. Dans cette leçon, nous allons explorer des stratégies de prière efficaces pour briser ces autels générationnels et libérer les bénédictions divines dans notre vie.

Comprendre et aborder ces autels nécessite une approche de prière ciblée et puissante, fondée sur les vérités bibliques et la puissance de l'Esprit Saint. En utilisant des prières spécifiques et en invoquant les promesses de Dieu, nous pouvons renverser les forteresses spirituelles et rompre les chaînes qui nous entravent. Cette leçon nous guidera à travers les principes et les pratiques de prière qui permettent de détruire ces autels et de libérer une nouvelle liberté et une nouvelle bénédiction dans nos vies.

Points de Discussion :

1. Identification des Autels Générationnels :
Description : Les autels générationnels sont des structures spirituelles influencées par les actes et pactes des ancêtres. Ces influences peuvent affecter la vie des descendants.

2. Impact Spirituel sur les Descendants :
Description : Les autels peuvent engendrer des cycles de péché, de malheur ou de blocages spirituels, affectant ainsi les choix et les destinées des générations futures.

3. Stratégies de Prière pour Briser ces Autels :
Description : Nous explorerons des prières spécifiques, des déclarations de foi, et des actions de repentance pour annuler les effets des autels générationnels.

4. Promesses de Dieu et Libération :
Description : Mettre en lumière les promesses bibliques qui assurent notre liberté et notre bénédiction, en faisant appel à l'autorité que nous avons en Christ.

5. Témoignages de Libération :
Description : Partager des exemples de vies transformées par la prière et la libération des autels générationnels, pour encourager la foi et l'action.

Format de prière pour briser les autels générationnels

Confession et Repentance :
Confesser les péchés des ancêtres et demander pardon pour les pactes établis, en reconnaissant l'impact de ces actions sur notre vie.

Déclaration de Liberté :
Utiliser des prières déclaratives et des versets bibliques pour annuler les influences négatives et revendiquer les bénédictions divines. Par exemple, invoquer des promesses telles que "Si le Fils vous affranchit, vous serez réellement libres" (Jean 8:36).

Intercession et Prière d'Autorité :
Prier pour la guérison des blessures spirituelles et utiliser l'autorité en Christ pour briser les effets des autels générationnels, affirmant notre position en tant qu'enfants de Dieu.

Renouvellement Spirituel :
Chercher un renouvellement personnel à travers la lecture de la Bible et l'engagement à vivre selon les enseignements bibliques, ce qui nous aidera à renforcer notre foi et notre discernement.

Questions

Comment identifier les influences des autels générationnels dans votre vie et celle de votre famille ?
Observez les schémas récurrents, les conflits familiaux ou les malédictions perçues qui se répètent dans les générations. Prenez du temps pour prier et demander à Dieu de révéler ces influences.

Quelle est l'importance de la confession et de la repentance dans la stratégie de prière pour briser les autels générationnels ?
La confession et la repentance sont essentielles pour reconnaître et annuler les pactes passés, permettant ainsi une purification spirituelle et une nouvelle liberté en Christ.

Comment pouvez-vous utiliser les versets bibliques pour déclarer la liberté et annuler les influences négatives ?
En intégrant des versets de libération dans vos prières, vous pouvez déclarer la vérité de la Parole de Dieu sur votre vie, transformant vos pensées et affirmant votre identité en Christ.

FICHE DE LA LEÇON #4

Titre : Les Stratégies de Prière pour Briser les Autels Générationnels

Texte d'Or : « *N'est-ce pas là le jeûne auquel je prends plaisir : Délivrer les opprimés de leurs chaînes, rompre les liens de la servitude, renvoyer libres les écrasés, et briser toute espèce de joug ?* » (Ésaïe 58:6)

Points de Discussion

1. <u>La Présence et l'Autorité des Autels dans Nos Vies</u> :
Description : Comprendre comment les autels générationnels se manifestent dans nos vies à travers des influences, des schémas comportementaux ou des malédictions héritées. Discuter des signes visibles de ces influences et de leur impact sur notre spiritualité et nos relations.

2. <u>Stratégies de Prière pour la Délivrance</u> :
Description : Explorer des méthodes de prière spécifiques pour briser les chaînes des autels générationnels. Cela inclut des pratiques comme la confession, la déclaration de liberté, l'intercession et le renouvellement spirituel. Mettre l'accent sur l'utilisation de la Parole de Dieu pour affirmer notre identité et revendiquer la délivrance.

Prière de Remerciement :
Seigneur, je Te rends grâce pour Ta fidélité et Ta grâce infinies dans ma vie. Je Te remercie pour la délivrance que Tu as promise et pour le pouvoir que j'ai en Toi pour briser les chaînes qui m'entravent. Je loue Ton nom pour la guérison et la restauration que Tu apportes à ma famille et à moi-même. Merci pour Ton Esprit Saint qui m'accompagne et me guide chaque jour. Que Ta volonté soit faite, et que je continue à marcher dans la lumière de Ta vérité. Amen. »

I- Modèle de Prière de Déclaration personnelle pour Briser les Autels Générationnels

Prière de Déclaration :

« Au nom puissant de Jésus-Christ, je déclare avec autorité que Jésus-Christ est mon Seigneur, et je suis un enfant de Dieu, refusant de laisser les autels générationnels contrôler ma vie ! Je renonce et brise chaque pacte maléfique fait par mes ancêtres, maintenant et à jamais. Je casse les chaînes de la servitude, les malédictions, et tout esprit d'oppression hérité qui tente de s'accrocher à moi.

Par la puissance du sang de Jésus, je proclame que je suis libre ! Je déclare que chaque influence démoniaque est détruite, chaque forteresse spirituelle est renversée, et chaque lien est rompu. Je réclame ma victoire en Christ et me tiens debout contre toute attaque de l'ennemi.

Seigneur, remplis-moi de Ton Saint-Esprit, car je suis désormais contrôlé par l'Esprit. Renouvelle mon esprit et fortifie ma foi. Que Ta lumière dissipe toute ténèbre, et que je marche dans la plénitude de Ta bénédiction. Je prends possession de ma liberté et je vis pleinement dans l'identité que Tu m'as donnée.

Je suis libre, je suis victorieux, et rien ni personne ne peut m'enlever cela ! Amen. »

II- Modèle de Prière d'Intercession pour Détruire les Autels Générationnels pour toi et ta famille

Prière d'Intercession :

« Seigneur, je viens devant Toi pour intercéder pour moi et ma famille. Je reconnais et confesse les péchés de nos ancêtres, ainsi que les iniquités qui ont été transmises de génération en génération. Je Te demande pardon pour ces transgressions et je me repens de tout ce qui a ouvert la porte aux influences négatives dans nos vies.
Au nom puissant de Jésus-Christ, je déclare que les autels générationnels qui ont été établis dans notre lignée sont maintenant détruits ! Je renonce et brise chaque pacte maléfique, chaque promesse faite aux forces obscures. Je casse les chaînes de la servitude, les malédictions et tout esprit d'oppression qui a tenté de s'accrocher à nous.
Par la puissance du sang de Jésus, je proclame que toute influence démoniaque est anéantie ! Je renverse chaque forteresse spirituelle, je détruis chaque autel qui nous retient captifs et je mets fin à toute connexion avec le passé qui nous empêche de vivre pleinement la liberté que Tu as pour nous.

je déclare que les esprits de peur, de rejet et de condamnation n'ont plus aucun pouvoir sur ma vie et celle de ma famille. Je brise les cycles de malédiction et de douleur, et je les remplace par la bénédiction et la grâce qui viennent de Toi.

J'intercède pour ma famille, que Ton Esprit Saint intervienne puissamment pour apporter guérison, restauration et transformation. Remplis-nous de Ton Saint-Esprit, car nous sommes désormais contrôlés par l'Esprit. Renouvelle nos esprits et fortifie notre foi. Que Ta lumière dissipe toute ténèbre et que nous marchions dans la plénitude de Ta bénédiction.

Nous sommes libérés, nous sommes victorieux, et rien ni personne ne peut nous en priver ! Au nom de Jésus, Amen. »

La Foi

Philippiens 4:13 :
« Je puis tout par celui qui me fortifie.

La Foi, Mon Refuge

Dans le silence des nuits étoilées,
Une lumière douce vient m'éclairer,
Elle murmure des promesses anciennes,
Des rêves tissés dans des larmes sereines.

La foi, comme un arbre aux racines profondes,
S'ancre dans l'âme et dans le cœur fécond,
Elle danse avec le vent, brave les tempêtes,
Chaque souffle, un élan, chaque doute, une quête.

Dans les vallées sombres, elle est ma lumière,
Un phare qui guide, une prière sincère,
Elle me dit que l'amour ne connaît pas de fin,
Que chaque pas en avant est un chemin divin.

Avec foi, je m'élève, je franchis les frontières,
Les montagnes semblent petites, la peur, éphémère,
Car en chaque épreuve, je trouve ma voix,
Un chant de victoire, un cri de foi.

O, précieuse foi, tu es mon refuge,
Mon ancre dans la tempête, ma plus belle plume,
Je marche avec toi, chaque jour, sans relâche,
Car dans ton étreinte, le cœur jamais ne se fâche.

La foi donne la victoire, elle ouvre la voie,
Vers des horizons neufs, où l'espoir se déploie.
Avec elle dans le cœur, je peux tout surmonter,
Car la victoire est mienne, par la foi je suis sauvé.

> « *Car tout ce qui est né de Dieu triomphe du monde; et la victoire qui triomphe du monde, c'est notre foi.* »1 Jean 5:4

LA FOI

Introduction
La foi est l'un des concepts les plus fondamentaux dans la vie chrétienne. Elle est souvent définie comme une confiance en Dieu et en Ses promesses, même lorsque les preuves tangibles sont absentes. La foi est essentielle non seulement pour recevoir les bénédictions de Dieu mais aussi pour vivre une vie conforme à ses enseignements. Nous explorerons la définition de la foi et comment les termes « fides » (la foi en tant que confiance) et « Betach » (la foi comme bravoure et persévérance) se manifestent dans notre vie quotidienne.

1- Tentative de Définition et Importance de la Foi
La foi est décrite dans Hébreux 11:1 comme « la ferme assurance des choses qu'on espère ». Cela signifie que la foi est une conviction profonde et inébranlable dans les promesses de Dieu. Elle va au-delà d'une simple croyance intellectuelle et implique une confiance active et une assurance que Dieu accomplira ce qu'Il a promis. La foi est le fondement sur lequel reposent toutes nos actions et nos espoirs en tant que chrétiens.

2- Fides et Betach - Deux Facettes de la Foi
Le terme latin « fides » évoque une foi qui est à la fois une confiance et une fidélité envers Dieu. C'est une conviction profonde que Dieu est digne de confiance. En hébreu, « betach » représente la résilience et reflète la persévérance, soutenue par l'espérance en la promesse divine. C'est une forme de confiance courageuse et résolue, même face aux épreuves. Ces deux termes montrent que la foi n'est pas seulement une croyance passive, mais un engagement actif et déterminé envers Dieu.

Illustration 1: L'exemple de l'interrupteur
Lorsque vous entrez dans une pièce sombre et que vous souhaitez allumer la lumière, vous appuyez sur l'interrupteur en toute confiance, croyant que la lumière va s'allumer. Cet acte simple est tellement ancré en vous que vous ne remettez jamais en question la connexion des fils ou le fonctionnement de l'électricité. Vous appuyez sur l'interrupteur parce que vous avez foi en ce processus. L'interrupteur, dans cet exemple, représente l'action de la foi. Il ne suffit pas simplement de croire que la lumière vien-

La Foi

dra, il faut aussi poser un geste—appuyer sur l'interrupteur. De même, la foi en Dieu nécessite une action. Vous ne pouvez pas simplement croire en Ses promesses ; vous devez également agir en conséquence, même si vous ne voyez pas immédiatement les résultats.

Cet acte d'appuyer sur l'interrupteur est une illustration de la foi en action : vous agissez avec une confiance inexplicable, même sans comprendre tous les détails ou voir immédiatement les résultats. La foi, tout comme l'interrupteur, nécessite une action pour libérer la puissance et voir la lumière apparaître.

« Illustration tirée de l'œuvre de Florence Scovel Shinn, Le Jeu de la Vie et Comment le Jouer ... » Shinn, F. S. (1925).

Illustration 2 : L'exemple de la voiture de rêve

Imaginez que vous avez commandé la voiture de vos rêves. Vous avez choisi le modèle, la couleur, et tous les détails que vous souhaitez. Un jour, alors que vous êtes avec vos amis, vous voyez passer un modèle identique à celui que vous avez en tête. Avec enthousiasme, vous leur dites : « Voici à quoi ressemble ma voiture ! » Pourtant, vous n'avez pas encore reçu votre voiture, elle n'est même pas encore arrivée. Mais dans votre esprit, elle vous appartient déjà, parce que vous avez foi en la promesse que vous l'obtiendrez.

« Comme l'illustre Florence Scovel Shinn dans Le Jeu de la Vie et Comment le Jouer... »

Cet exemple illustre la foi de manière concrète. Même si vous ne voyez pas encore la voiture physiquement garée dans votre allée, vous parlez d'elle comme si elle était déjà là. De la même manière, la foi consiste à croire fermement en ce que vous espérez, même si vous ne le voyez pas encore.

<u>La foi crée des réalités spirituelles.</u> Vos paroles de déclaration appellent à l'existence ce que vous croyez déjà dans votre cœur. En affirmant avec assurance ce que vous attendez, vous donnez vie à cette réalité spirituelle. Comme pour la voiture de rêve, ce que vous déclarez par la foi finit par se manifester. Vous agissez et parlez comme si cela était déjà accompli, car la foi transforme vos attentes en réalités tangibles.

Confiance en Dieu : L'Histoire Époustouflante du Jeune Soldat et de la Voiture Sans Moteur

Il était une fois un jeune soldat qui, malgré sa faiblesse physique et ses difficultés à apprendre, gardait une confiance inébranlable en Dieu. Chaque jour, il subissait des moqueries et des brimades de ses camarades et même de son chef à cause de sa foi. On se moquait de lui pour avoir placé Dieu au centre de sa vie, mais il ne se laissait pas ébranler. Peu importe ce que les autres disaient ou faisaient, il continuait à croire fermement que Dieu veillait sur lui.

Un jour, son chef, qui prenait un malin plaisir à le rabaisser, décida de le ridiculiser une fois de plus. Avec un sourire narquois, il lui lança un défi : « Si tu crois vraiment en ton Dieu, prends cette voiture et ramène-la ici. » Le jeune soldat, obéissant et confiant, accepta sans hésiter, même s'il savait au fond de lui qu'il n'avait jamais appris à conduire correctement.

Il monta dans la voiture, se mit en prière et démarra sans poser de questions. Il parcourut la distance qui lui avait été demandée et revint au camp avec la voiture. À son retour, il vit tout le peloton réuni autour de lui, mais au lieu de moqueries, il remarqua que ses camarades, y compris son chef, versaient des larmes. Le jeune homme ne comprenait pas pourquoi tout le monde semblait si ému. Il pensait qu'ils pleuraient parce qu'il avait réussi à accomplir la tâche malgré ses lacunes.

Mais ce n'était pas cela. Ce qui les avait profondément bouleversés, c'est qu'ils savaient que la voiture que le soldat venait de conduire... n'avait pas de moteur. Le chef avait donné ce défi avec l'intention de se moquer de lui une dernière fois, en sachant que la voiture était inutilisable. Pourtant, le jeune soldat, avec sa foi inébranlable en Dieu, avait accompli l'impossible.

Ce jour-là, le camp tout entier fut témoin d'un acte surnaturel, et ce jeune homme, souvent méprisé pour sa foi, avait montré à tous la puissance du Dieu qu'il servait. Par ce simple acte de foi, Dieu avait révélé qu'il n'y a aucune limite pour ceux qui placent leur confiance en Lui, même lorsque tout semble perdu.

Dieu avait une fois de plus prouvé que rien n'est impossible pour Lui.

Auteur Inconnu

FICHE DE LA LEÇON #1

Titre: La Foi

Texte d'Or :
Hébreux 11:1 — « *Or la foi est la ferme assurance des choses qu'on espère, la démonstration de celles qu'on ne voit pas.* »

Points de Discussion:
1 - <u>Tentative de Définition et Importance de la Foi</u>
La foi comme conviction personnelle et relation avec Dieu.
Son rôle fondamental dans la vie chrétienne et son impact sur notre quotidien.
2 - <u>Les deux Facettes de la Foi (Fides et Betach)</u>
a) Fides : La foi en tant que croyance ou doctrine.
b) Betach : La confiance, la sécurité et la dépendance envers Dieu.

Questions de Réflexion:
Comment définiriez-vous la foi en termes personnels et spirituels ?
Quelle est la différence entre « fides » et « betach », et comment ces concepts se reflètent-ils dans votre vie quotidienne ?
Comment ces aspects de la foi influencent-ils vos décisions et votre comportement ?
Pourquoi est-il important de parler de vos attentes avec la même assurance que si elles étaient déjà accomplies ?

Application:
Réfléchissez à la manière dont une compréhension approfondie de la foi vous aide à faire face aux défis et à rester confiant dans les promesses de Dieu.

Prière:
Seigneur, ouvre nos yeux pour comprendre la profondeur de la foi et renforce notre confiance en Toi, même lorsque nous ne voyons pas immédiatement les résultats de Tes promesses. Amen.

> « *Étant donc justifiés par la foi, nous avons la paix avec Dieu par notre Seigneur Jésus-Christ.* » Romains 5:1 :

JUSTIFICATION

Définition de la Justification
La justification est un acte divin par lequel Dieu déclare une personne juste, en raison de sa foi en Jésus-Christ. Elle implique le pardon des péchés et l'attribution de la justice du Christ au croyant. Ce processus ne repose pas sur les œuvres ou les mérites personnels, mais sur la grâce de Dieu, permettant à l'individu d'être en relation avec Lui. La justification est souvent considérée comme un élément central du salut dans la théologie chrétienne, marquant le passage de l'état de péché à celui de réconciliation avec Dieu.

La Justification par la foi
La justification par la foi est au cœur du message chrétien. Selon Paul, nous sommes justifiés non par nos propres œuvres, mais par la foi en Jésus-Christ. Cela signifie que le salut est un don gratuit de Dieu, reçu par la foi. Cette vérité ne garantit pas que tous les résultats de la foi se manifestent immédiatement, mais elle nous assure que la grâce de Dieu est suffisante pour nous sauver et nous transformer. Nous allons explorer comment cette justification par la foi influence notre vie chrétienne et comment elle se manifeste dans notre quotidien.

1- La Justification - Un Don de Grâce
La justification par la foi souligne que nous ne pouvons pas gagner notre salut par nos propres efforts ou mérites. Au contraire, c'est un cadeau de Dieu, offert par grâce. Cette vérité nous libère de la pression de devoir mériter notre place dans le royaume de Dieu et nous permet de nous reposer sur la promesse de Dieu que nous sommes justifiés par la foi.

2- La Foi Comme Chemin de Transformation
Bien que le salut soit immédiat, la transformation que nous vivons à travers la foi peut prendre du temps. La foi ne se contente pas de nous justifier devant Dieu ; elle nous appelle également à vivre une vie en accord avec Sa volonté. Cette transformation progressive est une réponse à la grâce que nous avons reçue, et elle se manifeste par une croissance continue dans notre relation avec Dieu.

FICHE DE LA LEÇON #2

Titre : Un Don de Grâce

Texte d'Or : Romains 5:1 « Étant donc justifiés par la foi, nous avons la paix avec Dieu par notre Seigneur Jésus-Christ. »

Points de Discussion :

1 - <u>Justification par la Foi</u>
La justification est un cadeau que Dieu offre, non basé sur nos œuvres, mais sur la foi en Jésus-Christ.
Cette vérité nous libère de la nécessité de mériter notre salut, nous permettant d'accepter la grâce divine.   Éphésiens 2:8-9__Tite 3:5

2 - <u>Bénéfices de la Justification par la Foi</u>
a) Paix avec Dieu Verset de Référence : La Réconciliation avec Dieu, apportant une paix profonde. Colossiens 1:20

b) Libération de la Condamnation
Pardon des péchés et nouvelle identité en Christ. Romains 8:1

c) Accès à la Grâce: Soutien divin dans notre marche quotidienne. Hébreux 4:1

d) Transformation Spirituelle
Processus de changement vers une vie conforme à la volonté de Dieu. Verset de Référence : 2 Corinthiens 5:17

f) Espérance de la Vie Éternelle
Assurance d'une vie éternelle avec Dieu. Verset de Référence : Jean 3:16 Jean 6:47 : « En vérité, en vérité, je vous le dis, celui qui croit en moi a la vie éternelle. »

Prière : Seigneur, merci pour le don précieux de la justification par la foi. Je reconnais que ce salut ne dépend pas de mes efforts, mais de Ta grâce. Aide-moi à vivre en paix avec Toi, à accepter pleinement Ton pardon et à marcher dans la transformation que Tu désires pour ma vie. Que ma foi en Toi grandisse chaque jour, me guidant vers la vie éternelle que Tu promets. Au nom de Jésus, Amen. »

Vivre par la Foi

Vivre par la foi signifie plus que simplement croire en Dieu ; cela implique d'agir en accord avec Ses promesses. La foi est un mode de vie qui influence nos choix, nos actions et notre manière de réagir face aux défis. Nous allons explorer comment la foi conduit à l'obéissance et comment cette obéissance se manifeste dans notre vie quotidienne à travers des illustrations pratiques.

1- La Foi et l'Obéissance
Vivre par la foi implique de mettre en pratique ce que nous croyons. L'obéissance à Dieu découle d'une confiance profonde en Ses instructions et Ses promesses. Cela signifie suivre les commandements de Dieu même lorsque les résultats ne sont pas immédiatement visibles ou lorsque les circonstances sont difficiles.

2- La Foi en Action
La foi s'exprime à travers des actions concrètes. Par exemple, Abraham a obéi à l'appel de Dieu en quittant sa terre natale (Genèse 12:1-4). Sa foi s'est traduite par un acte d'obéissance, même sans connaître la destination finale.

3- Les Défis de la Foi
Vivre par la foi n'est pas toujours facile. Des doutes peuvent surgir, et les épreuves peuvent sembler accablantes. Cependant, la foi nous aide à surmonter ces obstacles, comme le montre l'histoire de Pierre marchant sur l'eau (Matthieu 14:29-31). Quand Pierre a commencé à douter, il a commencé à couler, mais il a crié à Jésus, qui l'a sauvé.

Prière
« Seigneur, aide-moi à vivre par la foi chaque jour. Donne-moi la force d'obéir à Tes commandements, même lorsque je ne comprends pas pleinement. Que ma foi soit une lumière dans les moments d'incertitude, et que je puisse toujours m'appuyer sur Tes promesses. Au nom de Jésus, Amen. »

Illustration : La Foi et les Œuvres – L'Histoire de la Femme et les Pots d'Huile

Contexte :
Dans 2 Rois 4:1-7, nous lisons l'histoire d'une veuve qui se trouve dans une situation désespérée. Elle est en détresse, menacée de perdre ses deux fils à cause de dettes impayées. Elle se tourne vers le prophète Élisée pour demander de l'aide.

Exemple de la Foi et l'Action :
Élisée lui demande ce qu'elle a chez elle. Elle répond qu'elle n'a qu'un pot d'huile. Le prophète lui ordonne de rassembler tous les vases vides qu'elle peut trouver et de commencer à verser l'huile dans ces vases. Bien que cela puisse sembler illogique, elle obéit, démontrant ainsi sa foi en la parole d'Élisée.

Résultat de la Foi :
En agissant selon les instructions d'Élisée, la femme manifeste sa foi. L'huile commence à couler, et elle remplit tous les vases qu'elle a rassemblés. Lorsque tous les vases sont pleins, l'huile cesse de couler. Grâce à sa foi et à son obéissance, elle est non seulement sauvée de la dette, mais elle reçoit également une abondance qui lui permet de vivre de ce qu'elle a gagné.

Application :
Cette histoire illustre comment la foi doit être accompagnée d'actions. La veuve a non seulement cru en la capacité de Dieu à intervenir, mais elle a également pris des mesures concrètes pour se préparer à cette intervention. Elle nous enseigne que la foi véritable implique de répondre aux promesses de Dieu par des actes d'obéissance.

Verset de Référence :
Jacques 2:26 - « Comme le corps sans esprit est mort, de même la foi sans les œuvres est morte. »

Cette illustration démontre que la foi et les œuvres sont inextricablement liées. Notre foi devrait nous inciter à agir, à saisir les opportunités que Dieu met devant nous, même dans les moments de désespoir.

La Foi comme Chemin de Transformation

Vivre par la foi nous transforme profondément en nous rapprochant de Dieu et en conformant notre vie à Sa volonté. Cette transformation est un processus continu qui nécessite du temps, de la persévérance dans la prière et une étude assidue de la Parole de Dieu.

La Nature de la Transformation :
En engageant notre foi, nous ouvrons notre cœur à l'œuvre de l'Esprit Saint. Cette œuvre nous aide à laisser derrière nous nos anciennes habitudes et à embrasser une nouvelle identité en Christ. Ce chemin de transformation nous permet de mieux comprendre la nature de Dieu, même si elle peut parfois nous sembler invisible.

<u>Processus et Persévérance</u> :
La transformation ne se produit pas du jour au lendemain. C'est un chemin qui requiert patience et détermination. En priant et en méditant sur la Parole, nous nous alignons progressivement sur les valeurs et les promesses de Dieu, renforçant ainsi notre relation avec Lui.
Exemple : Dans 2 Corinthiens 5:17, il est écrit : « Si quelqu'un est en Christ, il est une nouvelle création. » Cela souligne que notre foi en Christ nous permet de renaître, de devenir une personne nouvelle, libérée des chaînes du passé. En Christ, nous découvrons notre véritable identité et notre but.

Application :
En vivant par la foi, nous sommes invités à marcher sur ce chemin de transformation, à rechercher la présence de Dieu dans notre quotidien, et à nous engager à nous conformer à Sa volonté. Chaque étape de ce processus nous rapproche davantage de Lui, nous permettant d'expérimenter Sa bonté et Sa grâce.

En contraste, la justification se réalise indépendamment des œuvres humaines et des efforts personnels, car elle repose entièrement sur la foi en Christ. Cependant, cette foi authentique nécessite la pratique des œuvres de justice, qui sont le fruit de notre justification. Ces œuvres, motivées par une conviction profonde, reflètent notre transformation et notre engagement à vivre selon la vérité de Dieu. Ainsi, la foi ne se limite pas à une croyance intellectuelle, mais s'exprime activement à travers des actions qui honorent Dieu et témoignent de Sa grâce dans nos vies.

FICHE DE LA LEÇON #3

Titre: Vivre par la Foi

Texte d'Or : *Hébreux 10:38* :
"Et mon juste vivra par la foi; mais s'il se retire, mon âme ne prend pas plaisir en lui."

Points de Discussion:
1- La Foi et l'Obéissance

2 - La Foi Comme Chemin de Transformation
La foi ne se limite pas à la justification; elle nous appelle à vivre selon la volonté de Dieu.
La transformation est un processus continu, fruit de notre relation avec Dieu, qui se manifeste par des changements dans notre vie quotidienne.

Questions :
Comment la foi se manifeste-t-elle concrètement dans votre vie quotidienne ?

Quelles œuvres de justice avez-vous été appelé à pratiquer en réponse à votre foi ?

En quoi la transformation spirituelle par la foi a-t-elle impacté vos relations avec les autres ?

Comment pouvez-vous persévérer dans la prière et l'étude de la Parole pour approfondir votre foi ?

Quelles vérités sur la nature de Dieu avez-vous découvertes récemment à travers votre cheminement de foi ?

Prière : « Seigneur, nous Te remercions pour le don de la foi qui nous justifie et nous transforme. Aide-nous à vivre cette foi par des œuvres de justice, afin que notre vie reflète Ta gloire. Renouvelle notre cœur et notre esprit, et guide-nous dans notre quête de Te connaître davantage. Que chaque jour, nous soyons des témoins de Ta grâce et de Ta vérité. Au nom de Jésus, Amen. »

Le Ministère de la Bénédiction et la Foi

Poème

Éphésiens 1:3

« Béni soit Dieu, le Père de notre Seigneur Jésus-Christ, qui nous a bénis de toute bénédiction spirituelle dans les lieux célestes en Christ !

Bénédictions Spirituelles

Dans l'abondance de Sa grâce infinie,
Dieu nous comble, ses enfants chéris,
Par son amour et sa paix éternelle,
Nous sommes bénis, c'est la bonne nouvelle.

Élus avant la fondation du monde,
Dans l'adoption divine, nos cœurs se fondent.
Par Jésus-Christ, nous sommes pardonnés,
De toutes fautes, Il nous a libérés.

Le salut brille comme un doux matin,
Un héritage pur, pour demain et pour maintenant.
Nous sommes assis dans les lieux célestes,
Protégés par Sa main, rien ne nous blesse.

Son Esprit Saint en nous est scellé,
Source de vie, de vérité révélée.
Dans chaque épreuve, Il nous guide en secret,
Ses bénédictions nous suivent à jamais.

Remplis de sagesse et de Sa volonté,
Nous marchons dans la lumière de Sa vérité.
Avec foi et espérance, nous avançons,
Dans l'amour de Christ, nous demeurons.

Ainsi, bénis de toute bénédiction,
Nous chantons Sa gloire, Sa rédemption.
De Son royaume, nous sommes héritiers,
Dans Sa grâce, nous sommes comblés.

Job Francois__

LE MINISTÈRE DE LA BÉNÉDICTION

Le ministère de la bénédiction est profondément ancré dans les Écritures et reflète l'appel de chaque croyant à glorifier Dieu dans toutes les circonstances. À travers l'amour, la foi et l'espérance, nous sommes appelés à bénir non seulement ceux qui nous aiment, mais également nos ennemis, proclamant ainsi la souveraineté et la gloire de Dieu. Cela illustre parfaitement la prière de Jésus : « Que ton nom soit sanctifié, que ton règne vienne, que ta volonté soit faite ». La bénédiction devient alors un outil puissant pour soumettre chaque situation à la volonté souveraine de Dieu.

Les Prophètes et la Bénédiction dans l'Ancien Testament
Dans l'Ancien Testament, la bénédiction occupe une place primordiale dans l'alliance entre Dieu et Son peuple. Non seulement elle se manifeste par des promesses, mais elle est également proclamée par les prophètes. Par exemple, dans Nombres 6:24-26, Dieu demande à Aaron de bénir le peuple avec une bénédiction sacerdotale : « Que l'Éternel te bénisse et te garde ! Que l'Éternel fasse luire Sa face sur toi et t'accorde Sa grâce ! Que l'Éternel tourne Sa face vers toi et te donne la paix ! » Cette proclamation est une déclaration de la présence, de la faveur et de la paix de Dieu sur ceux qui la reçoivent.

En Genèse 12:3, Dieu dit à Abraham : « Je bénirai ceux qui te bénissent... et toutes les familles de la terre seront bénies en toi. » Ici, la bénédiction de Dieu à travers Abraham se répercute sur des générations et des nations, montrant que les bénédictions divines ne sont pas seulement personnelles, mais qu'elles sont destinées à se propager, touchant et transformant des vies à travers le temps.

L'Autorité Spirituelle dans la Bénédiction
En tant que croyants, nous avons reçu l'autorité spirituelle de bénir et de proclamer la volonté de Dieu. Jacques 3:10 nous avertit : « De la même bouche sortent la bénédiction et la malédiction. » Nos paroles détiennent un pouvoir spirituel considérable, et par elles, nous libérons la puissance de Dieu dans nos vies et celles des autres.
Lorsque nous prions pour nos frères et sœurs, nous libérons des bénédictions spirituelles. 3 Jean 1:2 exprime ce désir « Bien-aimé, je souhaite que tu prospères à tous égards et sois en bonne santé, comme prospère l'état de ton âme. » Cette prière de prospérité et de santé reflète notre désir de voir la faveur de Dieu s'étendre à nos communautés.

les « Charbons Ardents »

Dans le Nouveau Testament, bénir nos ennemis est au cœur du message de Jésus. Romains 12:20 nous enseigne : « Si ton ennemi a faim, donne-lui à manger ; s'il a soif, donne-lui à boire ; car en agissant ainsi, tu amasseras des charbons ardents sur sa tête. » En agissant avec bonté envers ceux qui nous persécutent, nous participons à leur transformation potentielle et nous démontrons la supériorité du bien sur le mal.

Romains 12:14 réitère cette idée : « Bénissez ceux qui vous persécutent, bénissez et ne maudissez pas. » Le message ici est clair : la bénédiction est une réponse spirituelle puissante à l'injustice et à la persécution. En bénissant nos ennemis, nous les confrontons au Royaume de Dieu, un royaume de lumière qui expose les ténèbres et amène à la repentance.

Sanctifier le Nom de Dieu : Une Priorité en Toute Situation

L'invocation « Que ton nom soit sanctifié » (Matthieu 6:9) appelle chaque croyant à refléter la sainteté de Dieu dans toutes les situations. Que ce soit dans la prière ou dans nos actions, notre mission première est d'exalter Dieu, même au milieu de circonstances difficiles. En bénissant ceux qui nous maltraitent, nous glorifions Dieu et sanctifions Son nom, démontrant que la grâce triomphe toujours sur l'injustice.

Que Ton Règne Vienne : Faire Avancer le Royaume par la Bénédiction

La prière « Que ton règne vienne » exprime notre désir de voir le royaume de Dieu s'établir sur terre. Chaque bénédiction proclamée est une avancée de ce règne, une démonstration de l'autorité et de la justice divines. Dans Matthieu 5:44, Jésus nous appelle à bénir même ceux qui nous maudissent, proclamant ainsi que le royaume de Dieu triomphe sur les forces des ténèbres.

Que Ta Volonté Soit Faite :
Soumettre Toute Situation à Dieu

Lorsque nous disons « Que ta volonté soit faite », nous reconnaissons que chaque circonstance, quelle qu'elle soit, doit se conformer à la volonté divine. Romains 12:2 nous appelle à discerner la

volonté divine. Romains 12:2 nous appelle à discerner la volonté de Dieu dans toutes choses. Cela signifie que même dans les situations les plus difficiles, nous devons rester dans la foi, sachant que Dieu a un plan parfait. Bénir dans de telles situations revient à proclamer notre soumission à la souveraineté divine et à affirmer que la volonté de Dieu se manifestera pour Sa gloire.

Aspirer à la Santé et à la Prospérité

Lorsque nous prions pour les saints (Éphésiens 6:18), il est essentiel de prier pour leur prospérité spirituelle, physique et émotionnelle. 3 Jean 1:2 exprime le désir profond de voir chaque croyant prospérer et être en bonne santé, à l'image de leur croissance spirituelle. Cela inclut l'aspiration à la santé et à la prospérité pour nos familles et nos communautés. Prier ainsi, c'est bénir les autres et leur accorder la faveur et la paix de Dieu.

L'Amour, la Foi et l'Espérance : Les Fondations du Ministère de la Bénédiction

Le ministère de la bénédiction repose sur trois piliers : l'amour, la foi et l'espérance.

L'amour : Cet amour nous pousse à bénir même ceux qui nous persécutent. Luc 6:27-28 nous enseigne : « Aimez vos ennemis, faites du bien à ceux qui vous haïssent, bénissez ceux qui vous maudissent. »

La foi : Elle nous permet de croire en la promesse de Dieu, même lorsque les bénédictions semblent être ignorées. Hébreux 11:1 déclare que « la foi est une ferme assurance des choses qu'on espère. »

L'espérance : Cette espérance nous pousse à persévérer dans la bénédiction, sachant que Dieu manifestera Sa gloire. Romains 5:5 affirme que « l'espérance ne trompe point. »

Conclusion :
Proclamer la Gloire de Dieu à Travers la Bénédiction

Le ministère de la bénédiction est une expression de la souveraineté de Dieu dans nos vies. En proclamant « Que ton nom soit sanctifié, que ton règne vienne, que ta volonté soit faite », nous participons activement à l'avancement du royaume de Dieu. En tant que croyants, nous avons l'autorité et le privilège de bénir, transformant ainsi nos vies, nos communautés et même nos ennemis par la puissance de la bénédiction divine.

FICHE DE LA LEÇON #1

Titre: Le Ministère de la Bénédiction

Text d'or: 1 Pierre 3:9 « *Ne rendez pas mal pour mal, ou injure pour injure ; bénissez, au contraire, car c'est à cela que vous avez été appelés, afin d'hériter la bénédiction.* »

Versets d'Appui : Nombres 6:24-26 __Genèse 12:3__Romains 12:14__ Éphésiens 1:3__Romains 8:16-17__Jean 1:12__Colossiens 3:1__Philippiens 4:19__Romains 5:1__Jean 14:16-17

Points de Discussion :
1-Le Pouvoir de la Bénédiction :
Discutez de l'importance des bénédictions dans la vie spirituelle et de l'autorité que les croyants ont reçue pour bénir les autres. Que signifie sanctifier le nom de Dieu à travers la bénédiction ?

2- L'Exemple des Prophètes dans l'Ancien Testament :
Examinez comment les prophètes ont proclamé la bénédiction, en particulier l'exemple d'Aaron dans Nombres 6 et Abraham dans Genèse 12. Comment la bénédiction divine impacte-t-elle des générations entières ?

3-La Bénédiction envers les Ennemis :
Jésus appelle à bénir même nos ennemis. Comment cela reflète-t-il la nature du royaume de Dieu ? Comment réagissez-vous à l'idée de bénir ceux qui vous persécutent ?

4- Soumettre Tout à la Volonté de Dieu :
Discutons de l'importance de soumettre chaque situation, chaque combat, à la volonté souveraine de Dieu à travers la bénédiction. Comment prions-nous pour la prospérité et la paix pour nos frères et sœurs ?

Prière : « Seigneur Dieu Tout-Puissant, nous venons devant Toi pour Te glorifier et sanctifier Ton nom. Aide-nous à bénir ceux qui nous entourent, à proclamer Ta souveraineté et à soumettre toutes choses à Ta volonté. Que Ton règne vienne et que Ta volonté soit faite dans nos vies et dans le monde entier. Nous prions pour la paix, la prospérité et la guérison, au nom de Jésus. Amen. »

L' Esperance

Poème

Hébreux 6:19 :
« Nous avons cette espérance comme une ancre de l'âme, sûre et solide, qui pénètre au-delà du voile. »

Espérance

Dans l'ombre des doutes, une lumière éclaire,
Un murmure doux, un souffle d'air,
C'est l'espérance, étoile dans la nuit,
Qui guide nos pas, même quand tout s'ennuie.

Elle s'accroche aux cœurs, fragile mais forte,
S'exprime en silence, franchissant toute sorte,
De tempêtes et de peines, elle se lève,
Comme un printemps qui revient, promesse sans trêve.

Dans les larmes versées, elle chante une mélodie,
Une promesse de joie, une douce harmonie.
L'espérance nous pousse, nous fait avancer,
Vers des jours meilleurs, vers un ciel apaisé.

Chaque épreuve sur le chemin, elle nous rappelle,
Que derrière les nuages, la lumière s'étire,
Un futur radieux, à la fin de nos peines,
Où la paix et l'amour embrassent notre pire.

Car notre espérance repose en Christ, notre Sauveur,
La certitude du salut, un trésor inestimé.
Il nous renouvelle, et dans Son amour profond,
Nous trouvons la force d'affronter l'horizon.

En Lui, notre cœur trouve la paix et la lumière,
L'espérance éternelle nous unit à Son dessein.
Avec foi, nous avançons, fortifiés par Sa grâce,
Pour vivre en plénitude, dans un amour sans fin.

Job Francois__

L'ESPÉRANCE CHRÉTIENNE

Introduction: L'espérance, tout comme la foi, est à la fois une force et une arme puissante pour lutter contre les assauts du diable. Elle nous pousse à résister fermement au diable, comme la Bible l'enseigne : « Résistez au diable, et il fuira loin de vous » (Jacques 4:7).

Le mot hébreu pour "fuir," "נָס" (nâs), signifie s'enfuir de façon précipitée et désordonnée, souvent sous l'effet de la peur ou de la panique. Cette image montre la puissance de l'espérance chrétienne qui, lorsqu'elle est solidement ancrée en nous, force l'ennemi à battre en retraite dans la confusion. C'est cette espérance qui nous aide à garder la cuirasse de la foi et à continuer la bataille de la foi, assurés de la victoire en Christ

Définition de l'Espérance Chrétienne
L'espérance chrétienne est une confiance ferme en la réalisation des promesses de Dieu, fondée sur la foi en Jésus-Christ. Elle transcende les circonstances présentes en offrant une vision de la rédemption et du salut.

Versets de soutien: Hébreux 6:19 - « Cette espérance, nous la possédons comme une ancre de l'âme, sûre et solide. »
1 Pierre 1:3 - « Béni soit Dieu, le Père de notre Seigneur Jésus-Christ, qui, selon sa grande miséricorde, nous a régénérés pour une espérance vivante, par la résurrection de Jésus-Christ d'entre les morts. »

L'Espérance comme Source de Force et de Consolation
L'espérance chrétienne apporte du réconfort dans les moments difficiles et donne la force de persévérer. Elle permet aux croyants de faire face aux épreuves avec une perspective éternelle.

2 Corinthiens 1:10 - « Il nous a délivrés, et il nous délivrera encore, de tant de périls ; en lui nous mettons notre espérance, qu'il nous délivrera encore. »

Romains 8:24-25 - « Car nous sommes sauvés en espérance. Or, l'espérance qui se voit n'est plus espérance ; ce qu'on voit, comment le pourrait-on espérer ? Mais si nous espérons ce que nous ne voyons pas, nous l'attendons avec persévérance. »

Questions et Réponses Courtes

Qui êtes-vous en Christ selon Éphésiens 1:3 et Jean 1:12 ?
Je suis un enfant de Dieu, béni spirituellement en Christ.

Que signifie être héritier de Dieu d'après Romains 8:16-17 et Colossiens 3:1 ?
Je suis héritier de Dieu et je cherche à vivre selon les valeurs du royaume.

Comment Philippiens 4:19 influence-t-il votre confiance en Dieu ?
Dieu pourvoira à tous mes besoins selon sa richesse.

Que vous apporte la justification par la foi, selon Romains 5:1 ?
J'ai la paix avec Dieu grâce à ma foi en Jésus-Christ.

Quel rôle l'Esprit joue-t-il dans votre vie, selon Jean 14:16-17 ?
L'Esprit de vérité me guide et me donne discernement.

Que signifie chercher les choses d'en haut, selon Colossiens 3:1 ?
Je dois orienter mes pensées et actions vers les priorités célestes.

Que promet Dieu concernant vos besoins selon Philippiens 4:19 ?
Dieu pourvoira à tous mes besoins selon sa richesse en Jésus-Christ.

Quelle est la paix que vous recevez par la foi, d'après Romains 5:1 ?
La paix avec Dieu par notre Seigneur Jésus-Christ.

Comment Jean 1:12 décrit-il le pouvoir donné aux croyants ?
Il leur donne le pouvoir de devenir enfants de Dieu.

Que nous promet Jésus dans Jean 14:16-17 concernant l'Esprit ?
Il nous promet un Consolateur, l'Esprit de vérité, qui demeure éternellement avec nous.

Que signifie pour vous être ressuscité avec Christ selon Colossiens 3:1 ?
Cela signifie que je dois chercher les choses d'en haut, là où Christ est.

FICHE DE LA LEÇON #1

Titre : Les Bénédictions Spirituelles en Christ

Texte d'Or : *Colossiens 1:27 :* « *À qui Dieu a voulu faire connaître quelle est la richesse de la gloire de ce mystère parmi les Gentils, qui est Christ en vous, l'espérance de la gloire.* »

Versets d'Appui : Romains 8:16-17 :: Jean 1:12 :: Colossiens 3:1 :: Philippiens 4:19 :: Romains 5:1 :: Jean 14:16-17 1 Pierre 1:3 Psaume 42:5__Lamentations 3:21-23__Tite 1:2

Points de Discussion :

1- <u>L'Espérance : Une Ancre pour l'Âme</u> :
L'espérance en Christ est comparée à une ancre, nous gardant stables et fermes face aux tempêtes de la vie.

2- <u>Héritiers avec Christ</u> :
Cette espérance est fondée sur notre identité en tant qu'enfants de Dieu, nous assurant de recevoir l'héritage promis avec Christ.

3- <u>Vivre Selon l'Espérance</u> :
L'espérance guide nos actions et nous pousse à vivre selon les principes du Royaume, avec une vision tournée vers les réalités célestes.

Questions : Comment l'espérance en Christ influence-t-elle votre stabilité face aux défis ?

Quelle est l'importance de se considérer comme héritier de Dieu ?

Prière :

« Seigneur, nous Te remercions pour la richesse des bénédictions spirituelles en Christ. Aide-nous à ancrer notre espérance en Toi, à reconnaître notre identité en tant qu'enfants de Dieu et à vivre chaque jour avec une vision céleste. Renforce notre foi et guide nos actions pour que nous puissions refléter Ta gloire. Au nom de Jésus, Amen. »

L'ESPÉRANCE COMME ARME CONTRE LE DÉSESPOIR

L'espérance est une force puissante, tout comme la joie, que Dieu nous offre pour lutter contre le désespoir. Dans nos moments de difficulté, l'ennemi cherche à nous plonger dans la dépression. Cependant, en embrassant l'espérance, nous pouvons résister à ses attaques et affirmer notre confiance en Dieu.

L'espérance, une force divine
L'espérance n'est pas simplement une attente passive ; elle est active et dynamique. Elle nous ancre dans la promesse de Dieu, nous rappelant que, malgré les épreuves, il a un plan pour notre vie. Comme le dit 1 Pierre 1:3, nous sommes régénérés pour une espérance vivante. Cette espérance nous permet de voir au-delà des circonstances présentes et d'anticiper le bien que Dieu prépare pour nous.

Utiliser l'espérance contre le désespoir

<u>Ancrage dans la Parole de Dieu</u> : Méditer sur les promesses bibliques renforce notre espérance. Lorsque nous lisons des versets comme Lamentations 3:21-23, nous nous souvenons que les bontés de l'Éternel se renouvellent chaque matin.

<u>La prière</u> : Parler à Dieu de nos luttes et lui confier nos préoccupations ouvre la voie à la paix et à l'espérance. La prière nous rappelle que nous ne sommes pas seuls.

<u>Communauté</u> : S'entourer de croyants encourageants renforce notre espérance. Partager nos luttes et écouter les témoignages de foi des autres nous rappelle que Dieu agit dans la vie des gens.

<u>Actions de gratitude</u> : Exprimer notre gratitude pour les petites choses crée un état d'esprit positif et favorise l'espérance.

Les stratégies du diable pour semer le désespoir

L'ennemi utilise plusieurs tactiques pour nous plonger dans le désespoir et nous éloigner de notre espérance en Dieu. Voici quelques-unes de ses stratégies :

1. Mensonges et accusations
Le diable est souvent décrit comme le "menteur" (Jean 8:44). Il sème des mensonges dans nos esprits, nous accusant de ne pas être assez bons. Ces accusations peuvent créer un sentiment de honte et d'inadéquation, sapant notre confiance.

2. Isolation
L'ennemi cherche à nous isoler, nous convainquant que nous sommes seuls dans nos luttes. Cette solitude peut intensifier le désespoir, car nous perdons le soutien de la communauté.

3. Doutes sur les promesses de Dieu
Le diable essaie de nous faire douter des promesses divines. Il soulève des questions sur la provision et l'écoute de Dieu, ce qui peut miner notre foi.

4. Focus sur les circonstances
En nous concentrant sur nos problèmes, l'ennemi nous détourne de la vérité de la Parole de Dieu. Il nous pousse à regarder nos défis plutôt qu'à nous souvenir des promesses divines.

5. Comparaison avec les autres
Le diable peut nous inciter à nous comparer aux autres, engendrant des sentiments d'envie et de découragement.

6. Éprouver notre patience
L'ennemi tente de nous décourager en prolongeant les épreuves. Il utilise la lenteur des réponses à nos prières pour semer le désespoir.

Conclusion

Reconnaître ces stratégies du diable est essentiel pour combattre le désespoir. En restant fermes dans notre foi et en nous appuyant sur l'espérance que nous avons en Christ, nous pouvons contrer ces attaques. En nourrissant notre relation avec Dieu et en cherchant le soutien de notre communauté, nous pouvons résister aux manigances de l'ennemi et affirmer notre confiance dans les promesses divines.

FICHE DE LA LEÇON #2

Titre : L'espérance comme arme contre le désespoir

Texte d'Or — 1 Pierre 1:3 « *Béni soit Dieu, le Père de notre Seigneur Jésus-Christ, qui, selon sa grande miséricorde, nous a régénérés pour une espérance vivante, par la résurrection de Jésus-Christ d'entre les morts.* »
Versets d'Appui : Lamentations 3:21-23__Jean 10:10__

Points de Discussion
1- L'espérance, une force divine :
L'espérance est active et dynamique, nous rappelant que Dieu a un plan pour notre vie, même au milieu des épreuves.
Utiliser l'espérance contre le désespoir :
Ancrage dans la Parole de Dieu : La méditation sur les promesses de Dieu renforce notre foi.
La prière : Discuter avec Dieu de nos luttes et lui confier nos préoccupations favorise la paix.
Communauté : Se rassembler avec des croyants encourageants nous fortifie.
Actions de gratitude : Exprimer notre reconnaissance pour les petites bénédictions aide à cultiver un état d'esprit positif.

2- Les stratégies du diable pour semer le désespoir :
Mensonges et accusations : Le diable nous accuse et sème la honte.
Isolation : Il cherche à nous éloigner du soutien communautaire.
Doutes sur les promesses de Dieu : Il incite à remettre en question la fidélité divine.
Focus sur les circonstances : Nous détourner des promesses en nous faisant concentrer sur nos problèmes.
Comparaison avec les autres : Semer l'envie et le découragement.
Éprouver notre patience : Utiliser la lenteur des réponses à nos prières pour générer le désespoir.

Prière
« Seigneur, aide-moi à ancrer mon espérance en Toi et à résister aux attaques de l'ennemi. Fortifie ma foi et permets-moi de soutenir ceux qui luttent contre le désespoir. Que Ta lumière guide mes pas chaque jour. Au nom de Jésus, Amen. »

Questions de Réflexion

Comment l'espérance en Dieu peut-elle vous aider à surmonter les moments de désespoir ?
Réponse : L'espérance en Dieu nous rappelle que nos souffrances sont temporaires et que Dieu a un plan pour nous. Elle nous donne la force de persévérer, sachant que Dieu est fidèle à Ses promesses et qu'Il nous guidera vers la victoire spirituelle.

Quelle est la relation entre la persévérance et l'espérance selon Romains 5:3-4 ?
Réponse : Romains 5:3-4 nous enseigne que l'affliction produit la persévérance, la persévérance mène à une victoire spirituelle, et cette victoire renforce notre espérance. C'est un processus où chaque étape nous amène à une plus grande confiance en Dieu.

Pourquoi l'espérance est-elle comparée à une ancre dans Hébreux 6:19 ?
Réponse : L'espérance est comparée à une ancre parce qu'elle nous garde stables et fermes face aux tempêtes de la vie. Comme une ancre empêche un bateau de dériver, l'espérance nous empêche de sombrer dans le désespoir et nous garde attachés à Dieu.

Comment pouvons-nous vivre selon l'espérance au quotidien et maintenir notre regard fixé sur les réalités célestes ?
Réponse : Nous pouvons vivre selon l'espérance en priant régulièrement, en méditant sur les promesses de Dieu, et en cultivant une vision tournée vers le Royaume céleste. Cela nous aide à rester concentrés sur les choses d'en haut et à ne pas nous laisser submerger par les défis de la vie terrestre.

Introduction au Mariage

L'ORIGINE DIVINE DU MARIAGE

Le mariage trouve son origine dans le récit de la Création dans le livre de la Genèse. Dieu créa l'homme et la femme et les unit dans une relation complémentaire et harmonieuse. « C'est pourquoi l'homme quittera son père et sa mère, et s'attachera à sa femme, et ils deviendront une seule chair » (Genèse 2:24). Cette union est décrite comme une fusion des vies, des buts et des esprits, créant une unité indissoluble.

1- La Valeur Sacrée du Mariage et la Nécessité de l'Éducation

Le mariage est souvent perçu comme une simple formalité ou un acte social, mais il est bien plus que cela : c'est une institution sacrée, profondément ancrée dans le plan divin pour l'humanité. Dans un monde en constante évolution, où les valeurs et les structures familiales sont souvent mises à l'épreuve, il est crucial de comprendre le véritable sens du mariage et la responsabilité qui en découle. Ce partenariat n'est pas seulement une union entre deux individus ; il est le fondement sur lequel reposent les familles et, par extension, la société tout entière.

En tant que croyants, nous savons que le mariage a été établi par Dieu avec un but précis. Dans ce contexte, chaque couple est appelé à participer à un dessein divin qui va bien au-delà de leurs désirs personnels. En se mariant, les partenaires acceptent non seulement de s'aimer, mais aussi de se soutenir mutuellement dans leur croissance personnelle et spirituelle. Cette dimension spirituelle du mariage implique une transmission d'héritages intellectuels, spirituels, financiers et moraux, qui sont essentiels pour l'épanouissement des générations futures.

La famille, en tant que cellule de base de la société, est le principal lieu où se transmettent ces valeurs fondamentales. Les enfants, en grandissant dans un environnement où l'amour et le respect sont manifestes, apprennent des leçons précieuses sur la vie et les relations. Ainsi, l'éducation sur le mariage devient indispensable, car elle permet aux futurs conjoints de développer les compétences nécessaires pour bâtir une union solide et harmonieuse. Comprendre les rôles et les responsabilités des époux est essentiel pour établir des fondations durables.

De plus, l'éducation au mariage aide à prévenir de nombreux défis courants que rencontrent les couples. La communication, la gestion des

conflits et la prise de décisions financières sont des aspects cruciaux qui nécessitent une attention particulière. En s'instruisant sur ces thèmes, les couples sont mieux préparés à affronter les tempêtes de la vie ensemble, cultivant ainsi un lien plus fort et plus résilient.
Il est également important de souligner que le mariage n'est pas une fin en soi, mais plutôt un voyage continu. À travers ce parcours, les époux sont appelés à grandir ensemble, à se soutenir et à se guider vers la réalisation de leur potentiel respectif. Un mariage épanouissant devient alors un reflet de l'amour inconditionnel que Dieu a pour son peuple, et chaque couple est invité à manifester cette réalité dans leur relation.

Dans la perspective biblique, est bien plus qu'un simple contrat social ou une formalité légale. C'est une institution sacrée établie par Dieu dès le commencement de la création, destinée à refléter la relation entre Christ et l'Église. L'indéfectibilité du mariage biblique est un principe fondamental qui souligne la permanence et la sainteté de cette union. « Que le mariage soit honoré de tous, et le lit conjugal exempt de souillure » (Hébreux 13:4).

En définitive, l'éducation sur le mariage n'est pas simplement un choix, mais une nécessité. En investissant du temps et des efforts pour mieux comprendre cette institution sacrée, nous contribuons à bâtir un avenir où l'amour, le respect et les valeurs morales sont au cœur de chaque foyer. Cela permet non seulement de renforcer notre propre union, mais aussi d'assurer un héritage précieux pour les générations à venir.

Perspectives Divines de l'Indissolubilité du Mariage
Dans le Nouveau Testament, Jésus réaffirme l'indissolubilité du mariage. Lorsqu'on lui demande s'il est permis de divorcer, Jésus répond : « Que l'homme ne sépare donc pas ce que Dieu a joint » (Matthieu 19:6). Cette déclaration souligne que le mariage, établi par Dieu, est une union permanente et ne doit pas être rompue
Le mariage est un engagement qui dure toute la vie, reflétant la fidélité et l'amour inconditionnel de Dieu pour l'humanité.

La Dimension Spirituelle du Mariage
L'Écriture utilise l'image du mariage pour illustrer la relation entre Christ et l'Église. Dans Éphésiens 5:25-32, l'apôtre Paul compare l'amour du mari pour sa femme à l'amour de Christ pour l'Église, soulignant que le mariage est destiné à être un témoignage visible de cette relation spirituelle. Cette dimension spirituelle renforce l'idée que le mariage ne doit pas être pris à la légère ou brisé sans raison valable.

I- L'INDÉFECTIBILITÉ DES MARIAGES BIBLIQUES

L'indéfectibilité du mariage biblique est un principe qui met en lumière la permanence de l'union matrimoniale. Le mariage, tel qu'enseigné dans la Bible, est conçu pour être un lien durable, reflétant l'amour inébranlable de Dieu pour son peuple. Ce principe invite les couples à honorer leur engagement et à persévérer dans leur relation, même face aux défis.

Les Conséquences du Défèlement du Mariage

Lorsque le mariage biblique est violé ou défendu, les conséquences sont graves tant sur le plan spirituel que pratique. L'infidélité, le divorce et les autres violations du mariage peuvent entraîner des ruptures profondes dans les relations et la communauté. Jésus lui-même met en garde contre les conséquences du divorce, le qualifiant d'acte de dureté de cœur et de violation de l'engagement divin (Matthieu 19:8).

La Restauration et le Pardon

Bien que l'indéfectibilité du mariage soit un idéal élevé, la Bible reconnaît également la réalité des échecs humains. Le pardon et la restauration sont disponibles pour ceux qui ont violé cet engagement, mais cela nécessite repentance, réconciliation et une volonté sincère de restaurer la relation. L'Église est appelée à soutenir les couples dans leur quête de guérison et de renouveau, en suivant l'exemple de l'amour inconditionnel de Dieu.

II - L'APPROCHE JUIVE DU MARIAGE : UNE UNION SACRÉE ET INDISSOLUBLE

Le mariage est décrit dans la Bible comme une union sacrée entre un homme et une femme, instituée dès la création de l'humanité. Selon la Torah, cette relation n'est pas seulement un contrat social, mais un engagement spirituel profond. La Halakha, ou loi juive, régit de nombreux aspects de la vie quotidienne, y compris le mariage, en mettant en avant l'importance de l'engagement, du respect mutuel et de la sanctification de l'union.

1. Le Mariage dans la Torah : Une Institution Divine

Dans le livre de la Genèse, la première union humaine entre Adam et Ève est décrite comme une alliance voulue par Dieu : « C'est pourquoi l'homme quittera son père et sa mère, et s'attachera à sa femme, et ils deviendront une seule chair » (Genèse 2:24). Ce verset exprime l'idée centrale du mariage dans le judaïsme : l'unité spirituelle et physique entre l'homme et la femme.

La Torah insiste également sur l'importance du mariage pour la continuité de l'humanité et l'accomplissement du plan divin. Le mariage n'est donc pas perçu comme une simple association personnelle, mais comme une mission spirituelle, un cadre où la sainteté peut être vécue à travers l'amour conjugal et la procréation.

2. La Halakha et le Mariage : Engagement et Respect

Dans la Halakha, le mariage est appelé « Kiddushin », qui signifie littéralement « sanctification ». Cela souligne la dimension spirituelle de cette union, perçue comme une étape essentielle pour sanctifier la vie. Le Kiddushin est la première étape de l'union juive, où l'homme et la femme se lient par un engagement irréversible.

Les principes de la Halakha dictent que le mariage doit être fondé sur le respect mutuel, l'amour, et la responsabilité partagée. Les lois juives énoncent des droits et des devoirs réciproques entre les époux, tels que la fidélité, le soutien matériel et émotionnel, ainsi que la transmission des valeurs religieuses et morales.

LES DEVOIRS ET RESPONSABILITÉS DES ÉPOUX

La Bible et la loi juive définissent des responsabilités claires pour les époux, mettant en avant l'amour, le respect et la fidélité comme piliers du mariage. Ces responsabilités visent à établir une relation harmonieuse et durable fondée sur les principes divins.

Responsabilités du Mari et de la Femme :
Selon Éphésiens 5:22-25, le mari doit aimer sa femme comme Christ a aimé l'Église, offrant ainsi un exemple d'amour sacrificiel et dévoué. En parallèle, la femme est appelée à respecter son mari, établissant une relation de réciprocité et de confiance. Ces devoirs soulignent la nécessité d'une compréhension mutuelle et d'un engagement profond envers l'autre.

Obligations Définies par le Contrat de Mariage :
Le contrat de mariage, document traditionnel du mariage juif, fixe les obligations financières et émotionnelles des époux. Il assure le soutien, la protection et la sécurité nécessaires à une union stable et épanouissante. Ces obligations reflètent l'importance d'une fondation solide pour le mariage, en assurant un équilibre entre les droits et les devoirs des deux partenaires.

Comparaison avec les Responsabilités Modernes :
Aujourd'hui, les responsabilités des époux peuvent varier en fonction des contextes culturels et personnels. Les couples modernes tendent à partager les tâches ménagères et les responsabilités financières de manière plus égalitaire, tout en cherchant à respecter les principes d'amour et de soutien. Toutefois, les valeurs fondamentales d'amour, de respect et de fidélité restent essentielles, même si les rôles peuvent évoluer.

Illustrations Contemporaines :
Exemple de Responsabilités Modernes : Les couples modernes peuvent opter pour une répartition équitable des tâches et des finances, ce qui reflète une approche plus égalitaire tout en préservant les principes d'amour et de soutien mutuel.

Contraste avec les Responsabilités Traditionnelles :
Les rôles traditionnels étaient souvent plus distincts, avec des attentes précises pour chaque partenaire. Néanmoins, les principes de respect et d'amour inconditionnel demeurent constants, indépendamment de l'évolution des rôles et des responsabilités.

Défis Courants :
Les désaccords financiers, les différences de valeurs et les attentes non satisfaites sont des défis courants dans le mariage. Les questions financières peuvent entraîner des tensions si les partenaires ont des visions divergentes sur la gestion de l'argent. Les différences de valeurs peuvent également causer des conflits si les époux ne partagent pas les mêmes croyances ou objectifs de vie. De plus, des attentes non satisfaites peuvent mener à des frustrations et à des ressentiments si les besoins émotionnels ou pratiques ne sont pas comblés.

Résolution des Conflits :
Les Écritures recommandent des conversations ouvertes et honnêtes pour résoudre les conflits. Une communication claire et respectueuse permet de traiter les problèmes de manière constructive. La Halakha propose des solutions pour résoudre les disputes selon des principes de justice, en mettant l'accent sur la médiation et l'équité. Les enseignements bibliques encouragent également la recherche de réconciliation et la mise en pratique du pardon, favorisant ainsi une résolution harmonieuse des conflits.

Comparaison avec les Méthodes Modernes :
Les méthodes modernes de résolution des conflits, telles que la thérapie conjugale et la médiation, sont couramment utilisées pour aider les couples à naviguer à travers les différends. Ces approches offrent des techniques et des outils pour améliorer la communication et trouver des solutions aux problèmes. Cependant, les principes bibliques de patience, de pardon et de compréhension restent essentiels.

Patience : Permet de gérer les tensions sans précipitation, offrant ainsi un espace pour réfléchir avant d'agir.
Pardon : Aide à surmonter les blessures et à restaurer les relations, créant une atmosphère propice à la guérison et à la réconciliation.
Conclusion :
En combinant les principes bibliques avec des approches modernes de résolution des conflits, les couples peuvent établir des fondations solides pour leur relation. La communication ouverte, la patience et le pardon sont des éléments clés pour surmonter les défis et renforcer l'engagement mutuel.

Questions de Réflexion et Réponses

Comment les responsabilités des époux sont-elles appliquées dans les relations contemporaines ?
Réponse : Dans les relations contemporaines, les responsabilités des époux sont souvent partagées de manière plus égalitaire. Les couples collaborent sur les tâches ménagères et prennent des décisions financières ensemble, tout en cherchant à respecter les valeurs d'amour et de soutien.

En quoi les principes bibliques et de la loi juive influencent-ils les attentes modernes dans le mariage ?
Réponse : Les principes bibliques et de la loi juive, tels que l'amour, le respect et la fidélité, continuent de façonner les attentes modernes dans le mariage. Bien que les rôles puissent évoluer, ces valeurs fondamentales restent des piliers essentiels pour établir des relations durables.

Comment les couples peuvent-ils intégrer ces responsabilités dans leur vie quotidienne ?
Réponse : Les couples peuvent intégrer ces responsabilités en établissant des routines de communication régulières, en définissant des tâches spécifiques à partager et en prenant le temps d'évaluer leurs attentes mutuelles.

Quels défis spécifiques les couples modernes rencontrent-ils en ce qui concerne ces responsabilités ?
Réponse : Les couples modernes peuvent rencontrer des défis tels que des désaccords sur la répartition des tâches, des attentes non satisfaites concernant le soutien émotionnel, et des divergences sur la gestion des finances.

Comment peut-on cultiver une culture de pardon et de compréhension dans le mariage ? Réponse : Cultiver une culture de pardon et de compréhension nécessite une communication ouverte, la reconnaissance des erreurs et un engagement à travailler ensemble sur les difficultés. Les couples peuvent également pratiquer la gratitude et valoriser les efforts de chacun.
ence et pardon.

Le mariage

FICHE DE LA LEÇON # 1

Titre : Les Devoirs et Responsabilités des Époux

Texte d'Or : Éphésiens 5:22-25 « *Femmes, soyez soumises à vos maris, comme au Seigneur ; car le mari est le chef de la femme, comme Christ est le chef de l'Église.* »

Versets d'Appui : 1 Pierre 3:1-2 __Colossiens 3:18-19__Proverbes 31:10-31__1 Corinthiens 7:3-5

Points de Discussion :

1- <u>Responsabilités du Mari et de la Femme</u> :
a) Le mari est appelé à aimer sa femme comme Christ a aimé l'Église, illustrant un amour sacrificiel.
b) La femme est appelée à respecter son mari, établissant une relation de confiance et de réciprocité.

2- <u>Obligations Définies par le Contrat de Mariage</u> :
Ce contrat fixe les obligations financières et émotionnelles, garantissant le soutien et la sécurité dans le mariage.

3 - <u>Comparaison avec les Responsabilités Modernes</u> :
Les couples modernes partagent souvent les tâches de manière égalitaire tout en cherchant à respecter les valeurs fondamentales d'amour et de respect.

<u>Défis Courants</u> :
- Désaccords financiers
- Différences de valeurs
- Attentes non satisfaites

Application : Intégrer les principes bibliques : Réfléchir à comment les enseignements bibliques peuvent renforcer la dynamique conjugale.

Prière :
« Seigneur, aide-nous à remplir nos responsabilités conjugales avec amour et dévouement. Que notre union soit fondée sur le respect mutuel et la compréhension, et que nous puissions surmonter les défis avec patience et pardon. Amen. »

L'AMOUR INCONDITIONNEL DANS LE MARIAGE

L'amour inconditionnel est au cœur du mariage chrétien. Dans un monde souvent dominé par des attentes et des conditions, l'amour que les conjoints se doivent l'un à l'autre est un appel à transcender ces limitations. L'apôtre Paul exhorte les maris à aimer leurs femmes comme Christ a aimé l'Église, un amour qui se manifeste par le sacrifice et la dévotion. Cet article explore la nature de cet amour, son modèle divin, et comment il se traduit dans les relations contemporaines.

Définition de l'Amour Inconditionnel
L'amour inconditionnel ne dépend pas des actions ou des qualités de l'autre. C'est un choix délibéré et constant, un engagement à aimer l'autre indépendamment des circonstances. Cet amour est enraciné dans une compréhension profonde de la valeur de l'autre en tant qu'être créé à l'image de Dieu.

Modèle de Christ
L'amour sacrificiel de Christ pour l'Église représente le modèle ultime d'amour inconditionnel. Jésus s'est offert pour le bien de l'humanité, démontrant ainsi que l'amour véritable implique des sacrifices personnels. Les époux sont appelés à imiter ce modèle en plaçant les besoins de leur partenaire avant les leurs.

Comment l'Amour Inconditionnel Peut se Manifester entre Époux
L'amour inconditionnel peut se manifester de plusieurs façons concrètes dans le mariage :

Soutien Émotionnel :
Être présent pour son partenaire dans les moments de tristesse ou de stress, offrant écoute et réconfort sans jugement.

Patience et Compréhension :
Accepter les imperfections de l'autre et faire preuve de patience dans les désaccords, cherchant à comprendre plutôt qu'à condamnerpour soutenir l'autre dans ses ambitions.

Encouragement : Encourager son partenaire à poursuivre ses rêves et aspirations, même si cela nécessite des sacrifices de temps ou d'énergie.

Pardon : Pratiquer le pardon inconditionnel en laissant derrière soi les erreurs et les offenses, ce qui renforce la confiance et la connexion.

Sacrifice Personnel : Parfois, cela signifie mettre de côté ses propres désirs ou besoins pour le bien-être de son conjoint. Par exemple, un partenaire peut choisir de renoncer à un projet personnel pour soutenir l'autre dans ses ambitions.

Encouragement : Encourager son partenaire à poursuivre ses rêves et aspirations, même si cela nécessite des sacrifices de temps ou d'énergie.

Pardon : Pratiquer le pardon inconditionnel en laissant derrière soi les erreurs et les offenses, ce qui renforce la confiance et la connexion.

Comparaison avec les Attentes Modernes

Aujourd'hui, les relations sont souvent teintées de conditions et d'attentes. Beaucoup considèrent l'amour comme une transaction, où chaque partenaire doit répondre aux besoins de l'autre pour que l'amour perdure. En revanche, l'amour biblique enseigne que le véritable amour transcende ces conditions, offrant un soutien inébranlable même dans les moments difficiles.

Illustrations
Un exemple moderne d'amour inconditionnel pourrait être un partenaire qui soutient l'autre face à des défis, comme une maladie ou des difficultés financières, malgré les imperfections et les erreurs. Ce type de soutien met en lumière l'importance de la compassion et de la patience dans le mariage.

Contraste avec l'Amour Conditionnel
Les relations contemporaines peuvent mettre l'accent sur la compatibilité, les attentes et les conditions. Cela peut entraîner des ruptures lorsque l'un des partenaires ne répond pas aux critères établis. À l'inverse, l'amour inconditionnel enseigné dans les Écritures appelle à un engagement profond et à un soutien mutuel, quelles que soient les circonstances.

Le mariage

Questions de Réflexion et Réponses

Comment les responsabilités des époux sont-elles appliquées dans les relations contemporaines ?
Les responsabilités des époux aujourd'hui se manifestent souvent par un partage équitable des tâches ménagères et des responsabilités financières. De nombreux couples choisissent de travailler ensemble pour atteindre des objectifs communs, tout en respectant les principes d'amour et de soutien.

En quoi les principes bibliques influencent-ils les attentes modernes dans le mariage ?
Les principes bibliques, tels que l'amour inconditionnel, le respect mutuel et le pardon, continuent d'influencer les attentes des couples modernes. Même si les rôles peuvent évoluer, ces valeurs fondamentales restent essentielles pour construire une relation solide et durable.

Comment l'amour inconditionnel peut-il se manifester dans le mariage ?
L'amour inconditionnel peut se manifester par le soutien émotionnel, la patience, le sacrifice personnel, l'encouragement et le pardon. Ces actions montrent une volonté de placer les besoins de son partenaire avant les siens, renforçant ainsi la relation.

Quels défis les couples peuvent-ils rencontrer en cherchant à appliquer ces principes ?
Les couples peuvent faire face à des défis tels que des désaccords financiers, des différences de valeurs et des attentes non satisfaites. Ces conflits peuvent créer des tensions, mais un engagement à appliquer les principes bibliques peut aider à surmonter ces obstacles.

Comment les couples peuvent-ils intégrer des rituels modernes tout en respectant les principes traditionnels ?
Les couples peuvent choisir d'inclure des éléments personnalisés dans leur mariage, comme des cérémonies thématiques, tout en gardant à l'esprit les principes bibliques d'engagement et de responsabilité. Cela peut se faire en adaptant les rituels traditionnels pour les rendre plus significatifs et représentatifs de leur union.

Application :
Appliquer les principes bibliques pour améliorer la dynamique conjugale et renforcer les responsabilités partagées.

FICHE DE LA LEÇON #2

Titre : L'Amour Inconditionnel des Conjoints
Texte d'Or : Éphésiens 5:25- « *Maris, aimez vos femmes, comme Christ a aimé l'Église et s'est livré lui-même pour elle.* »

Versets d'Appui : 1 Corinthiens 13:4-7 – Les caractéristiques de l'amour.
1 Jean 4:7 –

Points Principaux :
1- Définition de l'Amour Inconditionnel :
Un amour qui ne dépend pas des actions ou des qualités de l'autre, mais qui est un choix constant.

2- Modèle de Christ :
L'amour sacrificiel de Christ pour l'Église est le modèle ultime d'amour inconditionnel.

3- Comment cela se Manifeste :
- Soutien émotionnel
- Patience et compréhension
- Sacrifice personnel
- Encouragement
- Pardon

4- Comparaison avec les Attentes Modernes :
Aujourd'hui, l'amour est souvent conditionné par des attentes et des besoins personnels, mais l'amour biblique transcende ces conditions.

Illustrations Contemporaines :
Exemple Moderne : Un partenaire qui soutient l'autre dans des moments difficiles, malgré les imperfections.
Contraste avec l'Amour Conditionnel : Les relations modernes peuvent mettre l'accent sur la compatibilité et les conditions, contrairement à l'amour inconditionnel enseigné dans les Écritures.

LE RESPECT MUTUEL DANS LE MARIAGE

Le mariage est une union sacrée qui repose sur plusieurs fondements, parmi lesquels le respect mutuel occupe une place centrale. Dans Éphésiens 5:33, l'apôtre Paul souligne l'importance de cet aspect en déclarant : « Que chaque mari aime sa femme comme lui-même, et que la femme respecte son mari. » Cette instruction nous rappelle que le respect et l'amour doivent aller de pair pour favoriser une relation épanouissante.

Points Principaux
<u>Respect Mutuel</u>
Le respect mutuel consiste à traiter son conjoint avec considération et dignité. Cela signifie écouter attentivement, valoriser les opinions et les sentiments de l'autre, et agir avec compassion. Le respect crée un environnement où chaque partenaire se sent en sécurité et apprécié.

<u>Dignité et Honneur</u>
Reconnaître et valoriser les contributions de son partenaire est essentiel. Cela inclut non seulement l'appréciation des efforts quotidiens, mais aussi le soutien dans les aspirations et les rêves de chacun. Un mariage sain repose sur une reconnaissance mutuelle des besoins et des désirs.

<u>Comparaison avec le Manque de Respect Moderne</u>
Dans les relations contemporaines, il est fréquent de constater un manque de respect, qui peut se manifester par des critiques constantes ou un dédain pour les besoins de l'autre. Ce comportement peut nuire à l'harmonie conjugale et créer des tensions inutiles.

Illustrations Contemporaines
<u>Exemple Moderne</u>

Respecter les opinions et les besoins de votre conjoint, même lorsqu'ils diffèrent des vôtres, est une expression fondamentale du respect mutuel. Par exemple, dans une discussion sur la gestion des finances, écouter et prendre en compte le point de vue de l'autre avant de prendre une décision commune est un signe de respect.

Conduire les Discussions Conjugales avec Respect et Vérité : L'Exemple de David et Nathan

Les discussions en couple, surtout lorsqu'elles portent sur des conflits ou des erreurs, nécessitent une approche empreinte de respect et de vérité. L'histoire de David et Nathan dans la Bible illustre parfaitement comment mener de telles discussions de manière constructive et édifiante.

Contexte Biblique : David et Nathan
David, roi d'Israël, a commis un grave péché en ayant une liaison avec Bath-Shéba et en faisant tuer son mari, Urie. Nathan, le prophète, est envoyé par Dieu pour confronter David avec son péché. Au lieu de faire une accusation directe, Nathan utilise une parabole pour amener David à reconnaître sa faute. Il raconte l'histoire d'un riche homme qui vole le seul agneau d'un pauvre pour nourrir un visiteur, ce qui éveille la colère de David contre le riche homme. Nathan révèle ensuite que David est ce riche homme dans l'histoire.

Le Respect dans la Réprimande:
Nathan montre un respect profond pour David, non seulement en utilisant une parabole pour aborder la question, mais aussi en maintenant une posture de respect tout au long de la confrontation. Il ne s'attaque pas directement à David, mais lui présente la vérité de manière à lui permettre de voir la gravité de ses actions par lui-même. Cette approche aide à préserver la dignité de David tout en soulignant la nécessité de repentance.

L'Objectif de Redressement
L'objectif principal de Nathan est de redresser David, non de le condamner. Il cherche à ouvrir les yeux de David sur la gravité de son péché afin qu'il puisse comprendre la portée de ses actions et se tourner vers la repentance. Cette démarche vise non seulement à corriger le comportement erroné mais aussi à restaurer la relation entre David et Dieu.

Application dans les Discussions Conjugales

Lors des discussions en couple, il est crucial d'adopter une méthode similaire :
Utiliser des Paraboles ou des Exemples : Lorsque vous abordez des problèmes, utilisez des exemples ou des situations analogues pour

illustrer vos points de manière claire et non accusatoire.
Faire Preuve de Respect : Assurez-vous que la conversation se déroule

dans un esprit de respect mutuel, même lorsqu'il y a des critiques à formuler.

<u>Se Concentrer sur la Réparation</u> : Le but est d'améliorer la relation et de résoudre le problème, non de gagner une dispute ou de blâmer l'autre. En suivant l'exemple de Nathan, vous pouvez aborder les conflits conjugaux avec un esprit de compréhension et de respect, tout en encourageant une résolution constructive et une croissance commune.

Quand les personnes n'ont pas nécessairement tort mais ont des points de vue différents, il est essentiel d'aborder la situation avec compréhension et ouverture. Voici quelques principes et étapes pour gérer de telles situations :

1. <u>Reconnaître la Valeur des Points de Vue Divergents</u>
Chaque personne a une perspective unique façonnée par ses expériences, croyances et valeurs. Reconnaître la légitimité des points de vue différents est crucial pour une discussion respectueuse.

2. <u>Favoriser l'Écoute Active</u>
Encouragez les deux parties à écouter activement les arguments et les sentiments de l'autre. L'écoute active implique de vraiment entendre ce que l'autre personne dit, sans interrompre ni juger, et de poser des questions pour clarifier les points qui ne sont pas clairs.

3. <u>Exprimer les Sentiments de Manière Constructive</u>
Il est important de partager vos propres sentiments et perspectives sans accuser l'autre personne. Utilisez des phrases en « je » pour exprimer comment vous vous sentez par rapport à la situation, plutôt que de faire des affirmations généralisantes sur l'autre personne.

4. <u>Rechercher des Points Communs</u>
Identifiez les aspects sur lesquels vous êtes d'accord. Même lorsque les points de vue diffèrent, il est souvent possible de trouver des terrains d'entente qui peuvent servir de base pour une discussion productive.
n appliquant ces principes, vous pouvez naviguer les discussions sur des points de vue divergents de manière respectueuse et constructive, renforçant ainsi la compréhension mutuelle et la cohésion dans vos relations.

5. <u>Respecter les Différences</u>
Acceptez que certaines différences de perspective peuvent persister. Le but n'est pas toujours d'arriver à un accord total, mais plutôt de comprendre et

de respecter les différences. Parfois, l'objectif est de trouver un compromis ou de convenir de vivre avec des perspectives divergentes.

6. Trouver un Terrain d'Entente ou un Compromis
Quand c'est possible, travaillez ensemble pour trouver une solution qui tient compte des besoins et des souhaits de chaque personne. Cela peut impliquer des compromis ou des ajustements pour satisfaire les deux parties.

7. Considérer les Conséquences
Évaluez comment ces différences de points de vue affectent votre relation et décidez si elles nécessitent un ajustement ou une gestion particulière pour éviter des conflits futurs.

8. Utiliser des Techniques de Médiation si Nécessaire
Si les discussions deviennent trop tendues ou si un consensus semble impossible, envisagez de faire appel à un médiateur neutre. La médiation peut aider à faciliter la communication et à trouver des solutions acceptables pour toutes les parties.

Exemple Biblique :
L'apôtre Paul, dans ses épîtres, aborde les différences de points de vue au sein des églises primitives avec respect et compréhension. Par exemple, dans Romains 14, il parle de la manière dont les croyants doivent traiter les différences d'opinions sur des questions non essentielles avec tolérance et respect, en se concentrant sur la paix et l'édification mutuelle.

LE SOUTIEN ÉMOTIONNEL DANS LE MARIAGE

Le soutien émotionnel est un pilier fondamental du bien-être dans le mariage. Il implique la capacité des époux à offrir compassion, encouragement et réconfort mutuel. Ce soutien est essentiel pour maintenir une relation saine et épanouie, particulièrement lors des périodes de difficulté ou de stress.

Points Principaux :
Offrir du Soutien : Écouter activement et offrir du réconfort sont des aspects clés du soutien émotionnel. Lorsque votre partenaire traverse une période difficile, être présent pour écouter sans juger et offrir un soutien affectueux peut faire une grande différence. Ce soutien renforce le lien conjugal et montre que vous êtes un partenaire fiable et attentif.

L'Importance de la Compassion : La compassion joue un rôle crucial dans la connexion émotionnelle entre les conjoints. Elle implique non seulement de ressentir de la sympathie pour les difficultés de l'autre, mais aussi de participer activement à leur soulagement. En traversant les épreuves ensemble avec une attitude compatissante, les couples renforcent leur relation et favorisent une compréhension mutuelle plus profonde.

Comparaison avec les Défis Émotionnels Modernes : Le stress quotidien et les attentes non satisfaites peuvent entraver le soutien émotionnel dans le mariage. Les pressions professionnelles, les responsabilités familiales et les exigences sociales peuvent créer des tensions et des malentendus. Il est important de reconnaître ces défis et de mettre en place des stratégies pour les surmonter tout en maintenant un soutien émotionnel mutuel.

Illustrations Contemporaines :
Exemple Moderne : Être présent pour votre partenaire pendant les périodes de stress et offrir des encouragements est un exemple concret de soutien émotionnel. Cela peut inclure des gestes simples comme des mots d'encouragement, des actes de service ou simplement être une oreille attentive.

Contraste avec le Manque de Soutien : L'absence de soutien ou la minimisation des sentiments de l'autre peuvent exacerber les périodes de détresse émotionnelle. Lorsque les partenaires ne se soutiennent pas mutuellement, cela peut aggraver les difficultés et créer un sentiment d'isolement ou de mépris, ce qui nuit à la relation

Questions et Réponses

1- Comment les paraboles ou exemples peuvent-ils être utiles lors des discussions en couple ?
Utiliser des paraboles ou des exemples permet d'aborder des sujets délicats sans attaquer l'autre, favorisant ainsi une communication plus douce et compréhensive.

2- Pourquoi est-il essentiel de faire preuve de respect dans les conversations délicates ?
Le respect mutuel aide à maintenir un environnement sain pour la discussion, même lorsque des critiques sont nécessaires, en évitant de blesser l'autre.

3- Quelle différence y a-t-il entre "gagner une dispute" et "se concentrer sur la réparation" ?
Gagner une dispute se concentre sur l'ego, alors que la réparation vise à améliorer la relation et à résoudre le problème en équipe.

4- Que faire si les points de vue divergent dans une relation ?
Il est crucial de reconnaître la légitimité des opinions différentes, d'écouter activement et de chercher des compromis ou des terrains d'entente pour maintenir la paix.

5- Comment exprimer ses sentiments sans accuser l'autre personne ?
Utiliser des phrases en "je" permet de partager ses ressentis de manière constructive et évite de pointer du doigt ou de généraliser sur l'autre personne.

6- Pourquoi le soutien émotionnel est-il crucial dans le mariage ?
Le soutien émotionnel, qui comprend l'écoute active et la compassion, renforce les liens conjugaux, surtout pendant les périodes de stress ou de difficultés.

7- Quelles conséquences peut avoir l'absence de soutien émotionnel dans une relation ?
L'absence de soutien peut aggraver les tensions et provoquer des sentiments d'isolement ou de mépris, ce qui fragilise la relation.

Le mariage

FICHE DE LA LEÇON #3

Titre : Partage des Responsabilités dans le Mariage

Texte d'or : 1 Pierre 4:10 – « *Chacun de vous mettez au service des autres le don que vous avez reçu, comme de bons intendants de la grâce variée de Dieu.* »

Versets d'appui : Proverbes 31:15 – « Elle se lève quand il fait encore nuit, et donne la nourriture à sa famille. »
Éphésiens 5:28-29 – « Les maris doivent aimer leurs femmes comme leurs propres corps. »

Introduction : Le partage équitable des responsabilités domestiques est crucial pour une relation équilibrée. Les conjoints doivent travailler ensemble pour gérer les tâches ménagères et les obligations familiales, favorisant ainsi une atmosphère de collaboration et de respect mutuel.

Points Principaux :
1- <u>Répartition des Tâches</u> :
Établir un partage juste des responsabilités ménagères en tenant compte des forces et des préférences de chacun.

2- <u>Équilibre et Soutien</u> :
S'assurer que les tâches sont réparties équitablement et que chacun soutient l'autre dans l'accomplissement de ses responsabilités. Cela crée une dynamique de partenariat où les deux conjoints se sentent valorisés et respectés.

3- <u>Communication Ouverte</u> :
Encourager des discussions régulières sur les attentes et les besoins liés aux tâches ménagères. Cela permet d'éviter les malentendus et de maintenir une atmosphère de coopération.

4- <u>Reconnaissance des Efforts</u> :
Valoriser les contributions de chacun. Reconnaître et apprécier les efforts de votre partenaire renforce le respect et l'encouragement mutuels.

Conclusion:

En somme, l'éducation sur le mariage est une étape essentielle pour bâtir des fondations solides et durables. En comprenant les rôles, les responsabilités et les valeurs qui sous-tendent cette institution sacrée, nous nous préparons à vivre des relations épanouissantes qui reflètent le plan divin pour l'humanité. Le mariage, loin d'être un simple contrat social, est un chemin de croissance mutuelle, d'amour inconditionnel et de transmission de valeurs fondamentales.

Je vous invite à explorer ces concepts plus en profondeur dans mon livre complet intitulé "À Deux pour la Vie : Clés d'un Mariage qui Rayonne". Ensemble, découvrons les trésors que le mariage a à offrir et comment chacun d'entre nous peut contribuer à faire briller cette union sacrée.

En investissant dans notre compréhension du mariage, nous investissons dans notre avenir, celui de nos enfants et de la société. Ne laissez pas passer cette opportunité de grandir et d'apprendre ; plongez-vous dans mon livre et découvrez les clés d'un mariage épanouissant.

Poème
Pour Vous, Chers Lecteurs
Dans les Jardins de l'Amour

Dans les jardins de l'amour, que fleurisse votre union,
Que chaque sourire soit une douce chanson.
Que les rêves s'entrelacent, main dans la main,
Et que la lumière de votre cœur éclaire le chemin.

À deux, bâtissez des jours de douceur,
Où chaque instant partagé nourrit le bonheur.
Que les défis vous rapprochent, comme les étoiles,
Dans l'infini du ciel, votre amour se dévoile.

Job Francois__

Glossaire

Filiation : Relation qui existe entre un parent et son enfant, ou, dans un sens spirituel, la relation qui unit un croyant à Dieu en tant que Père.
Contexte Biblique : En tant que chrétiens, nous sommes enfants de Dieu, adoptés dans Sa famille par la foi en Jésus-Christ (Galates 4:5-7).

Royaume : Domaine ou règne où Dieu est souverain. Il peut s'agir du Royaume de Dieu ou du Royaume des Cieux, un lieu où Sa volonté est parfaitement accomplie.
Contexte Biblique : Le Royaume de Dieu est à la fois présent et futur, se manifestant dans la vie des croyants ici et maintenant, mais atteignant sa plénitude lors du retour de Christ (Matthieu 6:33).

Victoire : Le triomphe ou le succès sur un ennemi ou un obstacle. Dans le contexte chrétien, cela fait référence à la victoire sur le péché, la mort et les forces du mal grâce à Jésus-Christ.
Contexte Biblique : Jésus a remporté la victoire sur la mort et le péché par sa résurrection (1 Corinthiens 15:57).

La Justice : La droiture ou l'équité, conforme aux lois divines. C'est aussi la qualité d'être moralement juste ou équitable.
Types de Justice :

<u>Justice divine</u> : La justice de Dieu, parfaite et infaillible, qui juge les hommes selon leurs actions.

<u>Justice immanente</u> : Justice manifestée dans le monde, souvent vue comme une conséquence naturelle des actions humaines.
Justice restaurative : Justice visant à restaurer et réconcilier plutôt qu'à punir.

<u>Justice rétributive</u> : Justice qui consiste à punir les malfaiteurs en fonction de la gravité de leurs crimes.
indépendamment de leur origine ou de leur contexte culturel.Agapé : Amour inconditionnel et sacrificiel, souvent associé à l'amour de Dieu pour l'humanité.

Justice sociale : Principe visant à garantir l'équité dans la répartition des ressources, des droits et des responsabilités au sein de la société, en particulier pour les groupes marginalisés ou défavorisés.

L'Équité :
Définition : Principe de traiter chaque individu avec justice et impartialité, en tenant compte des différences individuelles pour atteindre un résultat équitable.
Contexte Biblique : L'équité est un aspect de la justice de Dieu, visant à équilibrer les besoins et les droits des individus (Actes 2:44-45).

Droit Universel :
Définition : Principes et normes de justice et de droits fondamentaux reconnus universellement.
Contexte Biblique : Ces concepts peuvent être alignés avec la justice divine et la dignité humaine (Genèse 1:27).

Paix avec Dieu : Définition : La réconciliation entre Dieu et l'homme, obtenue par la foi en Jésus-Christ.
Contexte Biblique : Grâce au sacrifice de Jésus, les croyants sont en paix avec Dieu (Romains 5:1).

Paix de Dieu : Définition : Une paix intérieure et durable, donnée par Dieu.
Contexte Biblique : La paix de Dieu garde les cœurs et les pensées en Jésus-Christ (Philippiens 4:7).

La Joie :
Définition : Sentiment de bonheur profond et durable.
Contexte Biblique : La joie du Seigneur est une force pour les croyants (Néhémie 8:10).

L'Amour :
Définition : Affection p Philia : Amour fraternel ou amitié.
Éros : Amour romantique ou passionné.
Storgé : Amour familial ou affection naturelle. Contexte Biblique : Dieu est amour (1 Jean 4:7-8).

Philia : Amour fraternel ou amitié.
Éros : Amour romantique ou passionné.
Storgé : Amour familial ou affection naturelle. Contexte Biblique : Dieu est amour (1 Jean 4:7-8).

L'Adoration : Définition : Acte de révérence et de respect envers Dieu.
Contexte Biblique : L'adoration est une réponse naturelle à la grandeur de Dieu (Jean 4:24).

La Prière : Communication avec Dieu.
Contexte Biblique : La prière permet aux croyants d'entrer en communion avec Dieu (Philippiens 4:6-7).

Le Mariage : Définition : L'union sacrée entre un homme et une femme, instituée par Dieu.
Contexte Biblique : Le mariage est une image de la relation entre Christ et l'Église (Éphésiens 5:25-32).

Évangélisation : La proclamation de la Bonne Nouvelle de Jésus-Christ.
Contexte Biblique : Jésus a donné la Grande Commission (Matthieu 28:19-20).

Miséricorde : Compassion ou pardon montré à quelqu'un.
Contexte Biblique : Dieu appelle ses enfants à être miséricordieux (Matthieu 5:7).

Empire : Un vaste domaine sous une seule autorité.
Contexte Biblique : L'Empire du Christ est un règne éternel (Apocalypse 11:15).

Sacerdoces : Fonction ou dignité de prêtre.
Contexte Biblique : Tous les croyants sont appelés à être des prêtres (1 Pierre 2:9).

Conquête : Acte de vaincre ou de prendre possession.
Contexte Biblique : Les croyants sont appelés à conquérir le péché (Romains 8:37).

La Repentance : Acte de regretter sincèrement ses péchés.
Contexte Biblique : La repentance est essentielle au salut (Actes 3:19).

L'Intimité : Proximité émotionnelle et spirituelle.
Contexte Biblique : Les croyants sont appelés à cultiver une relation intime avec Dieu (Jacques 4:8).

Justification : Acte par lequel Dieu déclare un pécheur juste sur la base de la foi en Jésus-Christ.
Contexte Biblique : La justification est obtenue par la foi et non par les œuvres (Romains 3:28).
Sanctification : Processus par lequel un croyant est rendu saint et séparé pour le service de Dieu.

Contexte Biblique : La sanctification est un processus continu dans la vie d'un chrétien (1 Thessaloniciens 4:3).

Redemption : Action de racheter, de libérer quelqu'un du péché ou de la servitude.
Contexte Biblique : Jésus est notre Rédempteur, ayant payé le prix pour nos péchés (Éphésiens 1:7).

Pentateuque : Les cinq premiers livres de la Bible, souvent appelés la Loi de Moïse.
Contexte Biblique : Le Pentateuque contient les fondements de la foi juive et chrétienne (Genèse, Exode, Lévitique, Nombres, Deutéronome).

L'Intimité : Proximité émotionnelle et spirituelle, particulièrement dans le contexte de la relation avec Dieu.
Contexte Biblique : Les croyants sont appelés à cultiver une relation intime avec Dieu par la prière, l'adoration et la méditation de Sa Parole (Jacques 4:8).

Élection : Choix ou désignation d'une personne pour un but particulier, souvent utilisé dans le contexte de la sélection divine des croyants.
Contexte Biblique : L'élection est un acte de grâce par lequel Dieu choisit certaines personnes pour le salut (Éphésiens 1:4-5).

Nouvelle Naissance : Processus spirituel par lequel une personne est régénérée par l'Esprit Saint, devenant ainsi une nouvelle création en Christ.
Contexte Biblique : Jésus enseigne que pour voir le Royaume de Dieu, il faut naître de nouveau (Jean 3:3).

Régénération: La régénération est le processus spirituel par lequel une personne devient une nouvelle créature en Christ grâce à l'action du Saint-Esprit, transformant ainsi sa vie.
Références Bibliques : Jean 3:3 : « À moins de naître de nouveau, on ne peut voir le royaume de Dieu. »
2 Corinthiens 5:17 : « Si quelqu'un est en Christ, il est une nouvelle créature. »__ Tite 3:5 : « Par le lavage de la régénération et le renouvellement du Saint-Esprit. »

Concepts Connexes :
Nouvelle naissance : Changement radical lors de la conversion.
Justification : Statut de ceux qui croient en Christ.

Sanctification : Processus de devenir saint après la régénération.
Importance Théologique : La régénération est cruciale pour une relation personnelle avec Dieu, soulignant le besoin d'un changement spirituel divin.

Adoption : Acte par lequel une personne prend un enfant, souvent un enfant né hors mariage, comme le sien. Spirituellement, cela fait référence à l'adoption des croyants dans la famille de Dieu.
Contexte Biblique : En Christ, nous sommes adoptés comme enfants de Dieu, héritiers selon la promesse (Romains 8:15-17).

Halakha (ou Halakhah) : Terme hébreu signifiant « marche » ou « chemin ». Il désigne l'ensemble des lois religieuses et des règles de vie juives dérivées de la Torah, du Talmud et d'autres textes rabbiniques. La Halakha régit de nombreux aspects de la vie quotidienne juive, incluant la prière, les fêtes, l'alimentation (cacherout), et les relations sociales. Elle est souvent vue comme la manière de suivre la volonté divine dans tous les aspects de la vie.

Fidélité

Définition : La qualité d'être constant et loyal dans ses promesses et ses engagements.
Signification : La fidélité de Dieu est manifeste dans ses promesses à Son peuple, assurant que, même en période d'épreuve, Il reste toujours fidèle et digne de confiance.

Éthique

Définition : La branche de la philosophie qui traite des questions de morale et des principes de la bonne conduite.
Signification : En théologie, l'éthique examine les fondements moraux des comportements humains à la lumière des enseignements bibliques.

Harmatiologie Définition : L'étude théologique du péché, de sa nature, de ses causes et de ses conséquences.
Signification : Ce terme traite des manières dont le péché affecte la relation entre l'humanité et Dieu, ainsi que la nécessité de la rédemption.

La **physique quantique** étudie le comportement des particules très petites, comme les atomes. Elle montre que l'énergie est divisée en petites unités, que les particules peuvent se comporter à la fois comme des ondes et des particules, et qu'on ne peut pas tout mesurer précisément en même temps.

Ces idées expliquent des phénomènes à petite échelle et sont utilisées dans des technologies comme les ordinateurs et les lasers.

Chronos et Kairos

Chronos : Le temps linéaire ou chronologique, souvent mesuré par les horloges.
Signification : Il représente le temps dans sa dimension quantitative.
Kairos : Le temps opportun ou le moment décisif.
Signification : Il représente le moment où quelque chose de significatif se produit, souvent en lien avec l'action divine.

Porneia

Définition : Terme grec souvent traduit par "prostitution," englobant des activités sexuelles jugées immorales.
Signification : Cela désigne les comportements sexuels inappropriés dans le cadre des enseignements bibliques.
Impudicité (Impudicité)
Définition : L'impudicité désigne un comportement ou une attitude marquée par l'absence de décence, de moralité ou de retenue, souvent en rapport avec la sexualité. Cela inclut des actions considérées comme immorales ou inappropriées selon les normes éthiques ou religieuses.

Parousie

Définition : Le terme « Parousie » désigne le retour glorieux de Jésus-Christ à la fin des temps.
Signification : La Parousie est l'espérance chrétienne de la seconde venue de Christ, un événement qui marquera la fin du monde tel que nous le connaissons et l'établissement définitif du Royaume de Dieu. Ce retour sera accompagné de jugement, de rédemption finale, et de la pleine réalisation des promesses divines. Les croyants attendent avec foi et persévérance ce moment de révélation et de transformation ultime.

Glorification

Définition : La glorification fait référence à l'acte de rendre gloire à Dieu, en l'honneur de sa majesté et de sa sainteté. Elle désigne également l'élévation finale des croyants à la perfection dans la présence de Dieu.
Signification : La glorification, dans la théologie chrétienne, se réfère à l'étape finale de la rédemption où les croyants, ayant été sanctifiés, sont transformés à l'image de Dieu dans sa gloire. Elle symbolise la victoire finale sur le péché et la mort, réalisée en Jésus-Christ, et marque l'aboutissement de la vie chrétienne dans la communion éternelle avec Dieu.

De la Passion à la Mission : Nous Inspirons une Nouvelle Génération en Transformant des Vies par la Foi — Découvrez le Leadership Visionnaire de l'Auteur Job Francois... Dans Sa Biographie"

À propos de l'Auteur

L'auteur est passionné par l'exploration des concepts spirituels profonds et des liens entre la théologie, la création, et la destinée humaine. Avec un intérêt marqué pour la Bible, il s'efforce de révéler les mystères cachés derrière les textes sacrés, en mettant l'accent sur des thèmes tels que la filiation divine, le pouvoir spirituel, et la lutte contre le mal. Son approche se veut à la fois intellectuelle et inspirée, cherchant à enrichir la compréhension des lecteurs sur leur propre rôle dans l'accomplissement du plan divin.

Élevé dans une famille chrétienne vibrante, Job Francois a embrassé sa foi dès son jeune âge, se faisant baptiser en mai 2001. Vers l'âge de 5 ans, il savait déjà réunir ses frères et sœurs dans un espace ouvert, une sorte de patio, pour partager des enseignements bibliques. Ce lieu convivial, rempli de rires et de prières, attirait chaque jour de plus en plus de personnes, y compris des adultes, qui venaient écouter ses messages passionnés et être inspirés par sa foi débordante.

Diplômé de l'Institut Évangélique de Théologie de Floride (TEIF), il continue d'illuminer les esprits par ses enseignements, mettant en avant le pouvoir transformateur de la foi dans la vie des individus. Job Francois n'est pas qu'un ministre ; il est un phare d'espoir et un ardent défenseur de la Parole de Dieu. À travers ses multiples rôles, il guide et inspire ceux qui aspirent à une vie de foi plus riche et plus significative. Que ce soit par l'éducation spirituelle des jeunes, le soutien aux nécessiteux ou son engagement en faveur de la justice sociale, son impact est indéniable. En encourageant chacun à embrasser leur appel divin avec confiance, il cultive des relations authentiques avec le Créateur, incitant ainsi à vivre la foi avec passion et intégrité.

Inspiré par l'exemple de sa mère, une servante dévouée, Job trouvait une immense joie à prêcher, même avec des connaissances encore limitées. À mesure qu'il grandissait, un appel profond et pressant se manifestait en lui, le poussant vers le ministère. Après avoir reçu de multiples confirmations de sa vocation divine, il a pris la décision audacieuse de s'inscrire à l'Institut Évangélique de Théologie de Floride (TEIF), puis à l'Institut biblique d'Israël, où il poursuit ses études pour approfondir sa compréhension des Écritures. Son objectif était clair : pouvoir interpréter la Bible à partir des textes originaux en hébreu, afin de transmettre un message fidèle et éclairé.

C'est au cours de ce parcours qu'il a ressenti le besoin urgent d'écrire, motivé par le désir de partager sa vision de la foi et d'inspirer les autres à vivre une vie pleine de sens. Tout de suite après sa graduation, les leaders de son église, ayant perçu son potentiel exceptionnel, l'ont accueilli avec enthousiasme dans le ministère. Commençant par l'école du dimanche, Job a rapidement su captiver ses auditeurs grâce à sa capacité unique à enseigner avec profondeur et passion. Ses prédications, empreintes d'une sagesse divine, possèdent une portée transformante, touchant les cœurs et incitant à un véritable changement intérieur. Parallèlement à son engagement spirituel, il a fondé Civitas International, Inc., une organisation à but non lucratif qui œuvre pour le développement communautaire et l'assistance aux plus démunis. Polyvalent et inspirant, Job est également journaliste et musicien. Enrichi par des études en diplomatie et relations internationales, il aborde les défis de notre monde avec une perspective éclairée et réfléchie.

Présentation du Répertoire

Dans un monde où la quête de sens et de connexion est primordiale, ce répertoire se veut une exploration des thèmes fondamentaux qui nourrissent notre existence chrétienne. À travers "Être né de nouveau," "Avodah: Comprendre le ministère de l'adoration," "Que la lumière soit," "Éducation à la citoyenneté chrétienne," "La doctrine du péché," et "Embrasser la Finalité du Mariage:" nous plongerons dans les profondeurs de notre foi, notre engagement envers les autres, et la beauté du mariage.

Détails sur chaque livre :

Être né de nouveau
Ce livre explore le concept de renaissance spirituelle, mettant en lumière les transformations intérieures nécessaires pour vivre une vie chrétienne authentique.

Avodah: Ce livre dévoile le ministère de l'adoration dans son intégralité, révélant son lien profond avec le but de la création et l'existence éternelle. Il souligne son importance cruciale dans la vie de l'Église et la façon dont il unit les croyants à Dieu à travers le culte et la louange quotidienne, nous rappelant que l'adoration est la clé qui ouvre la porte à notre relation éternelle avec le Créateur.

Que la lumière soit : révèle la puissance créatrice inégalée de la Parole divine, à travers l'éclat de la lumière dans ses dimensions physique, spirituelle et morale. Ce livre captivant montre comment la lumière, cœur même de la création, déploie la gloire de Dieu, illumine les âmes des croyants et dissipe les ténèbres spirituelles, offrant une vision transcendante de la vérité divine.

<u>Éducation à la citoyenneté chrétienne</u>: examine les devoirs des chrétiens dans la société, montrant comment leur foi peut guider leurs actions civiques. Il propose une réflexion sur l'engagement social et politique éclairé par les valeurs évangéliques.

<u>La doctrine du péché:</u> Une analyse approfondie de la nature du péché, de ses conséquences, et de la rédemption offerte par la grâce de Dieu.

<u>Embrasser la Finalité du Mariage:</u>
Ce livre explore la fonction du mariage en tant qu'institution, mettant en lumière son rôle dans la société et la manière dont il reflète l'amour de Dieu, tout en soulignant l'importance de l'engagement et de la fidélité.

Voici tous les principaux thèmes traités dans la série, présentés par ordre : Connaître la Bible, Connaître Dieu, Filiation, Victoire, Péché, La Miséricorde, Justice, Discernement, Jugement, La Paix, La Joie, Évangélisation, L'Amour, Adoration, Prière, La Foi, Bénédiction, L'Espérance, Mariage

Défi : Peut-on résumer les thèmes ou la mission de l'ensemble du livre en un seul énoncé ?

Déclaration de Mission:
Notre mission est d'encourager la connaissance de la Bible en permettant à chacun de vivre la filiation avec Dieu qui nous aide à mieux comprendre Dieu afin de marcher de victoire en victoire sur le péché tout en pratiquant la miséricorde et la justice Nous devons développer le discernement par le Saint-Esprit qui nous aide à comprendre le jugement divin en promouvant la paix et la joie en Christ À travers l'évangélisation, nous partageons l'amour, l'adoration, la prière et la foi commune tout en bénissant les autres et en cultivant l'espérance en développant des familles chrétiennes à travers une institution solide du mariage, qui a pour but de former des citoyens pour Christ

www.ingramcontent.com/pod-product-compliance
Lightning Source LLC
Chambersburg PA
CBHW060512230426
43665CB00013B/1487